徐光啓全集

朱維錚 李天綱 主編

增補徐光啓年譜

梁家勉 原編

李天綱 增補

上海古籍出版社

毛詩六帖講意（上）／毛詩六帖講意（下）／詩經傳稿／徐氏庖言／兵機要訣／選練條格／靈言蠡勺／幾何原本／測量法義／測量異同／句股義／定法平方算術／簡平儀說／考工記解／泰西水法／甘藷疏／農遺雜疏／農書草稿／農政全書（上）／農政全書（中）／農政全書（下）／徐光啓詩文集／增補徐光啓年譜

圖書在版編目(CIP)數據

增補徐光啓年譜 / 朱維錚,李天綱主編;梁家勉原編;李天綱增補. —上海:上海古籍出版社,2020.5
(徐光啓全集)
ISBN 978-7-5325-9557-0

Ⅰ.①增… Ⅱ.①朱… ②李… ③梁… Ⅲ.①徐光啓(1562-1633)—年譜 Ⅳ.①K826.1

中國版本圖書館 CIP 數據核字(2020)第 060248 號

徐光啓全集
增補徐光啓年譜
梁家勉　原編
李天綱　增補
上海古籍出版社出版、發行
(上海瑞金二路 272 號　郵政編碼 200020)
(1) 網址:www.guji.com.cn
(2) E-mail:guji1@guji.com.cn
(3) 易文網網址:www.ewen.co
安徽新華印刷股份有限公司印刷
開本 890×1240　1/32　印張 16.25　插頁 5　字數 330,000
2020 年 5 月第 1 版　2020 年 5 月第 1 次印刷
印數:1—700
ISBN 978-7-5325-9557-0
I·3472　定價:98.00 元
如有質量問題,請與承印公司聯繫

增補徐光啓年譜

梁家勉　原編
李天綱　增補

增補説明

徐光啓(一五六二——一六三三),字子先,號玄扈,上海人。萬曆二十五年(一五九七)中順天鄉試,爲解元; 萬曆三十二年(一六〇四)會試,成進士,任翰林院庶吉士,官至禮部尚書、文淵閣大學士。徐光啓早歲習兵、農、工學,五經之中,尤重《毛詩》。入翰林後,講習素以「練兵」、「治曆」、「明農」爲職志,天啓、崇禎年間,成爲朝廷重臣,反覆上書,爲明朝力挽狂瀾。期間,徐光啓著述無數,士林注目,表率了明代晚期的「經學」、「西學」、「實學」、「經世學」等思潮。徐光啓的大部分著作,除《庖言》等奏疏,《幾何原本》等譯著有刊刻外,其他文稿均未在身前及時刊版,一六三三年在京逝世時,壯志未酬,著述未了。十一年後,明清易代,家國遭殃,徐光啓著述付之一炬,散失殆盡。

徐光啓子徐驥曾爲其父編訂全集,并著有《徐文定公行實》,另撰有《年譜》,收入《徐氏宗譜》。其時,滬、松、崑、太、蘇諸縣門人及南、北各地友朋同仁,企足延頸,敬候刊刻。然而,清順治二年(一六四五)清兵破南京,上海、嘉定一帶出現民變,大户人家奴僕,群起索回田契、賣身契，毆殺及火焚主家。徐光啓家族未能幸免，太卿坊宅大部被焚，藏書與手稿損失殆盡。從此，編訂《徐光啓文集》和《徐光啓年譜》就益發困難了。清末，耶穌會士南匯李杕（問漁）將散見各處的文章合編爲《徐文定公集》（一八九六年，上海慈母堂）。李杕據中西文獻，重新編譯《徐文定公行實》，并將《徐氏宗譜》所載之《徐光啓年譜》列於《徐文定公集》。不久，徐光啓十一世孫耶穌會士徐允希更行補充，有《增訂徐文定公集》（一九〇九年，上海慈母堂）。一九三三年，紀念徐光啓逝世三百周年之際，光啓十二世孫耶穌會士徐宗澤，時任徐家匯藏書樓主任，再行收集，又有《增訂徐文定公集》（一九三三年，徐家匯天主堂藏書樓）行世。一九六二年，徐光啓誕辰四〇〇周年之際，王重民又據上海圖書館、北京圖書館等館藏資料，新收和輯校了《徐光啓集》（一九六三年，中華書局上海編輯所）。清末民初，徐光啓著述的發掘、收集和刊刻，爲徐光啓生平研究提供了文獻基礎。

民國年間，文史學界、科學界、教育界，以及政界、天主教會人士合力推動徐光啓生平之研究，歷年有不少年譜出現。據查，除李杕移録《徐氏宗譜》中的《徐光啓年譜》約二千五百字置於《徐文定公集》首之外，又有：　徐景賢編《徐文定公奏議四表》，載一九三三年十二月十八日《益世報》，約一千多字；　徐景賢編《明賢徐文定公年譜初編》，載《學風》第四卷第五、六期，共二萬字；　王治心編《徐光啓年譜》，載一九三六年《天籟》第二五卷第二期，約二千字；　吴季桓編《徐光啓年譜》，一九八一年臺北名人事業股份有限公司出版氏著《徐光啓》附録，共二千字；王重民編《徐光啓大事年表》，一九八一年上海人民出版社出版氏著《徐光啓》附録，約五千字。梁家勉先生編著的《徐光啓年譜》，一九八一年由上海古籍出版社出版，接近二十萬字，是目前所有徐光啓年譜中最完整的一部。

梁家勉（一九〇八——一九九二），廣東南海人，一九二九年入中山大學農科肄業，因農學而漸及徐光啓生平及其科學事業之研究。一九四一年，任中山大學農學院圖書館館員；一九五二年，爲華南農學院圖書館主任；一九七八年，任該校中國農業歷史遺産研究室主任。一九六〇年代之前，梁先生便以編輯一部《徐光啓集》爲己任。定稿之後，因與王重民先生《徐光啓集》撞車，放棄出版，轉而與王先生約定「二人合撰一部更完備的帶校注性質的《徐光啓新集》」（見王重民《徐光啓集·凡例》）。「文革」忽起，《新編徐光啓集》之事遂寢。「文革」過後，梁先生《徐光啓年譜》（上海古籍出版社，一九八一年）出版後，理應繼續編輯《新編徐光啓集》。因種種原因，終不克完成。梁家勉先生晚年在《徐光啓年譜》之外，還主編有《中國農業科學技術史稿》（農業出版社，一九八九年）。他的主要學術論文，可見於其門人倪根金主編之《梁家勉農史文集》（農業出版社，二〇〇二年）。

梁家勉《徐光啓年譜》，繫年有序，考核精詳，譜主之載迹，較之李杕、徐允希、徐宗澤、徐景賢、王重民等人的梳理，又進了一步。應世以來，學者多據爲津梁，經常引用。近年來，學者或有掠用而不加注明者，蓋出於此年譜。但是，梁譜成於一九六〇年代，因治學範圍偏於農學以及科學，故譜文多以此爲綫索鋪展。另外，受時代氛圍的影響，譜文在關於「西學」和「宗教」的資料引用方面，有所顧忌和誤解。《徐光啓年譜》將培根、哥白尼、伽利略等歐洲學者列入譜文，加以對照和聯繫，將徐光啓作爲一個世界性的人物加以敘述，溝通中西，突破了傳統年譜的體例。但是，在涉及徐光啓的宗教生活時，譜文剪裁過甚，對天主教和耶穌會的相關活動排斥很多。譜文以「有些事涉無稽，特别是一些虚構風傳，托人爲重的宗教宣傳事迹」爲由，「概予甄别剔除」(第七頁)。這個態度，和王重民《徐光啓集》拒收宗教類文章同出一轍。二、三十年代「科學主義」教育，五十年代「無神論」大批判，影響了這一代學者。梁家勉、王重民兩先生，對官方意識形態都不甚感興趣。但是，即使是「實事求是」的純學者，如不審視周邊的思想影響，自覺回避「時代思潮」，仍然可能會掉入意識形態的窠臼。

半個世紀過去了，意識形態有所轉换，對西學和宗教的禁忌漸漸放鬆。於是，在一個視界轉移的縫隙中，我們看到了「西學」、「西教」對於徐光啓生平的重要性。一九八〇年代，中國大陸的徐光啓研究重點有一個明顯的轉移：從科學史、政治史領域，轉向文化史、宗教史領域。從吴德鐸的《試論徐光啓的宗教信仰與西學輸入者的理想》(《社會科學戰綫》，一九八三年第四期）到李天綱的《徐光啓與明代天主教》（《史林》，一九八八年第二期），一大批論文和著作不再回避徐光啓的信仰和宗教問題，承認他的天主教徒身份，勾勒出了一個更加完整的徐光啓。正是鑒於這樣的原因，現在有理由給梁家勉的《徐光啓年譜》作出增補，把過去有意無意忽視的内容回置進去。原因無他，僅僅是恢復歷史，承認事實。

《徐光啓年譜》體例嚴謹，作者對傳統年譜之體例有所思考和改進。章學誠《文史通義・州縣請立志科議》説：「有天下之史，有一國之史，有一人之史。傳狀志述，一人之史也；家乘譜牒，一家之史也；部府縣志，一國之史也；綜記一朝，天下之史也。」梁啓超在《中國近三百年學術史》中順沿此説：「方志，一方之史也；族譜、家譜，一族、一家之史也；年譜，一人之史也。」梁家勉先生以年譜爲「一人之史」，力圖用《徐光啓年譜》勾勒出徐光啓生活年代的人物、事件之關係，真實而具體地呈現出明代末年萬曆、天啓、崇禎朝的動蕩歷史。

難能可貴的是，《徐光啓年譜》通過徐光啓，將勾連歷史的觸角伸向歐洲。因徐光啓的「西學」，和天主教耶穌會士有關；徐光啓的時代，和「文藝復興」後歐洲科技迅速發展的情況相類似，《徐光啓年譜》將不少歐洲人物，如哥白尼、伽利略、牛頓和利瑪竇等引入「譜前」和「本譜」。清代中葉，阮元主修《疇人傳》時，已經突破體例，將歐洲科學家列在正傳，此是將「世界歷史」之人物，引入「中國歷史」之叙述的大突破。在相對保守的年譜編撰領域，《徐光啓年譜》把明末中國和十六、十七世紀的歐洲勾連起來，讓徐光啓進入世界，實屬難能可貴。然而，《徐光啓年譜》也有其個人和環境造成的局限。由於梁先生是從農學史、科技史出發描述徐光啓，就對徐光啓在社會、政治、文化活動方面的活動記録和分析重視不够，不少重要内容没有反映在年譜中。還有，一九五〇年代後對於「帝國主義」、「殖民主義」的大批判，對於「無神論」、「反迷信」的宣傳提倡，都使得年譜有所回避，在涉及徐光啓宗教生活方面的描述很不充分。

一九七八年，正值「文革」後的「撥亂反正」之年，梁家勉的《徐光啓年譜》交由上海古籍出版社出版。同類著作之中，《徐光啓年譜》實爲此前三十年凋敝混亂的大陸學術界所能提供給讀者的上乘之作。木秀於林，鶴立於群，和王重民先生編《徐光啓集》一起，代表了當時徐光啓研究的高水平。然而，梁、王兩先生治學，始於三、四十年代，其時中西史料互見，學者砥礪，篳路藍縷，尚不稱難，學業底定。五、六十年代期間，中西遭隔絶，學者被呵斥，書齋受踐踏，學術水準急跌。「文革」中間，「徐光啓研究」更是和「徐光啓墓」同遭廢棄。八十年代後，最近三十年期間，學界痛定思痛，志在獨立之學術，自由之思想，徐光啓之人格，乃至明末清初中西文化之大格局，吸引了越來越多的學者投身從事。期間，由於交流環境之改善，相關的中文古籍、西文資料不斷發現和公布。中外學者合作，令明清中西文化交流研究有了更大的回旋餘地，優秀成果不斷出現。緣此，增補《徐光啓年譜》成爲可能，亦有必要。

此次增補，仍《徐光啓年譜》體例之舊，惟於「譜主大事記」之部，不作增補，讀者可在正譜内容中自己判斷，識大識小。於「譜前之部」涉及重大，關係譜主後來生平，且確有可以添補者則加入。增補内容，主要集中在「本譜之部」，各項事迹，隨人，隨事，隨時，以楷體排印，在相關項目下增補。梁家勉《徐光啓年譜》在叙述譜文後，另將「説明和考證」以正文「附注」的方式，附於本年之後。「附注」交代出處，詳細考證，存疑解疑，不但記叙，而且考證，對傳統年譜體例是個突破。但是，缺點仍然是與正文分離，有割裂之感，閲讀不便。爲避免疊床架屋，過於凌亂，增加閲讀障礙，此次只將補充内容加入正文，「附注」則仍其舊。有關的史料出處和人事考證，俱隨文同出，方便一般讀者。另外，爲存史料之真，增補中儘量摘録原文，讓讀者可以連貫閲讀，自行理解。

本次增補，較多注意漢譯西籍中的史料，以西文文獻補充中文文獻之不足；同時重視地方文獻中的事迹，用方志文獻補充徐光啓生平之細節。近年來，徐光啓研究突破科技史，進入文化史、思想史和宗教史等領域，研究成果汗牛充棟。這裏的增補，何止挂一漏萬。且因行文不便，諸方家之友情提示，均爲一一標注。友朋如杜鼎克、鐘鳴旦、魏明德、黄一農、祝平一、李奭學、古偉瀛、李東華、陳方中、潘光哲、孫尚揚、湯開建、吴志良、章文欽、韓琦、江曉原、紀志剛、董少新等人的搜研成果，多有啓發；《徐光啓全集》和本年譜的編輯過程中，得到他們的提示和支持，并不敢稍忘。本人八十年代始作徐光啓研究，受朱維錚師課業之引導，至今獲益，專此以銘。近年來因受邀請，協助上海市徐匯區文化局從事徐光啓紀念活動，修復徐光啓墓，建設徐光啓紀念館，辟建馬相伯故居，籌建土山灣紀念館，受宋浩杰、陳澄泉、吴仁宏、黄樹林等先生對故鄉先賢徐光啓崇敬熱情之感染，鼓勵研究之開展，亦應致謝。最應緬懷的是，王元化先生、陳樂民先生，生前都以特别的熱情，支持從事徐光啓的研究和紀念活動。王先生抱病，應邀爲「徐光啓紀念館」題寫館名；陳先生到上海，多次專門約見，鼓勵後輩如我，一定要好好研究徐光啓。兩位先生之晚年，對徐光啓研究號召推動之努力，允有深意，殊應銘記。

李天綱　二零一零年十一月五日
上海・徐匯・陽光新景

目録

前言

徐光啓是一個有一定代表性的歷史人物。他生當歷史轉折較大的時代，在階級矛盾、民族矛盾、瀕於没落的封建主義思想和開始萌芽的資本主義思想以至一切新舊勢力相互搏擊越來越激化的戰場上，他的活動都起過一定的積極作用。他既是一位科學家，對農學、天文、曆法、數學、測量、水利等方面，都有一定的貢獻；又是一位溝通中外文化的先行者，對國外（特别是歐洲）的學術、物産和新器物極敏感、極重視，做過不少「開風氣之先」的譯述、介紹、試驗研究、推廣利用等工夫；同時，他還是明代的一位政治、軍事活動家。所以把他一生的行跡輯成年譜，在史學研究上是有其需要的。

「年譜」這種史學資料形式的出現，歷時雖不很久[一]，但發展相當快，不久就述作如林，蔚爲大觀。其中，出現較早的，一般只爲了閱讀譜主著作（特别是散文和詩詞）的方便，「次第其出處之歲月而略見其爲文之時」[二]，内容簡單，大都附入别集；繼而逐漸加詳，作爲「一人之史」[三]，離開譜主的詩文集而别出；後來，反映面更廣，不僅是「一人之史」，同時還部分體現了跟譜主有關的人物、事業、學術以至時代背景的概況，那就作用更大了。

後人爲徐光啓作的年譜，以《徐氏家譜》所載的一篇[四]爲最早，内容相當簡陋，甚至連譜主的出生、讀書、教學、著述以至其他重要活動的記載，都付闕如。這只能算是「履歷簡表」，不配稱年譜。後來，另一篇題爲《明賢徐文定公年譜初編》的，出現於距今四十多年前的刊物上[五]。内容差勝於前，但取材不廣，編次失當，脱略、疏陋、舛誤，不一而足，仍遠不愜衆望。

爲了彌補這一缺憾，不忖譾陋，寫出這部《徐光啓年譜》，希望能較真實、全面、系統地反映譜主生平，包括其人、其事、其學以至其時代、其影響、其關係人物等方面史實。

針對這些方面，曾做過如下一些工夫：

一、訪搜：有關譜主的歷史資料，多數因日久、歷劫以及在清代遭禁而散佚[六]。其留存下來的，相當多一部分又頗零碎、分散、隱僻、罕流通，極不易知到、見到。所以，當着手伊始，就着意進行訪搜，力求做到「旁搜遠紹」以至「鉤沉闡幽」，薈萃齊全，期其「不漏」。所搜訪的對象，主要是：（一）譜主本人著述；（二）與譜主有關的人物的有關著述；（三）同時人或後人（包括譜主子孫）對譜主的記載（傳記、譜牒、逸事、評論等）；（四）直接或間接與譜主生平活動有關的歷史（包括各類型史書以至官方文書和實録等有關的記載）；（五）涉及、引及或影響及譜主學術思想的某些專門書籍（如某些農書、算書、天文書、曆書、水利書、軍事書、宗教書等)資料。

二、甄選： 一般地説，年譜取材，較之傳記範圍較寬，一鱗半爪的反映譜主個性的「小事」，傳記所不便著録的，年譜都可包容，這是它的特點之一。這一部年譜，雖因有關資料散佚頗多而深感惋惜； 但通過「耕耘」而收穫到的，匯零爲整，還不算少。只是歷年久遠了，其中僞託的、訛傳的、有所誇大的、似是而非的、涉於迷信的，不一而足。從柏應理[七]到李杕[八]等傳教士所編的《行略》、《行實》等文獻，固不足盡信，就是跟譜主同時的如查繼佐[九]、鄒漪[一〇]、李彦貞[一一]等人以至譜主子孫先後所撰的傳記、筆記[一二]等，内容也不無舛誤，不能包下來囫圇照「吞」。有鑑於此，這就要求「定是非，明真僞」，審慎從事，做好甄選工夫，期其既「不漏」，又「不蕪」。

三、組織： 對甄選所得資料，要求恰當地組織它，定出義例，包括布局、編次以至措詞用字(參見本譜「敍例」部分)，都希望能依照貫徹，達到「不紊」、「不苟」。其中尤其着意的爲：(一) 發揮年譜的特點，使事件序次，按照它的發生先後，恰當編年排比； 其與譜主關係較直接的，儘可能繫月、繫日，使其時序更爲明確。(二) 在「俱收並蓄，待用無遺」的同時，争取做到主次能分明，前後能照應。除「譜文」外，兼照顧「附注」； 除「本譜之部」外，兼照顧「譜前之部」、「譜後之部」。(三) 在掌握一定義例，保持全譜「一致性」的原則下，要求謹嚴地援據原始資料及其原文，保持本來面貌，做到有根據、可根據。（四）儘可能彌補原來某些事件因年譜體裁局限而被分割、分散的缺點，編製若干以一定主題爲中心的表式（年表、一覽表、對照表、索引等），作爲全譜的構成部分，期能「因針引綫」，便於檢索和類聚比觀。

四、說明和考證：對資料的來源和所涉及的時、地、人、物、事等關係，擇要分別予以說明或考證，期其「不昧」、「不誤」。其中對紀載偶舛的，真僞難辨的，或傳聞異詞的，仿前人「考異」[一三]成例，探究其所以致誤、所以異同、所以取捨之故。未能肯定的，則疑以傳疑，務求不武斷，不逞臆見。如所援據的原始資料，因版本不同而字句有所出入，也分別作出校注，以便考信。所有這些說明和考證，包括校注，均以「附注」形式，依年次綴譜文後。

如上所述，這部年譜所做的幾步工夫，在主觀上雖要求竭盡綿薄，努力以赴；可是，程功畢竟有限，完成得都不够好。這裏，特地要指出：譜主在當時以至後世所起的作用和影響，也另有其錯誤的、消極的一面。他的世界觀基本是唯心的，前期受陽明學派的薰陶[一四]，後期又信仰天主教，對此，本來應當「用馬克思主義的方法給以批判的總結」[一五]；但由於個人學養所限，且囿於固有年譜的形式，內容「敍」而不「議」，缺乏分析批判。因而，這部年譜的思想性較薄弱。此外，鑑於譜文較多地引用古書原文，爲求語法較一致，全譜因用古漢語寫出，看來也欠通俗。這些，都是這部年譜的缺憾。當然，其他的缺點和錯誤，一定還很多，誠懇地期待讀者們批評指正！

於此，還得附帶提出：管見認爲替徐光啓寫年譜，一如替其他前人寫年譜一樣，不妨「百花齊放」，多式多樣并存[一六]。讀者們對這部年譜，假如不以葑菲見棄的話，利用它作爲參考資料之一，爲譜主另編出一些更全面、更符合需要的年譜或其他形式的總結性著作，那麽，區區「抛甎」意圖，就算達到了。

梁家勉

一九七八年一月於華南農學院

附注

[一] 年譜體裁，係從傳記和譜牒派生。北宋時始有定型和定名。近人謂元豐七年（公元一〇八四年）吕大防所撰《杜詩年譜》、《韓文年譜》兩書，是最早出現的年譜（見梁啓超《中國歷史研究法補編》第五章）。

[二] 吕大防《韓吏部文公集年譜·後記》語。

[三] 見章學誠《文史通義·外篇》。

[四] 此譜係徐氏子孫所編，鈔本。後來，李杕編《徐文定公集》，將它冠於集前，題爲《徐文定公年譜》。

[五] 近人徐景賢撰，見《學風月刊》第四卷第五至六期。

[六] 徐氏年譜資料，主要應取材於晚明時代作品。這些作品，經過兵燹和清代統治者的禁網，散佚極多。據不完全統計，在銷燬之列的，數達三千餘種，六、七萬部以上。有些雖未遭禁，但因各種劫厄而損失的亦不少。單就「充棟等身」的譜主本人作品說，距譜主逝世僅二十餘年，家中便連「單詞隻字」也幾乎没有「遺留笥篋」(見徐爾默《題「端闈奏草」》)，可想見其散佚程度的嚴重。

[七] 柏應理(Philippus Couplet)，比利時人。公元一六五九年來華，在上海等地傳教，與徐光啓諸孫相稔，曾撰有《徐光啓行略》。

[八] 李杕，字問漁，江蘇南匯人。同治元年(公元一八六二年)入耶穌會。曾撰有《徐文定公行實》。

[九] 查繼佐，字伊璜，一字敬修，號左尹非人，又號東山釣史，浙江海寧人。公元一六〇一年生，一六七六年卒。曾爲譜主撰傳。該傳收載於《徐氏家譜》，亦編入其所撰的《罪惟録》。

[一〇] 鄒漪，字流綺，江蘇無錫人。曾爲譜主撰傳，收載於所撰的《啓禎野乘》。此書寫於明末(一六四二—一六四四)，清乾隆年間，被列爲禁書，流傳極罕。

[一一] 李彦貞，改名延昰，字我生，又字辰山，號寒村，江蘇上海人。公元一六二八年生，一六九七年卒。曾筆述譜主逸事多則，散見於所撰的《南吴舊話録》。

[一二] 譜主之子徐驥撰有《先文定公行述》，孫徐爾默撰有述及譜主言行以至有關傳説的筆記，均見《徐氏家譜》。

〔一三〕《資治通鑑》撰成後，司馬光再「參考羣書，評其同異，俾歸一塗」（所撰《進資治通鑑表》語），别撰《通鑑考異》，開創了此例。後來，王懋竑撰《朱子年譜》，也仿其例成《朱子年譜考異》。但這些「考異」均别成卷帙；這裏只仿其意而不盡同其法。

〔一四〕譜主曾受教於黄體仁，黄氏學宗陽明，「講性學，多所發明」（見《上海縣志》）。譜主對王守仁的學術及事功，亦景仰備至（見所撰《陽明先生手批武經序》）。這些，可見其所受薰陶的一斑。

〔一五〕《中國共産黨在民族戰争中的地位》（見《毛澤東選集》第二卷）。

〔一六〕前人年譜，不以重複編出爲嫌。例如杜甫年譜，已行於世的，逾十二種。其他一人而有數譜的，不勝枚舉。

敍　例

一、本譜力求根據歷史唯物主義觀點，如實地依年次反映譜主——徐光啓的生平及其學術思想發展過程；　通過譜主關係，同時反映出當時時代背景的一個方面，從而達到「知人論世」、「古爲今用」的目的。

二、著録範圍，以譜主的直接活動，特別是譜主畢生的律身、爲學、治事的活動爲重點。同時，對影響於譜主的和被譜主影響的「人」和「事」，包括譜主的家庭成員、師、友、生徒、僚屬、所私淑者、私淑者等的活動情況以至國内外有關的大事和科學技術發展、中外文化交流等情況，都儘可能適當地分別著録。希望做到能不漏而又能不蕪，能全面照顧而又能重點突出。但只着重第一步工夫，即資料的適當反映。至於第二步工夫，即歷史的分析和評論等，期待能在這第一步基礎上另行着手，這裏暫未涉及。

三、有關譜主方面的紀載，經過清代統治階級的歧視、禁燬和長時期種種災劫，亡佚很多。但當前散見於古文獻中的仍不少，有待進一步化零爲整、鉤沉闡微工夫。這裏只就所能搜羅到的，依次繫年著録。其中，有些關係不大的小節，只要能體現譜主個性，跟其學養有關的，儘可能録入。但有些事涉無稽，特别是一些虚構風傳，託人爲重的宗教宣傳事跡，概予甄别剔除。此外，國外對譜主有關的資料也偶有流傳，這裏部分地酌予著録。

四、譜主著作，亡佚極多。這裏就現存的包括散篇和整部的著作，逐一考證其撰期。其中較要者，酌附解題，括其主旨（儘可能節録原文），繫於相當的年、月、日下；如無可考，則繫於相近年次，或與其他性質相近的著作，連類同隸。此外，現已亡佚的著作，分别加以考證，依次著録其目。

五、譜文儘可能嚴格地保存原所根據資料的面貌，直接引用原文，並以引用號標明。其中語意如欠明確或欠聯貫的，酌增減或稍易其文字，但仍用一定符號或附注標明。力求做到「有根據」、「可根據」。

六、由於譜文較多地引用古書原文，古書原文又慣藉「文言」表達。求其語法較一致起見，全譜因亦採用「文言」寫出。

七、譜文以「本譜」爲主體，開始於譜主誕生年，終止於譜主逝世年，逐年蟬聯。與一般年譜同例，以年爲綱，按年隸事。就中，關係譜主較密切的事，儘可能兼記月、日。

八、「本譜」以外，纂輯「譜前」和「譜後」部分。譜前部分記誕生前事，譜後部分記逝世後事。所記均較簡略，以直接關係到譜主方面、承前啓後、一脈相連的事爲限。

九、譜文提及的人物和譜文某些欠明確的關鍵性詞句或事實，酌附注解或考證。譜文引用資料來源，亦分別注明；遇有出處或版本不一的，以其中較早出現的爲依據。彼此文句如有異同，附以校勘。所有校勘語、考證語、注解語，概不混入譜文中，另以附注形式，綴在各該年下。

十、譜文爲行文方便，稱譜主爲「公」，有些句中，如以譜主爲主語，則該主語從省（略去「公」字），逕以述語開始。其他某些慣用詞彙、語法和標點符號，必要時酌定用例，使其一致，以期譜文較謹嚴、較明確、較簡要。

十一、譜文繫年，別於前人年譜，一律採用公元紀年，所繫月、日，一律依陽曆計算；以求適應當前習慣，便於聯繫。譜後附録對照表，仍可按表查出陰曆年、月、日。

十二、年譜對時間觀念，例所重視。每記一事，各繫以時。如時同事異，只以時繫於最先一事，其餘同時各事，依次遞記，不繫時。所記事如未詳其具體的時，標以「頃」或「此頃」，表大概在其時前後；或標以「是年」，表肯定在這一年內；或標以四季名稱，表肯定在各該季內（凡標季的，照原所根據的資料，只能依陰曆計）。

十三、譜文標點符號，與一般習用的相同。就中因所用「括號」較複雜，揭其用例如下：

「 」——（一）表引文；

（二）表特定的詞或着重點；

『 』——表引文中的引文（在引文括號内）；

〔 〕——表引文原無而新增的字（在引文括號内）；

（ ）——表附加説明；

《 》——表書名或篇名。

十四、譜文附注較多，其中《本譜之部》和《譜後之部》，均繫附每年譜文後，數序自爲起訖。《譜前之部》因較簡略，其附注只繫附整部（指譜前之部）譜文後，數序亦整部爲起訖。又，附注引用文獻，名目頗繁。有些較常引用的，節省其文字，改用簡稱（所用簡稱，另表列述）。

十五、爲裨助譜文，兼便稽檢起見，就譜文著録範圍，將逐年散見的資料，類聚羣分，分别編成若干專表。其中包括：（一）譜主世系表，（二）譜主大事記，（三）譜主撰述年表，（四）譜文引用書目表，（五）譜主生年至卒年新舊曆朔日對照表等。

譜主世系表

「先世自宋南渡抵中州，分支海上。——譜牒之廢以倭燹」(《行述》)。

表一　譜主前代

高祖
父：廣文
母：口氏

曾祖
父：珣(淳隱)
母：陳氏

祖
父：緒(西溪)
母：尹氏

父：思誠(懷西)
母：錢氏

本身：光啓
妻：吴氏

表二　譜主後代

子：驥（龍與）
媳：顧氏

- 長孫
  - 孫：爾覺
  - 媳：俞氏
    - 曾孫：以雅
- 次孫
  - 孫：爾爵
  - 媳：李氏　喬氏
    - 曾孫：以惺　以恒　以慥
- 三孫
  - 孫：爾斗
  - 媳：孫氏
    - 曾孫：以濟　以棐
- 四孫
  - 孫：爾默
  - 媳：黃氏
    - 曾孫：以嘉　以軜　以性　以慎　以恪
- 五孫
  - 孫：爾路
  - 媳：潘氏
    - 曾孫：以忠

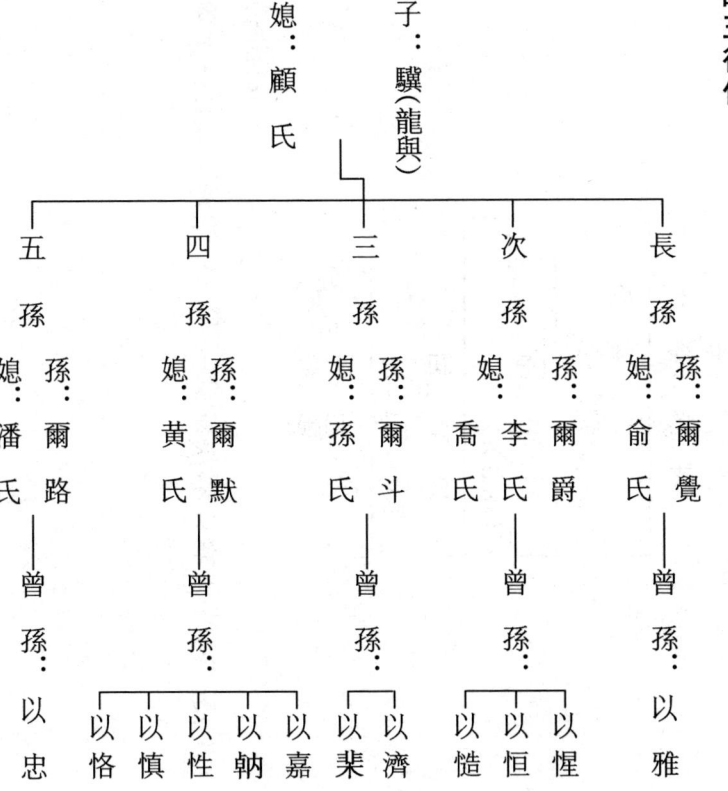

世系説明

（一）先世自宋南渡，由中州轉徙至上海，因倭燹而廢其譜牒。事見《行述》。

（二）前代名氏參見《履歷便覽》及《行述》（《履歷便覽》著其名，《行述》著其號或其氏）。

（三）後代名氏見《行述》及《龍與府君及顧儒人行實》。

（四）據《行述》，有女孫四：長適艾庭槐，次適許遠度，三適瞿菓，四適潘堯納。

（五）據《龍與府君及顧儒人行實》，有女曾孫十一，其中爾爵出者一，爾斗出者五，爾默出者一，餘幼，未詳所出。

（六）女孫及女曾孫均未列入世系表内。

譜主大事記

記例簡述

一、用簡表形式，標示譜文所著録的譜主生平大事，期便檢索。

二、著録範圍，以譜主直接活動事件爲限。其間接有關的不著録。譜主著述，因已另表按「年」分列（見《譜主撰述年表》），亦不著録於此。

三、記文先記「事」，後繫「年」（繫年包括公元紀元及譜主年歲兩項）。每事各爲條記，每條記以年次爲序。

四、記文以譜主爲主詞的，其主詞一律從省。

五、每一條記，各依公曆紀元，繫以年次數字。

六、檢索手續：先按「條記」檢「年次」，再按「年次」在「譜文」（或兼在譜文「附注」）詳檢其「事」。

記事	繫年
生。	一五六二(一　歲)
就傅。	一五六八(七　歲)
讀書龍華寺。	一五六九(八　歲)
始讀兵書。	一五七三(十二歲)
就外傅。	一五七六(十五歲)
師事黄體仁，與王偕春同學。	一五七七(十六歲)
入金山衞庠，考取高等，食餼學宫。	一五八一(二十歲)
娶妻吴氏。	一五八一(二十歲)
開始留意水利。	一五八二(二十一歲)
生子驥。	一五八二(二十一歲)
在里中教學自給。	一五八三(二十二歲)
喪祖母。	一五八四(二十三歲)
赴太平府應鄉試。	一五八八(二十七歲)
喪母。	一五九二(三十一歲)

赴韶州府教書。……一五九三(三十二歲)

在韶州偶遊天主教堂,獲晤郭居静。……一五九五(三十四歲)

赴潯州府教書。……一五九六(三十五歲)

赴順天府應鄉試,中式第一名舉人。……一五九七(三十六歲)

會試不第,回鄉授徒。……一五九八(三十七歲)

始晤利瑪竇於南京。……一六〇〇(三十九歲)

爲子驥完婚。……一六〇一(四十歲)

信天主教,爲天主教徒。……一六〇三(四十二歲)

赴京應會試,中式第八十八名進士。……一六〇四(四十三歲)

考選爲翰林院庶吉士。……一六〇四(四十三歲)

生男長孫爾覺(附記諸男孫)。……一六〇四(四十三歲)

蓄意改革舊工具,聞樂安縣有「善巧」紡紗機,託馮應京代訪求。……一六〇五(四十四歲)

迎父至京邸,妻吳氏及部分眷屬隨來。……一六〇六(四十五歲)

翰林館期滿告散,被任爲翰林院檢討。……一六〇七(四十六歲)

喪父，扶櫬挈眷回上海。…………一六〇七(四十六歲)
浙直水災，建議留稅金及發鹽課賑災民。…………一六〇八(四十七歲)
自閩引種甘藷於上海，從此，甘藷開始向北方傳播。…………一六〇八(四十七歲)
家居從事數學之研究及著譯工作。…………一六〇八(四十七歲)
家居事農圃兼事農學研究(附記日常生活一斑)。…………一六〇九(四十八歲)
生女次孫(附記諸女孫)。…………一六〇九(四十八歲)
營父塚。廣植女貞樹，擬放養白蠟蟲。從此，上海始有種樹養白蠟蟲。…………一六一〇(四十九歲)
回京復職。…………一六一〇(四十九歲)
兼內書堂教習。…………一六一〇(四十九歲)
禮部疏薦兼修曆。…………一六一一(五十歲)
兼纂修官。…………一六一二(五十一歲)
兼會試春秋房考官。…………一六一三(五十二歲)
與熊三拔試製天文儀器等多種。…………一六一三(五十二歲)
以病告假試辦水利及營田事於天津。…………一六一三(五十二歲)

回京復職。……一六一六（五十五歲）
任詹事府左春坊左贊善。……一六一七（五十六歲）
燬書賈所刻《毛詩六帖》板。……一六一七（五十六歲）
奉命往寧夏册封朱倬漼爲慶王。……一六一七（五十六歲）
以病告假，仍居天津營田事。……一六一七（五十六歲）
朝廷以遼事急，促回京復職。……一六一八（五十七歲）
兼殿試掌卷官。……一六一九（五十八歲）
任詹事府少詹事兼河南道監察御史及管理練兵事務。……一六一九（五十八歲）
赴通州、昌平州二處檢閱民兵。……一六二〇（五十九歲）
因病辭職暫居天津調理。……一六二一（六十歲）
回京襄理軍務。……一六二一（六十歲）
辭職，復寓天津，部署墾闢水田諸事畢，歸上海。……一六二一（六十歲）
媳顧氏卒。……一六二三（六十二歲）
被任爲禮部右侍郎，不赴。……一六二四（六十三歲）
免禮部右侍郎職。……一六二五（六十四歲）

奉召，由上海赴京，復原職。…… 一六二八（六十七歲）
兼充日講官，旋充經筵講官。…… 一六二八（六十七歲）
兼充纂修熹宗實録副總裁。…… 一六二九（六十八歲）
加太子賓客銜。…… 一六二九（六十八歲）
任禮部左侍郎，管部事。…… 一六二九（六十八歲）
督領修曆事務。…… 一六二九（六十八歲）
開設曆局。…… 一六二九（六十八歲）
建議製造望遠鏡等天文儀器十種，我國製造天文望遠鏡，始此。…… 一六二九（六十八歲）
指揮訓練京營兵。…… 一六二九（六十八歲）
兼充訓練戰守事及監製銃砲。…… 一六三〇（六十九歲）
應召在平臺奏對有關戰守事。…… 一六三〇（六十九歲）
任禮部尚書。…… 一六三〇（六十九歲）
登觀象臺觀測，跌傷。…… 一六三〇（六十九歲）
兼充廷試讀卷官及考庶吉士閱卷官。…… 一六三一（七十歲）

以禮部尚書兼任東閣大學士，參預機務，知制誥及同知經筵事。……一六三二（七十一歲）

加太子太保、文淵閣大學士。仍任禮部尚書。……一六三三（七十二歲）

病卒。……一六三三（七十二歲）

子驥奔喪，扶柩南旋。……一六三三——一六三四

李天經以公薦，繼任督修曆法職……一六三四

上曆書第四批。……一六三四

上曆書第五批。至是，主持編譯曆算之書，全部完成。……一六三五

葬於上海徐家滙。……一六四一

譜前之部

公元一一二七年（宋・建炎元年・丁未）

前一年金人攻陷汴京，是年趙構（宋高宗）即帝位於南京，繼遷臨安。

此頃，先世南遷中州（河南），繼分支至上海[一]。

自「南渡」後，江南經濟漸見「繁榮」。「諸郡縣土田肥美，多秔稻。有江海陂湖之饒。然征賦煩重，供內府，輸京師，不遺餘力。俗好媮靡，美衣鮮食，嫁娶葬埋，時節餽遺，飲酒燕會，竭力以飾觀美。富家豪民兼百室之產，役財驕溢，婦女玉帛甲第田園音樂，擬於王侯。故世以江南爲富，而不知其民實貧也」[二]。

公元一二三一年（紹定四年・辛卯）

郭守敬[三]生。

公元一二四七年（淳祐七年・丁未）

黄裳[四]繪製星圖付石刻[五]。

秦九韶[六]《數書九章》[七]成書。

公元一二四八年（淳祐八年・戊申）

李冶[八]《測圓海鏡》[九]成書。越十一年，《益古演段》[一〇]成書。

公元一二六一年（景定二年・辛酉）

楊輝[一一]《詳解九章算法》[一二]成書。此後復陸續成《日用算法》、《乘除通變本末》、《田畝比類乘除捷法》、《續古摘奇算法》等書[一三]。

公元一二七三年（咸淳九年　元・至元十年・癸酉）

司農司[一四]輯《農桑輯要》成。内容分典訓、耕墾、播種、栽桑、養蠶、瓜菜、果實、竹木、藥草、孳畜等門，後此撰《農政全書》，多引用之。

公元一二七六年(至元十三年·丙子)

郭守敬任提舉諸路河渠事已十四年;至是年,改任曆事,掌測驗推步工作,越三年,任同知太史院事;又越一年,新曆告成;又越六年,任太史令,上表奏進所撰《推步》、《立成》、《曆議擬稿》、《轉神選擇》、《上中下三曆注式》等書。此外,又撰有《時候箋注》、《修改源流》、《儀象法式》、《二至晷景考》、《五星細行考》、《古今交食考》、《新測二十八舍雜坐諸星八宿去極》、《新測無名諸星》、《月離考》等書。此頃,并創製簡儀、仰儀、圭表、影符、燈漏、闚几、正方案等觀測儀器,以「臻於精妙」見稱[一五]。後此,公頗推重其學。

公元一二九二年(至元二十九年·壬辰)

上海始立縣,割華亭縣東北五鄉隸之[一六]。

公元一二九五年(元貞元年·乙未)

此頃,上海人黄道婆[一七]自海南島崖州趁海船回鄉,在烏泥涇教人運用製棉工具,推動種棉業及棉織業之發展[一八]。

公元一二九九年（大德三年・己亥）

朱世傑[一九]《筭學啓蒙》[二〇]成書。越四年，《四元玉鑑》[二一]成書。

公元一三一三年（皇慶二年・癸丑）

王禎[二二]將所撰《農器圖譜》、《農桑通訣》、《穀譜》彙爲一集，總名爲《農書》。後此，撰《農政全書》，多節引其文。

公元一三一六年（延祐三年・丙辰）

郭守敬卒。

公元一三三〇年（至順元年・庚午）

魯鐵柱[二三]撰《農桑衣食撮要》，按月分繫農事。後此，撰《農政全書》，每引用之。

公元一三六七年（至正二十七年　吴元年・丁未）

冬，吴太史院使劉基[二四]根據元之授時曆上戊申大統曆[二五]。

公元一三六八年（明・洪武元年・戊申）

「改〔太史〕院爲司天監，又置回回司天監」。越二年，「改〔司天〕監爲欽天〔監〕，設四科：曰天文，曰漏刻，曰大統曆，曰回回曆」[二五]。

公元一三八二年（洪武十五年・壬戌）

詔翰林吴伯宗[二六]等譯回回曆書。

公元一三八四年（洪武十七年・甲子）

根據元授時曆，定是年爲大統曆「曆元」[二七]。

是年及後此三年内，湯和[二八]、周德興[二九]等奉命防倭，在沿海分設衛所：　登州、萊州、浙東西一帶凡築五十九城，福州、興化州、漳州、泉州四郡凡築十六城。

此頃，俞貞木[三〇]撰《種樹書》。内容分豆麥、桑、竹、木、花、果、菜等部。後此，撰《農政全書》，多引用之。

公元一三八五年（洪武十八年・乙丑）

建觀象臺於南京雞鳴山，内設渾天儀、簡儀、圭表、觀星盤等儀象多種[三一]，爲世界上設立較早且設備較多之天文臺。

公元一四〇三年（永樂元年・癸未）

立建州衛，以女真族酋長阿哈出爲指揮使。

公元一四〇五年（永樂三年・乙酉）

鄭和[三二]率領艦隊及出使人員第一次出使西洋。從此次以後，至公元一四三三年（宣德九年），凡二十八年，出使七次，歷經三十餘國，建立中國通南洋、印度、伊朗、阿拉伯及東部非洲之航道。

公元一四〇六年(永樂四年・丙戌)

朱橚[三三]撰《救荒本草》,著録所曾搜集試種之野生植物凡四百餘種,「繪之爲圖,仍疏其花實根榦皮葉之可食者,彙次爲書」[三四]。後此,撰《農政全書》時,曾將其所著録之植物,親自嘗試,并將嘗試結果,酌附批注,連同該書全文附書後。

公元一四二〇年(永樂十八年・庚子)

設東廠,司刺探緝捕事,由宦官掌管。明代閹宦干政,從此開端。

公元一四二一年(永樂十九年・辛丑)

首都由南京遷至北京。在遷都前,疏濬貫通南北之舊運河(會通河),開通南北漕路。此頃,在北京齊化門城上設觀象臺。後此,仿南京觀象臺儀象,陸續製造,充實其設備。

公元一四七二年(成化八年・壬辰)

王守仁[三五]生。

公元一四七三年（成化九年・癸巳）

西洋人哥白尼[三六]生。

公元一四八六年（成化二十二年・丙午）

西洋人地亞士[三七]由大西洋航行至印度洋，在非洲南端，發現好望角[三八]，始闢通印度之新航道。

公元一四九〇年（弘治三年・庚戌）

黃省曾[三九]生。

公元一四九二年（弘治五年・壬子）

西洋人哥倫布[四〇]欲西向尋航道至亞洲，得西班牙王之助，率海舟横渡大西洋，達中美洲巴哈馬羣島[四一]。歸國後，屢航海，次第發現西印度諸島及南美洲海岸。從此，東西兩半球之人與物，包括其原産動植物，逐步加速交流。

公元一五〇二年(弘治十五年·壬戌)

鄺璠[四二]編印《便民圖纂》。其中耕穫、桑蠶、樹藝、牧養等類,均述農事,其他部份,亦多與農家生活有關。後此,撰《農政全書》,多引用之。

公元一五〇五年(弘治十八年·乙丑)

祖母尹氏[四三]生。

公元一五一二年(正德七年·壬申)

茅坤[四四]生。

公元一五一七年(正德十二年·丁丑)

林兆恩生。林兆恩,字懋勳,別號龍江,道號子穀子、心隱子,晚年又號混虛氏、無始氏,福建莆田赤柱人,明正德十二年(一五一七)生,萬曆二十六年(一五九八)卒。祖父林富曾任兵部侍郎,與王陽明交往。林氏倡三教合一,創「三一教」,世稱「三教先生」,「林三教」。徐光啓曾入「三一教」（參見林兆珂《林子年譜》，涵三堂，一九九九年影印；黄宗羲《南雷文案·林三教傳》；何善蒙《徐光啓與三一教》，《道風》第三十二期，二〇一〇年）。

公元一五一八年（正德十三年·戊寅）

李時珍[四五]生。

公元一五二〇年（正德十五年·庚辰）

約本年，徐光啓祖母尹氏嫁入徐家，爲徐緒妻。徐光啓《先祖妣事略》：祖母尹氏「及笄，歸先祖西溪府君」。《禮記·内則》有所謂「十有五年而笄」，則尹氏約在十五歲（一五二〇年）以後嫁到徐家。

尹氏爲徐緒「生子、女各一人」，「勤身操作，昕夕不懈」，「享年八十，守節者五十年……藉六七十年中不有淑人，徐其泯矣！」（《先祖妣事略》）徐光啓認祖母尹氏爲操持和維繫徐氏的當家人。

徐緒壯年去世，家業由妻兄的兒子尹氏、女兒的夫婿俞氏經營，而一由徐夫人尹氏掌管。據《先祖妣事略》，尹氏「擇兄子尹翁操出納，擇婿俞封公使當户」。「（尹）淑人撫

(尹、俞)二翁皆如子,與同爨。兩翁亦同心夾輔,一切出入皆禀承淑人,無私蓄」。可見,徐光啓認祖母尹氏爲徐氏的當家人,於徐氏有維持振興之功。

公元一五二一年(正德十六年·辛巳)

潘季馴[四六]生。

公元一五二四年(嘉靖三年·甲申)

王磐[四七]撰《野菜譜》。自序有云:「正德間,江淮迭經水旱,饑民枕藉道路,率皆採摘野菜以充食。……田居朝夕歷覽詳詢,前後僅得六十餘種,取其象而圖之,俾人人易識。」後此,撰《農政全書》,全録其文及其圖。

公元一五二五年(嘉靖四年·乙酉)

張居正[四八]生。

公元一五二七年(嘉靖六年·丁亥)

李贄[四九]生。

公元一五二八年(嘉靖七年·戊子)

戚繼光[五〇]生。

王守仁卒。

公元一五三〇年(嘉靖九年·庚寅)

哥白尼撰《天體運行》[五一],歷二十三年,至是成書,其書創立太陽中心學説,闡明地球及其行星繞太陽而運行。確立近代天文學基礎。從此,科學漸從宗教思想束縛中解放出來。

公元一五三四年(嘉靖十三年·甲午)

父思誠[五二]生。

據梁家勉《徐光啓年譜》查考全天敍《懷西徐翁七十壽序》: 萬曆三十一年,當徐思誠七十之年。依此推算，徐思誠生於是年。另據徐光啓《先祖妣事略》，徐光啓「事（尹）淑人二十三年」，知徐光啓二十三歲時，即萬曆十二年（一五八四），祖母尹氏去世；據徐光啓《先考事略》，徐思誠「六歲而孤，事先大母尹孺人四十五年如一日」，徐思誠在父親徐緒去世後，與母親相依爲命四十五年，即徐緒去世於嘉靖十八年（一五三九）。徐緒去世時徐思誠六歲，則思誠生於嘉靖十三年（一五三四）。

另據《法華鄉志・徐思誠傳》：徐思誠「萬曆三十五年（一六〇七）卒，年七十四」，則亦以思誠生於嘉靖十三年（一五三四）。《法華鄉志・徐緒傳》記，徐緒得子之夕，「夢全學士思誠，肅衣冠而入，亦以思誠名其子。」全思誠，字希賢，謚文達，明松江府上海縣引翔鄉人。洪武十六年（一三八三）遷爲文華殿大學士，次年固辭，回南隱居，造福鄉里。死後鄉人建「全公祠」（閣老殿）緬懷之，祠殿遺址在今虹口區五十六中學和大連西路三十弄，一九八八年被拆除。徐緒用本朝鄉前賢「閣老」全思誠名其子，寄託其光宗耀祖的期望。徐思誠少年發蒙，一心讀書，諒與徐緒的内心寄託有關。

徐思誠，字子望，號懷西。少年時家境富裕，喜讀書，「生平剛直悃愊」。徐思誠爲人慷慨，「好施予，先世稍有遺資，親故或稱貸，負去輒不問。產漸挫，甚至鬻田宅。」年輕時，徐家列上海大户，思誠參與邑事。「早歲值倭警，邑推擇大户給軍興，時出入公府」。家道中衰以後，隱居鄉間，「是後五十年不識都邑門。所往返，喜鄉里耆德，或老農圃，緇流方外」（均見《先考事略》）。

徐光啓《先考事略》云：徐思誠「嘗業賈，不肯屑瑟計會，復謝去，間課農學圃自給。衡門泌水，貧而能樂。少遭兵燹，出入危城中，所識諸名將奇士，所習聞諸戰守方略甚備。與人語舊事，慷慨陳説，終日不倦。間用己意，指摘前事得失，出人意表。博覽強記，於陰陽、醫術、星相、占候、二氏之書，多所通綜，每爲人陳説講解，亦娓娓終日。晚年悉棄去，專意修身事天之學，以惠迪清昇爲宗」。徐思誠喜讀書而無功名，晚年因徐光啓居官而獲贈「通議大夫禮部右侍郎兼翰林院侍讀學士」頭銜。徐思誠學問發蒙，從家塾得之，而興趣隨時事遷轉，多有變化。早年因上海倭患，挺身而出，故關心兵事；中年經商失敗，家貧之後，歸田於野，致力於農學；晚年則預備身後，曾相信奇門遁甲、佛道學説；最後因徐光啓和耶穌會士的勸説，改信「天學」，受洗入天主教。

公元一五三五年（嘉靖十四年・乙未）

朱賡[五三]生。

公元一五三六年（嘉靖十五年・丙申）

吕坤[五四]生。

公元一五三七年（嘉靖十六年・丁酉）

此頃，母錢氏[五五]生。

公元一五三九年（嘉靖十八年・己亥）

是秋，上海海嘯，「漂没人民數萬」[五六]；「旱，蝗食禾幾盡」[五七]。

此頃，祖父緒[五八]卒[五九]。

據徐光啓《先祖事略》，徐緒年輕患有慢性疾病，在徐思誠六歲時不治而亡：「早歲得疾，先宗伯生六年矣。……府君自度不起。」「先宗伯」，即徐光啓父親徐思誠。徐光啓《先考事略》記徐思誠「六歲而孤」。梁家勉以虚歲推算，「六歲」爲五年，定徐緒卒於是年。《法華鄉志・徐緒傳》：「徐緒，字西溪。性和厚，與物無競。嘗坐面市中，逐什一之利。家稍裕，遇有窮乏者輒施與之，弗吝也。生子之夕，夢全學士思誠肅衣冠而入，亦以思誠名其子。再傳而文定公大昌門閭，天之誕生巨人，洵非偶矣。嘉靖十九年卒，年四十五，追贈光禄大夫。妻尹氏，録《賢婦》。子思誠，另有傳。孫光啓，録《名臣》。」據此，徐緒的卒年，應爲「嘉靖十九年」，比梁家勉推算的卒年晚一年。

《先祖事略》記：徐緒「自度不起，擇於外姻中得尹翁，擇婿得俞封翁，以遺孤託之。尹翁操家柄，拓産十倍府君時」。「尹翁」，指徐緒妻子尹氏兄長的兒子，「俞封翁」，是徐緒女兒的丈夫。徐緒死後，徐家在思誠一代，家業得尹、俞二家襄助，財富又有增加。徐氏家道中落，發生在徐緒去世以後很久。

公元一五四〇年（嘉靖十九年・庚子）

七月頃，「蘇〔州〕松〔江一帶〕大水，溺死人數萬」[六〇]。

黄省曾卒。前此，黄氏撰有農圃五書：一、《稻品》；二、《芋經》；三、《藝菊書》；四、《蠶經》；五、《魚經》。後此，撰《農政全書》，每引用之。

公元一五四一年（嘉靖二十年・辛丑）

焦竑[六一]生。

公元一五四二年（嘉靖二十一年・壬寅）

秋，嚴嵩[六二]爲大學士，預機務。從此擅權亂政。

郭子章[六三]生。

公元一五四三年（嘉靖二十二年・癸卯）

黄體仁[六四]生。

此頃，俞顯卿[六五]生。

哥白尼卒。

公元一五四五年（嘉靖二十四年・乙巳）

松江「大旱，米踊貴」[六六]。

公元一五四九年（嘉靖二十八年・己酉）

八月頃，倭寇犯浙東沿海，與濱海奸商，狼狽相結。從此，寇禍日滋。

十月頃，朵顔三衞犯遼東。

公元一五五〇年（嘉靖二十九年・庚戌）

顧憲成[六七]生。

公元一五五一年（嘉靖三十年・辛亥）

此頃，父思誠與錢氏成婚[六八]。

春，楊繼盛[六九]奏劾嚴嵩十大罪五奸。旋被嵩誣陷，入獄。

倭寇犯台州，破黄巖，大掠象山、定海諸邑，繼又犯太倉，并分掠鄰境。

西洋人利瑪竇[七〇]生。

按費賴之《在華耶穌會士列傳及書目》（馮承鈞譯，中華書局，一九九五年），羅光《利瑪竇傳》（學生書局，一九八三年）據 Venturi, *Opere storiche del P. Matteo Ricci*, Macerata (1913) 等著作，利瑪竇生於一五五二年十月六日。

此頃，姊[七一]生。

公元一五五二年（嘉靖三十一年·壬子）

利瑪竇（Matteo Ricci），一五五二年十月六日生於今意大利馬爾凱大區之城市馬切拉塔（Macerata）；一五七一年八月十五日在羅馬加入耶穌會；一六一〇年五月十一日在北京去世。利瑪竇在馬切臘塔時，「初就學於一教會職員名本奇文尼（Nicolas Bencivegni）者，其人後入耶穌會。馬切臘塔城之耶穌會學校創設以後，瑪竇就學於中亘七年。瑪竇研究文學畢，一五六八年時被遣送至羅馬肄習法學。羅馬會團新建聖母會，彼曾入會。已而自覺適於教會生活，乃入耶穌會。以一五七一年八月十五日入聖安德修院」（見費賴之著、馮承鈞譯《在華耶穌會士列傳及書目·利瑪竇》，中華書局，一九九五年，第三一頁）。

「利啓（Ricci），義大利文意爲一種海蟲名，體大如拳，遍身生刺，蜷伏時有若栗子，稱爲海刺蝟。利啓家族的徽號爲紅地，繪有一黑色海刺蝟。」（羅光《利瑪竇傳》，學生書局，臺北，一九八三年，第一七頁）「瑪竇」，即基督教新教譯爲「馬太」者。前多有作者按拉丁文，將瑪竇拼寫爲「Mathaeus」；按法文，拼寫爲「Mathieu」；按英文，拼寫爲「Mattew」。近人提及「利瑪竇」，均按意大利原文，拼寫爲「Matteo」。

「利啓族中在第十六世紀時，有一名若翰者，業醫，曾任教皇國的市長和省長。利啓若翰娶妻名若翰娜，姓安喬肋裏（Giovanna Angiolelli）。生子八人、女四人，長子名瑪竇。」（羅光《利瑪竇傳》，臺灣學生書局，一九八三年，第一七頁）

公元一五五三年（嘉靖三十二年・癸丑）

五月頃，倭寇與奸民相結，犯蘇州、松江二郡。「二郡素沃饒，賊至，捆載而去」。有「勁倭四百餘，屠上海之南匯、川沙，逼松江而軍，餘衆圍嘉定、太倉，所過殘掠不可言」[七二]。

此頃，父母隨同祖母尹氏等舉家「流移避難者四年」[七三]，往往「草行露宿，〔母〕每休止叢薄，則抱女（公女兄）坐水深流急處，擬賊至，便自溺」[七四]。

「上海故未有城」，因「海寇肆虐者數矣」，至是，始築城[七五]。

公元一五五四年（嘉靖三十三年・甲寅）

四月頃，倭寇自太倉潰圍出，乃掠民舟入海，趨江北，大掠通州、如臯、海門諸州縣。復焚掠鹽場，有漂入青州、徐州界者，山東大震。五月頃，倭寇自海鹽趨嘉興。又東掠入海，襲破崇明，進迫蘇州，大掠。七月頃，又掠嘉興、嘉善，轉掠松江出海。

冬，楊繼盛被嚴嵩殺害。

張五典[七六]生。

公元一五五五年（嘉靖三十四年・乙卯）

倭寇犯乍浦、海寧，陷崇德，轉掠塘棲、新市諸鎮，杭城數十里外，流血成川。繼犯江北淮揚諸處。六月頃，張經[七七]大破倭寇於王江涇[七八]，繼而胡宗憲[七九]等，又分别破之於松江等地。

上海大疫[八〇]。

董其昌[八一]生。

張鼐[八二]生。

馮應京[八三]生。

公元一五五六年（嘉靖三十五年・丙辰）

九月頃，胡宗憲計誘海寇魁徐海[八四]擊破之，海倉皇溺水死。至是，浙境海寇略平，繼而蘇、松境海寇亦先後敗走。

公元一五五七年(嘉靖三十六年・丁巳)

葡萄牙人開始佔據廣東香山澳——澳門設租界。

胡宗憲誘降海盜魁汪直[八五]誅之。餘黨流劫閩廣。

楊廷筠[八六]生。

公元一五五八年(嘉靖三十七年・戊午)

陳繼儒[八七]生。

曹于汴[八八]生。

公元一五五九年(嘉靖三十八年・己未)

夏,倭數百艘寇江北,犯海門,在姚家蕩爲官軍擊破,從此,江北倭餤漸熄。

葉向高[八九]生。

附注

［一］見《家譜》。

［二］歸有光《送崑山縣令朱侯序》語。

［三］郭守敬，字若思，河北邢臺人。元中統三年（一二六二）任治水、治曆工作。事跡見《元史》。

［四］黄裳，字文叔，四川普城人。乾道五年（一一六九）進士。事跡見《宋史》。

［五］此石刻現仍存蘇州。

［六］秦九韶，字道古，四川安岳人，《宋史》無傳，據近人考證，其生卒年大致爲宋嘉泰二年至景定二年（一二〇二——一二六一）。

［七］全書十八卷，分九類問題，故稱「九章」。其中「大衍求一術」及「正負開方術」，被稱爲有世界意義之重要貢獻。《四庫提要》著録書名爲《數學九章》。《直齋書録解題》有秦九韶撰《數術大略》九卷，宋周密《癸辛雜識》又作《數學大略》，清錢大昕《十駕齋養新録》認爲即《數學九章》之異名。

［八］李治，原名「治」，字仁卿，號敬齋，河北欒城人。生於金明昌三年，卒於元至元十六年（一一九二——一二七九），事跡見《元史》。

［九］全書十二卷，主要係通過測圓及有關幾何學方面之論述，系統闡述「天元術」。後此，公在所著《勾股義》中，特別提到此書，企圖爲之作論釋而未果。

［一〇］全書三卷，係在前人《益古集》（今已佚）基礎上，增益推演而成，亦爲論述「天元術」之著作。

［一一］楊輝，字謙光，浙江錢塘人。生當宋代後期，史書無傳，未詳其生平。

［一二］全書十二卷，採取「問題集」形式編成。係對前人所著《九章算術》（約東漢初期成書）及其注釋（魏、晉間劉徽及唐李淳風注），作出「詳解」，頗有所發明。

［一三］《日用算法》二卷，成於公元一二六二年。書已佚。《乘除通變本末》、《田畝比類乘除捷法》、《續古摘奇算法》三書，先後成於公元一二七四至一二七五年間，前書三卷，後兩書各二卷，基本均屬運算基礎之學。

［一四］司農司係掌農政之機構，當時在該司負編輯任務者，可能有孟祺、暢師文、苗好謙等。

［一五］見《元史》（「本傳」及「天文志」）。

［一六］見《上海志》。

［一七］黄道婆，上海烏泥涇人，事略見陶宗儀《輟耕録》。

［一八］參見《農政全書》卷三十五。

［一九］朱世傑，字漢卿，號松庭，河北燕山人。史書無傳，大概生當元代初年前後。與秦九韶、李冶、楊輝等被稱爲宋元數學四大家。所著書是中國古代數學發展史上重要里程碑之一，在國外亦被推爲「中世紀最傑出之數學專著之一」（G. Sarton：《Introduction to the History of Science》）。

［二〇］全書三卷，包括乘除運算、開方、天元術等，有其一套完整體系。

［二一］全書三卷，内容均與方程或方程組有關。所創始之「四元術」，尤其值得重視。

〔二二〕王禎，字伯善，山東東平人。事略見戴表元《王伯善農書序》（按：戴序見《剡源集》卷七，今本《農書》缺載）。

〔二三〕魯鐵柱，字明善，維吾爾人，事跡略見張㮚《農桑衣食撮要序》（按：張序僅見别本〔現藏北京圖書館〕載及，今通行本均缺載）。

〔二四〕劉基，字伯温，浙江青田人，事跡見《明史》。

〔二五〕《明史・曆志》及《罪惟録・曆志》。

〔二六〕吴伯宗，名祐，以字行，浙江金谿人，事跡見《明史》。

〔二七〕見《明史・曆志》。

〔二八〕湯和，字鼎臣，安徽鳳陽人，事跡見《明史》。

〔二九〕周德興，安徽鳳陽人，事跡見《明史》。

〔三〇〕俞貞木，初名楨，字貞木，號有立，江蘇吴縣人。事跡見《國朝（明）獻徵録》。

〔三一〕《明史・天文志》。

〔三二〕鄭和，雲南人，世稱「三保太監」。事跡見《明史》。

〔三三〕朱橚係明太祖朱元璋第五子，洪武三年封吴王，十一年改封周王。事跡見《明史・諸王傳》。

〔三四〕下同《救荒本草序》語。

〔三五〕王守仁，字伯安，學者稱陽明先生，浙江餘姚人。弘治十二年進士。事跡見《明史》。

［三六］哥白尼（Nicolas Koppernigk，亦作 Copernicus），父爲波蘭人，母爲日耳曼人。天文學及數學家。創立「日心説」，推翻統治千餘年之「地心説」，爲天文學上一次重大革命，引起人類宇宙觀之革新。「從此便開始了自然科學之從神學中的解放」（恩格斯《自然辯證法》語）。

［三七］地亞士（Diaz），葡萄牙人。

［三八］好望角（Cape of Good Hope），亦稱喜望峯。

［三九］黄省曾，字勉之，號五嶽山人，江蘇吴人。事跡附見《明史・文徵明傳》。

［四〇］哥倫布（Christopher Columbus），意大利人。

［四一］巴哈馬羣島（Bahama Islands），在古巴之東北。

［四二］鄺璠，字廷瑞，號阿陵，河北任丘人。事跡見《國朝獻徵録》。

［四三］尹氏（祖母）事跡見所述《先祖妣事略》。據所述：「享年八十」，「啓事淑人二十三年」等語，知當公二十三歲時，尹氏年八十。依此推算，生於是年。

［四四］茅坤，字順甫，號鹿門，浙江歸安人，嘉靖十七年進士。事跡見《明史》。按：茅氏善古文，好談兵，曾佐胡宗憲幕籌剿倭事。公曾言：「今日果有握邊算，佐廟籌，如鹿門先生之於胡公者乎。」（見《陽明先生批武經序》）頗有感於其人其事。

［四五］李時珍，字東璧，號瀕湖，湖北蘄州人。事跡見《明史》。

［四六］潘季馴，字時良，號印川，浙江烏程人，嘉靖二十九年進士。事跡見《明史》。

［四七］王磐，字鴻漸，號西樓，江蘇高郵人。事跡見其壻張綖《王西樓詩集序》及尤侗《明史擬稾》。

［四八］張居正，字叔大，又字時大，號太岳，湖北江陵人，嘉靖二十六年進士。事跡見《明史》。

［四九］李贄，初名載贄，字卓吾，號宏甫，又號温陵居士、龍湖叟、禿翁，福建晉江人，嘉靖三十一年舉人。事跡附見《明史・耿定向傳》。

［五〇］戚繼光，字元敬，號南塘，晚號孟諸，山東登州人。事跡見《明史》。按：戚氏抗倭卓著功績，對兵法頗有研究，對公有一定之影響。

［五一］是書原名《De Revolutionbus Orbium Coelestium》。此書亦譯稱《天旋論》，當時因受宗教壓力，直到公元一五四三年他死後方出版。

［五二］思誠，字子望，號懷西，事跡見所述《先考事略》。據全天敍《懷西徐翁七十壽序》，萬曆三十一年，思誠年七十。依此推算，生於是年。

［五三］朱賡，字少欽，號金庭，浙江山陰人，隆慶二年進士。事跡見《明史》。按：朱氏係公會試時座師。

［五四］吕坤，字叔簡，號新吾，一號心吾，河南寧陵人，萬曆二年進士。事跡見《明史》。

［五五］錢氏事跡見所述《先妣事略》，但未詳其生年。據所述：「笄而歸府君，……未幾，遭倭燹，邑未城，……左掖大母，右持女兄，草行露宿」等語，尚略可推知。考上海未建城前，倭燹最頻且較劇者爲嘉靖三十二年，由陰曆二月至五月不斷發生（見《縣志》）。此所云「遭倭燹」，當在該年。其時，公父二十歲，距婚

期既云「未幾」，則「女兒」誕生當不久，可能爲一歲，估計父母婚期，當在女兒誕生前，即嘉靖三十年，其時公母值「笄」年，當爲十五歲。果爾，則錢氏誕生當在是年（嘉靖十六年）頃。

〔五六〕見《南匯縣志》。

〔五七〕見《青浦縣志》。

〔五八〕緒字西溪，事跡見所述《先祖事略》。

〔五九〕據所述《先祖事略》：「早歲得疾，先宗伯生六年矣。……府君自度不起。」所云「先宗伯」，指父思誠。蓋思誠六歲時，其父便逝世。依此推算，緒卒期當在是年。

〔六〇〕見《府志》。

〔六一〕焦竑，字弱侯，號澹園，江蘇江寧人，萬曆十七年進士第一。事跡見《明史》。按：後此焦氏主考丁酉科順天鄉試，極賞識公之應試文，拔置第一。自是，師生之誼頗篤，音問屢往還。公曾爲焦氏文集撰序，推挹其「不爲文士之文，……而有能益於德，利於行，濟於用」。其重實用之思想，頗與公相契。

〔六二〕嚴嵩，字惟中，江西分宜人，弘治十八年進士。事跡見《明史》。

〔六三〕郭子章，字相奎，號青螺，江西泰和人，隆慶五年進士。事跡見《明史稿》（萬斯同本）。

〔六四〕黄體仁，字長卿，號穀城，上海人，萬曆三十二年進士，事跡見《雲間志略·黄憲副穀城傳》（此篇據撰者何三畏稱，係據公所述寫成）。按：後此，黄氏係公少年時受業師，頗器重公。與公同年舉進士，辭謝館選，薦公自代（見《縣志》）。又按：《閲世編》記黄氏年「至六十三而始登進士」。其時，在萬曆三十二年，依此推算，應生於是年。

［六五］俞顯卿，字子如，號適軒，上海人，萬曆十一年進士。事跡見《雲間據目鈔》。按：俞氏爲公姑母之子，與公爲表兄弟行。性剛直，著述頗富（目録見《縣志·藝文》）。後此，公曾爲其像作贊，有「貞心勁氣，獨留於天地之間」語。又按：俞氏生年未詳，惟已於公誕生前一年成舉人，估計當長逾二十歲。

［六六］見《府志》。

［六七］顧憲成，字叔時，號叔子，學者稱涇陽先生，江蘇無錫人，萬曆八年進士。事跡見《明史》。

［六八］參見注［五五］。

［六九］楊繼盛，字仲芳，號椒山，河北容城人，嘉靖二十六年進士。事跡見《明史》。

［七〇］利瑪竇，字西泰，原名 Matthieu Ricci，意大利人。公元一五八二年來華，一六一〇年卒。按：利氏來華任務，係宣傳天主教，而藉講習西洋科學爲手段。公從之習數理、天文、曆法、水利等科學，並與之譯述《幾何原本》、《測量法義》等書。

［七一］所述《先妣事略》有「邑未城〔時〕……右持女兄」語，知公有姊一，在「邑未城」時已誕生。考上海築城，係嘉靖三十二年事（見《縣志》），依此推算，則公姊應生於是年頃。又，《縣志》述及：公姊婚於同邑陳紹統，其子名于階，從公習算曆（見《陳于階傳》）。

［七二］見《明史紀事本末》卷五十五。

［七三］見所述《先祖妣事略》。

［七四］見所述《先妣事略》。

［七五］見潘恩《上海築城記略》。

［七六］張五典，字和衷，號海虹，山西沁水人，事跡見黄立極《海虹張公墓表》。按：後此，張氏任丁酉科順天鄉試分考官，爲公座師，公頗見賞識，并曾爲其文集撰序。

［七七］張經，字廷彝，福建侯官人。正德十二年進士。事跡見《明史》。

［七八］王江涇在浙江秀水縣境。

［七九］胡宗憲，字汝貞，號梅林，安徽績溪人，嘉靖十七年進士。事跡見《明史》。

［八〇］見注［一一六］。

［八一］董其昌，字元宰，號思白，華亭人，萬曆十七年進士。事跡見《明史》。按：後此，董氏與公稔，曾同行赴鄉試。對公政見，頗多贊許（見所輯《萬曆留中奏疏彙要》）。

［八二］張鼐，字世調，號侗初，華亭人，萬曆三十二年進士。事跡見《明史稿》。按：後此，張氏與公稔，曾同行赴鄉試。屢曾上疏支持公之政見（見所撰《遼籌》）。

［八三］馮應京，字可大，號慕岡，安徽盱眙人。《番禺縣志》著録其原籍在縣屬龍灣（《廣東通志·選舉表》《廣州府志·列傳》，亦均著録）。萬曆二十年進士，事跡見《明史》。按：馮氏以「志操卓犖，學求有用，不事空言」（《明史》語）見稱。後此，因「繩貪墨，摧奸豪」，被逮入獄數年。出獄後，公亟往晤，稱其所談爲「仁人之言」（見《農政全書》卷三十五）。

［八四］徐海係當時導倭入寇之海盜魁。事跡附見《明史·胡宗憲傳》。

［八五］汪直，原名王直，又易姓名爲汪五峯，安徽歙縣人。事跡見采九德《倭變事略》。

［八六］楊廷筠，字仲堅，號淇園，又號鄭圃居士、泌園居士，浙江仁和人，萬曆二十年進士。事跡見《杭州府志》。按：後此，楊氏與公頗投契，頗致力於介紹西洋文化及輿地等知識，曾任御史等官。信天主教，與公及李之藻同被稱爲「三大柱石」。

［八七］陳繼儒，字仲醇，號眉公，華亭人，諸生。事跡見《明史》。按：後此，陳氏與公稔，曾同行赴鄉試。

［八八］曹于汴，字自梁，號珍宇，學者稱貞予先生，山西安邑人，萬曆二十年進士。事跡見《明史》。按：後此，與公及利瑪竇等相從質疑論學。

［八九］葉向高，字進卿，號臺山，福建福清人，萬曆十一年進士。事跡見《明史》。按：後此，葉氏與公及楊廷筠、曹于汴等，每與利瑪竇相從質疑論學（見《行略》）。葉氏當國時，「海內正人倚以爲重」（《明史》語）。閹黨目爲東林黨魁。

本譜之部

公元一五六二年（明・嘉靖四十一年・壬戌）　一歲

四月二十四日（陰曆三月二十一日）生[一]於南直隸[二]松江府上海縣。其地「瀕海，而廣原腴壤，盡境皆然。極目萬頃，莫有曠土」[三]，饒於棉、稻。當時人口約十萬户[四]，居縣城者達三、四萬户，其中業紡織者近兩千人[五]。

所居在城南[六]。家庭成員：祖母尹氏，五十八歲[七]，父思誠，二十九歲[八]，母錢氏，約二十六歲[九]，姊一，約十歲[一〇]。

家境故貧，父「嘗業賈」，繼棄而「課農學圃自給」[一一]。時，「遭倭燹」後，又值松江大饑，饑民被迫掠食[一二]，至是，愈窘。

生而「岐嶷挺秀」，祖母尹氏喜曰：「是大亢吾宗者。」[一三]

徐光啓出生地爲上海城南之太卿坊。太卿坊，明南京太常寺少卿沈瑜立。沈瑜，上海人，景泰年舉人，弘治十四年（一四九一）卒，賜立牌坊於南門，因名「太卿坊」，坊名延至民國初年。一九三〇年，「太卿坊」改名爲「坊明路」，抗戰勝利後再改名「阜民路」，一九八〇年更改名「光啓南路」。順治二年（一六四五），兵禍加民變，徐宅毁去大半。嘉慶《上海縣誌》：「徐光啓宅在太卿坊，有後樂堂、尊訓樓。今存。」清中葉後，徐宅再經改建，爲徐光啓孫爾爵、爾覺家族後裔居住。

「八一三」抗戰期間，南市被炮火所毁，徐宅僅存樓房九間，俗稱「九間樓」。一九四九年時，「九間樓」爲後裔徐聯杲（海林）持有。一九五六年，經徐海林手，「九間樓」、徐氏祠堂、《徐氏宗譜》和徐光啓墓交由政府管理（據王成義《徐光啓家世》，上海大學出版社，二〇〇九年），現由外姓居住。一九五九年，喬家路二三六——二四四號「徐光啓故居」（「九間樓」）公布爲「上海市級文物保護單位」；一九六二年，光啓南路二三二弄一號「徐光啓祠堂」，公布爲南市區區級文物保護單位。

附注

［一］見《行述》、《登科録》、《履歷便覽》。

［二］當時松江府直接隸屬南都（南京），稱「南直隸」，簡稱「南直」。

[三] 見《上海志》。

[四]《縣志》載弘治十五年有九萬三千餘户，隆慶時達十萬户。

[五] 此係利瑪竇筆記萬曆年間情況(見《利瑪竇傳》)。

[六] 故居在縣城南太卿坊，見《家譜》。

[七] 尹氏年齡，據所述《先祖妣事略》「享年八十」、「啓事淑人二十三年」等語推算。

[八] 思誠年齡據全天敍《懷西徐翁七十壽序》萬曆三十一年思誠「年七十」推算。

[九] 錢氏年齡，參見「譜前之部」附注。

[一〇] 姊年齡，參見「譜前之部」附注。

[一一] 見所述《先考事略》。

[一二] 見《府志》。據稱：是年(壬戌)「大饑，斗米一百七十文，飢民四出搶掠」。

[一三] 見梁珉《徐太母尹太夫人傳》。按：所謂「亢宗」，反映出當時之封建思想。《行實》述此謂係公母錢氏語，疑誤記，或係傳聞異辭。

公元一五六三年(嘉靖四十二年・癸亥)　二歲

連年倭人屢犯閩海，攻掠福、泉、興化等州府，是年五月，爲總兵官俞大猷[一]、戚繼光等擊破，受鉅創。至是，爲患東南沿海亘二十餘年之倭寇，稍斂跡。

十一月頃，東北邊土酋率衆犯遼東，攻破牆子嶺關，長驅深入，大掠順義、三河及灤東諸縣。京師震動。旋爲各路援兵所敗，退去。

是年，孫承宗[二]生。

附注

[一] 俞大猷，字志輔，號虛江，福建晉江人。事跡見《明史》。

[二] 孫承宗，字稺繩，號愷陽，河北高陽人，萬曆三十二年進士。事跡見《明史》。按：孫氏與公同年舉進士，以知兵稱，支拄關外多年。彼此意氣頗相孚。

公元一五六四年（嘉靖四十三年·甲子）　三歲

是年，科學家伽利略[一]生於意大利。伽氏精物理、數理、天文等科學。後此，通過其學侶鄧玉函[二]關係，曾受到一定影響，並曾仿用其創製之天文望遠鏡[三]。

鄧玉函，羅馬靈采學院（Accademia dei Lincei）院士，和伽利略同院。靈采學院爲教廷科學院（Pontificia Accademia delle Scienze）的前身。伽利略是第六名院士，鄧玉函爲第七名院士，鄧玉函在科學成就和名望上與伽利略齊名，互爲密友。鄧玉函擅長數學、醫學、哲學、神學，通曉希伯來、迦勒底、希臘、拉丁、德、葡、法、英等文字，在動物、植物、礦物等方面尤有造詣，爲歐洲著名學者。鄧玉函以成名學者，在三十五歲時（一六一一）加入耶穌會，於一六一八年離開里斯本來華，和徐光啓密切交往。（參見費賴之著、馮承鈞譯《在華耶穌會士列傳及書目·鄧玉函》，中華書局，一九九五年；方豪《中國天主教史人物傳·鄧玉函》，中華書局影印本，一九八八年）

附注

［一］伽利略（Galileo Galilei），亦譯稱格里留，意大利人。在天文學、物理學等方面，頗多創見。始創用望遠鏡觀測天體，進一步發展哥白尼之天體學説。時被認爲異端，判入獄，後被釋。晚年失明。

［二］鄧玉函，字涵玉，原名 Joannes Terrenz，瑞士人。公元一六二一年來華，一六三〇年卒。按：鄧氏曾與伽利略同學，來華後，被推薦助修曆法。

［三］伽利略在公元一六〇九年偶聞荷蘭有人發明一種以鏡筒放大遠距離物體之傳説，因自出心裁，創出天文望遠鏡，越二十年（一六二九）公亦設計仿製應用（見所上《條議曆法修正歲差疏》）。

公元一五六五年（嘉靖四十四年·乙丑）　四歲

此頃，妹生［一］。

六月四日妻吴氏生[一]。

是年，程嘉燧[二]生。

前權臣嚴嵩被罷斥，其子世蕃[四]伏誅，籍没金銀珠寶田宅數極鉅[五]。

附注

[一] 所撰《先妣事略》有「訓不肖及女兄弟」語，知不但有姊，蓋亦有妹。又《家譜·先世列傳》述及與吴夫人婚後，因家貧，「懷西公遣女奩裝，計無所出」。此所云「女」，當係公妹，非公姊，姊長於公逾十歲，不會在公婚後始遣嫁。此亦有妹之一證。惟其生年未詳，姑次於此。

[二] 吴氏係吴小溪女，事跡附見《行略》。據《家譜》：吴氏生辰在五月初七日（陰曆），卒於清順治三年，壽八十二歲。依此推算：應生於是年。

[三] 程嘉燧，字孟陽，晚號松園老人，安徽休寧人，僑居嘉定。事跡附見《明史·唐時升傳》。按，程氏以「工詩善畫」名。曾一度與公「讀書山中」（見程氏所撰《懷西徐翁七十壽序》）。

[四] 嚴世蕃，號西樓。事跡附見《明史·嚴嵩傳》。

[五] 據當時官方所開列之嚴氏籍産，有黄金三萬二千九百六十九兩，銀二百二萬七千九十兩有餘，第宅六千六百餘間，田、塘二萬七千三百餘畝，珍寶服玩數千餘件。其剥削、貪污程度，可見一斑。

公元一五六六年（嘉靖四十五年・丙寅）　五歲

秋，上海「大風雨，壞城市廬舍」[一]。

是年，李之藻[二]生。

附注

[一] 見《縣志》。

[二] 李之藻，字振之，號我存，又號涼庵、存園叟，浙江仁和人，萬曆二十六年進士。事跡見《明史・曆志》（近人陳垣有《浙西李之藻傳》）。按：李氏與公志同道合，同治算理、天文等科學，同介紹西洋學術，同信天主教，被稱爲「三大柱石」之一。晚年被推薦同修曆法。又按：李氏生、卒年，文獻多未詳。近人方豪撰《李我存年譜》，謂生於隆慶三年。近歐人 Henri Bernard 撰《利瑪竇傳》，根據利氏及來華傳教士記録，謂生於公元一五六六年。今依後説，次之於是年。

公元一五六七年（隆慶元年・丁卯）　六歲

此頃，公及姊輩年漸長，母錢氏訓誨有方，「生平未嘗楚辱罵言。有所欲勑戒，則不言笑者數日，待兒輩侍立垂涕，度悔改乃已」[一]。

一月二十三日嘉靖帝朱厚熜卒，廟號世宗。子載垕嗣位。二月九日（陰曆元旦）起，改年號爲「隆慶」。

三月中，張居正爲吏部左侍郎兼東閣大學士，預機務。自是，張氏秉政逾十五年（其中爲首輔者十年），國事措施，稍見改良。

是年，蘇州、松江二府大饑[二]。

附注

[一] 見所述《先妣事略》。原文未記明何年，姑次於此。

[二] 見《明史·五行志》。

公元一五六八年（隆慶二年·戊辰）　七歲

此頃，頗活潑，「矯摯，饒英分。嘗雪中躡城雉，疾馳，縱遠眺」[一]。

「方就傳。一日，館師他出，與同學諸子戲各言己志。一曰：『我欲爲富翁……』一曰：『我欲爲道士[二]……』公曰：『是皆不足爲也。論爲人，當立身行道，……治國治民，崇正闢

邪，勿枉爲人一世。』」[三]

是年，戚繼光鎮薊州，總理練兵事，立車營，建敵臺千二百座，軍容爲諸邊冠。

朱賡成進士。

本年，利瑪竇由家鄉馬切臘塔赴羅馬，研習法律學。利氏家族的原意，是培養長子繼承家業，成爲官宦。利瑪竇在課業之外，參與新辦修會耶穌會的活動。時任總會長爲第三任之聖方濟各・波爾濟亞（Francis Borgia，一五一〇——一五七二），西班牙公爵，羅耀拉之密友，後加入耶穌會，一六七〇年受封爲聖人。（參見羅光《利瑪竇傳》等著作）

附注

[一] 見《罪惟録》。原文「眺」字誤作「跳」，今改正。又，原文次此事於「緣塔捕鴿」事之前，未明指何年。惟《南吳舊話録》記公「緣塔捕鴿」，謂時「方八歲」。故今繫於八歲之前一年。

[二] 原文此下有「役鬼驅神，放遊方外，亦無衣食慮」等語。按：是亦當時迷信風氣之反映。特别在嘉靖時，宫廷極重「道士」，玄修青詞，風靡一時，兒童輩亦受其影響。

[三] 見《行略》。

公元一五六九年（隆慶三年・己巳） 八歲

此頃，讀書龍華寺[一]。

「嘗緣塔[二]捕鴿爲樂，偶失足下墜，見者驚呼。公持鴿自若，顧之曰：『汝猶能盤旋塔頂，煩我數日思耶？』」[三]

又嘗「飛陟塔頂，趺（坐）頂盤中，與鸛争處。俯而嘻，……顧盼物表，神運千仞之上」[四]。

六月十四日，所居一帶遭「海溢，大風從東南來，漂没人畜無數」[五]。

是年，熊廷弼[六]生。

附注

[一] 見《罪惟録》。按：龍華寺在黄浦西龍華村，建於五代時。見《縣志》。

[二] 按：當指龍華寺塔。據《府志》：「龍華寺西北隅，舊有白蓮教院，前有寶塔。」

[三] 見《南吴舊話録》。原文前有「方八歲」三字。

[四] 見《罪惟録》。《家傳》記此，大同小異。其中「頂盤」作「塔頂鐵盤」。「與鸛争處」作「與鵲争巢」（見《家譜》）。但兩書均未記明何年，姑繫於此。

［五］見《縣志》。

［六］熊廷弼，字飛百（亦作非伯），號芝岡，湖北江夏人，萬曆二十六年進士。事跡見《明史》。按：熊氏以知兵、諳邊事見稱，曾兩度經略遼東。與公討論籌遼事，意見每相合。

公元一五七〇年（隆慶四年・庚午）　九歲

父思誠在「課農學圃」之餘，「所往還，喜鄉里耆德或老農圃」。「所習聞諸戰守方略甚備。與人語舊事，慷慨陳説」[一]。此頃，公耳濡目染，頗受其影響。

是年，蘇州、松江二府開辦水利，濬吴淞江[二]。

附注

［一］見所述《先考事略》。

［二］見《國榷》。時，吴淞江因積潮泥致淤塞。

公元一五七一年（隆慶五年・辛未）　十歲

此頃，聆華錦[一]講述昔年[二]受胡宗憲派往偵探徐海軍情及説服其歸降事甚詳。後此，久猶憶述其事[三]。

是年，王徵[四]生。

馬一龍[五]卒。前此，馬氏撰《農説》[六]，综述耕作理論，強調「〔人〕力足勝天」説。後此，公頗重其書，摘録於《農政全書》中。

本年，八月十五日，聖母升天節，利瑪竇加入耶穌會。時耶穌會羅馬總住院位於桂里納山（Quirinale）聖安德修院，代理總會長爲納達爾（Natale）。利瑪竇在羅馬修習法律，因與耶穌會士過從甚密，加入該會新立之聖母會，進而違背其父意願，捨棄研習法律、繼承家族事業之道路，捐身爲神父。（參見羅光《利瑪竇傳》；費賴之《在華耶穌會士列傳及書目》）

附注

〔一〕華錦，江蘇上海人。事跡見《縣志·拾遺》。

〔二〕嘉靖三十五年。

〔三〕公爲翰林時，猶向友人張鼒述此事，謂幼時曾認識華錦，且曾聆其自述經過情況。見張氏所撰《吳淞甲乙倭變志》。按：徐海事跡以茅坤《徐海本末》爲較詳。茅氏佐胡宗憲幕，見聞較確。惟其中只云派「諜者」諜徐海軍情及陰結其兩侍女，未著録「諜者」之姓名，此正足補其缺。

［四］王徵，字良甫，號葵心，又號了一道人，陝西涇陽人，天啓二年進士。事跡見《啓禎野乘》（亦附見《明史・祝萬齡傳》，但極簡）。按：王氏潛心實用之學，擅物理學及農器、軍器、機械等技術，並以知兵稱。公曾薦請召至京，委以教習車營、火器等任務（見所上《奉旨敷陳愚見疏》）。

［五］馬一龍，字負圖，號孟河，又號玉華子，江蘇溧陽人，嘉靖二十六年進士。事跡見《國朝（明）獻徵録》。

［六］此書原載《玉華子游藝集》内。

公元一五七二年（隆慶六年・壬申）　十一歲

七月五日隆慶帝朱載垕卒，廟號穆宗。子翊鈞嗣位。明年二月二日（陰曆元旦）起，改年號爲「萬曆」。

是年，尼德蘭（Nether-land）革命爆發。此一役，被稱爲歐洲第一次資産階級革命。

本年，九月，利瑪竇進入羅馬學院（Collegio Romano）學習神學、哲學和科學，長達五年之久。羅馬學院，耶穌會會祖羅耀拉・依納爵創辦於一五五一年，創辦費用得自好友方濟各・波爾濟亞，即耶穌會第三任總會長，利瑪竇的精神導師。羅馬學院改革神學教育體系，採用世俗大學建制培養神父。學校發展迅速，一五六九年學生數已達二百多人。羅馬學院的教授中，克拉維烏斯神父，爲最重要之數學家、天文學家，主持修訂《格里高利曆》；貝拉敏神父，爲最重要之神學家、哲學家，曾主持羅馬宗教裁判所多年。利瑪竇立志東方傳教，故在羅馬學院定向研習相關課程。（參見羅光《利瑪竇傳》，學生書局，臺北，一九八三年；費賴之《在華耶穌會士列傳及書目》，中華書局，一九九五年）

公元一五七三年（萬曆元年・癸酉） 十二歲

「讀書龍華寺，……比差長，過鄰塾，塾師命題，公隨口成章，不假思索。師大奇之」[一]。

附注

[一]《家譜・先世列傳》引《東海陳言》。按：原文未記明在何年，姑次於此。

公元一五七四年（萬曆二年・甲戌） 十三歲

此頃，「讀書間及兵傳」。父思誠「喜言兵，弗禁」。母錢氏獨不願公習此。「檢得册中有兵刃圖像者，弆藏之」[二]。

附注

[一] 見所述《先妣事略》。按：原文未記明何年，姑繫於是年。

公元一五七五年（萬曆三年·乙亥）　十四歲

江浙頻年水災。五月，淮揚大水，河決碭山以北，淮決高家堰以東，高郵湖決清水潭口，淮城幾没，徐、邳、山陽南北漂蕩千里，河道淤淺，阻漕者數年[一]。

六月，松江境大風，海溢，漂没廬舍人畜頗多[二]。

是年，鹿善繼[三]生。

附注

[一] 參見《國榷》。

[二] 見《府志》。

[三] 鹿善繼，字伯順，號乾嶽，河北定興人，萬曆四十一年進士。事跡見《明史》。按：鹿氏以文章氣節見稱。癸丑科會試，受知於公，認爲行文「真樸」，爲人「可倚仗」（見《南吴舊話録》）。

公元一五七六年（萬曆四年·丙子）　十五歲

「比束髮[一]，出就外傅，敏而好學。章句、帖括、聲律、書法，均臻佳妙」[二]。

柏應理（Philippe Couplet，一六二三——一六九三）撰《徐光啓行略》，述徐光啓少年時便已立大志，以經營天下爲己任：「公少時即奇特出衆，高尚其志。方就傅，一日館師他出，公與同學諸子戲各言己志。一曰：我欲爲一富翁，多人敬仰，終生可無衣食慮也；一曰：我欲爲道士，役鬼驅神，放游方外，亦無衣食慮也。公曰：是皆不足爲也。論爲人，當立身行道，學聖學賢。我欲做一高官，治國治民，崇正辟邪，勿枉爲人一世也。」（法國國家圖書館藏本，收鐘鳴旦、杜鼎克、蒙曦編《法國國家圖書館明清天主教文獻》第十二册，臺北利氏學社，二〇〇九年）

是年，春，旱，江北河水斷流。秋，河決，徐、豐、沛、睢寧、金鄉、魚臺、單、曹等八州縣，田廬漂没無數[三]。

上海饑[四]。

工科給事中徐貞明[五]被謫爲太平府知事。在謫居中，撰成《潞水客談》，認爲「西北之地，旱則赤地千里，潦則洪流萬頃」。非講求水利，開展屯墾不可。因條列其利益，並謂「當今經國之計」，其「大且急」者即此。建議先試行於京東永平之地，擴而至畿輔以至西北。後此，公頗重視其書，加以批注并録載於《農政全書》，且躬自試驗之於天津。

耶穌會開始在廣州府之香山嶴（澳門）設立教區。該地在嘉靖三十二年爲葡萄牙商人藉口曝曬貨物，賄地方官借用。數年後，葡商來者愈多，竟視爲殖民地，築城，建屋，設官。從此，澳門淪於外人手，成爲歐西資本主義勢力入侵中國之最早根據地。

附注

［一］昔人年十五以上，束髮，稱成童。
［二］《行實》語。
［三］參見《國榷》及《明史・神宗本紀》。
［四］見《縣志》。
［五］徐貞明，字孺東，號伯繼，江西貴溪人。隆慶五年進士。事跡見《明史》。按：貞明因御史傅應禎以直言獲罪，特入獄調護之，致被謫。事在是年一月二十三日。見《國榷》。

公元一五七七年（萬曆五年·丁丑） 十六歲

此頃，師事黄體仁，與王偕春[一]同學[二]。黄氏私淑王守仁，致力心性之學[三]，頗器重公[四]。

七月，上海地區，「寒如冬令，霪雨傷稼」[五]。

十二月，全國普查土田。明初，全國土田八百五十萬頃。歲久弊生，豪紳地主有田不賦，貧民攤派爲累，民窮逃亡，至是更甚。張居正因請重新測量，凡莊田、屯田、民田、職田、蕩地、牧地，皆就彊理[六]。

是年，張銓[七]生。

附注

［一］王偕春，原名尚行，字爾中，江蘇上海人，萬曆十年舉人。事跡附見《縣志·王潭傳》。

［二］見《縣志·王潭傳》。按：與王偕春從學黄體仁，未詳何年，極可能在是年前後，姑繫於此。

［三］《縣志》稱：黄氏「講性學，多所發明」。時，耿定向傳王守仁之學。

［四］黄氏譽公「才優」，曾向李廷機薦其參與翰林館選，見《縣志》。

［五］見《縣志》。

［六］見《明史紀事本末》卷六一。

［七］張銓，字宇衡，號見平，山西沁水人。萬曆三十二年進士。事跡見《明史》。按：張氏係公座師張五典之子，與公同年舉進士。

公元一五七八年（萬曆六年・戊寅）　十七歲

三月，潘季馴總理河漕，引度水勢，條陳塞決口、築堤防、復牐壩、創滚水壩、止濬海工程、寢開老黄河之議[一]等六議，並陸續實施。嗣後數年，河道無大患[二]。

是年，李時珍撰《本草綱目》告成[三]。是書總結前人研究成果，經過實地調查研究，著録藥物一八九二種，包括植物、動物、礦物及部分其他物品。其中以植物爲最多[四]，係一部「博而不繁，詳而有要」[五]之科學著述。後此，頗見重視，撰《農政全書》，多所徵引[六]。

西洋人范禮安[七]到澳門主持耶穌會遠東傳教事務。從此，天主教組織，開始在中國展開活動。

本年，三月二十四日，羅明堅、巴範濟、利瑪竇等二十四名耶穌會士，搭乘「聖路易」號航船，從葡萄牙里斯本啓程。歷經半年航行，於當年八月十三日抵達印度港口果阿。利

瑪竇留居果阿，在當地神學院繼續學業。（參見費賴之《在華耶穌會士列傳及書目》，中華書局，一九九五年）

附注

[一] 時有主張復老黄河故道者，亦有主張塞决口，束水歸漕者，潘氏不同意前一做法。

[二] 見《明史·河渠志》。

[三] 原書《序例》稱：是書「始於嘉靖壬子（一五五二），終於萬曆戊寅（即是年）。稿凡三易，分爲五十二卷，列爲一十六部，部各分類，類凡六十。標名爲綱，列事爲目。」又，《明史》稱：李氏撰是書，「窮搜博採，芟繁補缺。歷三十年，閱書八百餘家，稿三易而成書」。

[四] 據德人 Emil Bretschneider 統計：是書除動物、礦物及其他物品外，著録植物一一九五種（見石聲漢譯《中國植物學文獻評論》）。

[五] 萬曆十八年王世貞《本草綱目序》語。

[六] 據近人統計：《農政全書》引用《本草綱目》處，計草部十八則，穀部十四則，菜部二十四則，果部四十則，木本部十一則，蟲部二則，共一百〇九則。此外，未説明出自何書而見於《本草綱目》者有七十四則（康成懿《農政全書徵引文獻探原》）。

[七] 范禮安（Alessandre Valignani），意大利人。是年到澳門，公元一六〇六年卒。多居留澳門，間或

到日本，但未入中國内地。

公元一五七九年（萬曆七年·己卯）　十八歲

是年，楊廷筠成舉人[一]。

上海大水成災[二]。

本年，六月，耶穌會士羅明堅到達澳門。羅明堅（Michel Ruggieri，一五四三——一六〇七），字復初，生於義大利那不勒斯，一五七二年加入耶穌會，一五七八年和利瑪竇等同船赴東方。羅明堅到澳門後決心讀寫中文，以中年不易，受到教内人士阻擾。得會督范禮安支持，並向羅馬當局申請批復後，中文水準大進，爲最初掌握中文之西方人。一五八〇至一五八三年期間，羅明堅曾三次進入廣州，一次深入肇慶，爲開教中國内地之先驅。（参見費賴之《在華耶穌會士列傳及書目》，中華書局，一九九五年）

附注

[一] 見《杭州府志·選舉》。

[二] 見《縣志》。

公元一五八〇年（萬曆八年・庚辰）　十九歲

九月四日媳顧氏[一]生。

俞大猷卒。

本年，七月二十六日，利瑪竇在印度晉鐸爲神父。初，利瑪竇在果阿（Goa）本會修院教授拉丁文、希臘文，在交趾（Cochin）神學院教授修辭學，同時繼續研修神學。（參見費賴之《在華耶穌會士列傳及書目》，中華書局，一九九五年；羅光《利瑪竇傳》，學生書局，一九八三年）

附注

[一] 顧氏係顧昌祚女，事跡見《龍與府君及顧孺人行實》。

公元一五八一年（萬曆九年・辛巳）　二十歲

在金山衛，「補諸生高等，食餼學宫」。時，「既早聞家學，膽智過人，……便以天下爲己任」[一]。娶妻吴氏。吴氏「善紡績，三倍他人」[二]，「操家有法，節儉自持。……平居布素，澹如也」[三]。公倚之爲内助，有「椎髻挽鹿車，政賴鴻妻」[四]語。

是年，京師旱，南畿饑。張居正上疏述及：「淮、鳳、蘇、松，連被災傷；徐、宿間至以樹皮充飢，或聚爲盜」。因請「破格賑之」[五]。

新興之西方資本主義國家——荷蘭共和國開始建立。

此頃前後，葡萄牙人將煙草、望遠鏡等物品，首次介紹入中國[六]。

附注

［一］見《行述》。
［二］見《家譜・先世列傳》。
［三］見《行略》。
［四］徐爾默録公敍《吴夫人事略》語（見《家譜》）。
［五］見《國榷》。
［六］見《利瑪竇傳》。

公元一五八二年（萬曆十年・壬午）　二十一歲

此頃，家境頗困。妻吴氏稍有嫁資，值「翁懷西公遺女[一]奩裝，計無所出。〔吴〕夫人奉鑰以進，唯姑氏[二]發篋取焉」[三]。

是年，番藷自越南傳入[四]，中國引種番藷始此[五]。自是，「種播天南」[六]。後此，公頗究心其栽培繁殖方法，並撰有《甘藷疏》[七]，積極從事推廣。

七月底，上海「大雨，海溢，壞禾、棉，漂没人畜無算。歲大饑」[八]。此頃，覽於歷年水旱災，影響生民至鉅，開始留意「水法」[九]，對農田水利，不斷周諮博訪。

九月，值鄉試期，應考，未第[一〇]。

十月二十二日，子驥[一一]生。

是年，王偕春成舉人[一二]。

張居正卒。

西洋人利瑪竇到澳門，明年，入端州[一三]，傳播天主教。

西文資料記載，利瑪竇本年八月到達澳門：「一五八二年四月，范禮安神父召之赴澳門，是年八月抵澳門，立時研究華語，次年隨羅明堅神父赴肇慶。」（費賴之著、馮承鈞譯《在華耶穌會士列傳及書目·利瑪竇》，中華書局，一九九五年）

羅光《利瑪竇傳》據 *Opere storiche del P. M. Ricci* 一書：「一五八二年四月十五日，（利瑪竇）接到范禮安之令，命赴澳門，十一天後便和巴範濟起程。海中風浪很大，利瑪竇重病一場，自以爲要和很多同會會士一樣，一命歸天。幸而病勢好轉，終能於八月七日抵達澳門。」

日本豐臣秀吉[一四]掌握該國政權。後此，與中國頻有交涉。

西洋各國開始廢古代儒略[一五]舊陽曆，改用格勒哥里[一六]新陽曆，以十月五日爲十五日，中間消去十日。此因儒略曆以三六五又四分之一日爲一回歸年，規定每年爲三百六十五天，再加上每四年有一個閏年。但實際上地球公轉一周爲三百六十五天五小時四十八分四十六秒（天文學上一回歸年之長度爲 365.242 2 平太陽日），因而有此積差。格勒哥里曆從本年十月加以撥正後，同時規定「逢百之年不閏」（每二十五個四年）、「逢四百之年置閏」（每一百個四年），以消除此後之較大的誤差。

附注

［一］公妹。

［二］公母錢氏。

［三］見《家譜·先世列傳》。按：原文未記明在何年，姑次於此。

［四］由華僑陳益傳入，見《鳳岡陳氏族譜》（《東莞縣志》）。

［五］此係粵境引種之始。後此，在萬曆二十一年六月間，閩人陳振龍自呂宋買種傳入厦門（見《金薯傳習録》），係閩境引種之始。

［六］《鳳岡陳氏族譜》語。

［七］此書已佚，《羣芳譜》尚録存其書之序言（係公自撰）。參看一六〇八年注［七］。

［八］見《縣志》。

［九］所撰《泰西水法序》述及「昔與利（瑪竇）先生遊，……有所聞水法一事」。自謂「嘗留意兹事，二十餘年矣」。據此推算：由公開始從利瑪竇遊時即公元一六〇四年，上溯至是年，恰符所述「二十餘年」之數，因次於此。

［一〇］是年，值鄉選「大比」期。明制：每逢子、卯、午、酉年八月（舊曆），舉行鄉試。見《明史・選舉志》。公此次曾否應考，史無明文。據公自述「璞懷三獻」，「秋闈（每）不利」等話，似曾與試而未第。

［一一］徐驥，字安友，號龍與，事跡見《龍與府君及顧孺人行實》。

［一二］見《縣志・選舉表》。

［一三］據《明史・意大里亞傳》、《大西利先生行蹟》等文獻，均謂利瑪竇到「廣東之香山澳」（澳門），係在萬曆九年。惟《利瑪竇傳》謂在萬曆十年（一五八二），且記明在是年八月七日。此係根據利氏書信及筆記，當較可信。且利氏自述，亦曾提及「浮槎東來，壬午解纜東粵」，則更足爲確證（見《山海輿地圖自序》）。又利氏入端州，諸書並記爲萬曆十一年，而《利瑪竇傳》則更詳其月日，謂在九月十日。

［一四］豐臣秀吉，初名木下藤吉郎，後改名羽柴秀吉，賜姓豐臣。是年受封爲太政大臣。

［一五］儒略，亦譯作朱里安(Julius Cæsar)，於公元前四六年創此曆法於羅馬，爲今通用曆法之始。

［一六］格勒哥里十三世(Pope Gregory XIII)，係羅馬教皇。是年十月四日令以十月五日爲十月十五日。因而是年十月，減少十日。從此，新陽曆較舊陽曆提早十日。此法最先行於南歐各國，以後全世界各國均陸續採用。

公元一五八三年(萬曆十一年·癸未)　二十二歲

此頃，「教授里中」[一]，「以館穀自給」[二]。

是年，俞顯卿成進士。

葉向高成進士。

女真族努爾哈赤[三]被推爲滿洲主，以赫圖阿拉[四]爲根據地，攻尼堪外蘭[五]，取圖倫城，漸強大。

本年，利瑪竇在澳門學習中文，初有成效。利瑪竇一五八三年二月十三日上耶穌會總會長書中，彙報自己的情況説：「羅明堅神父給我留下了二三個人，幫我學習中國話。對於中國話，我已稍有成就。」其時，羅明堅和巴範濟留下利瑪竇在澳門，去肇慶天寧寺逗留數月，企圖開教。後未遂，返回澳門。

九月十日，羅明堅受肇慶知府王泮邀請，偕利瑪竇再來肇慶。兩人定居内地，中國始行天主教。

附注

[一] 見《行述》。原文未詳其年，今次於此。

[二] 《行實》語。

[三] 努爾哈赤，姓愛新覺羅氏，女真（滿洲，金之遺部）族人。父塔克世，祖覺昌安，均爲世襲之建州衞指揮。因父、祖爲明兵所殺，家勢中落。至是，被推爲領袖。時年二十五。事跡見《清史稿》。按：《清史稿·太祖本紀》作「努爾哈齊」。

[四] 赫圖阿拉，後稱興京，即建州左衞地，今遼寧新賓。

[五] 尼堪外蘭，女真族人，爲覺昌安部屬，居圖倫城，曾陰結明兵，殺害覺昌安父子。

公元一五八四年（萬曆十二年·甲申） 二十三歲

是年，祖母尹氏卒。尹氏撫孤孀居幾五十年，「勤身操作，昕夕不懈。……享年八十」[一]。

俞顯卿時任刑部主事，劾奏禮部主事屠隆[二]生活「淫縱」。事涉其他顯貴[三]。十一月十三日屠氏、俞氏同被罷職[四]。

徐光啓《俞子如先生像贊》對此事件有描述和讚譽：「蓋公所持者人綱與國維，公所擊者乃梟質而雉翰。故黨石者甘與玉俱殘，妬芝者俾與艾俱焚。」按《像贊》，俞顯卿任刑部主事只有八個月，稱爲「廿年攻苦，八月服官」。

此頃，利瑪竇在端州繪製《山海輿地圖》[五]成。爲新型世界地圖介紹入中國之最早者。

本年，十月，利瑪竇應肇慶知府王泮邀請，編寫漢語版世界地圖《山海輿地全圖》，刻印出版。（據德禮賢考證，見 D'Elia, *Fonri Ricciane*, Vol. 1, P. 208 注二）王泮將《山海輿地全圖》分發，流布江南，明朝人的地理觀念爲之一變，「五大洲」之説遂爲風行。《明史・意大里亞》：「意大里亞居大西洋中，自古不通中國。萬曆時，其國人利瑪竇至京師，爲萬國全圖，言天下有五大洲。第一曰亞細亞洲，中凡百餘國，而中國居其一；第二曰歐羅巴洲，中凡七十餘國，而意大里亞居其一；第三曰利未亞洲，亦百餘國；第四曰亞墨利加州，地更大，以境土相連，分爲南北二洲。最後得墨瓦臘泥加洲，爲第五。」

十一月，《天主實録》刻印出版。書署「天竺國僧明堅」，母本爲一五八一年羅明堅在澳門以拉丁文撰寫的要理書，爲漢語天主教第一書。書有引，曰：「僧雖生外國，均人類也。可以不如禽獸，而不思所以報本哉？今蒙給地柔遠，是即罔極之恩也。然欲報之以金玉，報之以犬馬，僧居困乏，而中華亦不少金玉犬馬矣。然將何以報之哉？惟以天主行實，原於天竺，流布四方，得以救拔靈魂升天，免墜地獄。其俯視金玉寶馬，徒爲玩好而無益於世者，相距爲何如耶？僧思報恩無由，姑述實録，而變成唐字，略酬其柔遠之恩於萬一云爾。」(D'Elia, *Fonri Ricciane*, Vol. 1, 插圖第十)徐宗澤述其書，曰：「書中所論是天主之實有，及其性體，天主造天地萬物神人，人有不死不滅之靈魂，天主十誡，七條撒格辣孟多等等。此書文理不甚清順，名詞亦多牽強；案此書作時，羅公不過到肇慶之後年也，而已能成書，且天主教之道理，已能以華語宣述之。」(《明清間耶穌會士譯著提要》，中華書局，一九四〇年，第一四一頁)

十二月，羅明堅和利瑪竇經知府王泮允許，在肇慶「崇寧塔」附近建「仙花寺」教堂一座，題「西來浄土」。(見裴化行《天主教十六世紀在華傳教志》，商務印書館，一九三六年，第一七五頁)

附注

［一］據所述《先祖妣事略》「啓事淑人二十三年」語推算，其祖母之喪當在是年。

[二] 屠隆，字長卿，號緯真，浙江鄞人，萬曆五年進士。事跡附見《明史·徐渭傳》。

[三] 事連西寧侯宋世恩、禮部尚書陳經邦。

[四] 見《國榷》。

[五] 亦稱《坤輿萬國全圖》。圖中繪列經緯度、赤道、五帶，地名均華譯。酌附有關地文、物産等方面之說明。並稍變常法，將中國移置稍近圖之中央。此圖爲當時按察司副使王泮（字宗魯，浙江山陰人，萬曆二年進士）刻於肇慶。

公元一五八五年（萬曆十三年·乙酉）　二十四歲

母錢氏「少經亂離，事勤苦」[一]。此頃，「聞邑中先達有以建言任事被斥者[二]，輒嗟吁爲人言：『我兒若顯遂，必爲彼所爲。今雖貧，不得志公車，吾不恨也。』」[三]

是年，徐貞明領墾田使事，先在京東募南人治水墾田爲倡。旋爲官僚地主所撓，「爲蜚語聞於帝」，遂罷[四]。

本年，利瑪竇在肇慶致書那波勒斯神父 Ludovico Maselli 書，披露其學習中文，翻譯《四書》，及熱衷漢學之心跡，稱：「我既然當在這裏度過天主留給我的幾年生命，我便盡力愛這地方，也盡力適應環境。看來在這方面，天天有些進步，因爲我已經能流利地講中國話，又已開始在堂裏向教友講道理。不久，大概還要開門讓願意聽道的外教人也進來聽講。同樣我又學念中國書，學寫中國字，中國字足有好幾千！我如今漸漸懂得一些中國書了。」（原文存 *Opere storiche del P. M. Ricci* 一書，用羅光《利瑪竇傳》譯文）

附注

[一]《行述》語。

[二] 疑指俞顯卿。

[三] 見所述《先妣事略》。原文未詳其年月，姑次於此。

[四] 見《明史·徐貞明傳》。據稱：在永平之墾田工作，僅數月「已墾至三萬九千餘畝。又遍歷諸河，窮源竟委，將大行疏濬。而奄人勳戚之占閒田爲業者，恐水田興而己失其利也，爭言不便，爲蜚語聞於帝」，遂中輟。

公元一五八六年（萬曆十四年·丙戌）　二十五歲

是年，江南北，江西，大水。河南、陝西，大旱[一]。饑民有食草木甚至吞石者[二]。

唐文獻[三]成進士第一。

全天敍[四]成進士。

附注

［一］時在六月頃，見《國榷》。

［二］《國榷》録孫丕揚奏語。

［三］唐文獻，字元徵，號抑所，江蘇華亭人，事跡見《明史》。按：唐氏以「學術純粹，……清勁」見稱（見《國榷》）。後此，主考甲辰科會試，爲公座師。繼而教習翰林館，爲公業師。現存公所撰館課，尚留有唐氏評語。

［四］全天敍，字伯典，號鐵庵，浙江鄞人，事跡見《明詩綜》。按：全氏後此主考丁酉科順天鄉試，爲公座師。對公多所推許：曾譽公能博覽，「肆爲宏詞，精深奥衍」。能「純修，以聖賢爲準的」。見所撰《懷西徐翁壽序》。（《行實》全載此序。惟全天敍之「全」字，均誤作「金」。）

公元一五八七年（萬曆十五年・丁亥）　二十六歲

六月至八月間，家鄉「霪雨不止，異雷、颶風，麥、豆、〔棉〕花、稻俱傷。冬，斗米千錢，物價逾三倍」[一]。

八月，江北蝗災。山西、陝西、河南、山東，旱災。河決開封[二]。

是年，吕維祺[三]生。

戚繼光卒。

附注

[一] 見《縣志》。按：所云「千錢」，疑指當時「小錢」言，猶言一千文小錢。斗米值千，極言其昂，實際未必果達一千文。

[二] 見《明史·神宗本紀》。

[三] 吕維祺，字介孺，號豫石，河南新安人，萬曆四十一年進士。事跡見《明史》。按：吕氏以學術氣節見稱。癸丑科會試，受知於公，認爲行文「真樸」，爲人「可倚仗」（見《南吴舊話録》）。

公元一五八八年（萬曆十六年·戊子）　二十七歲

春，家鄉「大旱、大疫，民死無算。夏五月（陰曆），大水。秋七月（陰曆），大風拔木、仆屋，田禾俱盡，民大饑」[一]。家境窘甚，「母拮据以供俯仰。一日，自旦至夜舂，粒米不入於口。偶從籬落間覓一瓠瓠，〔便〕以充飢」[二]。

九月，赴太平府應鄉試[三]，與友人董其昌、張鼐、陳繼儒[四]等同行。時，「愁霖匝月」，「自句容陸行而前，行囊羞澀，躡蹻擔簦，躑躅於潢污行潦之中。沿江行百餘里，左蕩、右江，羊腸一徑，徑皆石卵，水流奔汩，咫尺莫辨，一失足必顛仆無生理」。備嘗苦況。「爾時，遂有淡然功名之志」，只以「家貧親老」，聊爲「逐隊往從」。榜發「又擯落」[五]。

滿洲主努爾哈赤先後在五年内，併滅附近女真族五部，至是年，統一建州全境。

是年，董其昌成舉人。

張鼐成舉人。

西班牙「無敵艦隊」遠征英國失敗。從此，一向掌握於歐洲封建勢力下之「海上霸權」，驟爲新興之資本主義國家所奪取。

附注

[一] 見《縣志》。據稱：「時斗米銀二錢，斗麥銀一錢，人啗糟糠，屑豆餅作粥，繼以草根木葉。饑民相枕藉。」又，《雲間雜識》：「萬曆戊子水災之後，吾松斗米值錢一百六十文，百姓嗷嗷。」按：是年「大饑，大疫」，不僅上海一地；而是遍及江南北、山西、陝西、河南等省區。見《國榷》及《明史·神宗本紀》。

[二] 見《先訓》。

[三] 當時在太平府鄉試原因，據公口述：「戊子之歲，督學某公以大收遺士，委試於鎮江黄司李。

時，黄以公事在太平，遂令諸士就試。」見《卵徑》。

［四］陳氏等偕公同行赴試一事，係公孫爾默追述所聞於公者。今考：陳夢蓮爲其父繼儒所撰年譜，謂陳氏於萬曆十四年二十九歲時，已「謝去青襟」，「焚其儒衣冠」。果爾，則公與陳氏同行赴考，當非在是年，可能是萬曆十年或十三年事。

［五］參見《先訓》、《卵徑》。

公元一五八九年（萬曆十七年·己丑）二十八歲

是年，「浙直大旱，太湖兩淮涸，斗米三錢，道殣相枕」[一]。

焦竑舉進士第一。

董其昌成進士。

馬大儒[二]成進士。

附注

［一］見《國榷》。按：所云「三錢」，蓋指銀三錢言。據《明會要》：嘉靖三十二年制錢與前代雜錢并行，上品者俱七文當銀一分，下者二十一文當銀一分，私造濫惡錢悉禁。則銀三錢約當錢二百一十文至六

百三十文之間。此時距嘉靖當年不遠，變動雖不甚大，估計銀價可能貴一些。

［三］馬大儒，字心董，山東信陽人，萬曆十七年進士，見《題名碑録》。事跡未詳。按：馬氏在吏部考功清吏司主事任内，曾充甲辰科會試分考官，閲「詩五房」卷，公即其所取士。見《登科録》、《履歷便覽》。

公元一五九〇年（萬曆十八年・庚寅）　二十九歲

六月間，「旱災甚廣，自畿内、河南、山東、江北，夏麥俱枯，秋禾未種」[一]。

九月，利瑪竇由端州遷居韶州，設天主堂[二]傳教。

據羅光《利瑪竇傳》，利瑪竇攜麥安東於一五八九年八月十五日聖母升天節離開肇慶，轉赴韶州。韶州兵備道安排在城外光孝寺附近建造教堂，次年秋天落成。利瑪竇、麥安東之外，耶穌會巡視員范禮安另派澳門華人修士鍾鳴仁、黄明沙來韶州協助建立教會。（臺灣學生書局，一九八三年，第六〇至六一頁）

附注

［一］見《國榷》。

［二］當時天主堂設在城外西市南安橋附近。見《利瑪竇傳》。後此，公曾到此參觀，與傳教士郭居静

相晤（參見「一五九五年」本譜）。

公元一五九一年（萬曆十九年·辛卯）　三十歲

七月、八月，家鄉連遭水災，風災，「溺人數萬」，「没廬舍〔牲〕畜無算」[一]。此頃，「太倉訛言倭至」，「浙江、福建報日本倭誘琉球入犯」[二]，家鄉風聲鶴唳。公與俞顯卿「計議城守事宜」。公估計倭寇「一定不來」，但「隨人講求戰守」，謂「平安不可忘戰」[三]。

九月，鄉試期届，應考，仍不第[四]。

母錢氏當公「幼年，〔已〕豫見〔其〕躍冶之氣」，思歛抑之，雖「秋闈不利，每爲色喜」[五]。

是年，袁黄[六]刊行所撰《勸農書》。是書分述天時、地利、田制、播種、耕治、灌溉、糞壤、占驗等農事。後此，公搜輯農書資料，曾摘要手録其書[七]。

鄭王朱厚烷卒，其子載堉[八]堅辭王爵，不願襲封，專力治天算之學[九]。

本年，利瑪竇開始翻譯《四書》，歷時四年，基本完成。一五九三年十二月十日利瑪竇致耶穌會總會長書：「今年一年，我們都用功讀書。我給我的同伴神父講完了一門功課。這門功課稱爲四書，是四位很好的哲學家寫的，書裏有許多合理的倫理思想，中國的學者，人人都熟讀這四本書。」（原文存 *Opere storiche del P. M. Ricci* 一書，用羅光《利瑪

賓傳》譯文）

附注

［一］見《縣志》。原文依舊曆作「夏六月大水」，「秋七月辛巳海溢，大雨徹晝夜……」又，《國榷》：「六月……蘇、松大水，溺人數萬。」「七月庚辰大風，寧波、紹興、松江、蘇、常濱海（地區）潮溢，傷稼，淹人畜無算。……甲申，復大風。」

［二］見《國榷》。

［三］見《家書墨跡》。按：原函係壬子年頃所寫，追述是年（辛卯）事，提及所與計議城守者之「俞大伯」，當是俞顯卿。時俞氏正罷職家居。

［四］按：公自萬曆九年選充廩貢生至是年，其中值鄉試期凡四：一在十年壬午，一在十三年乙酉，一在十六年戊子，一即是年辛卯。除乙酉年因居祖母喪，可能未應考外，餘似曾參與。

［五］見《行述》引公《致王少宰書》。

［六］袁黄，字坤儀，號了凡，浙江嘉善人，萬曆十四年進士。事跡見《明詩綜》。

［七］上海博物館入藏公手稿一帙，其中有手録《勸農書·糞壤篇》墨跡一通。

［八］朱厚烷、朱載堉係明宗室。父子二人均以好學稱。

［九］按：朱載堉天算之學，出自何塘，但未曾面受教。《疇人傳》稱其「從之遊」，誤。又稱何氏爲「載

堉舅氏」，亦誤。實則何瑭爲載堉外舅何諮之祖父，朱氏不及見之。所上《進曆書疏》曾述及，可證。

公元一五九二年（萬曆二十年・壬辰）　三十一歲

五月八日母錢氏卒[一]，年約五十六。錢氏性「和厚」，喜助人急，雖貧不吝。習於勤勞，「早暮紡織，寒暑不輟」[二]。「少經亂離」[三]，「每語喪亂事極詳委，當日吏將所措置，以何故成敗，應當若何，多中機要」[二]。公因而受到一定之影響。

自此以前，在家鄉課讀自給，閱時亘十年。此頃，母喪，「暫時輟業」[四]。

是年，張五典成進士。

楊廷筠成進士。

馮應京成進士。

曹于汴成進士。

附注

[一] 公母卒期，文獻多未詳。此係據《利瑪竇傳》所述。

[二] 見所述《先妣事略》。

［三］《行述》語。

［四］見《利瑪竇傳》所述。

公元一五九三年（萬曆二十一年・癸巳） 三十二歲

前此，因母喪暫輟教書。此頃，「以食貧故」，「子弟知公者，相延入粤」，在韶州教書[一]。

六月，番藷自吕宋島引種於福建長樂縣[二]，經初步試種，頗有成效[三]。巡撫金學曾[四]推廣之於閩境。後此，公所試驗及推廣於江南以至河北之番藷種，即取自閩境[五]。

此頃，于永清[六]將當時流行之農書《便民圖纂》重刊并撰序，有云：「上谷雲中，壤接三輔，扆漢控胡，巍然西北重鎮。……乃閑陌耗敝，罄懸杼倚，蒲羸襏襫，不給於南畝，而庾鬴韋複，告匱於北山。闗以北，石田敝土，蕪穢汙萊，無耕桑林澤之業。一切機利，悉倒制於借壤雁民。白登以西，計文讕滿羼名規役租積逋且萬計。尺伍執殳之夫，雕敁脱巾。單産孱民，飴堇茶，練緼不銖於體。乃裔徼習呰窳，猥云輸財効力，彊腹殊共；藉令方内有數千里水旱之災，大庾之金，不輂於塞，林林寄生之衆，將安所哺啜褸裞慰啼號哉？《氾勝》、《齊民》之術，顧安可置弗講也。」反映當時籌邊、墾荒、屯田、務農之必要性。後此，公撰《農政全書》，全録于氏此序，并多所徵引其書[七]。

本年，和松江府「三一教」同人姜雲龍、陳濟賢、吕克孝一起，列名校訂刻印「三一教主」林兆恩著作《林子第一義》二卷。事見盧文輝編《林子本行實録》（東山祖祠，一九九九年重印本）：「萬曆二十一年癸巳，……松江門人姜雲龍，與同社陳濟賢、徐光啓、吕克孝，謂教主之書浩瀚難窺，宜掇精要，以當醍醐，遂編集《林子第一義》二卷，校定命梓。」

據《松江府志·選舉·舉人》，上海徐光啓與華亭姜雲龍、吕克孝均爲萬曆二十五年丁酉舉人，爲松江府大同鄉。據《林子本行實録》，則徐光啓在皈依天主教之前，曾加入林兆恩「三一教」。利瑪竇《天主實義》對「三一教」持批判態度：「近世不知從何出以妖怪，一身三首，名曰『三函教』。庶氓所宜駭避，高士所宜疾擊之，而乃倒拜師之，豈不傷壞人心乎？」

附注

[一] 公入粵教書，《行述》述其事而未詳其年月。《利瑪竇傳》提及此事，謂在公元一六〇一年（萬曆二十九年）公會試下第後，「到廣東，在韶州做教官」（教書）。則係誤記其年。今按：《利瑪竇傳》及《行實》均提及公在韶曾晤郭居静。查郭氏於一五九四年七月到韶後，留韶僅四年，於一五九八年六月便往南昌、南京等地傳教（見《利瑪竇傳》）。一六〇一年郭氏正在南京，如公果在是年入粵，決不可能獲晤。《行述》敍次

公入粤事於萬曆丁酉科鄉試前，亦可證決非在會試下第後。考之徐爾默筆記，公「館穀潯州」之年爲「萬曆丙申」，果爾，則公入粤年蓋在丙申年前。《行實》敍此，先述入粤，繼述「移館潯州」，似符其實。姑次於是年。又《行述》稱公「入粤」後，「得入籍成均」。《利瑪竇傳》亦謂公「在韶州做教官」。所云「成均」或「教官」，疑係在韶州府學或曲江縣學（該府治與該縣治同在一地）任訓導。惟今《韶州府志》及《曲江縣志》之職官表，均不著録公姓名。豈偶遺之歟？抑以訓導秩卑（在府學教授、縣學教諭下）而不著録歟？抑所任非公職而係私塾教席歟？不可確考，志此存疑。

［二］係華僑陳振龍所引種，見《金薯傳習録》。

［三］據稱：「在本屋後……池邊隙地試栽，甫及四月，啓土開掘，子母鈎連，小者如臂，大者如拳。」見《金薯傳習録》。

［四］金學曾，字子魯，浙江錢塘人，隆慶二年進士。事跡見《杭州府志》。

［五］見所撰《甘藷疏序》及《家書墨跡》。

［六］于永清，山東青城人，萬曆十年舉人。見《山東通志·選舉》，事跡未詳。

［七］據近人統計，《農政全書》引用《便民圖纂》凡四十七則，又未説明出自何書而見於《便民圖纂》者七十八則（康成懿《農政全書徵引文獻探原》）。

公元一五九四年（萬曆二十二年·甲午）　三十三歲

是年，顧憲成因忤旨削籍歸無錫，偕高攀龍[一]等講學於東林書院。往往議論朝政，品評人物，朝士遥相應和，由是「東林」名大著。

黄體仁成舉人。

焦竑開始撰《國史經籍志》[二]。後此，公稱其書爲「一代文獻足徵」[三]。

談遷[四]生。

李時珍卒。

西洋人郭居静[五]自澳門到韶州，協助利瑪竇傳教。

本年，有鑒於麥安東、石方西先後去世，利瑪竇勢單力薄，范禮安派遣郭居静來韶州，協助利瑪竇。郭居静，字仰鳳，一五六〇年生，意大利熱那亞貴族子弟。一五八一年加入耶穌會，曾研習文學一年、哲學三年、神學二年。一五八八年，始遠足東方傳教，先居印度果阿。一五九四年被范禮安召至澳門，準備中華傳教。（參見費賴之《在華耶穌會士列傳·郭居静》，中華書局，一九九五年）

十一月，耶穌會巡視員范禮安批准利瑪竇改裝，由「西僧」轉爲「西儒」。初，來華耶穌會士均仿照佛教僧侶服飾，剃髮刮鬚。韶州經歷，與儒生瞿太素談，見佛教地位低，利瑪竇決計棄袈裟，披儒服。一五九二年十月，利瑪竇始爲申請；一五九三年底，郭居静更爲附議。於此之際，利瑪竇等内地耶穌會士，大行儒禮，方巾峨冠，青襟布衣，蓄鬚留髮，號

稱「儒生」。（參見費賴之《在華耶穌會士列傳與書目》；羅光《利瑪竇傳》）

利瑪竇經近十年學習，掌握中文，始作《天主實義》。一五九四年利瑪竇致意大利友人書，稱：「七八年來，許多雜務纏身。今年摒擋一切，請一位中文先生，試作中國文章，結果頗稱順利。每天聽先生講兩課，又練習作一短文。漸漸膽大氣壯，便開始自己寫一本書，用普通的理由，講解信德的道理，預備將來付印以後，分送中國各省。」（原文存 *Opere storiche del P. M. Ricci* 一書，用羅光《利瑪竇傳》譯文）此書，即二年後在南昌完稿之《天主實義》。

附注

[一] 高攀龍，字存之，號景逸，江蘇無錫人，萬曆十七年進士。事跡見《明史》。

[二] 焦氏自序未署年月。《明史・焦竑傳》稱：「萬曆……二十二年大學士陳于陛建議修國史，欲竑領其事。竑遜謝，乃先撰經籍志。」據此，則是書當經始於是年。

[三] 公所撰《澹園續集序》語。

[四] 談遷，始名以訓，字孺木，號觀若，浙江海寧人。事跡見《碑傳集》。按：談氏篤志撰述明史，成《國榷》一百〇四卷。其中曾評述公爲人：「博學，善星曆，性行淳謹。」

［五］郭居静，字仰鳳，原名 Lazarus Cattaneo，意大利人，公元一五九四年來華，一六四〇年卒。按：郭氏是年到澳門後，旋於七月七日到韶州。

公元一五九五年（萬曆二十三年·乙未）　三十四歲

此頃，教學韶州，偶值餘暇，信步至城西天主堂。時，利瑪竇已於是年四月北上傳教，韶州教堂事由郭居静主持[一]，公「與郭子語，頗愜恰」[二]。

利瑪竇、金尼閣《利瑪竇中國札記》記徐光啓、郭居静韶州會面事甚悉：「郭居静神父在這裏居留的第二年，發生了一樁真正重要的事情。……徐保禄是一個可以期待成爲大器的人。上天注定了要他美飾這個初生的教會。他生於南京省的上海，距南京約八日路程。他是一名出色的知識分子，天資美好，秉性善良。」（何高濟等譯，中華書局，一九八三年，第四六七頁）按：據費賴之《在華耶穌會士列傳及書目·郭居静》（馮承鈞譯，中華書局，一九九五年），石方西去世後，郭居静來韶州，協助利瑪竇傳教。石方西（Francois de Petris，一五六三——一五九三）於一五九三年十一月五日在韶州逝世。郭居静趕來韶州，在一五九四年七月，而「居留的第二年」則爲一五九五年無誤。

十月頃，朱載堉上疏請改曆，略謂「高皇帝革命之時，元曆未久，氣朔未差，故仍舊貫。……今則積年既久，氣朔漸差，似應修治」[三]。因進呈所撰《萬年曆》、《律曆融通》兩書。前書係參合大統曆與授時曆，折取中數，立爲新率。後書係採衆説之所長，認律吕爻象爲推步之本，創爲新説。

外甥陳于階生。陳于階，南匯百曲港人，號仲台，字瞻一。「瞻一」者，瞻崇天主爲唯一尊神的意思，可見爲天主教徒。生於萬曆乙未（一五九五），卒於弘光乙酉（一六四五）五月十六日。

陳垣《明末殉國者陳于階傳》（收入《陳垣學術論文集》，中華書局，一九八〇年）考録較詳：「于階字瞻一，號仲台，上海百曲港人。祖天倖，號曲川，官福建邵武府拏口驛丞。父紹統，號華曲，官廣東增城縣巡檢，改浙江衢州府倉使。母徐光啓女兄也。」

張國維[四]生。

本年，冬，利瑪竇在南昌，與建安王朱多𤋸（乾齋子）交往，因著《交友論》進呈。「竇也，自大西航海入中華，仰大明天子之文德、古先王之遺教，卜室嶺表，星霜亦屢易矣。今年春時，度嶺浮江，抵於金陵，觀上國之光，沾沾自喜，以爲庶幾不負此遊也。遠覽未周，返棹至豫章，停舟南浦，縱目西山，玩奇挹秀，計此地爲至人淵藪也。低迴留之不能去。遂捨舟就舍，因而赴見建安王。」（利瑪竇《友論引》）

利瑪竇《天主實義》在南昌初版。「是書利子在南昌時所著，一五九五年已在該地初版；厥後利子到北京，稍加潤色，在一六〇一年、〇三年再版。一六〇四年且譯成日本字，最後亦譯高麗文。」（徐宗澤《明清間耶穌會士譯著提要》，中華書局，一九四〇年）

附注

［一］見《利瑪竇傳》。

［二］見《行實》，惟未詳其年。按：應在「移館潯州」即萬曆二十四年前；又似應在利瑪竇北上時即是年四月十八日後（因公到教堂時，不獲見利氏）。姑次之於是年。

［三］見《明史紀事本末》卷七十三。

［四］張國維，字玉笥，號止菴，浙江東陽人，天啓二年進士。事跡見《明史》。按：張氏後此曾與方岳貢等刊行公所撰《農政全書》並撰序。評其書爲「治本、懸方救病」之作。

公元一五九六年（萬曆二十四年·丙申）　三十五歲

此頃，應「鄉先達」潯州知州趙鳳宇[一]之約[二]由韶州移館潯州。長途跋涉，「所著犢鼻〔褌〕，直同鶉結，短檠之下，自覓針黹，聊爲縫紩」[三]。

時既由滬入粤，又由粤入桂，長途行役，俯仰於「崇山峻嶺間，文日益奇益富」[四]，「其爲文層折於理於情，進凡思五六指乃祝(屬)筆。故讀之者不辭凡思五六指，猝未易識，而實可試諸行」[五]。

是年，宫廷爲張羅費用，遣中官開礦。首開畿内，嗣後，河南、山西、南直、湖廣、浙江、陝西、四川、遼東、廣東、廣西、江西、福建、雲南等地，陸續開採。中使四出，恃勢騷擾。礦脈微細無所得，勒民償之。往往假開採名，乘勢横索民財，或誣以盗礦，或指田宅下有礦脈。卒役圍捕，辱及婦女。地方官稍忤意，輒劾爲阻撓礦政，任意逮治。人民極受擾害[六]。

邢雲路[七]上疏言當時沿用之《大統曆》測算欠準確，請修改。不報[八]。

本年六月，《西國記法》完稿，爲利瑪竇在南昌撰寫的中文著作之一。利瑪竇把歐洲修道院學者發明之記憶術，應用在中文圖籍的背誦中，卓有成效，故而録之。全書分爲「原本篇」、「明用篇」、「設位篇」、「立象篇」、「定識篇」、「廣資篇」。本書在利瑪竇去世後，由山西絳州朱鼎瀚參訂，耶穌會士高一志、畢方濟加以印行。利瑪竇靠此記憶術，被南京士大夫詫爲「畸人」，徐光啓爲之心動。

西洋人笛卡爾生[九]。

附注

［一］趙鳳宇疑即趙廷炯。廷炯初名焕，字堯章，江蘇上海人，嘉靖三十四年舉人，事跡見《縣志》。按：《縣志》雖未明言趙廷炯即趙鳳宇；但廷炯既與公同鄉，且年輩較公長（成舉人時，公尚未誕生），與徐爾默所稱「鄉先達」相符；又，廷炯晚年由屯田員外郎晉職潯州守，與徐爾默所記趙鳳宇爲潯州守事相符；又，《縣志》稱廷炯初名焕，字堯章而不述及其號，疑其號即「鳳宇」。鳳宇與焕字章字意義有關連，揆以昔人名、字、號命名習慣，亦相符。極可能爲一人。惟《廣西通志》、《潯州府志》等「職官（秩官）表」及「名宦傳」均無趙焕或趙廷炯或趙鳳宇其名，疑係採訪偶遺之故（方志職官表漏略者最常見）。

［二］見《龍虎異徵》。

［三］見《先訓》。

［四］見《行述》。

［五］見《罪惟録》。

［六］見《明史紀事本末》卷六五。

［七］邢雲路，字士登，河北安肅人，萬曆八年進士。事跡見《明詩綜》。

［八］見《明史・曆志》。

［九］笛卡爾（René Descartes），法國哲學家、數學家、物理學家。他後此在幾何學基礎上，創出「解析幾何學」。

公元一五九七年（萬曆二十五年·丁酉）　三十六歲

春，由潯州北上應順天府[一]鄉試[二]，試期：九月十九日開始[三]。主考官：焦竑、全天敍[四]。分考官：張五典[五]等。張氏從落卷中「物色」得公卷[六]，薦送主考官。時，距「放榜前二日」，焦氏「猶以不得第一人爲恨」。既得公卷，「擊節稱賞，閱至三場，復拍案歎曰：此名世大儒無疑也，拔置第一」[七]。蓋公好學，「自六籍百氏，靡不綜覽而攬其菁華，肆爲宏詞，精深奧衍，見者辟易」，因而「奪解神京」[八]，「名噪南北」。是科試題之一爲「舜之居深山之中」一章[九]。

《法華鄉志》卷八「遺事」記：「萬曆間，徐文定公發解時，龍華塔上恒見紅光灼天，日夕不散；群鴉萬計，朝暮翔舞，盤桓塔杪，類虬龍騰耀，説者謂之龍見，亦經月而寢。蓋塔下僧寮，當時徐文定公潛修地也。豈公文章光岳之藴，至此而舒洩耶？抑天地精靈之氣，至此而散見耶？」

撰制義「子曰聽訟吾猶人也」一章[一〇]。

是年，留京師候會試[一一]。

焦竑「被劾，謫福寧州同知」[一二]。

附注

［一］順天府原名北平府，明永樂初改稱順天府。係當時首都所在地。

［二］公離潯日期未詳，徐爾默筆記提到「丁酉春將（由潯）赴北雍」（見《龍虎異徵》）語，知當在春間。

［三］明制，鄉試以陰曆八月初九日爲第一場，又三日爲第二場，又三日爲第三場（見《明史・選舉志》）。

［四］焦、全二氏任主考事，見《國榷》。

［五］張氏任分考事，見自編《張海虹年譜》。

［六］見黄立極《海虹張公墓表》。原文稱：「會京兆録士，公應聘以一經分校，所收皆魁宿士。其第一人則公所物色也，一時推爲得人。」

［七］見《行述》。

［八］全天敍《壽懷西徐翁序》語。

［九］原文見《家譜》。據公十世孫本曾題記，同治甲戌得此篇於《讀墨簡鍊百篇》中。

［一〇］原文未見，其題目見《徐文定公詩文目》中。按：此篇撰期未詳，姑次於此。（明制，鄉試有四書義三道，此可能乃是科所撰）

［一一］是年公是否留京，無明文可考。以恆情忖之，其時距明年會試期不遠，既已至京，當必留候。

［一二］見《明史》。據稱：「竑既負重名，性復疏直，時事有不可，輒形之言論。政府亦惡之，張位（時

任大學士）尤甚。二十五年主順天鄉試，〔所録取〕舉子曹蕃等九人，文多險誕語」，由是「被劾」。

公元一五九八年（萬曆二十六年・戊戌）　三十七歲

三月，應會試，不第[一]。

四月頃，自京回鄉，「布衣徒步，陋巷不改，閉户讀書，仍以教授爲業。尤鋭意當世，不專事經生言，遍閲古今政治得失之林」[二]。

是年，子驥十七歲。此頃，偶過一富民家，見其「居常屑麥爲粥，聲如轟雷」，「歸述之，因拊掌爲笑」，誚其寒陋。「公正色曰：『《春秋》他穀不書，至於禾麥不成則書之。汝賢不能效王裦[三]，而愚并不及李岳[四]，徒以口腹誚人。豈知縉紳子弟腸胃中，每飫珍庖，便非門户佳事。吾愧不德，無以董率，夫復何言。』因而輟食。公子因三黨[五]請罪，久之得釋」[六]。

此頃，許汝魁[七]兩任上海縣尹，先後歷七年。每微行郊野，與細民相勞苦……又減省斗級櫃首諸役，遠近尤德之[八]。因書《許侯省役便民碑記》[九]，勒石以表揚之。

雖「性喜屬意字學，筆筆正鋒。〔但〕亦不欲以藝顯」[一〇]。

「嘗感憤倭奴蹂踐，梓里丘墟，因而誦讀之暇，稍習兵家言，〔並頗習農家言〕」。時時竊念國勢衰弱，十倍宋季，每爲人言富強之術：『富國必以本業（農事），強國必以正兵（軍

事)。』」[一一]

趙士禎[一二]撰《神器譜》,繪圖立説,分述數種銃器製用方法,并冠以所撰《進神器譜疏》,有云:「生長海濱,少經倭患」,深惜當時「土苴茲器……造者不盡其制,主者不究其用,習者不臻其妙……反咎銃爲不便不利」。要求「推廣」、「演習」,「以殺止殺……以收全勝之功」。後此,公曾詳論其説,謂「所作稍合矣,未盡也,亦未大也。而士禎所意造者,又未合」[一三]云。

李之藻成進士。

熊廷弼成進士。

金聲[一四]生。

附注

[一]是年公曾否應是科會試,無明文可徵。惟既已遠程北上,且已取得會試資格,而會試期又不遠,地點又就近。揆以恆情,當必參加。

[二]見《行述》。原文雖未明言其回鄉年月,意當在是年會試且經放榜後。估計在四月頃。

[三]《南吴舊話録》原注:「王褒字偉元,諸生。有密爲褒刈麥(助其勞)者,褒遂棄之。於是莫敢復

佐(見王隱《晉書》)。」

[四]《南吴舊話録》原注:「李岳字祖仁,官至中散大夫。舉錢收麥,載赴晉陽,候寒食以求高價。清明,其車方達。又從晉陽載花生向鄴城,逢雨并化爲泥。利息既空,乃至貧乏(見《三國典略》)。」

[五]父族、母族、妻族稱「三黨」。按:此係泛指親族。

[六]見《南吴舊話録》。

[七]許汝魁,字元甫,號仰亭,江西湖口人。萬曆十四年進士。事跡見《縣志·名宦傳》。

[八]見《縣志》。

[九]見《家譜·翰墨考》。《縣志·藝文》記此碑文係黄體仁撰、徐光啓書。

[一〇]見《行述》。

[一一]見所撰《復太史焦座師》函。按:是函寫於萬曆戊午。原文「强國必以正兵」句下,有「二十年來逢人開説」語。由戊午上溯至是年戊戌,恰滿二十年,因次之於此。

[一二]趙士禎,字常吉,江蘇嘉定人。時任文華殿中書。事跡未詳。

[一三]見所撰《器勝策》。

[一四]金聲,字正希,號子駿,安徽休寧人。崇禎元年進士。事跡見《明史》。後此,公曾疏薦修曆法,以病辭。

公元一五九九年(萬曆二十七年・己亥)　三十八歲

鄉居授徒。此頃，與程嘉燧共設館，「與門人讀書山中，一室之內，几榻之外，旁置瓦甌，惟一蒼頭瀹蔬菽，具饘粥，以給日夕。豢羞之膳，醪醴之味，或終日不御。日與其徒咀嚼詩書之精華，斟酌文章之醇醲，咏歌彈琴，惟日不足」。「以求志力學於山谷之間」[一]。

焦竑自去年辭職回江寧，遂隱居不出[二]。是春，公致書候之，有「冀野空萬馬之羣，甄陶不倦。燕市有三人之虎，神色皓如。蕭然獨鶴以還山，宛爾孤舟之横水」等句[三]。

徐光啓《與焦老師書》，述焦竑在南北士林之地位：「天府高華，人文鴻鉅。任伊周之重任，傳孔孟之真傳。策對天人，詞林第一；身依日月，史筆無雙。丹陛摛詞，編《詩》、《書》之册而無遜；金華入講，非堯、舜之道則不陳。」王重民以爲此書爲「萬曆二十五年光啓中了順天鄉試後的謝啓」(《徐光啓集》本書校記)。徐光啓《與焦老師書》，文句華麗，其中有「璞懷三獻，始得列於珪璋」等句，感念師恩，故定爲「謝啓」不無道理，則此書似應繫於一五九七年。

焦竑、李贄和利瑪竇略有交往，《利瑪竇中國札記》記：「(李、焦)兩位名人都十分尊重利瑪竇神父，特别是那位儒家的叛道者(李贄)。當人們得知他拜訪外國神父後，都驚異不止。不久以前，在一次文人集會上討論基督之道時，只有他一個人始終保持沉默，因爲他認爲，基督之道是唯一真正的生命之道。他贈給利瑪竇神父一個紙摺扇，上面寫有他做的兩首短詩。」（中華書局，一九八三年，第三五九頁）

李贄《贈西人利西泰》：「逍遥下北溟，迤邐向南征。刹利標名姓，仙山紀水程。回頭十萬里，舉目九重城。觀國之光未，中天日正明。」焦竑、李贄私下議論利瑪竇來華目的，頗有不解，李贄致書焦竑：「不知（利瑪竇）到此何爲，我已經三度相會，畢竟不知到此何干也。意其欲以所學易吾周孔之學，則又太愚，恐非是爾。」（《焚書》卷六）

五月，明廷遣中官覈全國積儲，搜索上供。十一月增加四川、湖廣田賦。中官陳奉任稅使，在湖廣恣行威虐，激成民變。時，馮應京任分巡簽事，獨以法裁制之，并參奏陳奉十大罪[四]。

是年，徐孚遠[五]生。

附注

［一］見程嘉燧《壽懷西徐翁序》。按：原文只言「余與海上徐君子先嘗及與門讀書山中」，而未明言年月。惟文中有「子先少年以文章名，天下郡邑無不延領承慕」語，玩其意當在公舉解元後，成進士入史館

前。姑次之於此。

[二] 見《明史·焦竑傳》。原文雖未明言年月，但據所述謫福寧州越「歲餘」時間推測，焦氏歸隱，當在去年秋後。

[三] 見宣統版舊集，原題《與焦老師》。此函未詳其撰期，據原文「市有三人之虎，……獨鶴還山」等語推測，當成於焦氏受讒被劾且已去職還家，而又距其還家期不遠時。姑次之於此。函中有「漢闕春迴」語，則其時當值春初。

[四] 參見《國榷》及《明史·馮應京傳》。

[五] 徐孚遠，字闇公，號復齋，華亭人，崇禎十五年舉人。事跡附見《明史·陳子龍傳》。按：孚遠後此與陳子龍等編選《明經世文編》，其中輯録公所撰文凡六卷，并附公小傳，稱「公博學多聞，於律、曆、河渠、屯田、兵法，靡不究心，獨得泰西之秘，其言咸裨實用」。又，陳氏編訂公所撰《農政全書》，徐氏亦參與商榷。

公元一六〇〇年(萬曆二十八年·庚子)　三十九歲

春，至南京[一]。時，利瑪竇在南京傳教[二]，公因曾閲其所繪製而爲趙可懷[三]、吴中明[四]「前後所勒輿圖[五]，乃知有利先生」[六]。至是，始相晤。聆利氏言論，「爲低徊久之」[七]，「以爲此海内博物通達君子」[八]。

利、徐初會後，利瑪竇對於徐光啓的評價，大致如下：「他是一個可以期待成大器的人，上天注定了要他美飾這個初生的教會。他生於江蘇省的上海，距南京約八日路程。他是一個出色的知識分子，天資美好，秉性善良。作爲儒家中的一員，他特别期望着知道的是儒家所謂『子不語』的事情，那就是有關來生和靈魂不朽的確切知識。中國人中無論哪個教派都不完全否定這種不朽。」（譯文參閲《利瑪竇中國札記》，中華書局，一九八三年，第四六七頁）

徐光啓坦承自己的人生困境，利瑪竇記録的情況，約略如下：「一五九七年，他在順天府舉人考試中獲得第一名（解元），這是帶來極高威望的一種榮譽。他在進士考試時却不那麼走運。他認爲他的失敗是上帝的殊恩，聲稱這是他得救的原因。他只有一個兒子，他最害怕的是這個兒子之後家庭斷嗣。中國把這種事没有什麼道理地看成是大禍。」（譯文參見《利瑪竇中國札記》，中華書局，一九八三年，第四六七頁）

徐光啓的「子嗣之憂」，可參徐光啓和利瑪竇的談話，涉及天主教的神學教義「三位一體」（Trinity），並有所稱「庚子異夢」，西文資料記録大致如下：「保禄於一六〇〇年在南京遇見利瑪竇神父，跟他談及過去所曾聽説過一些的基督教。……聖三位一體的神異，以某種方式在夢中呈現於他。他在一座廟裏，看見三間教堂。在第一間裏，他看見一個人的形狀，有人稱他是聖父；第二間裏，他看見另一人形，戴着皇冠，他聽人稱他聖子，還聽見有一個聲音叫他向這些形象禮拜。在第三間教堂裏，他一無所見，也沒有敬禮。」（譯文參見《利瑪竇中國札記》，中華書局，一九八三年，第四六八頁）

利瑪竇赴北京進方物，五月十八日由南京起程，沿途延擱，在天津候旨宣召。翌年一月始進京[九]。自是，留居北京。

是年，兩畿各省災傷，民饑盜起，内外羣臣交章請罷礦稅諸監，皆不聽[一〇]。

附注

[一] 公自述初見利瑪竇，「邂逅留都」（見《跋二十五言》），但未詳年月。《行略》、《大西利先生行蹟》等文獻，則載明公到南京遇見利瑪竇係庚子年，但未詳何月。今按：利氏在是年五月十八日已離南京北上，則公到南京期必在五月十八日前，又必在二月十四日即陰曆庚子年元旦後（二月十四日前是己亥年，非庚子年）。又，據公自述因閱吳中明等所刻輿圖而始知有利氏。考吳氏刻圖係庚子年事（見利氏《山海輿地圖自序》），其刻成期估計最早當在三月或四月即陰曆二、三月間。公見圖先於見利氏，則其見利氏時，意當在四月頃。

[二] 利瑪竇在公元一五九八年八月離南昌到南京，初期並曾一度至北京。在南京設堂傳教係一五九九年初事。堂址在明故宫前洪武岡西部，由户部官廨改建（見《利瑪竇傳》）。

［三］趙可懷，字寧宇，號德仲，四川巴縣人，嘉靖四十四年進士。事跡見《蘭臺法鑒録》。

［四］吴中明，字知常，號左海，安徽歙人，萬曆十四年進士。事跡見《分省人物考》。

［五］利瑪竇在肇慶繪製之《山海輿地圖》爲應天巡撫趙可懷勒石於蘇州，見《蘇州府志》，但未詳其年。據近人考證，謂「大約可猜其在萬曆二十三年與二十六年之間」（見洪煨蓮《考利瑪竇的世界地圖》）。後此，利氏再加修訂，爲南都吏部主事吴中明刻印於南京，見利氏《山海輿地圖自序》，原文記其年爲「庚子」。

［六］公自述：「已見趙中丞、吴銓部前後所勒輿圖，乃知有利先生焉。」見《跋二十五言》。

［七］《行實》語。

［八］見所撰《跋二十五言》。

［九］見《利瑪竇傳》。惟據日本石田幹之助説：當時利氏被誤會爲「圖謀不軌」，在天津入獄六閱月，公元一六〇一年一月八日獲釋，二十四日入京云云（見《中西文化之交流》張宏英譯本）。

［一〇］見《明史·神宗本紀》。

公元一六〇一年（萬曆二十九年·辛丑）　四十歲

春，家鄉霪雨傷麥[一]。「京師自去年六月不雨，至是〔年六〕月乙亥[二]始雨。山東、山西、河南皆大旱」。「九月壬寅[三]河決開封歸德」[四]。

三月，會試期屆，未與考[五]。

是年，子驥補郡諸生[六]。

爲子驥完婚，媳顧氏[六]。

馮應京前此撰《實用編》，此頃，其門人戴任[七]「廣而釋之」，改題《月令廣義》。内容按月分述政教、事文、物候、授時、占候、攝生、雜記等事宜，基本以農事爲主。

馮應京因裁制中官陳奉，反被誣陷，逮下刑部獄。當逮馮氏時，武昌人民大憤，羣起反抗，焚公署門，陳奉逃匿逾月不敢出[八]。

汪應蛟[九]上《海濱屯田疏》，略云：「天津葛沽一帶，咸謂此地從來斥鹵不耕種。」但「若以閩浙瀕海治地之法行之，穿渠灌水，未必不可爲稻田」。「惟有用軍墾田，以田分民。軍能墾而不能盡種；民能種而不必自墾。軍有月糧，而無僱值之費。民無勞役，而享可耕之田。然後趨之若流水，……策無便於此者」[一〇]。後此，公全録此疏於所撰《農政全書》，並對其中若干具體做法，評其得失。

鄭以偉[一一]成進士。

耿橘[一二]成進士。

查繼佐[一三]生。

茅坤卒。

西洋人第谷[一四]卒。第氏一方面承認哥白尼天體運行説法，并建立天文臺，製造觀測儀，測定行星繞日情況及若干恆星位置。另方面仍保留地球中心之舊觀念，調停於新舊學説之間。後此，其助手格白爾[一五]利用第氏生前觀測數據，發現行星運動三大定律[一六]，進一步發展哥白尼學説。

附注

[一] 見《縣志》。

[二] 即七月八日。

[三] 即十月三日。

[四] 見《明史・神宗本紀》。

[五] 公曾否赴京會試，無明文可考。惟《行略》載「癸卯（一六〇三）又至南都，訪利先生，時利子已往都門」。《行實》所載略同，謂「與利子有舊，往訪之，不遇」，並記其時爲癸卯年秋。據此，可見公自庚子（一六〇〇）年離南京後直至癸卯年前，未到過南北兩京，因而不知利瑪竇已離南至北，故復至南京往訪，因而可證是科公果未與考；否則當必經南京，且必在北京小住，決不致不知利氏行止也。至其不赴考之故則未詳，意或因病、或因家事、或因其子完婚歟？

[六] 見《龍與府君及顧孺人行實》。

［七］戴任，字肩吾，河南新安人。事跡未詳。

［八］見《明史·馮應京傳》。在是年三月初，時馮氏任湖廣按察僉事。

［九］汪應蛟，字潛夫，安徽婺源人，萬曆二年進士。事跡見《明史》。

［一〇］據《國榷》，汪氏此疏係上於是年「十月壬午」即十一月十二日。時任巡撫保定右副都御史。

［一一］鄭以偉，字子器，又字子夫，號方水，江西上饒人。事跡附見《明史·徐光啓傳》。按：鄭氏後此與公同官翰林院，同忤閹黨，繼又同官禮部，同爲大學士，出處多相同。

［一二］耿橘，字庭懷，號藍陽，河北宛平人。事跡見《題名碑録》及《明儒學案》。

［一三］查繼佐，初名佑，又名省，字三秀，更字支三，號伊璜，一號敬修、與齋、東山、左尹，更姓爲樝，浙江海寧人，崇禎六年舉人，事跡見《查東山年譜》、《國朝耆獻類徵》。按：查氏尚氣節，善書畫，明亡更姓名，後此撰《罪惟録》，曾爲公立專傳，述公學術事功頗詳（《家譜》亦收載之）。所附評論有云：「求精責實四字，文定持之終身不衰。觀時深而驗物切，以爲治，卒不能易此。……至於固圉，亦只練兵除器四字，是所謂實也精也，總之以救尚〔空〕口之窮。……嗟乎！使中朝無黨，以光啓爲中樞，而專任熊經略東事，『守在遼東』一語，乃始終之矣。」

［一四］第谷（Tycho Brahe），亦譯稱泰柯，丹麥人，公元一五四六年生。其論天體有行星繞日球，天體繞地球之主張，將哥白尼新説與托勒密（Claudius Ptolemy）舊説合二爲一，頗爲科學界所不滿。但他製器之精、觀察之細、記録之密，有其一定之積極作用。後此公編《崇禎曆書》，頗采用其説其法。

[一五] 格白爾(John Kepler，一五七一至一六三〇)，亦譯稱刻卜勒或克勃勒，德國人。其主要貢獻，除發現行星運動三大定律外，并於一六〇四年發現蛇夫座新星，又於一六二七年著《盧多耳夫星行表》(《Rudolphine Table》)。

[一六] 格白爾行星運動三大定律爲：(一) 行星循橢圓軌道運行，日球屬此橢圓焦點之一；(二) 從行星到日球之直綫，在相等時間内，經過相等面積；(三) 任何二行星，繞日運行所需時間之平方，與其離日平均距離之立方成比例。

公元一六〇二年(萬曆三十年·壬寅) 四十一歲

是年，史可法[一]生。

張溥[二]生。

李贄以「惑亂人心」罪被逮，自刎死，年七十六。李氏與焦竑等友善。與利瑪竇曾「三度相會」，謂利氏「今盡能言我此間之言，作此間之文字，行此間之禮儀，是一極標致人也。中極玲瓏，外極樸實。數十人羣聚喧雜，仇對各得，傍不得以其間鬥之使亂。我所見人，未有其比」[三]。又謂利氏「言天地間止有三行，水也、火也、土也，又以氣爲一行。人頗以爲誕。余謂此非利瑪竇之言，……〔我國古已有此説法〕，是水也、氣也、火也，三者相爲循環於無窮，此天地之所以爲天地也。利瑪竇之言非誕也」[四]。反映出當時對物質理論之認識程度，同時亦反映出一部份人對利瑪竇之印象。

附注

[一] 史可法，字憲之，號道鄰，河南開封人，崇禎元年進士。南明福王時任兵部尚書，稱史閣部。事跡見《明史》。

[二] 張溥，字乾度，又字天如，號西銘，江蘇太倉人，崇禎四年進士。事跡見《明史》。按：張氏後此爲「復社」領袖。係公所取士，以師禮事公，曾爲公所撰《農政全書》撰序。

[三] 見《續焚書》。

[四] 見《疑耀》。

公元一六〇三年（萬曆三十一年・癸卯）　四十二歲

此頃，仍鄉居授徒，溯自二十二歲前後至是凡二十年，其中除因赴試或他故偶輟外，絕大部分時間均下帷課讀。性淡泊，「於物無所好，惟好學」[一]，「目不停覽，手不停毫」[二]，積多年「下帷時」[三]著述所得，有《毛詩六帖》、《淵源堂詩藝》、《芳蕤堂書藝》、《四書參同》、《子書輯》、

《子史摘》、《方言轉注》、《語類》、《塾書政》、《二十四則古》、《讀書算》、《賦囿》、《制彙》、《書法集》、《草書類》等書[四]。

四月，父思誠七十誕辰，「開筵爲壽」[五]，黄體仁、全天敍、程嘉燧等撰文[六]壽之。

「秋，復至石城，因與利子（瑪竇）有舊，往訪，不遇」[七]。時，利氏赴北京已三年，留南京主持教堂者，爲郭居静、羅如望[八]兩人。羅氏出與公接[九]，講論教理，「因以利子所譯《實義》及《教要》諸書[一〇]送閲。公持歸邸舍」[一一]，「於邸中讀之，達旦不寐，立志受教」[一二]。連日在教堂，「觀教禮，考道義」[五]，聆羅氏講十誡之理，於是受洗禮爲教徒，教名「保禄」[一三]。「是日，〔領洗畢〕，首途回滬」[五]。

方豪《中國天主教人物傳・徐光啓》（中華書局，一九八八年），對徐光啓受洗入教的日期有考證：「據德禮賢神父的《利瑪竇全集》第二册二五一頁注，光啓是一六〇三年一月十五日領洗的，合陰曆是萬曆三十年十二月初四。《聖教雜誌》二十二卷十一期徐宗澤神父撰《奉教閣老的傳略》説『公因年終將近，領洗後即回上海』。」如此，徐光啓入教，地在南京，時在秋冬，授洗者爲羅如望神父。萬曆三十年（一六〇二）徐光啓在南京或許逗留經月，由秋而冬。

利瑪竇、金尼閣《利瑪竇中國札記》記徐光啓受洗事較早且詳，當爲諸説之源：「一六〇三年，徐光啓因事返回南京，並拜會了羅如望神父。他進屋時在聖母像前禮拜，而且在首次聽到一些基督教的原理後，馬上就決定信仰天主教。那一整天直到天晚，他一直安靜地思索着基督教信仰的主要條文。他把基督教教義的一份綱要，還有利瑪竇神父教義問答的一個抄本帶回家去。那是還沒有刊行的一個文本。他非常喜愛這兩部書，以致通宵讀它們。第二天回去以前，他已經記住了教義綱要。他請羅如望神父盡可能地給他解釋某幾段，因爲他必須在年底之前趕回家，而他想要在動身前領洗。爲了弄清他是否真正嚴肅地對待此事，神父要他來接受教誨，每週一天，每天一次。他對此回答說：『不止是一次，我要一天來兩次。』他確實這樣做了，總是準時到達。如果他來時趕上神父不在，就從一個修士或是一個家庭學生那裏受教。他在動身回家的那一天受了洗，回家後又捎來兩封信。信中他極清楚地表明他受到基督教教義的薰陶有多麼深。」（何高濟等譯，中華書局，一九八三年，第四六九頁）

柏應理撰《徐光啓行略》，亦詳記徐光啓在南京受洗入教之事，其叙事與《利瑪竇中國札記》基本吻合。惟因注重文字傳教的緣故，本書叙述的徐光啓入教故事更具傳奇色彩，則有演義之痕迹。另外，《徐光啓行略》中文本將南京的羅如望神父，錯譯成澳門的羅明堅神父，殊屬粗心。其文曰：「癸卯，（徐光啓）又至南都，訪利先生。時利子已往都門，明堅羅先生出接，即引瞻拜天主像。羅子謂：天主三位一體，玆則第二位，降生爲人之像。公忽憶前夢，始驚疑，以告羅子，亦受天主默啓。因具具講聖教之理。公聽之至暮無倦志，更訪其旨。羅子因以利子所譯《實義》及《教要》諸書送閱。公持歸邸舍，徹夜不寐，讀之欣喜無已，遂曰：我平生善疑，至此而無可疑。平生好辯，至此而無可辯。即立志願受教。待旦，復入堂。羅先生復講十誡之理。公静聽之，覺守之俱無難，惟時公止一子，擬納側室以廣嗣。羅子曰：有子無子，咸出於天主之命。况既有子，則後來繁盛，亦未可知。公沉思久之，起曰：嗣可以無，天主誡誡不可犯也。羅子欣然拱手曰：先生能順從主命，則天主亦必允爾，將見先生子孫綿綿也。公拜受教。羅子以保禄聖名名之，期公師法本名聖人，而化悔多衆。公既領洗回家，則生一孫矣。」

是年，擬訂《量算河工及測量地勢法》[一四]送上海縣官劉一爌[一五]備參考。其中，包括「某河自某處起共該應開河幾何丈尺」，「量每號木界樁下，兩岸準平，相去今闊幾何丈尺」，「量見在河身，面闊底深，酌量塌定之數」，「驗今河底深淺，酌量加深之數」，「河工完後，考驗課程」等規劃。此時，公對水利工程，已臻一定造詣。

馮琦[一六]卒。

附注

［一］《行述》語。

［二］《集引》語。

［三］唐國士《毛詩六帖序》語。原文云：「《詩六帖》乃徐太史玄扈先生下帷時所輯。」按：公之著述中有關經史、聲律、書法等方面者，多數輯自「下帷時」。因公自舉進士後，專志於科學技術以至經濟、軍事等技術，其他似不及旁顧（參見所撰《自笑札》）。

［四］諸書名目見《集引》。其中部分見《行述》。原文所列舉之著述，有涉及科學技術及經濟、軍事方面，似非成於「下帷時」者，不著録於此。而此所著録者中，一部份「未刻而佚」，一部份「已刻而燬」（見《集引》）。今考：除《毛詩六帖》尚偶有孤本留存外，餘均散佚。又，其中《子史摘》及《二十四則古》兩書，《家譜·翰墨考》作《子史摘讀》及《書算二十四則》。

［五］《行實》語。

［六］按：全、程二氏文，《行實》已全篇收載。黄氏文只全氏文提及，未獲見。又按：《行實》屢引全氏姓名，「全」字均作「金」，又稱之爲「金太史」，誤甚。

［七］見《行實》。按：《行略》、《行實》及《大西利先生行蹟》均録載此事。惟《行略》記此作「癸卯」年，不詳何季何月。而《行實》則作是年「秋」，《利先生行蹟》作是年「臘月」。一云「秋」，一云「臘月」，兩者必有一誤。今考：由臘月至翌年會試（陰曆二月初九日），爲時極短促。如此次至南京，果爲臘月，則似無餘晷

如所述再「首途回滬」，又再由滬「公車北上」；更不能如所述「閱數月」然後「公車北上」。故今從《行實》，作是年秋。

［八］羅如望，字懷中，原名 João de Rocha，葡萄牙人。公元一五九四年來華，一六二三年卒。按：羅氏來華，先到澳門，繼至韶州、南昌。利瑪竇赴北京時，召之與郭居静同到南京傳教。

［九］時郭氏多病，接應賓客事多由羅氏擔任。見《利瑪竇傳》。

［一〇］《天主實義》係利瑪竇撰。《天主教要》係耶穌會諸教士同譯。均爲宣傳該教教義之書。

［一一］見《行略》。

［一二］見《大西利先生行蹟》。

［一三］「保禄」係 Paul 或 Paulus 之音譯。

［一四］此爲一篇水利工程計劃書，原文見《農政全書・水利篇》。

［一五］原文題下注明「送上海劉邑侯」。考當時任上海縣知事者爲劉一爌（見《縣志・職官表》）。此所云「劉邑侯」，當即其人。劉氏字著泉，江西南昌人，萬曆二十三年進士（《松江府志》作「萬曆十一年進士」，誤）。事跡見《江西通志》。按：劉氏在任上海縣知事期間，曾建龍華港，疏通其故道，建閘以時其蓄洩。公蓋因此而擬訂此文。

［一六］馮琦，字用韞，號琢菴，山東臨朐人，萬曆五年進士。事跡見《明史》。按：馮氏頗重實用之學，與利瑪竇頗相得，利氏曾將彼此問答語，演成兩章，編入所撰《天主實義》。

公元一六〇四年（萬曆三十二年·甲辰）　四十三歲

一月頃，因會試期將届，「公車北上，道出金陵，謁羅子〔如望〕，……惟迫於〔行〕程，匆促駛帆，趲程而北」[一]。

三月九日開始會試[二]，主考官[三]：朱賡、唐文獻。分房考官[四]：馬大儒[五]等。四月十三日榜發，録取進士三百一十一名[六]，公中式第八十八名。派赴都察院觀政[七]。

業師黄體仁與公同科成進士。時黄氏年六十三[八]，館李廷機[九]家，李氏使就試翰林院。黄氏自認「老矣，不足以辱館選」，薦公自代[一〇]。

七月十二日考選爲翰林院庶吉士[一一]，入翰林館學習，周應賓[一二]、唐文獻等任教習[一三]。同時在館學習者，有修撰楊守勤[一四]，編修孫承宗、吴宗達[一五]及庶吉士王家植[一六]、來宗道[一七]、鄧澄[一八]、張鼐、周炳謨[一九]、汪煇[二〇]、姚士慎[二一]、江灝[二二]、駱從宇[二三]、劉士驥[二四]、汪元極[二五]、陳五昌[二六]、丘士毅[二七]、彭淩霄[二八]、黄立極[二九]、魏廣微[三〇]、韓文焕[三一]、唐之夔[三二]、王緇[三三]、黄儒炳[三四]、李應魁[三五]、梅之焕[三六]等[三七]，均係與公同科進士。此外，同科進士與公關係較切者有張銓、李繼周[三八]等。又前科進士，至是復入館與公同爲庶吉士者，有何如寵[三九]、錢象坤[四〇]二人。

此頃，利瑪竇「齎貢入燕〔後〕，居禮賓之館」[四一]，公「以間遊從請益」[四二]，「每布衣徒步，晤於〔利氏〕邸舍，講究精密，承問沖虛」[四三]。

十月十七日馮應京出獄[四四]，公往「唔之，未及勞苦」，馮氏輒殷殷以「頃者征繕日煩，繭絲遍天下，議者惓惓罷升榷。譬病癰疽，不遑念元氣。……調治之方，則無如重農」等語爲言。並亟向公「索（請介紹）江南農師以治江北之田」。公歎爲「仁人之言」[四五]。

十月，徐光啓在翰林期間，有《聞楚變有感》之作。據《明史·本紀·神宗》：「（萬曆三十二年）閏月辛丑，武昌宗人藴釸等作亂，殺巡撫都御史趙可懷。冬十月甲寅，始敘平播州功。……（三十三年）夏四月辛亥，藴釸等伏誅。」另據《明史·諸王傳·楚王傳》：「（湖北）巡撫趙可懷屬有司捕治，宗人藴釸等方恨可懷治楚獄不平，遂大鬨，毆可懷死。巡按吴楷以楚叛告，一貫擬發兵會剿。命未下，諸宗人悉就縛，於是斬二人，勒四人自盡，錮高牆及禁閒宅者復四十五人。三十三年四月也。」據以上傳紀可知，「藴釸之亂」始於「閏月辛丑」（十一月十五日），「冬十月甲寅」（十一月二十八日）始發兵平定。徐光啓《聞楚變有感》有句：「皇基四維固，恩威八風翔。宗子奠維城，藩衛秉舊章。如何磐石者，忽此成披猖？會府列台司，申禍並見戕。」全詩以感慨繫之，未有平叛的資訊披露，則本詩應作於「辛丑」與「甲寅」之間的十三天之内。

十一月中旬館課，撰《擬上安邊禦虜疏》，認爲「宜備者北虜」，因「略計虜情時弊，稍及備禦之要，而終之以根本之計」。源源本本，説明當時形勢可以「無戰」，但必須「先求我之可以守，次求我之可以戰，次求我之可以大戰」。主要途徑在「設險阻，整車馬，選將帥，練戎卒，嚴節制，信賞罰數事」。數事中最要者兩言：「一曰求精，一曰責實。」根本之至計，則在「務農貴粟」。深慨「唐宋以來，國不設農官，官不庀農政，士不言農學，民不專農業，弊也久矣」。指出「所慨者，非獨爲諸邊也，而此事所關諸邊最重又最急」。主張「創爲之制以勸人於本業」，并「詳諮博訪」，一是以「利農」爲本[四六]。

翰林院館課，館師唐文獻（一五四九——一六〇五，字元徵，謚文恪，松江府華亭縣人，萬曆十四年狀元，二十二年任皇太子講讀官）在徐光啓《擬上安邊御虜疏》後批文：「行文學蘇長公，諸封事擘畫處，似迂而實切。」

前此，馮應京在獄時，將利瑪竇在南京時所撰《二十五言》[四七]，酌加潤色並付刻[四八]。十二月二十一日，公爲之撰跋。

是年，男長孫爾覺[四九]生[五〇]。公男孫五：長爾覺，次爾爵[五一]，次爾斗[五二]，次爾默[五三]，次爾路[五四]。「五孫俱淹貫經史，爾默尤精覃」[五五]。

柏應理與徐光啓孫子女一輩有密切交往，故其《徐光啓行略》提供之孫子名字，最爲可靠：「公（徐光啓）孫五，爾覺（字順之）、爾爵（字麐之）、爾斗（字旋之）、爾默（字含之）、爾路（字行之）。」

接座師張五典函[五六]，復以書[五七]，藉張銓歸省之便，託其代致[五八]。

此頃，西洋人龐迪我[五九]撰《七克》[六〇]，公爲之筆削[六一]，並撰《克罪七德箴贊》。

馮琦遺著《經濟類編》刻成。是編係摘録有關經世之古書資料彙輯而成[六二]。説者謂馮氏「無時不注〔意〕經濟」[六三]，此足反映其一斑。

本年，徐光啓在京和同郡老鄉張以誠（字君一，雲間人，萬曆三十九年進士，狀元）交流《詩經》研究心得。據徐光啓《葩經嫡證序》：「歲甲辰，薦身木天，幸分君一張太史片席，昕夕休沐，對膝暢詠，輒以《詩》義相印可……」則徐光啓於甲辰及第後，居京論學，交友廣泛，頗涉「經學」。唐國士《毛詩六帖序》曾云：「《詩六帖》，乃徐太史玄扈先生下帷時所輯」，可見徐光啓專研「西學」的同時，仍致力於「經學」，而於《詩經》研究尤深。

伽利略在意大利設立天文院，聚徒講學。

附注

［一］見《行實》。惟北上期未詳何月。據利瑪竇《譯幾何原本引》提及「癸卯冬則吴下徐太史先生來」

等語，意公來京期當在陰曆癸卯年十二月頃即公元一六〇四年一月頃，似不會更早。《利瑪竇傳》提到公此次赴考，係「趕程」「路過南京」，只「耽擱幾天」。《行實》亦述其「迫於程，匆促駛帆」，顯見其時距會試期不甚長。

［二］明制，每逢陰曆丑、辰、未、戌年在京舉行會試。試期均以二月初九日爲第一場，又三日爲第二場，又三日爲第三場。見《明史·選舉志》。是年陰曆二月初九日係三月九日。

［三］是科會試，「二月癸未，大學士沈鯉辭主試」，「丙戌，大學士朱賡、禮部右侍郎唐文獻主禮闈」。見《國榷》。

［四］據《履歷便覽》所述，是科會試分房考官，計有：易一房至五房爲全天敍等五人，書一房至四房爲王毓宗等四人，詩一房至五房爲顧啓元等五人，春秋一房爲莊天合等二人。禮記一房爲趙秉忠等二人。公被編在詩五房，其考官爲馬大儒。

［五］馬大儒，字心董，山東信陽人，萬曆十七年進士，見《題名碑録》，事跡未詳。

［六］見《履歷便覽》。按：《國榷》記發榜「策貢士楊守勤等三百人爲進士」，「在三月乙丑」。依陽曆係四月十三日。按：是科録取人數：《履歷便覽》作三百一十一名。《國榷》作三百名。蓋前者係記其實數，後者係舉其大凡，故歧。

［七］見《履歷便覽》。

［八］《閲世編》：「黄副憲穀城體仁，相國徐文定公受業師也。名儒夙學，偃蹇場屋，至六十三而始登

進士。」

［九］李廷機，字爾張，號九我，福建晉江人，萬曆十一年進士第一。事跡見《明史》。按：時李氏任禮部左侍郎。

［一〇］見《縣志》。

［一一］《國榷》記是年考選庶吉士日期爲六月乙未，即七月十二日。

［一二］周應賓，字嘉甫，浙江鄞人，萬曆十一年進士。事跡見《鄞縣志》。

［一三］《國榷》：「六月乙未（七月十二日）選庶吉士徐光啓等二十三人，以吏、禮部右侍郎周應賓、唐文獻教習。」

［一四］楊守勤，字琨阜，浙江慈谿人。事跡見《分省人物考》。

［一五］吴宗達，字去聞，號青門，江蘇武進人。事跡附見《明史·吴中行傳》。

［一六］王家植，字木仲，號直齋，山東濱州人。事跡見《山東通志》。

［一七］來宗道，字路然，浙江蕭山人。事跡附見《明史·顧秉謙傳》。

［一八］鄧澄，字于德，號來沙，江西新城人。事跡見《蘭臺法鑒録》。

［一九］周炳謨，字仲覲，號念潛，江蘇無錫人。事跡附見《明史·文震孟傳》。

［二〇］汪煇，字德仲，號柱河，安徽休寧人。事跡見《明詩綜》。

［二一］姚士慎，字仲合，號岱芝，浙江平湖人。事跡見《安雅堂稿·姚司寇傳》。

［二二］江灝，字禹門，福建漳州人。見《甲辰館課》。

［二三］駱從宇，字乾沙，浙江武康人。見《甲辰館課》。

［二四］劉士驥，字允良，號祝陽，山東禹城人。事跡見《明詩綜》。

［二五］汪元極，字容庵，湖北黄岡人。見《甲辰館課》。

［二六］陳五昌，字胤虞，福建侯官人。見《甲辰館課》。

［二七］丘士毅，字見南，江西豐城人。事跡見《豐城縣志》。

［二八］彭淩霄，字岵崖，河南淅川人。事跡見《河南通志》。

［二九］黄立極，字中五，號憲南，河北元城人。事跡附見《明史·顧秉謙傳》。

［三〇］魏廣微，字道沖，河北南樂人。事跡附見《明史·顧秉謙傳》。

［三一］韓文焕，字伯闇，陝西涇陽人。見《甲辰館課》。

［三二］唐之夔，字達于，號贊宇，廣西鬱林人。事跡見《蘭臺法鑒録》。

［三三］王緍，字朝儀，號景鳳，山西寧鄉人。見《甲辰館課》。

［三四］黄儒炳，字士明，號卓望，廣東順德人。事跡見《明詩綜》。

［三五］李應魁，字務滋，號光表，四川内江人。事跡見《蘭臺法鑒録》。

［三六］梅之焕，字彬父，號長公，又號信天居士，湖北麻城人。事跡見《明史》。

［三七］是科同在翰林館學習者，有修撰一人，編修二人，庶吉士二十三人。此外，尚有辛丑科何如寵、

錢象坤二人。見《甲辰館課》。

［三八］李繼周，字汝輔，江西南昌人。事跡見《江西通志》。按：李氏在萬曆三十二至三十七年任上海縣令，公家書曾提及之，有云：「李公自是循良，去後之思如此，亦足爲吾輩解嘲。」

［三九］何如寵，字康侯，號芝嶽，安徽桐城人，萬曆三十九年進士。事跡見《明史》。

［四〇］錢象坤，字弘載，號隣武，浙江山陰人，萬曆三十九年進士。事跡附見《明史·何如寵傳》。

［四一］按：利瑪竇到京後，初居四夷館，後賜宅於京城西南宣武門内之東，繼建教堂於其宅左。參見《大西利先生行蹟》及《利瑪竇傳》。

［四二］見所撰《跋二十五言》。

［四三］見茅元儀《與徐玄扈贊善書一》（《石民四十集》）。

［四四］見《明史·馮應京傳》。其出獄日期見《國榷》。

［四五］見《農政全書·農本編》附注。

［四六］原疏見《庖言》。

［四七］此書係論述個人修養之宗教書。包括條目二十五，故名。

［四八］馮氏序署「萬曆甲辰歲五月穀旦」（時尚在獄中）。公跋署「萬曆甲辰長至日」（時馮氏已出獄）。

［四九］爾覺，字順之，號照齋。妻俞氏，係俞廷鍔女，俞汝爲女孫。

［五〇］《行略》稱公受洗後歸家生一孫。雖未詳爲男爲女，但原文提及爲後嗣計，又言「喜之甚」，依常

情推測，當係男孫即爾覺。又，公孫誕生係公受洗之當年抑次年？《行略》原文不明。考《大西利先生行蹟》云：公受洗後，「越年即得孫」，則顯見爲次年事，今次之於是年。

［五一］爾爵，字縻之，號抑齋。妻喬氏，係喬煒女，喬拱宸女孫。繼妻李氏，係李廷兹女，李繼元女孫。

［五二］爾斗，字旋之，號景西。妻孫氏，係孫元化女。

［五三］爾默，字舍之，號容庵。妻黃氏，係黃兆蘭女，黃體仁女孫。

［五四］爾路，字行之，號南陔。妻潘氏，係潘雲龍女，潘允端女孫。

［五五］見《縣志》。

［五六］據公復書有「八行金玉，德音先拜書紳」語，知其時公曾先接張氏函。

［五七］原函題《與海翁夫子書》，見宣統版舊集。所云「海翁」，當即張五典。張氏爲公座師，故稱「夫子」；號海虹，故稱「海翁」；與其子張銓先後成進士，故函中「喬、梓」「周、魯」連稱；均可證。但函期未詳，今考：函中有「十年遇主」語，張氏入仕途至是年已逾十年。函中有「喬既聳而梓復翹」「魯拜後，周拜前，誠計日而可待」語，則必在張銓成進士後。函中有「禁籞彈冠，無非教澤」語，又當在公成進士且入翰苑後。故次之於是年。

［五八］函中有「聊酬趨庭以將意」語，知係籍張銓省親之便，託其代致此函。

［五九］龐迪我，字順陽，原名 Didacus de Pantoja，一五九九年來華，一六一八年卒。按：是時龐氏隨利氏在北京。

[六〇] 此書有楊廷筠、曹于汴、鄭以偉等所撰序。所云「七克」：一、伏傲；二、平妬；三、解貪；四、息忿；五、塞饕；六、坊淫；七、策怠。

[六一] 見《行實》。

[六二] 係類書性質，分二十門，一百卷。

[六三] 吴光義序語。

公元一六〇五年（萬曆三十三年·乙巳）　四十四歲

此頃，讀中秘書於翰林館。在館所撰部分課藝，後此被選載於《甲辰翰林館課》[一]，其中包括詩文共二十六題。文題爲：《擬漢武帝罷田輪臺詔》、《漢文帝誅薄昭或以爲仁厚中有神武，田叔燒梁獄詞，或以爲善處人母子兄弟之間，二事寬嚴得失何如對》、《正直忠厚辯》、《聖母萬壽頌》、《郭汾陽大人頌》、《擬東方朔陳泰階六符奏》、《新都楊永嘉張二文忠公贊》、《赤子之心與聖人之心若何解》、《刻紫陽朱子全集序》、《君臣交儆箴》、《爲之自我者當如是論》、《擬緩舉三殿及朝門工程疏》、《與友人辯論雅俗書》等十三篇。詩題爲《題歲寒松柏圖》、《賦得玉壺冰》、《題陶士行運甓圖歌》、《邊塞苦寒吟》、《雨霽望西山》、《賦得草色遥看近若無》、《曲水流觴》、《上苑聽新鶯》、《南郊陪祀有述二首》、《北郊陪祀》、《聞楚變有感》、《閲宋史監門鄭俠上流民圖有感》、《九日憐芳菊》等十三篇。公詩傳於今者只此。其《題陶士行[二]運甓圖》云：「典午[三]朝臣鮮尚實，競以曠達相矜誇。娓娓玄談未終席，紛紛胡騎亂如麻。白玉麈尾黄金埒，甕間酒龍聲嗑嗑。誰使神州陸沉者，空復新亭淚成血。於時獨有陶荆州，卓爾不逐頹波流。高齋晝夜百瓴甋，勞身苦骨時矻矻。心知鴆毒是懷安，肉緩筋駑成何益？爾時惟見祖生楫，一擊中流氣成霓。遂令伊人先着鞭，莫得相看共提挈。誰爲點染圖中史，炯炯神明薄毫楮。披圖再四忽自喜，瘦骨棱棱髮上指。」[四]所詠蓋反映所志。

據中國科學院圖書館藏明刻本《甲辰翰林館閣試草》，其中收《甲辰翰林館課》未録之詩文，計有文二篇：《擬講讀官請皇太子暑月宫中視學箋》、《續文德論》，詩五題九首：《賦得冬嶺秀孤松》、《秋祀恭謁長陵》、《憶江南梅花》（四首）、《賦得霜前白雁》（二首）、《玉河新水》，共此詩文歷次《徐光啓集》均未收，考見鄭誠《徐光啓集外文輯補》（未刊）。

正月初六日（辛巳，二月二十三日），值「正月上辛日祈穀」（《明史·禮志》）儀式，爲明朝規定的十三項「大禮」之首，設壇南郊，以圜丘爲式，最爲隆重。徐光啓以翰林身份，得列陪祀者之疇。第一次側身於「南郊大祀」，不免感歎繫之，因作《南郊陪祀有述》（二首）：

「舜琯玄緹氣序初，堯壇蒼玉禮神居。鏗鏘六變笙鏞奏，祗肅千官劍佩趍。濯濯祥麟遊泰畤，綏綏風馬雜雲車。行宫若解通靈貺，太史應無《封禪書》。」「碧落摇光上帝臺，周官奉璧侍祠來。龍旂不動黃雲護，燿火初通紫氣迴。斗柄玉繩新候轉，郊壇金版近臣開。不因衮冕成殷禮，誰顯《甘泉》作賦才？」

蓄意改革舊工具。自稱：「《農桑通訣》所載〔紡紗〕攬車用兩人，今止用一人，紡車容三縫，今吴下猶用之；間有容四縫者；江西樂安至容五縫。〔此頃〕〔五〕，見樂安人於馮可大（應京）所道之，因託可大轉索其器未得。」并言：「其他善巧，所在有之；且智巧日窮不盡，後之制作」，必須「虚訪勤求」。不但技藝如此，「尚有進乎技者」〔六〕云。

撰《考工記解》、《記里鼓車圖解》〔七〕。

五月二日館師唐文獻卒。二十五日派楊道賓〔八〕、黃汝良〔九〕兼充翰林館教習〔一〇〕。

此頃，撰《漕河議》凡八千餘言，大旨謂漕有大利，亦有大害。「歲轉輸數十萬，……豈不爲利，然而漕能使國貧，……水費，……河壞」，其害亦顯然。因考鏡古今，建議「以地之形勢，校策之得失」。「舉南北新舊諸河，從源達委，皆能知其遞高遞下之數。一河之中，分别測量，又能知其遞高遞下之數」，「錯綜之，參伍之，則其受病之處，……開塞之宜，……即旱而某處任其涸，即潦而某處任其缺，又必可知」。主張「無分水陸，在在測驗。近用準平，遠立重表」，「隨地製器」，「隨用立法」。「夫然後築塞之機宜，疏導之方略，可得預籌。土方之數，錢穀之額，可得計量；工程之虚實，冒破之有無，可得按核」。如是，河之事既治而漕之事亦易得而理。可略倣「就糧」之意，以士兵更番任轉運，不但可以免「坐而養驕」，且可「減民耗，備急乏」，「省轉漕」。並指出「古今言漕者，莫善於轉般，莫不善於直達」。而議河議漕，歸結其要於「必求本計」，「功在治田」。要求「水之用於田也多，水之儲以待用於田也又多」，「洩之以爲利」，「蓄之以爲用」。如此，方爲「漕河萬世利」云云[一一]。此文頗爲當時傳誦。館師楊道賓譽爲「全河全漕，了然胸中。條分縷析，悉有考據。所持議皆裨廟謨」。

撰《漕河議》外，先後撰有《通漕類編》、《通漕考評》、《漕河評正》等書[一二]。

撰《處置宗禄查核邊餉議》，針對當時宗禄隨宗籍繁息而日增，邊餉因邊吏冒濫而日絀，以致國計大虧情況，建議宗禄應「善通」而變，邊餉應「善守」而不變。前者宜取消禄給，「禁人於遊惰而教人於生穀」，使宗室闢土受地爲永業，「不以煩經費且樸而食力」。後者約以「大計」三：首「興屯政」，次「益吏禄」，次「核虚冒」[一三]。

是年頃，撰《山海輿地圖經解》[一四]。

本年年底，徐光啓説動父親徐思誠皈依天主教。徐光啓「把他七十多歲高齡的老父帶到北京，想争取他在壽終之前皈依基督。……最後，而且在他那高齡是十分幸運的，這位老人在他逝世前的一年半受了洗禮。」（利瑪竇、金尼閣《利瑪竇中國札記》，中華書局，一九八三年，第四九一頁）徐思誠於萬曆三十五年（一六〇七）五月下旬去世，「一年半」

前，應爲本年年底。

附注

［一］此書原題《新刻甲辰科翰林館課》，又簡稱《甲辰館課》。包括是科翰林二十餘人所撰詩文二百餘首。署李廷機、楊道賓評選，萬曆三十四年刻。

［二］陶士行即陶侃，江西潯陽人。事跡見《晉書》。

［三］「典午」，隱語，指「司馬」氏，以「午」屬「馬」會意。晉帝姓司馬，後人因稱晉代爲「典午」。

［四］此詩亦見《松風餘韻》及《明詩紀事》引。

［五］原文無「此頃」兩字而有一「往」字，蓋後此撰《農政全書》時追述，故措詞如是。今考：公晤馮應京於其寓所，當在馮氏出獄後、逝世前。可能在是年前後。

［六］見《農政全書》卷三十五。

［七］《集引》、《家譜·翰墨考》並著録，但未詳其撰期。兩書可能非同時撰，亦未必撰於此時。

［八］楊道賓，字惟彦，號荆巖，福建晉江人，萬曆十四年進士第二。事跡附見《明史·唐文獻傳》。

［九］黄汝良，字明起（亦作名起），萬曆十四年進士。事跡見萬斯同《明史稿》。

［一〇］見《國榷》。

［一一］原文見《明經世文編》。此文經楊道賓評閲，其撰期當在楊氏兼任教習後。

［一二］《通漕類編》名見《行述》，但不見於《集引》；而《通漕考評》、《漕河評正》兩名見《集引》，但不見於《行述》。可能彼此偶有遺脱；亦可能後兩書係從前一書即《通漕類編》所析出。又，各書撰期均未詳，以類相從，姑次於此。

［一三］原文見《明經世文編》。文中有「頃歲甲辰」語，其撰期當在甲辰年後而又相距不遠。姑次於是年。

［一四］《集引》《家譜·翰墨考》並著録，未詳其撰期。按：程百二（字幼輿，安徽新安人）撰《方輿勝略》（刊於萬曆三十八年頃），其中，「外夷」部分著録有利瑪竇《山海輿地全圖》，附有公所題之解説，以「正、戲、別」三論，解釋天地並爲圓體，可能即此篇。馮應京序此圖有云：「應京嘗備員職方，見其（利瑪竇）獻圖於上，倍蓰掌故，乃悉其藴。序而傳之，以屬程生百二纂〔之〕。」則當成於馮氏生前，似亦當成於馮氏出獄後，姑次於此。又按：公所撰「正、戲、別」三論，亦見録於《絶徼同文紀》，題爲《題萬國二圜圖序》。

公元一六〇六年（萬曆三十四年·丙午）　四十五歲

此頃，在翰林館，愈留心經世致用之學。「嘗學聲律，工楷隸，及是，悉棄去，〔專志〕習天文、兵法、〔農事〕、屯、鹽、水利諸策，旁及工藝、數學，務可施用於世者」［一］。

正月，爲萬曆皇帝生母孝定李太后加封徽號，作《聖母萬壽頌》，爲翰林院課業。其辭如云「皇矣帝命，維聖啓聖，用迪厥祥。慶既開堯，嫄始造周，娀實生商。於赫聖母，曾沙膺祐」，「受命溥將」等，均突出女性在「開闢」中的重要性，類似《舊約·創世紀》，可以看出徐光啓入教後所受的神學影響。關於作頌時間，據《明史·本紀·神宗》：「萬曆三十四年春二月庚戌加上皇太后徽號」，徐光啓《聖母萬壽頌》爲翰林院館課，王重民認爲「應作於加徽號的一、二個月以前」，即作於本年正月，或去年臘月。今姑以正月繫於此。

春頃，迎父至京邸[二]，妻吳氏及部分眷屬隨來[三]。公事父「備極孝養」[四]，「昏定晨省，冬温夏清，且探親志，欲有需，必預爲計，不使親之微有弗慊」[五]。

夏，《甲辰翰林館課》編成付刻，楊道賓撰序，略謂「成甲辰進士讀書中秘者，行將竣事授之職矣。其積課有詩文二百餘首，太學周時泰[六]梓之白門」云云。其中包括公在館時所撰部分詩文[七]。

秋，與利瑪竇談及格物及幾何學事。利氏因述歐几里得[八]《幾何原本》[九]之精，「且陳翻譯之難及向來中輟狀」。公慨然曰：「先正有言：『一物不知，儒者之恥。』今此一家已失傳，爲其學者皆暗中摸索耳。既遇此書，又遇子不驕不吝，欲相指授，豈可畏勞玩日，當吾世而失之。嗚呼，吾避難，難自長大；吾迎難，難自消微。必成之。」遂於每日下午三、四時詣利氏寓所[一〇]，請「口傳，自以筆受焉。反覆展轉，求合本書之意。以中夏之文，重復訂政，凡三易稿」。至翌年「春首，其最要者前六卷，獲卒業矣」[一一]。

此頃，所與質疑辨難者，有楊廷筠、李之藻、葉向高、馮應京、曹于汴等人[一二]，又相與從利瑪竇游，「時及於理數。其言道言理，既皆返本蹠實。……而象數之學，亦皆溯源承流，根附葉著。上窮九天，旁該萬事」[一三]。所學因而日進。

九月十一日家書有云：「按院聞在吾邑造册，可約束家人及親戚不可多事。已前受虧處亦不必稱説報復。」又云：「館中常規，七八月(陰曆)散，今年尚未題，想要待九月。」又提及當時京眷「米糧已盡，糧舡又未至，日逐在此借米喫」[一四]。

此頃，病卧床蓐者兩月[一五]。

是年，耿橘任常熟知縣[一六]。在職期間，先後上《開荒申》、《大興水利申》兩文。前者陳述「設法開墾荒田」意見，主張「招撫流移人户」，「盡豁積逋」，「酌給牛種」，「矜免雜差」，「禁絶豪强兼并」，「禁占蘆葦茭草微利」，「明定税期」，「分任各區公正」及驅使「打行惡少」、「賭博遊手」、「販鹽無籍」、「訟師杠棍」等「歸農」[一七]。後者陳述興修東南水利意見。條列開河、築岸、守岸、建閘等辦法[一八]。後此，公將此兩文酌附批注，録載於《農政全書》中。表揚耿氏「水利、荒政，俱爲卓絶」[一六]。

本年，爲祭拜、研讀和翻譯等原因，徐光啓與利瑪竇接觸十分頻繁，常常滯留在宣武門教堂，樂而忘返。有一次在教堂，忽蒙廷召，竟然堅持做完全部禮儀，耽誤了陛見，幸獲萬曆皇帝的寬容。柏應理《徐光啓行略》稱：「其時，利子在都城，構堂行教。公雖備員講幄，時或朝廷顧問，必且日與彌撒，未嘗間缺。一日，正行省察告解之功，適君命召。公循序從容，依規告解畢，入朝請罪。上曰：『爾忠於天主，必忠於朕矣，有何罪焉？』」

李自成[一九]生。

張獻忠[二〇]生。

馮應京卒。

附注

[一]《啓禎野乘·徐文定傳》語。

[二] 迎父至京事，《行略》述之而未詳及其期。《行述》則云：「丁未，授檢討，即迎先大父於京邸」，似誤。應依《行實》次之於丙午年方合。丙午年《家書》，提及父及眷在京事，可證。惟何月或何季至京，則尚未詳。今按：是年八月初十日（陰曆）家書所提及之眷屬，其時似至京頗久。抵京期疑在凍解後盛暑前，當暮春或初夏。

[三]《家書》述及公妻及孫在京，當係隨公父同來者。按：《利瑪竇傳》謂公親自回滬迎父，似誤。其時未散館，南北來往需時，未便曠課過久。意公父及吴氏、孫兒等之來，當係託熟人帶引。《家書》提到之

「顧周子」，豈即帶引人歟？

［四］《行述》語。

［五］《行略》語。

［六］周時泰生平未詳。

［七］原書題李廷機、楊道賓選校，其中包括公所撰詩、文各十三篇。

［八］歐几里得（Euclid），希臘人。公元前三三〇年生，前二七五年（？）卒。數學家。

［九］此書英文本名《Elements of Euclid》，其内容除歐氏等原著外，有利瑪竇業師數學家格拉維之集解、續補及新論。

［一〇］見《利瑪竇傳》。

［一一］見利瑪竇《譯幾何原本引》。

［一二］見《行略》。按：原文述及當時所與質疑辨難者，除楊、李、葉、馮、曹諸氏外，尚有趙司馬（疑是趙可懷）、王司寇（疑是王樵或王基）、祝宰伯（祝世禄）、吴大參（疑是吴達可）。

［一三］見所撰《同文算指序》。

［一四］《家書墨跡》第一通。

［一五］故宫博物館藏《復友人書簡》墨跡。

［一六］《農政全書》卷八附注。

［一七］《農政全書》卷八。

［一八］《農政全書》卷十五。

［一九］李自成，原名鴻基，陝西米脂人。出身於貧農家庭。事跡見《明季北略》（記載多簡略，且多誣衊）。

［二〇］張獻忠，字秉吾，陝西延安人。出身於貧農家庭。事跡見《明季北略》。

公元一六〇七年（萬曆三十五年·丁未）　四十六歲

「元旦[一]，早起，失一襪帶。公不言，默以布條代之。月餘，夫人方知之，笑曰：『翰林官窮，奈何力不能具此？外人必以爲矯。』公曰：『凡事無大小，有缺憾處，方不爲造物者所忌。吾於衣服，寒暖畢具，即以此當一缺陷，正自適耳，何矯之有？』」[二]

此頃，函復友人，其中論「卜葬」事，有云：「（風水）術家之言不足泥也。」又云：「西泰諸書，致多奇妙，如天文一節，是其最精者，而翻譯之功，計非歲月不可。用是未暇，以待他日圖之耳。」[三]

上述函件，即《徐光啓手跡》存《致友書》，所述「卜葬」之情，乃光啓托此親友在上海購置父親墓地事，其時光啓父親徐思誠年高體弱，在京居住。「卜葬一事，想近已得地，弟意只宜取爽塏平正，土厚水深。術家之言，不足泥也。」康熙《上海縣志》記：「贈太子太保大學士徐思誠墓，在陸家浜南。」則爲上海城外西南方向近黄浦之灘地。同信還提及：「《輿地圖》一副，計八幀，寄上。」可見徐光啓在京和利瑪竇一起，陸續修訂和複製《萬國坤輿全圖》，不斷贈送。

春，《幾何原本》前六卷譯畢[四]付刻前，撰《刻幾何原本序》及《幾何原本雜議》。序文大意謂「三代而上爲此業者盛，有元元本本師傳曹習之學。……至於今而此道盡廢」。幾何學爲「度數之宗，所以窮方圓平直之情，盡規矩準繩之用也。利先生從少年時，論道之暇，留意藝學。且此業在彼中所謂師傳曹習者，其師丁氏[五]又絶代名家也，以故極精其説。而與不佞遊久，講譚餘晷，時時及之。因請其象數諸書，更以華文。獨謂此書未譯，則他書俱不可得論，遂共翻其要約六卷。既卒業而復之，由顯入微，從疑得信，蓋不用爲用，衆用所基，真可謂萬象之形囿，百家之學海。……私心自謂不意古學廢絶二千年後，頓獲補綴唐虞三代之闕典遺義，其裨益當世定復不小。因偕二、三同志刻而傳之」。雜議係雜記有關學習此書之注意點。其中有云：「下學工夫，有理有事。此書爲益，能令學理者祛其浮氣，練其精心；學事者資其定法，發其巧思。故舉世無一人不當學。」「幾何之學縝密甚矣。率天下之人而歸於實用者，是或其所由之道也」。「當世……習者蓋寡。竊意百年之後，必人人習之，即又以爲習之晚也」。其推重此學蓋如是。所云「率天下之人而歸於實用」，可反映其思想。

《四庫全書總目提要·子部·天文演算法類二》對《幾何原本》推崇備至：「西洋人歐几里得撰，利瑪竇譯，而徐光啓筆受也。歐几里得未詳何時人，據利瑪竇序云：中古聞士，其原書十三卷，五百餘題。瑪竇之師丁氏爲之集解，又續補二卷於後，共爲十五卷。今止六卷者，徐光啓自序云：譯受是書，此其最要者，遂刊之。其書每卷有界說，有公論，有設題。界說者，先取所用名目，解說之；公論者，舉其不可疑之理；設題則據所欲言之理，次第設之，先其易者，次其難者，由淺而深，由簡而繁，推之至於無以復加而後已，是爲一卷。每題有法，有解，有論，有系。法言題用，解述題意，論則發明其所以然之理，系則又有旁通者焉。卷一論三角形，卷二論線，卷三論圓，卷四論圓内外形，卷五、卷六俱論比例。其於三角、方圓、邊線、面積、體積、比例變化相生之義，無不曲折盡顯，纖微畢露。光啓序稱其窮方圓平直之情，盡規矩準繩之用，非虛語也。又案，此書爲歐羅巴算學專書，且利瑪竇序云：前作後述，不絕於世。至歐几里得而爲是書，蓋亦集諸家之成，故自始至終，毫無疵纇。加以光啓反復推闡，其文句尤爲明顯。以是弁冕西術，不爲過矣。」

譯《測量法義》，利瑪竇口述，公筆受。草成而未定稿[六]。

《測量法義》署：「泰西利瑪竇口譯，吴淞徐光啓筆受」。徐光啓《題〈測量法義〉》

云：「西泰子之譯測量諸法也，十年矣。法而系之義也，自歲丁未始也。」萬曆「丁未」（一六〇七），利瑪竇、徐光啓譯畢《幾何原本》。既有「法」，推之以「義」，一六〇七年，利、徐合譯《測量法義》。徐光啓説利瑪竇翻譯幾何學，「十年矣」，殆指其一五九八年在南京和張養默一起翻譯《幾何原本》，此事見之於《利瑪竇中國札記》（中華書局，一九八三年）。據此，《測量法義》的翻譯，當從一六〇七年始。另外，徐光啓提到「西泰子」，未有緬懷的口吻，則此題文應在利瑪竇逝世（一六一〇）之前。即《測量法義》的翻譯和刊刻，當在一六〇七年到一六一〇年之間。

《四庫全書》將《測量法義》、《測量異同》、《勾股義》合爲一書。《四庫全書總目提要》在三書名目之下，稱是「明徐光啓撰，首卷『演』利瑪竇所譯，以明勾股測量之義。首造器，即《周髀》所謂矩也。次論景，景有倒正，即《周髀》所謂仰矩、覆矩、卧矩也。次設問十五題，以明測望高深廣遠之法，即《周髀》所謂知高、知遠、知深也。」

時，頗留意「水法」，閱「二十餘年矣」。乘間請教於利瑪竇，利氏輒爲「説其大旨」。公認爲「悉皆意外奇妙，了非疇昔所及」[七]。

前此，李之藻從利瑪竇問學，會通「中曆」[八]，撰《渾蓋通憲圖説》。在寫作過程中，每資公參訂[九]。至是，刊行[一〇]。

此頃，早已届散館〔一一〕期，久候未獲分派工作。家書有云：「館中事……至今未下。」「只是静聽而已，但愈遲則南還之期愈遠。」「幸老爺〔一二〕近日安心，不然亦甚難矣」〔一三〕。

四月十日散館〔一四〕，庶吉士二十人，被署爲翰林院編修者五，翰林院檢討者九，給事中者三，御史者三〔一五〕。公被署爲檢討。

此頃，滿洲併蒙古喀爾喀諸部，勢漸强，常侵擾。時爲防孤懸計，棄遼左六堡，而遷其民於内地〔一六〕。「廷議惴惴。公論宜以市賞爲餌，戰守爲實，著《選練論》，擬上，不果」〔一七〕。

五月二十三日父思誠卒於京邸〔一八〕。思誠「六歲而孤」，事母以孝聞。「先世稍有遺資」，因倭燹及親故稱貸，「産漸挫，至鬻田宅」。「嘗業賈，……復謝去。間課農圃自給」。「少遭兵燹，出入危城中，所識諸名將奇士，所習聞諸戰守方略甚備。與人語舊事，慷慨陳説，終日不倦。間用己意指摘前事得失，出人意表。博覽强記，於陰陽、醫術、星相、占候、二氏之書，多所通綜。……晚年悉棄去，專意修身事天之學」。歿前數月留一劄曰：「開花時思結果，急流中宜勇退。」歿之日，「夷然處順，語不私及家事」〔一九〕。殮後，公「即上疏〔申請〕扶柩歸葬」〔二〇〕，回籍守制，八月頃起程〔二一〕。

《法華鄉志・徐思誠傳》：「徐思誠，字子望，號懷西。父緒，録本傳。思誠性剛直，悃愊無華。六歲而孤，賴母尹撫育成立。好施與，親族有貧者、老者、孤者、寡者，輒收養衣食之。中年食貧，即疏糲與共饗，終不以貧故謝去。值倭警，出入危地，嫻戰守方略，不屑以武階進。恒自韜晦，而文定公少好談兵，所由本也。萬曆三十五年卒，年七十四。」

柏應理《徐光啓行略》採自徐氏家族傳説，稱徐思誠年輕時家境不錯，養成好游樂、喜飲酒、用錢恣意的性格。《徐光啓行略》稱贊徐光啓不辭窘迫，供養父親，一生「至孝」：「公至孝，善養親志。公父喜游玩，出必帶杖頭錢。公未第時食貧，每曲處以奉之。既官京師，迎親就館，昏定晨省，冬温夏凊，且探親志。欲有需，必預爲計，不使親之微有弗慊。」《徐光啓行略》透露，徐思誠受洗加入天主教，臨終時行終傅禮。「及（徐思誠）疾草，（徐光啓）亟延鐸德行聖教大禮。」按當時在京神父（鐸德）爲二人，即利瑪竇和龐迪我，行「聖教大禮」者，非利即龐。《徐光啓行略》稱「亟延」，似有隱情，則存疑待考。

另據《徐光啓行略》描述，徐光啓送父柩南歸時，北京暴雨成災，徐家在京之寓所全被淹没。幸徐光啓并父親靈柩已在南歸舟中，得以安然，周圍人衆視之爲聖迹，乃天主之保佑：「（徐思誠）既卒，（徐光啓）哀慟出於衷誠，即上疏扶柩歸葬。甫下舟，家衆猶有在寓者，忽大雨如注，廬舍湮没。公伴柩，安坐舟中，人咸謂至孝格天，而天主默佑之也。」

八月十六日，「京師大雨，〔旬餘〕[二二]不止，地水三尺，九逵如河，渰溺人畜亡算」[二三]。

附注

［一］是年陰曆元旦，係陽曆一月二十八日。

［二］見《南吳舊話録》。按：原文記此事，未詳其年。姑次之於此。

［三］原函現藏故宫博物館。末署「新正」，當在舊曆正月初。據函中提及「玉堂事業，非所敢與」及「得緣國恩，徽家大人一命，便作歸計」等語，近人認爲「作書時期當在萬曆三十四年或三十五年的正月」（見上海市文物保管委員會《徐光啓手跡序言》）。今按：細審函中語氣，似接近是届翰林館散館期，當以三十五年爲近是，因次於此。

［四］《幾何原本》爲公元前三世紀前後希臘學者歐几里得（Euclid）所著，原用希臘文寫，後譯成阿拉伯文，繼而譯成拉丁文，以後復有各種文字譯本，成爲世界數學教育中主要課本，至今不廢。十六世紀間丁氏（Clavius）曾將拉丁文本加以注釋。是譯即從丁氏本出。據利瑪竇序，知其譯成期在是年即丁未年「春首」。公本擬全付刻期稍後，約在五月頃。見《利瑪竇傳》。按：是書原爲十三卷，後人續增二卷，共十五卷。公本擬全譯，後阻於利氏而只譯其前六卷，即平面幾何學部分。清代咸豐年間算學家李善蘭筆譯其後九卷，歷四年（公元一八五二至一八五五年）而竟。見李善蘭《續譯幾何原本序》。

［五］丁氏原名 Christophus Clavius，譯稱克拉維斯，德國人，其生卒年爲公元一五三七至一六一二年。在當時以擅數學、天文學見稱。

［六］所撰《題測量法義》提及譯期，有「自丁未始」語。蓋公等譯此書，只是經始於而非定稿於是年。

但是年夏公丁憂回籍，越三年利氏又病故北京，兩人無復相見期。意是時雖匆猝未定稿，而初稿似已全部竣事。

［七］見所撰《泰西水法序》。

［八］見李之藻《渾蓋通憲圖説序》。

［九］《集引》列舉公著作目録，有是書名。蓋認是書爲公撰。《利瑪竇傳》據利氏筆記則謂是書係李之藻與公合撰。今據是書李氏序及樊良樞序，知主要係出李氏手。可能公只參與商訂工夫。

［一〇］初刊於閩。見李、樊二氏序。

［一一］翰林館教習三年，期滿授職，稱「散館」。見《明史·選舉志》。

［一二］指父思誠。

［一三］《家書墨跡》第二通。

［一四］見《國榷》。惟《國榷》所記日期係「四月乙未」（陽曆四月二十八日），而見於《家譜》之「履歷」（此履歷係公四十八歲任少詹事兼河南道御史時所填）所記日期，係三月十四日（陽曆四月十日）。今依履歷所記。

［一五］見《國榷》。

［一六］據《明鑑》：放棄遼左六堡係總兵李成梁與總督蹇遠、巡撫趙楫所建議。當時給事中宋一韓、御史熊廷弼曾上疏反對，無效。

［一七］見《啓禎野乘・徐文定公傳》。按：原文記公撰《選練論》事，未標明年月，只敍於萬曆三十二年後，三十六年前。今次之於此。

［一八］據所填「履歷」（見《家譜》），丁父憂日期，係四月二十八日，即陽曆五月二十三日。惟《利瑪竇傳》據利氏筆記作陽曆五月二十四日。「履歷」所記應較確。

［一九］見所撰《先考事略》。

［二〇］《行略》語。

［二一］起程期未詳，據《利瑪竇傳》所述，當時扶柩下船後，京師大雨如傾盆，街道成河。今考：是年八月十六日（陰曆閏六月乙酉日）起，北京大雨成災，見《國榷》。則其起程，當在八月十六日或稍前。

［二二］原文作「至七月丙申」（八月二十七日），今易以〔旬餘〕兩字。

［二三］見《國榷》。

公元一六〇八年（萬曆三十六年・戊申）　四十七歲

此頃，在籍守制，讀禮襄事之餘，致力於科學研究及農事實踐。年前譯述之《測量法義》，至是，削成定稿[一]，并撰《題測量法義》弁其端。大意謂測量法與周髀九章之勾股測望雖不異，但此貴有其義。其義則有待於《幾何原本》而後能傳。「劉徽、沈存中之流皆嘗言測望」，惟只「能説一表，不能説重表」。「言大小勾股能相求者，以小股大勾、小勾大股兩容積等，不言何以必等能相求」。其故蓋由「無以爲之藉」，「藉之中又有藉焉」，非窮究幾何原本之理不爲功。今取是（《測量法義》）以「先之」，蓋因其「數易見」，「小數易解」，「廣其術而以之治水治田之爲利鉅、爲務急」云云。

繼《測量法義》之譯述，撰成《測量異同》[二]。蓋因《九章算法》述及測量數則，其「法」略同於《測量法義》而闕其「義」，「學者不能識其所繇」，故撰此書，「對題臚列，推求同異」，共六題，附補論一則。

春，利瑪竇將公前此所筆譯且已刻成之《幾何原本》校正，以校正本寄公，建議「令南方有好事者重刻之」[三]。

夏，「浙直大雨水，壞麥禾廬舍亡算」[四]，蘇、松、常諸州府農田多淹没[五]。公因「建議留税金五萬賑蘇、松、常鎮。發儀真鹽課及税金各十五萬賑杭、嘉、湖。詔從之，全活甚衆」[六]。因「江以南大（水），無麥禾，欲以樹藝佐其急，且備異日」。聞閩越引種甘藷利甚溥，特託人自福建莆田「三致其種種之，生且蕃略無異彼土」。於是，「欲遍佈之」，撰《甘藷疏》，廣爲宣傳。其自序有云：「方輿之内，山陬海澨，麗土之毛，足以活人者多矣。或隱弗章；即章矣，近之人習用之，以爲澤居之魚鼈，山居之麋鹿也；遠之人逖聞之，以爲踰汶之貉，踰淮之橘也。坐是，兩者弗獲相通焉。余不佞，獨持迂論：以爲能相通者什九，不者什一。人人務相通，即世可無慮不足，民可無道殣。或嗤笑之；固陋之心終不能移。每聞他方之産可以利濟人者，往往欲得者藝之。同志者或不遠千里而致，耕穫菑畬，時時利賴其用。以此持論頗益堅」[七]，力闢「風土局限説」之非。

《甘藷疏》是徐光啓研究農學的第一部作品，未確定年月，惟可知作於在家鄉守制（一六〇七——一六一〇），試驗引種蕃薯之際。甘薯，或稱番薯、紅薯、甜薯，是福建人在明代萬曆年間通過西班牙殖民者，經菲律賓、臺灣等地，從南美引種的。甘薯高産，易栽培，「足以活人者多矣」（《〈甘藷疏〉序》），因而迅速風行大江南北。松江府和江南地區，地少、人多、賦重，爲免饑饉，亟需高産作物。徐光啓爲長江流域引種甘薯之先驅，按《〈甘藷疏〉序》，他曾托徐姓商人從福建莆田「三致其種」，帶回甘薯，在上海引種。《甘藷疏》總結了北方地區甘薯種植中的藏種、栽培、農時、土壤、耕作、施肥、修剪、收採、食用等經驗，向全國推廣，是明末最重要的農書之一。

天啓年間，王象晋編《二如亭群芳譜》卷二「蔬部」，收録了徐光啓《〈甘藷疏〉序》。《古今圖書集成》「草木典」卷五十四，據《二如亭群芳譜》收録了本疏序文。王重民編《徐光啓集》（一九六二），再根據以上二本加以校訂，一並收録，而全疏則未能存録。陳子龍編《農政全書》，在「玄扈先生曰」之下，輯録了《甘藷疏》中的部分内容。進入清代，《甘藷疏》原本少見流傳。康熙年間徐乾學撰《傳是樓書目》，在《子部・農學類》中有著録，可見江南或京師尚有收藏，而乾隆年間編訂《四庫全書》時，未見收録，原因未明。此後，《甘藷疏》不見流傳，海内絶跡。李朝純祖三十四年（一八三四），朝鮮湖南道人士徐有榘編《種藷譜》，全文輯録了徐光啓的《甘藷疏》，幸有日本天理大學圖書館存有一套，賴日本學者發現後公布。「文革」後，上海學者胡道静將《甘藷疏》引回國内，編入《徐光啓著譯集》（一九八三）。

此頃，座師全天敍任少詹事兼翰林院侍讀學士。因朝臣黨同伐異，「瓦缶亂鳴」[八]被牽及，函公告其事[九]。公復函[一〇]慰之。有「朝端議論，直如沸羹。但以事理度之，寧有震風陵雨可以爲常者乎？」「願老師暫安東山以竢之」等語。

利瑪竇所撰之《畸人十篇》，此頃付刻[一一]。其書係問答體，以儒家説衍述天主教理。其中第三、第四兩篇，係記公與利氏問答語。此外，所記問答語，有李太宰[一二]、馮大宗伯[一三]、曹給諫[一四]、李水部[一五]、吴大參[一六]、龔大參[一七]等。李之藻、周炳謨、王家植等均爲之撰序。就中，王氏序有「因徐子而見利子」語，蓋由公所介而相稔者。

《畸人十篇》中《常念死候利行爲祥第三》、《常念死候備死後審第四》兩篇，爲利瑪竇與徐光啓兩人之問答。問答例如：「余問於徐太史曰：中國士庶，皆忌死候，則談而諱嫌之，何意？答曰：罔己也，昧己也，智者獨否焉。子之邦何如？余曰：夫死候也，諸嚴之至嚴者。生之末晝，人之終界，自可畏矣。但敝邑之志於學者，恆懼死至吾所，吾不設備，故常思念其候，常講習討論之。先其未至，豫爲處置，迨至而安受之矣。」（第三篇）「徐太史明日再就余寓，曰：子昨所舉，實人生最急事，吾聞而驚怖其言焉。不識可得免乎？今請約舉是理，疏爲條目，將録以爲自警之首箴。余曰：常念死候，有五大益焉。其一，……」（第四篇）

本年，秋，利瑪竇鑒於熟悉天主教早期入華開教歷史的老人已經凋零，便開始撰寫《利瑪竇中國札記》，至一六一〇年二月完稿。一六〇九年二月十七日，利瑪竇致信羅馬友人稱：「去年年底，不知道怎樣，我忽然想到我是第一批進入這國家的人中之一，目前已經没有另一個人知道開始時的情形了。因此若把這些事情原原本本地寫出來，一定是樁好事；況且我知道已經有人寫我親身所經過的事，可是寫的與事實不符合。因此，我便開始寫一種報告書。這是據我推測爲後來的人一定很有趣味。若是在赴印度的船未啓碇前，我能寫完這這册書裏最重要的幾章，我就立刻寄往羅馬。」（譯文轉見羅光《利瑪竇傳》，臺灣學生書局，一九八三年，第二一六頁）

十二月，李之藻撰《圜容較義》成[一八]，蓋演述利瑪竇口授「測圜」、「割圜」、「窮研天體」，

「表裏算術，推演幾何」之法[一九]。

本月，徐光啓撰《穀城先生四然齋集序》，存黄體仁《四然齋藏稿》。《四然齋集》作者黄體仁，字長卿，號穀城，上海人。徐光啓早年師事黄體仁，習陽明學。黄體仁和徐光啓同年成進士，徐光啓孫爾默，娶黄體仁女孫，成親家。《穀城先生四然齋集序》署「萬曆戊申嘉平月門人徐光啓題撰」，其辭有云：「律古綜今，兼條總貫，經旨文心，駢習儷至，則吾師穀城先生其人也。」

是冬，郭居静應公之約，自南京至上海，公爲之建教堂於所居西[二〇]。

按利瑪竇、金尼閣《利瑪竇中國札記》（中華書局，一九八三年）記載，徐光啓在家守制期間，向利瑪竇申請，請派神父來上海。「徐保禄把他退職爲父親守孝的三年時間用來爲他的家人和他的同胞改善物質的和精神的福利。他要求利瑪竇神父派一名神父來指導這項工作，而郭居静神父自從由澳門返回南京後，一直不很忙，所以就被派去協助他。」（第五九七頁）「郭居静神父在一六〇八年臨近年終時離開南京。保禄乘自己的船，在半途迎迓，並且用一切方法表示歡迎和友誼，留他在家裏作客三天。」（第五九九頁）

徐宗澤《中國天主教傳教士概論》述「上海開教」：「一六〇七年，上海徐文定公，丁了父艱，離北京，南回了。他經過南京的時候，特請郭居静司鐸到上海來開教。徐公扶父柩先行，郭公於一六〇八年冬始到上海，寓居徐公家中。那時徐閣老住在南門沿喬家浜之九間樓，郭公先在此居住三日，後遷至南門外的雙園。郭公在此居住二月，即於此時間親自付洗五十人，都是由徐閣老所勸化預備的。徐公後又另購一屋，作爲聖堂。……一六一〇年，郭公又付洗了一百五十人。一六一一年，徐閣老回北京，郭公於是也離上海而南京去了。」（土山灣印書館，一九三八年，第三〇五頁——第三〇六頁）

郭居静在上海，對徐光啓的家鄉上海有所描述，頗具西人眼光：「保禄的老家上海，在南京省，是一個不很重要的城市，被稱爲縣或縣城。它離南京皇城約爲一百四十四義大利里，緯度二十九度，離東海不遠，在朝鮮這一邊，並且因距日本列島過近而爲居民不喜歡。順風時乘船渡過海峽可在二十四小時之内到達日本。附近水域經常有海盜出没，因此維持有一支强大的駐軍保護城市，還有一支艦隊保護海疆。本城的名字，是因位置靠海而得，『上海』的意思就是靠近海上。城的四周有兩英里長的城牆，郊區的房屋和城内的一樣多，共有四萬家，通常都以爐竈數來計算。中國人的城市有這麽大量的人數，聽了不必大驚小怪，因爲即使鄉村也是人口過分擁擠。城市周圍是一片平坦的高地，看起來與其説是農村，不如説是一座花園大城市，塔和農村小屋、農田一望無際。在這一片週邊有兩萬多户人家，與城市和近郊人口加在一起共達三十萬人，都屬同一城市管理。」（利

瑪竇、金尼閣《利瑪竇中國札記》，中華書局，一九八三年，第五九八頁）

是年，荷蘭眼鏡匠利伯休[二二]製成望遠鏡。

陳子龍[二三]生。

朱賡卒。

附注

[一]《測量法義》譯述期，「始於丁未」，初稿當草成於該歲（參見前注）。至是，在籍家居，取而削成定稿。定稿時，意利氏仍生存。公題詞屢提及他而不言其已卒，可證。今次之於是年。

[二] 撰期不詳，當在《測量法義》定稿後，今同繫於是年。

[三] 見《跋幾何原本》。

[四] 見《國榷》。

[五] 見《府志》。

[六] 見《啓禎野乘·徐文定傳》。

[七] 見所撰《甘藷疏序》。按：《甘藷疏》爲我國最早一部述番薯之專書，惜早已佚，今只存其自序於《羣芳譜》中。然公此著，迄十九世紀三十年代（清代道光中葉），朝鮮猶有傳本。公元一八三四年（朝鮮李朝純祖三十四年甲午，當我國清代道光十四年），朝鮮徐有榘用漢文撰著《種藷譜》一書時，尚見到公此著，

而以全文(包括序言)録入《種藷譜》中。《種藷譜》當時用木活字版排印行世,然至今日,亦成世間稀有之書,僅在日本存有孤册,經影印於公元一九六七年(日本昭和四十二年)出版之《朝鮮學報》第四十四輯中。

[八]《國榷》記是年頃廷臣互訐事有「戊申以後,新咨命下,瓦缶亂鳴,……〔誣詆攻訐成風〕,邸鈔俱以資席間談柄」等語。

[九]原函未見。

[一〇]原函題《復宫端全座師》,見《庖言》,附於《復王孝廉》函後。

[一一]是書付刊期據李之藻序署「萬曆戊申歲日躔在箕」推算,當在六月。

[一二]李太宰疑是李載。李氏字仁夫,河南延津人,隆慶二年進士。事跡見《明史》。

[一三]馮大宗伯即馮琦。

[一四]曹給諫即曹于汴。

[一五]李水部即李之藻。

[一六]吴大參疑是吴達可。達可字安節,江蘇宜興人,萬曆五年進士。事跡見《明史》。

[一七]龔大參未詳其名,疑是龔三益。龔氏江蘇武進人,萬曆二十九年進士。見《題名碑録》。

[一八]此書再版時李氏自序謂脱稿於「戊申十一月」(新曆十二月頃)。

[一九]見李氏自序。按:《利瑪竇傳》謂是書係李之藻與公「合作迻譯」,非是。李序明言「譯旬日而成」,其時二人一在京,一回籍,不同在一地。

[二〇] 見《行實》。

[二一] 利伯休(J. Lippershey),製成望遠(放大)鏡,伽利略聞而改造爲天文望遠鏡。

[二二] 陳子龍,字卧子,一字人中,號大樽,又號海士,江蘇華亭人,崇禎十年進士。事跡見《明史》。

按:陳氏後此爲「幾社」領袖。曾謁公請教。公卒後,爲公編訂《農政全書》並與徐孚遠等編輯公所撰文凡六卷,收載於《明經世文編》中。

公元一六〇九年(萬曆三十七年·己酉) 四十八歲

此頃,撰《俞子如先生像贊》[一]。

俞子如,字顯卿,松江華亭人,徐光啓姑母的兒子。萬曆十一年(一五八三)進士,任刑部主事,不久因彈劾屠隆失敗被削官,回籍,爲萬曆年間一次要案。《明神宗實録》卷一五四記載:萬曆十二年十月「甲子,刑部主事俞顯卿劾禮部主事屠隆與西寧侯宋世恩淫縱諸狀,並及陳經邦。」「乙丑,禮部主事屠隆上書自辯,並參俞顯卿,西寧侯宋世恩亦上書自辯。於是吏科都給事中齊世臣等交參之。上削隆、顯卿籍,奪世恩禄米半年,朱宗吉等法司提問。」俞顯卿進士及第,給徐氏家族帶來榮譽,更鼓勵了徐光啓的科業。俞顯卿去世後,徐光啓撰《俞子如先生像贊》一文,載入《徐氏宗譜》,其文曰:「嗚呼!此俞子如比部先生奏疏小像也！廿年攻苦，八月服官，觸邪簡白，報國心丹。蓋公所持者人綱與國維，公所擊者乃梟質而雉翰。故黨石者甘與玉俱殘，妬芝者俾與艾俱焚。逮夫久而事明，没而論定，然後彼其之子，不能免於衆多之口，而公之貞心勁氣，乃獨留天地之間也耶？表弟徐光啓拜撰。」

家有雙園[二]在南門外；又有農莊別業在法華南徐家滙，董其昌爲書「瀼西草堂」額[三]。此頃家居，「於農事尤所用心，蓋以爲生民率育之源，國家富強之本，故嘗躬執耒耜之器，親嘗草木之味」[四]，操作於其間。「每聞他方之産可以利濟人者，往往……不遠千里而〔羅〕致〔之〕，耕穫菑畬〔以繁殖之〕」[五]。《農書》編撰，此時已着手[六]。

家居種蕪菁，力排北種不宜南土之説，指出「此言大傷民事」，不可「輕信傳聞，捐棄美利」。認爲凡「種蔬果穀蓏諸物，皆以擇種爲第一義」，同時宜注意耕土，施肥及管理，便可使其馴化。曾作出蕪菁之植期比較及控制收種期試驗。認爲「六月（舊曆）種者根株稍大，蟲不能傷」。而收種子者不宜使其在梅雨中成熟。創立一法，以「摘薹」延其成熟期，謂頗有效云[七]。

此頃，撰《蕪菁疏》[八]。

居恆「待人温温笑語，竟日無倦容傲色，然不可干以私。門無雜賓。居家絶跡公府。〔對〕地方利弊，……如建閘、蓄水、濬吴淞江復禹舊跡及民輸布運等役，不靳筆舌。……慶弔燕會，不隨俗浮靡，力返於樸。服食儉約，不殊寒士。終身不蓄妾媵。教戒子孫，下至臧獲皆有法。鄉黨澆薄〔之風〕，爲之一變」[九]。

此頃，撰《勾股義》[一〇]，弁以自序。序文略述古數學家源流，並謂勾股源於遠古造曆與治水，其用「無所不通」。當譯述《測量法義》後，覺得「方今曆象之學，或歲月可緩；紛綸衆務，或非世道所急。至如西北治河，東南治水利，皆目前救時之至計。……此〔勾股〕法終不可廢」，因採「遺言、要語」，衍其法，說其義而成此書。

柏應理《徐光啓行略》記徐光啓在家守制期間的信教活動甚詳：「公以外艱歸，遂延仰鳳郭先生至家，精構一室，極静涓潔，舉家咸得領洗，事奉天主，且曰：『有人與我同恭敬天主者，是我親友，是我一家也。』一時向化者甚衆，感謝天主之恩。因是齊民聞風，問道接踵，復邀寧石黎先生，及今梁畢先生，偕來上邑。又於所居之西，别建一室，倫奐聿新。從教之衆，皆以友勸友，以親勸親，相率而來。較之海内，惟此爲獨盛。從之認識天主者，皆文定公一人之力也。」柏應理稱徐光啓除邀請郭居静來上海開教外，還請到黎寧石、畢方濟前來上海傳教。以事實考之，黎寧石一六〇四年來華，常駐南京，有可能在徐光啓守制期間前來上海，幫助教會建設。畢方濟則於一六一〇年來華，先駐北京，後住南京，故其來滬時間，應在日後。柏應理此處語氣，應是指三位外籍神父先後來滬，而非同時在上海。

徐光啓在家守制期間，與郭居静、黎寧石神父研討神學，并參與修訂天主教中文禮儀作品創作之事務。柏應理《徐光啓行略》記：徐光啓「於鐸德講後，亟繕寫以示人，并以傳之後世。每於午膳後，又與鐸德相對，譯聖教奥義，以垂訓於後。」後世中國南北天主教會，均以徐光啓名義印行系列贊文，如《耶穌像贊》、《聖母像贊》、《正道題綱》、《規誡箴贊》、《十誡箴贊》、《克罪七德箴贊》、《真福八端箴贊》、《哀矜十四端箴贊》、《造物主垂象略説》、《辟釋氏諸妄》等，作爲天主教徒的日課作品。這些教會作品，應是在這一時期醖釀、創作，并在身後由耶穌會長上審定和完成。柏應理《徐光啓行略》刊刻於「康熙戊午」（一六七八），距徐光啓去世四十五年，徐氏後裔在，上海教友衆，得到耶穌會批准，所言實屬有據。一九四九年以後之學者如王重民、梁家勉等，或有認定以徐光啓爲名的宗教作品，均屬天主教會後來之「僞托」，似屬武斷，或爲顧忌，實不能成立。

據西籍記載，光啓在家守制二年期間，曾「二赴澳門」。李杕《徐文定公行實》參引西文資料稱：「郭子留滬二載，計入教者二百人。公讀禮之餘，專志崇德。兩赴澳門，連旬修省（行避静功二度）。」李杕未指明徐光啓何年何月赴澳，只説是從上海去澳門「避静」，姑繫於本年。

遼東巡按熊廷弼上疏備言遼左危急[一一]。

是年，次女孫生[一二]。公女孫四[一三]，長適艾庭槐[一四]，次適許遠度[一五]，次適瞿葉[一六]，次適潘堯納[一七]。

格白爾根據第谷觀測試驗數據，創立行星運動三定律：（一）行星循橢圓軌道運行，太陽居此橢圓焦點之一；（二）自行星至太陽之直綫，在相等時間内，經過相等面積；（三）任何二行星繞太陽一周所需時間之平方與其離日平均距離之立方成比例。

伽利略創製天文望遠鏡，并不斷有所改進。在觀測天體中，有其一系列發見，如：太陽面有時時移動之黑點，月球表面凹凸不平，木星有四衛星，金星、水星有盈虧，行星繞太陽運行等現象，從而證實及發展哥白尼之學説[一八]。此後，相距僅二十年，公建議裝製此種「遠鏡」[一九]。

楊道賓卒。

楊時喬[二〇]卒。前此，楊氏久官太僕寺卿，熟習牧政，撰有《牛書》[二一]、《馬書》[二二]、《馬政紀》[二三]等書。

附注

［一］原文見光緒版《舊集》，撰期未詳。按： 俞子如即俞顯卿，文中有「歿而論定」語，則當撰於俞氏卒後。惟其卒期亦未詳，姑次於此。

［二］「雙園在南門外康衢里，有南北二園，故名」。見《家譜》。按： 雙園亦稱桑園，見《府志》。

［三］見《縣志》。

［四］見陳子龍《農政全書・凡例》。

［五］所撰《甘藷疏序》語。

［六］所撰《農政全書》，初只泛稱《農書》，就農事方面，「有得即書」，編撰歷時頗長。此頃或其前，已着手（詳見拙撰《〈農政全書〉撰述過程及若干有關問題的探討》）。

［七］見《農政全書》卷二八。

［八］《行述》、《集引》、《家譜・翰墨考》均未著録。但其書一卷，見於《傳是樓書目》。蓋曾單行刊出，至清初尚存。撰期未詳，姑次於此。

［九］見《行述》。

［一〇］撰期未詳。據自序，知撰於《測量法義》後，今次之於是年。

［一一］見《明實録》。按： 原疏見《籌遼碩畫》。

［一二］《許母徐太夫人事略》謂： 公次女孫「年方十四，慈母見背」。所云「慈母」，指公媳顧氏。顧氏

卒於天啓二年。依習慣推算：次女孫應生於萬曆三十七年；若依足齡計，可推前一年。惟，原書題下有「一六〇七——一六八〇」字樣，認其生年在公元一六〇七年即萬曆三十五年。果爾，則其喪母時非十四歲而是十六歲矣。今依習慣推算，繫於是年。其他女孫生年未詳，並記於此。

［一三］參見《龍與府君及顧孺人行實》。

［一四］艾庭槐，上海人，國子生。父大有，祖可久。參見《縣志·艾可久傳》。

［一五］許遠度，華亭人，國子生。父士儁，祖樂善。參見《婁縣志·許樂善傳、許纘曾傳》。

［一六］瞿葉，上海人，國子生。父大滂，祖寅。

［一七］潘堯納，上海人，國子生。父桓，祖雲鳳。參見《縣志·潘恩傳》。

［一八］是年，伽利略至威尼斯，聞荷蘭人造器能測遠，因倣其意創成測天用之望遠鏡。

［一九］見崇禎二年所上《條議曆法修正歲差疏》，亦見《明史·天文志》。

［二〇］楊時喬，字宜遷，號止庵，江西上饒人，嘉靖四十四年進士。事跡見《明史》。

［二一］《牛書》，見《千頃堂書目》，今已佚。

［二二］《馬書》内容論述養馬、相馬、療馬等法，凡十四卷。

［二三］《馬政紀》内容紀明一代馬政，上起洪武元年，下至萬曆二十三年。大都「裒集案牘之文，而所言深中時弊」（《四庫提要》語）。

公元一六一〇年（萬曆三十八年·庚戌）　四十九歲

春，在家鄉陸家浜營父塚[一]，栽植女貞樹數百本，擬養白蠟蟲。此頃前，邑中尚「未有人知〔種〕此〔養蟲〕」者。因言：地方上「昔無今有」之物往往而然。「事固非目前所有遽可懸斷」。又言：「余所聞樹可放蠟者數種，以意度之，當不止此。……事理無窮，聞見之外，遺佚甚多。坐井自拘，何爲哉？」[二]

此頃，撰《種竹圖説》[三]。

四月中，利瑪竇卒於北京。在籍聞訃，「哀之如師傅」[四]。利氏來華任務係傳播天主教，而藉講論自然科學爲手段。被認爲「玄精象緯，學究天人；樂工音律，法盡方圓。正曆元以副農時，施水器以資民用」[五]。當時抱有革新思想之部分知識分子，往往從之遊，藉「欲彰其教」[五]而習其技。

本年，五月十一日下午六時，利瑪竇在北京寓所逝世，享年五十八歲，其中在華二十七年。利瑪竇於五月三日染疾。其時，徐光啓在上海守制。病榻前，李之藻、龐迪我、熊三拔、游文輝在場。游文輝善畫，爲利瑪竇製像，爲傳世之第一幅利瑪竇像。按利瑪竇遺囑，由龍華民繼任中國耶穌會總會長。（參見羅光《利瑪竇傳》，臺灣學生書局，一九八三

年，第二二六頁）

服闋後赴京[六]，妻吳氏等隨行[七]。

十二月十五日回任「翰林院檢討」原職[八]。

是日[九]日食，其分秒及虧圓之候，欽天監測算不確，兵部職方員外郎范守己[一〇]疏摘其誤。「禮官因請博求知曆者令與〔欽天〕監官晝夜推測，庶幾曆法靡差。於是五官正周子愚[一一]言：大西洋歸化遠臣龐迪峨[一二]、熊三拔[一三]等攜有彼國曆法，多中國典籍所未備者，乞視洪武中譯西域曆法例，取知曆儒臣率同監官將諸書盡譯以補典籍之缺」[一四]。

本年，徐光啓赴京復任後，耶穌會決定把郭居静、石宏基駐紮在上海的傳教點轉移到杭州。利瑪竇、金尼閣《利瑪竇中國札記》：「有一位石宏基被派分擔郭居静神父的工作，以減輕他的負擔。以後過了不久，這個傳教中心就關閉了。因爲神父太少，無法在較小的城市維持傳教點。此外，他們正準備在浙江省的省會杭州開闢一個居留點。杭州離上海這個傳教中心只有三天路程，因此他們認爲可以從那裏照料新開闢的地區。神父們的意見是，他們在國内較大的城市可以取得更大的成就。因此，在徐保禄的完全同意下（徐保禄已回到北京），這個傳教團的督導，就轉移到杭州。」（中華書局，一九八三年，第六〇三頁）郭居静、石宏基離滬赴杭，在徐光啓返京以後，而徐光啓萬曆三十九年（一六一一)家書中已經提及上海已經没有神父居住了，則本事項當繫於本年。

石宏基(Francis Lagea，一五八五——一六四五?)，澳門人，耶穌會修士，一六一〇年入會，爲畫師，修院畢業後來江南傳教。費賴之《在華耶穌會士列傳及書目》稱他「一六一二年隨郭居静神父至杭州」，應是指杭州據點最後建立的時間。徐光啓一六一一年家書提及，郭居静「到南京養疾」，上海、杭州並無神父。若此，則郭居静、石宏基於一六〇八年先後來滬，一六一〇年陸續離去，在上海傳教達兩年之久。杭州傳教點則於一六一二年正式建立。

郭居静在上海傳教兩年，有二百多人受洗入教。《利瑪竇中國札記》記：「在開始的那段很短的忙碌活動期間，他使得吴氏個人歸信。在不到兩年的時間，他已經使二百人歸信。這是别的傳教中心在初創時期又在那麽短促的時間内所没有發生過的事。」(中華書局，一九八三年，第六〇〇頁)

附注

[一] 據自述：營先隴事在庚戌年，未説明何季何月，但可肯定係當鄉居時。按：是年夏或稍後，公已挈眷赴京。則此事必在其前。意當在是春，凍解暖回適於植樹時。《農政全書》引《便民圖纂》謂女貞「三

月移栽」，極可能就在陰曆三月內。

[二] 見《農政全書》卷三十八。

[三] 見《農政全書》卷三十九。按：原文述種竹，只言「余別有圖說」。未明言撰期。意其倡導種竹，可能在鄉居期間。撰「圖說」當亦在其時。姑次於此。

[四]《行實》語。

[五] 見《利子瑪竇碑記》。

[六] 公赴京期，據所撰《幾何原本跋》：「庚戌北上，〔利〕先生没矣」語，知必在利瑪竇卒期即四月十一日之後。《行實》謂當利氏卒後，「訃聞滬上」，便「迅疾回京」，果爾，則啓程當在五月頃。惟查公復職於十二月中，其赴京疑不在「是夏」而在是夏以後，否則似不致遲至年底始復職。

[七] 據徐爾默筆記《先訓》：「先文定自戊辰（崇禎元年）環召〔至〕癸酉謝世，未嘗攜家自隨」。推言之：此既明言自戊辰後不攜家自隨，可反證戊辰前當是攜家自隨。當時《家書墨跡》屢提及京眷，足證。

[八] 見《家譜》載「履歷」。

[九] 陰曆十一月朔。

[一〇] 范守己，字介孺，河南洧川人，萬曆二年進士。事跡見《河南通志》。

[一一] 周子愚，浙江慈溪人，事跡見《明史・曆志》。

[一二] 龐迪峨即龐迪我。

［一三］熊三拔，字有綱，原名 Sabbathinus de Ursis，意大利人，公元一六〇六年來華，一六二〇年卒。

［一四］見《明史・曆志》。

公元一六一一年（萬曆三十九年・辛亥）　五十歲

二月頃，爲座師焦竑《澹園續集》[一] 撰序。其中有云：「凡文之設，以爲人也。」「其被於人也：……當物者使人油然以思，若潤於膏澤；入心者使人惕然以動，若中於肌骨；切用者使人俛拾仰取，若程材於鄧林而徵寶於春山也。微斯數者，雖復摛藻華繁，飛辯雲涌，猶之乎文士之文，刻脂鏤冰而已」。並云：「文要有益於世」，「讀其文而能有益於德，利於行，濟於事」。「如世俗之言文者，余小子弗敢知」。又自謂「用研削薄技，受知於〔焦〕先生爲深」，而「無所窺於文章」云云。

本年春，在北京，與耶穌會長商議，爲上海之教友覓一神父。郭居靜神父常駐南京，輪住上海、杭州，照料教務。徐光啓本年有家書云：「郭仰老已到南京養疾，並杭州亦無人，今正欲尋人往也。」

五月三日，龍華民到達北京，繼承利瑪竇，擔任耶穌會中國總會長。（見羅光《利瑪竇傳》引 *Opere Storiche del P. M. Ricci*, Vol. II, P. 490）費賴之著、馮承鈞譯《在華耶穌會士列傳及書目・龍華民》考證：「一六〇九年華民被召赴北京，次年，利瑪竇神父於未死前，任華民爲中國全國之會督。」（中華書局，一九九五年，第六五頁）則龍華民於利瑪竇逝世時，似乎在場。歷來文獻均只提及耶穌會士中有龐迪我、熊三拔、游文輝在北京料理利瑪竇後事，一六一〇年五月十一日，龍華民並不在場。此從羅光引證説法。

五月間，徐光啓協助龍華民爲利瑪竇舉行葬禮。當天，北京教友在宣武門外教堂舉行彌撒，利瑪竇靈柩從教堂移至柵欄墓地。徐光啓組織儀仗隊和教友送葬佇列，分兩行，持十字架者前行。佇列中，人持蠟燭。利瑪竇靈柩抵達柵欄墓地後，先在聖堂停放，次日舉行彌撒大禮。「龍華民神父主持利子安葬禮，皇帝遣大員致祭。徐光啓率領京師教友參加葬儀。當天清晨，柵欄救世主聖堂行開幕禮，唱諸聖節大禮彌撒。彌撒後，移利子棺入聖堂，再行追悼大彌撒。追悼禮畢，發喪。徐光啓和衆信友，持燭前導。教友四人，舁棺出堂。抵墓穴，下棺入壙。徐光啓親手握下棺繩索，又親舉鏟下土。葬後，光啓且保留下棺的繩索，以作紀念。」（羅光《利瑪竇傳》，臺灣學生書局，一九八三年，第二三二頁）

柵欄墓地正門牌樓，懸「欽賜」匾額；另有順天府尹黄起士題匾「慕義立言」。京北尹王應麟爲撰《利瑪竇墓碑記》，曰：「萬曆庚辰有泰西儒士利瑪竇，號西泰，友輩數人，航海九萬里，觀光中國。」（轉見蕭静山《天主教傳行中國考》，獻縣天主堂，一九二三年）

六月八日任内書堂教習[二]。

此頃，雖「位躋通顯」，惟「自奉無異寒畯」，常保「儉素家風」[三]。家庭因喪葬等事，負債頗重[四]，家人營農事，贍家計[五]。因寄家書詢所栽松、木樨、冬青等生長情況。并謂所栽桑除養蠶三四十筐外，餘葉可賣去。又囑雇湖州人教養火蠶，謂「雇了一兩年，人都學會了。若沿俗習非，終無長進」。指出：「凡事皆如此。」

七月下旬，「大雨水，都城内外暴漲」。大學士葉向高奏：「今歲之旱與去歲同。今歲之水又與〔萬曆〕三十五年同，且有甚焉。徐州以北，陰雨連綿，隰地皆成巨浸，田疇渰没，禾黍絶收。到處蝗飛蔽天，所過之地，千里如掃。……輦轂之下，洪流漂蕩，房屋傾頹。九衢罷市，萬室無煙。啼號之聲，與狂飈猛雨相爲悽慘。……今人情所望，不過二端：曰修省，曰賑恤。」云云[六]。

是夏，「積雨無聊，屬都下方争論曆法事，……因偕〔龐迪我、熊三拔〕二先生〔將前譯《幾何原本》〕重閲一過，有所增定。比於前刻，差無遺憾」[七]。因跋其事於書後。並云：「續成大業，未知何日？未知何人？書以俟焉。」

熊三拔前試製測量用器「簡平儀」，曾爲利瑪竇嘉許。是秋，偶爲公「解其凡」。公「因手受之，草次成章」[八]，名《簡平儀説》，撰序弁其端。

是年，李之藻丁父憂回籍。

是年頃，撰《平渾圖説》、《日晷圖説》、《夜晷圖説》[九]。

在京外籍教士龍華民[一〇]、熊三拔、龐迪我所任傳教事，「多棘手」，惟皆「精曆數」。公與李之藻等每協助之。所刊行書，「多爲公〔所〕修飾」[一一]。

附注

[一] 是書爲《澹園集》之續，金勵校刊。《澹園集》係萬曆三十四年黄雲蛟校刊。

[二] 内書堂，即「内府司禮監書堂」。公受任教習事見《明實録》。據稱：當時同任者有錢象坤、來宗道、張鼐、李標等。

[三] 見徐爾默筆記《先訓》。

[四] 《家書墨跡》。第三通。其中，有云：「我要還許多債負。」

[五] 參見《家書墨跡》。據《縣志》稱：公子徐驥在北門外東北近吴淞江處，曾闢有「桃園」，成效甚好。

[六] 見《明實録》。

[七] 見所撰《跋幾何原本》。

[八] 見所撰《簡平儀説序》。

［九］三書並爲《集引》、《家譜・翰墨考》著録。《行述》記公著作有「平渾」、「日晷」等名，當是《平渾圖説》、《日晷圖説》之簡稱。撰期均未詳，姑彙記而次於此。又，《行述》、《集引》等均著録有《九章算法》。疑指公所演習之算草，非成書。附記於此，不别爲著録。又，《集引》、《家譜・翰墨考》均著録有《渾蓋通憲圖説》，此則誤以李之藻撰爲公撰，殊失檢。今其書尚存，李氏亦有自序，并可證。

［一〇］龍華民，字精華，原名 Nicolaus Longobardi，意大利人，公元一五九七年來華，一六五六年卒。

［一一］見《行實》。

公元一六一二年（萬曆四十年・壬子）　五十一歲

一月七日禮部奏：「精通曆法如〔邢〕雲路、〔范〕守己爲時所推，請改授京卿，共理曆事。翰林院檢討徐光啓，南京工部員外郎李之藻亦皆精心曆理，可與〔龐〕迪峨、〔熊〕三拔同譯西洋法。」［一］又言：「欲議修曆，必測交食。觀象臺年久滲漏，地勢失平，儀器欹斜，與天度不合。……且欽天監官留心曆法，不失其業，不過數人。至於天文、陰陽人等，闒茸粗疏，罔習本業。若不及今大爲振刷，亦恐將來訛舛日甚。」［二］

二月五日葉向高奏：「年來天下景象枯槁憔悴極矣。民望陽春之澤，年復一年，未有以對。……今民窮財盡，內外空虛。……適接薊遼督撫官揭帖，又言東虜大部糾集入犯，聲勢甚大。遼兵枵腹日久，何以禦敵？……自古國家所恃，惟在人才，今自閣臣大僚以及〔各〕方面，無所不空」，侃侃痛陳當時「枯槁憔悴」情況[三]。

春，從熊三拔習泰西水法卒業。就所筆記，編成《泰西水法》六卷[四]。前四卷爲「説」爲「注」，述取水、蓄水法。第五卷爲「水法或問」，述水質水理。第六卷爲「圖」，繪述有關器具圖式，卷前撰有序文，大意謂「象數之學」出自「格物窮理之學」。其大者爲曆法、爲律呂；至其他有形有質之物，有度有數之事，無不賴以爲用，用之無不盡巧極妙。「水法一事，象數之流也，可以言傳器寫。倘得布在將作（工官），即富國足民或且歲月見效」云云。因述及編譯此書經過，略謂：「昔與利〔瑪竇〕先生遊」，「輒爲余説其大旨」。「值余銜恤（丁父憂）歸，言別，則以其友熊〔三拔〕先生來，謂余昨言水法，不獲竟之，他日以叩之此公可也。迄余服闋趨朝而〔利〕先生已長逝矣。間以請於熊先生，唯唯者久之，察其心神，殆無吝色也，而顧有怍色。」因「輒解之」而「亟請之」，遂獲「筆記其説」[五]。付刻時，熊氏撰有「水法本論」，曹于汴、鄭以偉各撰有序弁其端[六]。就中：曹氏序有云：「田家終歲懸懸，占雲盼雨，……太史玄扈徐公軫念民隱，舉凡農事之可興，靡不採羅。閲泰西水器及水庫之法，精巧奇絶，譯爲書而傳之，規制具陳，分秒有度。江河之水、井泉之水、雨雪之水，無不可資爲用，用力約而收效廣。蓋肇議於利君西泰（瑪竇），其同儕共終厥志；而器械成於熊君有綱（三拔）。中華之有此法，自今始。」鄭氏序有云：「此泰西水法，熊先生成利先生之志而傳之者也。……徐太史子先譜之最悉。一開卷即不見其具，可按文而匠也。……徐太史文既酷似《考工記》，此法即不敢補《冬官》，或可備《稻人》之採。」

一六一二年北京刻本（上海古籍出版社《徐光啓著譯集》影印）封面署：「《泰西水法》，西國熊有綱先生譯，北京原板。」内頁署：「泰西熊三拔撰説，吳淞徐光啓筆記，武林李之藻訂正。」另外，内芯首頁署：「考訂校刻姓氏：安邑曹于汴、盧陵彭惟成、上海姚永濟、徐州萬崇德、瀘州張鍵、平湖劉廷元、華亭張鼐、永年李養志、華亭李淩雲、銅仁楊如皋。」序文爲曹于汴、彭惟成、鄭以偉、徐光啓所作。

本書的譯述，徐光啓有始終之功。徐光啓自己認爲：「此《泰西水法》，熊先生成利先生之志而傳之者也。」（徐光啓《〈泰西水法〉序》）因徐光啓曾請利瑪竇介紹歐洲水利學説，利瑪竇則介紹同會神父熊三拔幫助從事。此後，耶穌會其他會士也陸續有所貢獻，而由熊三拔和徐光啓在北京最終完成。據曹于汴《〈泰西水法〉序》：「太史玄扈徐公，軫念民隱，於凡農事之可興，靡不採羅。閲泰西水器及水庫之法，精巧奇絶，譯爲書而傳之。」翻譯《泰西水法》的工作，「肇議於利君西太，其同儕共終厥志，而器成於熊君有綱」。利瑪竇去世後，徐光啓從上海赴北京任職，再次要求熊三拔翻譯《泰西水法》。熊三拔當時面有「作色」，恐「後此法盛傳天下，後世見視以公輸、墨翟」（徐光啓《〈泰西水法〉序》），被中國士紳誤會爲匠人。徐光啓最終説服了熊三拔，乃有《泰西水法》之譯述。對此，熊三拔在《泰西水法·水法本論》中仍加説明：「夫百工藝事，非道民之本業。竊嘉諸君子，哀人之深，勉副其意，仍托筆爲書，梓而傳之。」表明本書的翻譯，是應徐光啓的強烈要求而作。可見，没有徐光啓的推動，《泰西水法》便不克譯成。從全書的内容看，《泰西水法》不是一部簡單的「西學」譯著，按當時的「撰述」方法，書中不但引用了大量中文辭彙，還涉及諸多典章制度。熊三拔畢竟中年來華，中文寫作不熟練。徐光啓爲此付出大量勞作，故此，彭惟成爲本書譯成後的《聖德來遠序》中説：「西洋諸先生之得太史（徐光啓）以傳也，幸矣哉！」

《泰西水法》初刻於萬曆四十年（一六一二），後收入《農政全書》第十九、二十卷；李之藻收入《天學初函》「器編」；《四庫全書》編修時，收入《子部·農家類》；嘉慶五年（一八〇〇）南沙席氏掃葉山房有刊本。《四庫全書總目提要》稱讚本書：「西洋之學，以測量步算爲第一，而奇器次之。奇器之中，水法尤切於民，視他器之徒矜工巧爲耳目之玩者又殊，固講水利者所必資也。」

前此所撰《農遺雜疏》五卷，此頃刊行之[七]。

《農遺雜疏》，王重民先生考訂爲萬曆四十八年（一六二〇）在北京刊刻。《明史·藝文志》「子類·農家類」、《千頃堂書目》著録：「徐光啓《農政全書》六十卷，《農遺雜疏》五卷。」徐光啓有《致顧老親家書（三）》云「拙刻《農遺》，前三叔太欲刻，弟以乘便自刻之」，則《農遺雜疏》是早於《農政全書》完成，并在徐光啓生前印行的重要農學著作。所謂「雜疏」者，是徐光啓刊布《甘藷疏》後，又有《吉貝疏》、《蕪菁疏》等，統收爲《農遺雜疏》。《農遺雜疏》後來失傳，各大圖書館不見收藏。學者以爲是《農政全書》流傳後，《農遺雜疏》内容與之參差重復，故被忽視。一九八〇年代，胡道静先生據上海辭書出版社圖書館藏明末刻本《養餘月令》中所引《農遺雜疏》之章節，并《農政全書》中所引的「玄扈先生曰」之語録，一一排比，詳加校録，成《農遺雜疏輯本》。胡道静《農遺雜疏輯本》一卷，輯得「木棉、大麥、蠶豆、接樹三訣、石榴、柑橘、烏桕、竹、蔓青、百合、荸薺、萱草、肥猪法、養魚法、養蜂」等章，雖不及原書的規模，但小有可觀，已見徐光啓農學涉略之廣博。

五月頃，致親家某函，自述專志治算曆科學之情況。略云：「竊嘗自笑且自恨世間之闒茸，未有過於弟者也，而年來尤甚。應酬之書，堆案盈几，必使人敦迫至再至三，始黽勉作答。稍無人剥啄，即日復一日，乃至遷延歲月。遷延既久，愧負既積，更難伸紙。如書生賴學，愈久愈怖。」「夙昔多疾疢，至今始衰，更非疇昔。昨歲偶以多言之故，謬用曆法見推，初意亦知其難。第此事三百年來，無人講究。如偶有所見而復爾推委，似非古人進不隱賢之義。是故有相諮問者，不敢不竭盡底裏，自後又不得不向此中一研究。而精力未及，又無佐史可分，益令萬事都廢。自惟欲遂以此畢力，並應酬文墨，一切迸除矣。何者？今世作文集至百千萬言者非乏，而爲我所爲者無一。算曆雖無切於用，未必更無用於今之詩文也。況弟輩所爲算曆之學，漸次推廣，更有百千有用之學出焉。如今歲偶爾講求數種用水之法，試一爲之，頗覺於民事爲便。今爲二三相知所迫，已付梓人，尚未及卒業請教耳。」「弟年來百端俱廢者，大半爲此事所奪。然此事畢竟浩渺，非有同志同業數輩，益以書佐，未易得了。弟姑爲所得爲，以竢其人。」[八]

八月三十一日，兵部奏：「倭自釜山遁去十餘年，海波不沸，然其心未嘗一日忘中國也。〔萬曆〕三十七年三月，倭入琉球，虜其中山王以歸。四月，入我寧區牛欄，再入温州麥園頭。五月入對馬島……欲借朝鮮道通貢中國。三十八年閏三月，薄我寧區，……覘我虛實。今四十年琉球入貢者夾雜倭奴，不服盤驗。……封豕長蛇，其衅已見。……總之，倭不可不備。」[三]

此頃，寄家書指點種地及慎防火燭事[九]。又，聞家鄉倭警，寄家書述其防備意見，有云：「以理勢度之：〔倭寇〕定不能如入朝鮮時傾國而來，計必輕兵來，重則攻陷畿城堡，輕則擾害沿海居民，更輕則屯駐海上脅求互市。……來時我海上必首攖其鋒。」又謂「如今要弭亂，在廟堂（政府）甚易的，却無一人夢想到此」。因密囑家屬相機避地杭州，與楊廷筠、李之藻及郭居静等妥商處置辦法〔一〇〕。

徐光啓在上述家書中，密授徐驥避倭之計，甚至有移出上海城内，短期避居青浦縣蟠龍鎮趙行莊，長期在南京、杭州安置家業的計畫。「我前時向對汝説，要於南京或杭州卜居，正欲避去海上薄惡風習，且爲子孫久計，覓一避亂之所，卻不意來得如此快。如今要弭亂，在廟堂甚易的，卻無一人夢想到此。所以決難倖免也。汝今可秘密此意，雖骨肉至親，不可與明言。來年清明後，可以就桑養蠶爲説，一家都搬出城外住三個月，俟蠶事了畢，已是五月，若海上無警，可住到六月初頭，搬入城來。向後年年該如此，一聞海上警報，切不可入城，急急移到蟠龍趙行莊上，安頓了家眷，急備快船二三隻，並選捷足人打聽消息。賊一登岸，便可急走杭州，將家小船安頓松茅場、西溪、□下等地方，身自入城，與郭（居静）先生、楊（廷筠）宗師、李我存老叔商量，尋一條數，到杭州府屬新城縣或臨安縣居住。此二縣或在城亦可，或在山間謹慎之地亦可。若有便房，就在杭州山間也得。」萬曆年間後期，徐氏已儼然上海大族，有所挪移，必驚動全城，故徐光啓在信首叮囑：「此信萬分秘之，不可與人看一字。」

十一月六日致親家某函，有「感時觸事，憂結良深」語。又謂「拙作《農遺》，……弟以乘便自刻之。今恐郡中欲翻刻，則尚有增定，乞一徐之」云云[一一]。

此頃，充纂修官[一二]。

是年，孫元化[一三]成舉人。

顧憲成卒。

此頃及以後，將所譯及再經校刻之《幾何原本》續加校訂，「仍多點竄」，「不厭其頻」，成爲「三校本」[一四]。

附注

[一] 見《明史·曆志》。原文未著録其期，只緊接於萬曆三十八年十一月所記日蝕事之後。今依《國榷》所著録，作一月七日(原文依陰曆作辛亥年十二月庚午日)。

[二] 見《明實録》。按：《國榷》及《明史》均摘録此奏，惟並不如《明實録》詳。

[三] 見《明實録》。

[四] 公自序署「萬曆壬子春月」。時，是書已「梓成」。意其編撰期當在是春以前。

[五] 見公自序。

［六］熊氏《水法本論》，相當於引言，署「萬曆壬子初夏」。曹氏序署「萬曆壬子歲夏五月望日」。鄭氏序未署年月。

［七］《行述》及《集引》，列舉公之著述，均有《農遺雜疏》。明崇禎三年修、陳繼儒主纂之《松江府志·藝文志》中亦有著録。按：是書今佚，未詳其内容，據《養餘月令》所引，知其所述係農業技術。《千頃堂書目》將之與《農政全書》、《宜墾令》、《泰西水法》等書，並廁於「農家類」中。其撰期當在是年（萬曆四十年）夏初以前。據是年冬初與親家某函（即舊題《夏初札》）提及「拙作農遺，……弟以乘便自刻之」語可證。所云「農遺」，當指《農遺雜疏》。所云「乘便自刻」，當指乘刻《泰西水法》之便而刻。

［八］原函見《式古堂書畫彙考》，題爲《自笑札》。按：原函未署年月，今據内容考之，其中：（甲）有「至今始衰」語，知其時年已五十。（《禮記·王制》：「五十始衰。」）（乙）有「昨歲……謬以曆法見推」語，當指陰曆辛亥年底禮部奏陳徐光啓等「精通曆理」事。（丙）有「今歲……數種用水之法……已付梓人」語，當指是年即壬子年春夏間刊行《泰西水法》事。又，函中有「料今秋必奮圖南之翮」語，知其時應在秋前。因此，考定此函作期必在是年秋前，且極可能在是年「夏初」，因是冬有一函提及「夏初一書寄還」云云，當就是指此函。

［九］《家書墨跡》第四通。

［一〇］《家書墨跡》第五通。按：是時楊氏告休，李氏丁憂，均在杭州原籍。郭氏應李氏邀，亦在杭州。故函中並提及之。

［一一］原函見《式古堂書畫彙考》，原題《夏初札》。函末只署月日，未署年。一九六三年版《新集》載此，并稱「疑作於萬曆四十六年」。今按：此函有「夏初一書寄還」語，其内容情事，與本年五月頃所寄一書（即《自笑札》）相呼應，果爾，則應在萬曆四十年而非四十六年。又，函中有「典試諸公，久未奉俞，計入場期日，未免易常期」語，此所云「試」，蓋指是年八月（陰曆，下同）順天府鄉試，非指會試（會試期在二月，決不致十月尚未入場）。而是年八月鄉試，據《國榷》云：當時京省主試人「俱命（均已内定）不即下，改試日」，正與函述「久未奉俞……易常期」相符，益可證其確在萬曆四十年。《新集》編者又據公之家書第十五通所言萬曆四十七年二月二十九日揭榜事，謂「益可證明此書作於四十六年十月十四日」，按亦非是。家書言二月揭榜，指會試言，以其時期及趙升之「得雋」事考之可證；而此函所述「易常期」，則指鄉試，不能混同。且會試在二月底揭榜是常期，不得謂爲「易常期」。明制：鄉試在子、午、卯、酉年八月。是年爲值「子」之鄉試年，例應在八月入場，但至十月中尚未入場，故言「易常期」。

［一二］按：公受任纂修官事，《履歷便覽》及《年譜》，均有記載。但只署「壬子年」，未詳月、日，亦未詳其纂修對象。今考：《國榷》有是年「十月丁丑命（禮部）纂修萬曆二十七年以後玉牒」事，則公可能因此而任此官，其受任期疑在是日或稍後，其所纂修疑是「萬曆二十七年以後玉牒」。

［一三］孫元化，字初陽，號火東，江蘇嘉定人。事跡附見《明史·徐從治傳》。按：孫氏係公門人。《明史》稱其「善西洋炮法，蓋得之徐光啓云」。

［一四］見徐爾默《跋幾何原本三校本》。據稱：此「三校本」係公「辛亥以後之手筆」。於乙巳（一六

六五）年獲得之，爲之跋，并重加裝潢，「藏弆家塾」云。按：此似未刻而佚。

公元一六一三年（萬曆四十一年・癸丑）　五十二歲

春，會試，葉向高、方從哲[一]任主考官；公任同考官，擔任「春秋房」分考事[二]。「時，（應考舉人）呂維祺、張宗衡[三]、鹿善繼皆爲（與公）同房（閱卷）者所（擯）斥。公獨曰：『三卷於制義中未見絶羣之姿；喜其真樸處未散，爲人固自落落中可倚仗者。』後三人行事，卒如其言」[四]。五月四日榜發，録取進士三百五十人[五]，鹿善繼、呂維祺、張宗衡三人俱中式[六]。

鹿善繼述此次受公知遇事，有「某受師（公）恩，在風塵格套外。追憶及門，羣爲執贄。某具八行，以紅白束當錦繡緞。人皆目笑，師獨心嘉。每於旅進旅退之餘，容以不衫不履之度」等語[七]。

李之藻將前從利瑪竇所習之算法，演輯成《同文算指》，分爲「前」、「通」、「别」三編。「前編舉要，……通編稍演其例，以通俚俗。間取九章補綴，而卒不出原書之範圍。别編則測圜諸術」。五月二十一日李氏自序，有云：「加減乘除，總亦不殊中土；至於奇零分合，特自玄暢，多昔賢未發之旨。盈縮、勾股、開方、測圜，舊法最艱，新譯彌捷。」并指出「數於藝，……無處不寓」，「其道使人心心歸實，虚憍之氣潛消；亦使人躍躍含靈，通變之才漸啓」，而慨歎「古學既邈，實用莫窺。……士占一經，恥握縱橫之算；才高七步，不嫺律度之宗」，以致「吏治民生，陰受其敝」。自謂「嘗試爲之，當亦賢於博弈」云云[八]。是書「既脱稿」，公「始間請而共讀之，共講之」，并謂「若乃山林畎畝有小人之事，余（公自謂）亦得挾此往」云云[九]。

「〔李〕之藻改銜南京太僕〔寺〕少卿，奏上西洋曆法。略言臺監推算日月交食時刻虧分之謬，而力薦〔龐〕迪峨、〔熊〕三拔及〔龍〕華民、陽瑪諾[一〇]等。言其所論天文、曆數，有中國昔賢所未及者。不徒論其度數，又能明其所以然之理。其所製窺天窺日之器，種種精絶。今迪峨等年齡向衰，乞敕禮部開局，取其曆法譯出成書[一一]。禮科姚永濟[一二]亦以爲言[一三]。時，庶務因循，未暇開局」[一四]。

此頃，隨譯述水法，試製水器之後，力疾與熊三拔「製天盤、地盤（簡平儀）、定時衡尺，璇璣玉衡等器，皆時人所未覩」。「朝臣」之守舊者，對公「嘖有煩言」[一五]。公在禮闈襄試（是春會試分考）時，與同官魏廣微不協[一六]，亦致謗。會有病，頓萌去志。時，家書提到計劃在京「大作儀器，多用人」；又述及準備歸耕，「要〔在城外、城内〕兩頭住。春夏居外，秋冬入内」。「郊居必種田，……回家還要尋得一處有田，有屋，有池的」以居[一七]。

每「以國計民生爲念，見東南苦於輸輓，西北病於荒蕪，民失職業，游食無賴，國用日竭，民生日困，公思以救」[一八]。十月十一日「以病歸」[一九]，「田於津門，蓋欲身試屯田法」[二〇]推行之，藉以「興西北水利，爲國家立根本之計，歲省東南輓漕百萬之費」[一五]。此頃，家書有云：「累年在此講究西北治田，苦無同志，未得實落下手，今近乃得之。其一在天津，荒田無數，至貴者不過六七分一畝，賤者不過二三釐錢，糧又輕。中有一半可作水田者，雖低而近大江，可作岸備澇，車水備旱者也。有一半在内地，開河即可種稻，不然亦可種麥種秫也，但亦要築岸備水耳。其餘尚有無主無糧的荒田，一望八九十里，無數任人開種，任人牧牛羊也。其一處在房山、涞水二縣，此則每畝價二錢，近大江，可開渠種稻，每人歲可收二三石也。只苦無人（勞動力）耳。我若前番領得家眷及帶得幾個人來，今番便可留在此，做此事了。……兩處各有可託的相知，尋覓來都不誤。……今新寓中頗有隙地，可種雜花草。家中可覓五色雞冠并各色老少年子、罌粟子、各色鳳仙子、臘梅子要好者，一一寄些來。」家書中又述及西洋種葡萄法，述及接樹，栽貼（砧木）等經驗。并擬覓致麥門冬、生地、何首烏、牛膝、山藥、貝母、山茱萸、酸棗仁、甘枸杞、川芎、當歸、遠志、白芍藥等藥用植物栽植。又提到西洋製藥露法，認爲「此法甚有理，所服者皆藥之精英」，且利於久藏，便於取用，「所以爲妙」云云[二一]。

「北土最下地極苦澇，土人多種蕎秫，數歲而一收，因之困敝。〔因〕[二二]教之多藝麥」。認爲如此，當不懼澇，澇必於伏秋間，弗及麥也。澇後能疏水，及秋而涸，則藝秋麥；不能疏水，及冬而涸，則藝春麥。近河近海，可引潮者，即旱後，又引秋潮灌之，令沙淤地澤，亦隨時藝春秋麥。此法可令十歲九稔。又謂：「凡春麥皆宜雜旱稗耩之，刈麥後長稗，即歲再熟矣。稗能(耐)水旱，又〔適〕下地，不遇異常客水，必收。亦歲可致七八稔。」[二三]

本年，徐光啓在津門屯田之前，先回過上海。費賴之《在華耶穌會士列傳及書目·艾儒略》(中華書局，一九九五年)提及：「一六一三年，儒略始得進入内地，初被派至北京，其後未久，偕光啓赴上海，奉命至揚州爲某大吏講授西學。」徐光啓原擬在上海買田，《家書》故有回上海後，「尋得一處有田、有屋、有池」的田地，過郊居生活，在城内、城外「兩頭住，春夏居外，秋冬入内」的計劃。徐光啓應是在回上海途中，看中津門南郊的荒地，臨時改變，決計在天津雇人墾殖。本年，徐光啓招募家僕去天津。萬曆四十四年《家書》提及「石龍、吴勝兩家，已留在天津城中做小生理，且兼照顧田地。阿招、張本並山東人，傅信三儅在莊上住，且種些旱田，明年種稻也。」則至少石龍、吴勝爲徐家招至天津之上海人。查繼佐《罪惟録·徐光啓傳》：本年，徐光啓「與同官魏南樂不協，移病歸，田於津門」。這裏「移病歸」，按理不是歸天津，當指歸上海。

本年，徐光啓在天津引種歐洲葡萄樹種，試圖製作教堂禮儀急需之葡萄酒。萬曆四十一年《家書》：「今用西洋法種得白葡萄，若結果，便可造酒醋，此大妙也。」中國在明末以前很少生産葡萄酒，天主教會彌撒所用之紅葡萄酒，概從澳門進口。徐光啓引種葡萄樹，製作葡萄酒，爲教堂所用，故稱「大妙也」。

是年，全天敍卒[二四]。

附注

[一] 方從哲，字中涵，原籍浙江德清，入籍錦衣衛，家京師，萬曆十一年進士。事跡見《明史》。

[二] 見《行述》。據稱：「癸丑分試禮闈，先文定故習葩經（《詩經》），是役承乏麟經（《春秋》），得十有四人，俱名下士。源流展轉相接，皆當代異等。」

[三] 張宗衡，字孟應，號梁山，山東臨清人。事跡見《明史稿》。

[四] 鹿氏、吕氏律身治學極謹嚴，各因抗清不屈而死，同謚忠節。張氏喜言兵，屢督師抗清。後家居城破被執，不屈死，謚節愍。

[五] 見《國榷》。

[六] 見《題名碑録》。鹿氏中式二甲，吕氏、張氏均中式三甲。

[七] 見《鹿忠節公年譜》。

[八] 李氏序署「萬曆癸丑日在天駟」，其撰序期蓋在是年小滿節，即五月二十一日。

[九] 見公撰《同文算指序》。

[一〇] 陽瑪諾，字演西，原名 Emmanuel Diaz，葡萄牙人。公元一六一〇年來華，一六五九年卒。

[一一]李之藻奏疏原文見《明經世文編》，亦附載於民國版《舊集》，題爲《請譯西洋曆法等書疏》。

[一二]姚永濟，字汝楫，號通所，江蘇上海人，萬曆二十六年進士。事跡見《縣志》。

[一三]按：《明史》記姚氏言此事，未記年月。《明實録》次之於萬曆四十三年閏八月。

[一四]見《明史·曆志》。

[一五]《行實》語。

[一六]《罪惟録·徐光啓傳》：「與同官魏南樂不協，移病歸，田於津門。」按：魏廣微，南樂人，故稱魏南樂，後黨附魏忠賢。

[一七]《家書墨跡》第六通。

[一八]見《行略》。

[一九]《行述》語。

[二〇]《罪惟録·徐光啓傳》語。

[二一]《家書墨跡》第七通。

[二二]原文係自述，作「余」字，今易以「因」字。

[二三]見《農政全書》卷二十五。按原文未記明年月，姑次於此。

[二四]《國榷》記全氏卒期在是年陰曆十一月壬戌。

公元一六一四年（萬曆四十二年·甲寅）　五十三歲

春，撰《刻同文算指序》，有云：「數之原，其與生人俱來。……五方萬國，風習千變，至於算數，無弗同者。……我中夏自黄帝命隸首作算以佐容成，至周大備。」由馬〔融〕、鄭〔玄〕諸儒至唐代，遞有專學相授，「特廢於近世數百年間爾。廢之緣有二，其一爲名理之儒，土苴天下之實事；其一爲妖妄之術，謬言數有神理，能知來藏往，靡所不效。卒於神者無一效，而實者無一存。……盡遜於古初遠矣」。因「相與從西國利〔瑪竇〕先生遊，論道之隙，時時及於……象數之學」。「振之（李之藻）兩度居燕，譯得其算術如干卷。……取舊術斟酌去取，用所譯西術駢附梓之，題曰《同文算指》。斯可謂網羅藝業之美，開廓著述之途」。「算術者工人之斧斤尋尺，……此事不能了徹，諸事未可易論」云云。

李之藻《同文算指通編》刻成，楊廷筠爲之序，有云：「數學……古者列於六藝，上有教，下有習。」「數有體有用，恢之乎不可窮，約之於無何有，皆體也。參伍錯綜，萬變莫測，則其用也。《算指》所言，大抵皆用之之法。」又云：「數年來乃得西國數學種種成書，皆生平未見，一大奇也。往予晤西泰利公，……〔利〕公歎曰：『自吾抵上國，所見聰明了達，惟李振之、徐子先二先生耳。』……徐太史爲譯幾何，李水部爲推算指，而余（楊氏自稱）乃獲因利公未泯之緒以尋古數學於不墜。」

在天津躬營田事，「辟草萊而耕」[一]，本擬「就間疆理數萬畝」[二]，試辦水利[三]，「修前賢屯田之法，召募開墾」[四]，以實踐其明農富國之抱負。雖限於條件，且「有尼之者」[五]，「有願莫遂，終成畫餅」[六]。但此頃，「於農事尤所用心，……躬執耒耜之器，親嘗草木之味，隨時采集，兼之訪問」[七]，并博考中外古今農家言，「有得即書」[七]，先後撰成《宜墾令》、《北耕録》等農書[八]，并録存不少調查筆記稿[九]。在此次實踐基礎上，「後草《農政全書》十二目以聞，〔亦〕本此」[一〇]。

天津「田事」籌劃告一段落後，託由「相知」料理[一一]，圖「急還南」[一二]，未果。常來往於京津間[一三]。

十一月頃，周子愚、卓爾康[一四]筆録熊三拔所述表取日影、測知時刻節氣之法，撰成《表度説》。

附注

[一]《行述》：「每有志興西北水利，買田天津，辟草萊而耕之。」

[二]《罪惟録・徐光啓傳》：「田於津門，蓋欲身試屯田法，因就間疆理數萬畝。」

［三］《農政全書·凡例》："水利者，農之本也。……玄扈先生嘗試之於天津。"

［四］《行略》語。

［五］《農政全書凡例》記公在天津試辦水利事，謂"三年大獲其利，會有尼之者而止"。

［六］《行實》語。

［七］《農政全書凡例》語。

［八］見《行述》及《文定公集引》。

［九］見許纘曾收藏之《農書草稿》墨蹟（藏上海博物館，已由中華書局影印在《徐光啓手迹》内）。

［一〇］《罪惟録》語。其中"目"字，原文（影原稿本）誤作"卷"。

［一一］《家書墨跡》第七通提到："天津……房山、淶水二縣……兩處（田事），各有可託的相知，尋覓來都不誤，所以爲妙。"

［一二］公於是春撰《刻同文算指序》，有云："值余（公自謂）有犬馬之疾，請急還南。"

［一三］按：是時公雖準備歸程，家書亦一度提到"今只得要歸"；但未果行，只來往京津間。後此家書屢曾提到在京在津情況，可證。

［一四］卓爾康，字去病，浙江杭縣人，萬曆四十年舉人。事跡見《明史稿》（萬斯同本）。

公元一六一五年（萬曆四十三年·乙卯）　五十四歲

此頃，閒居養病，兼從事農圃及著述工作。"乘閒晷"，撰成《闢妄》、《諏諮偶編》［一］及《擬復竹窗天説》[二]。據説，均係「闢佛老」、「補儒」之書。

《闢妄》，徐光啓作，徐宗澤《增訂徐文定公集》、王重民《徐光啓集》均不收。李杕編譯《徐文定公行實》（土山灣印書館，一八九六年），稱：「公乘閑晷，著書揚聖道，撰《闢妄》一卷。辨釋氏破獄、施食、輪回、念佛等謬。」徐宗澤編輯《明清間耶穌會士譯著提要》（中華書局，一九四〇年）輯録洪濟、張星曜爲《闢妄略説》所作兩序，可見徐家匯神父已知有此著作。然現存本刻於康熙己巳（一六八九）。

撰《醫方考》[三]。

五月頃，陽瑪諾撰成《天問略》[四]。「是書於諸天重數，七政部位，太陽節氣，晝夜永短，交食本原，地形粗細，蒙氣映漾，曚影留光，皆設爲問答，反覆以明其義。末載曚影刻分表，并詳解晦、朔、弦、望、交食淺深之故，亦皆具有圖説」。「與熊三拔所著《表度説》，次第相承，淺深相繫，蓋互爲表裏之書」[五]。

六月底，張五典[六]巡按江南，行部至上海，「察視田間（棉）花苗多稚弱」，惜其「樹藝無法」，因將所撰《種（棉花）法》，「手書刻而傳之」[七]。公頗重視其説，申述於《農政全書》中，並總結實踐所得，指出「種棉不熟之故有四病：一秕，二密，三瘠，四蕪。秕者種不實，密者苗不孤，瘠者糞不多，蕪者鋤不數」。又主張「凡種植以早爲良」[八]，因撰成《種棉花法》[九]。

秋，與鹿善繼函〔一〇〕，有云：「北方田事，因伯繼〔一一〕先生之畫，爲讒者所沮，扼縶〔一二〕三十年〔一三〕。願以間執其口，而同志者尚未耳而目之，故願身試焉，一呈榜樣以堅其意。頃見東省旱災至慘，深恨平時無勸〔一四〕農積粟之力，乃致一歲災，人相食。……以此鄙意益堅，雖摩頂放踵猶爲之。乃此中沃野，儘可措手，……若有力者爲之，則北土歲增千萬石粟，猶反掌耳。今隻手搰搰然徒有熱腸，可慨可慨！」〔一五〕

本年，撰《造物主垂像略説》，介紹天主教信仰：「造物主者，西國所稱『陡斯』，此中譯爲『天主』，是當初生天生地，生神生人生物的一個大主宰。」本文末有「楊廷筠識」之跋文，附議徐光啓，稱「天主即上帝别名耳」。《造物主垂像略説》一文中稱「天主降生於一千六百一十五年之前」，則判斷本文作於一六一五年。本文有巴黎法國國家圖書館藏刻本，臺灣學生書局《天主教東傳文獻》（三編，一九七二年）影印收録。

附注

〔一〕見《行實》。按：《行實》述公撰此兩書，次於「田於津門」後，「丙辰復除原職」前，未明署撰期，姑繫於是年。又按：《行述》及《集引》，列舉著述目録，未涉及此兩書。李之藻輯《天學初函》，亦未收録。此兩書是否果出公手？仍待考。

[二]《集引》、《家譜·翰墨考》並著録。按：所云「竹窗天説」，即《竹窗三筆·天説》，係釋祩宏（字佛慧，號蓮池，浙江仁和人，俗姓沈。據《明史·藝文志》著録祩宏著述，除《竹窗三筆》外，有《正訛集》、《自知録》、《禪關策進》、《彌陀經疏》等書）所著。公撰此，可能是闢其説。撰期未詳，姑連類而次於此。

[三]《集引》、《家譜·翰墨考》並著録。《行述》所列著述，稱有《醫方》藏於家，可能即此書。撰期未詳，此際閒居，夫妻均養病，或已着手纂輯。姑次於此。

[四]是書有孔貞時序，署「萬曆乙卯夏四月」（陽曆五月頃）。其時全書已撰成。陽瑪諾自序稍後，署是年「仲秋月」。

[五]《四庫提要》語。

[六]張五典，字敬吾，山東陽信人，萬曆二十三年進士。見《題名碑録》。按當時名張五典者有二：一爲山西人，萬曆二十年進士，此係公座師；一爲山東人，萬曆二十三年進士，此即巡按江南撰《種〔棉花〕法》者。後人間有混淆（如《中國農業遺産選集·棉》一書「張五典種法」條下注稱張氏「事跡見《明史》卷二九一《張金全傳》」。所云「金全」係「銓」字之誤。此見於《張銓傳》之張五典，係山西張五典，非撰《種法》之山東張五典），應辨明。

[七]見《農政全書·蠶桑廣類》。按：《松江府志·物産編》（崇禎版）亦著録張氏《種棉花法》。

[八]見《農政全書·蠶桑廣類》。

[九]《集引》曾提及是書名，稱此係公所撰「已刻而燬者」。成書期未詳，姑次之於此。

〔一〇〕原輯標題作《致鹿善繼簡》。

〔一一〕「伯繼」，疑係徐貞明別號。

〔一二〕「縶」，原輯作「摯」。

〔一三〕徐貞明開水田於京東，成效頗著。計經始於萬曆十三年，翌年即爲讒者所沮，至是年（萬曆四十三年）適三十年。參見《明史》、《國榷》。

〔一四〕「勸」，原輯作「勁」，據近人王重民説校改。

〔一五〕原函見《江村筒寄》。一九六三年版《新集》輯入「補遺」。并注明「此簡寫於萬曆四十五年〔陰曆〕四月末或閏四月初」。按：寫期應在萬曆四十三年秋，其證如下：（一）徐貞明京東墾田受沮至是年恰三十年。（二）函述「東省旱災至慘」事發生於是年陰曆七月，見《國榷》。據稱：是月「山東大旱、蝗，青、登、萊爲甚，多饑盜」。（三）函述「諸君已得俞旨……禎國庇人，從此厝諸事業」，係指鹿氏等初次任官言。查鹿氏初次「謁選」，任户部主事，係在是年秋；而萬曆四十五年則正丁母憂家居教讀（見《鹿忠節公年譜》）。（四）是年在津營田，與函述「親試」田事相符。

公元一六一六年（萬曆四十四年·丙辰） 五十五歲

春，滿洲主努爾哈赤建都於赫圖阿拉〔一〕，自稱大汗，國號金。是年，建元爲「天命」。

此頃，在天津經營田事，曾試驗採「用南稻〔種〕種田，師（學習）孫彪〔二〕用乾大糞每畝八石」。結果：「是年稻科大如盌，根大如斗，而含胎不秀，竟不收。」公溯其因，謂：「不知是糞多力峻耶？抑爲新地不能當糞力耶？抑爲南種土性不宜耶？」筆記存疑待探究[三]。

五月頃，家書有云：「聞家鄉事甚多怪異，尤不放心。劫庫事不知真否？」誡子孫「宜恬然自守」。并提及「天津大旱，近稍得雨」，酌述在其地營田情況，又提及當時「米糧諸色俱甚貴，費力」[四]。

此家書，更有提及郭居靜神父在上海居住傳教，並叮囑徐驥謹慎奉教之事：「郭先生何時來，何時去，仍在西園否？教中事切要用心，不可冷落，一放便易墮落矣。」本信透露徐光啓在天津治田之資訊，如稱「天津大旱，近稍得雨。有麥八百畝，若每畝收得五斗，便分得二斗，有一百五六十石麥，便不賠糧，亦留得些做種也」，則可知徐光啓在天津至少曾置旱田八百畝，種麥經營，稻田另計。賃田於人，五斗取二斗，則收租四分。揣摸家信口吻，幫助徐光啓經營天津田畝的管家與徐驥熟識，應是從上海帶去。「陳大官且未可來，待秋間再收得幾百石糧，便可領種田的一兩人經理其事，且有基本著落也。石龍、吴勝兩家，已留在天津城中做小生理，且兼照顧田地。阿招、張本並山東人，傅信三儅在莊上住，且種些旱田，明年種稻也。」

五月二十日，在羅馬的紅衣主教，耶穌會士貝拉爾米諾神父給全體中國天主教徒致信。書信由金尼閣神父帶回，交徐光啓。徐光啓日後代表中國天主教回覆貝拉爾米諾主教。貝拉爾米諾主教《致中華帝國天主教徒書》今存葡萄牙文，藏葡萄牙里斯本阿儒達圖書館(Biblioteca de Ajuda)，卷宗號BA JA Cod. 49－v－5，fls. 187v－189，由董少新先生收集、翻譯並提供，全文如下：「我以耶穌基督的名義祝我們所有親愛的中國教友健康、幸福。令人尊敬的金尼閣神父帶來的新消息使我們非常高興和愉悦。金神父經過長途跋涉，最終從遠東回到我們這裏。他向我們描述了廣袤的中華帝國的大門是如何開始向基督教——我們只有在這一信仰中才能够獲得永生——開啓的。作爲歐洲各王國的首都，整個羅馬城都對這一消息感到振奮。而作爲所有國王和基督教民——他們都接受和崇拜統治天地的唯一至高真神上帝——之父的教皇保羅五世對此也感到極爲欣慰。所有樞機主教和主教們，包括所有教士和羅馬人民，以及我們所服侍的至高無上的牧羊人，也都非常喜悦；因爲事實上我們曾經非常痛心，這麽多世紀以來，在這個如此大的帝國中，有這麽多富有天分的人民，却不知道他們真正的大父——造物之主，也不知道造物主的兒子耶穌基督；這印證了從世界肇始之初至耶穌降生期間所有預言家的預言：耶穌降生爲人，承擔我們人類的罪惡，以使我們獲得永恒幸福。從前魔鬼因高傲而被從天上打入地獄的深淵之中，魔王是人類永遠的敵人，他們以處境的改變爲藉口，對福音關起大門。但是現在，由於天賜之福，他們開始懂得福音教義不會奪取大地上的王國，相反會許諾並給予一個來自上天的王國。因此，我們由衷地向所有人表示祝福，與此同時，也向我們自己表示祝賀，因爲我們獲得了這麼多的基督教兄弟。但是，爲了獲得永生，僅僅信天主聖父及其聖子耶穌基督是不够的，我們還必須在這個世界上有節制地、公正而虔誠地生活。所以我告誡你們，要在大主所指引的道路上勇往直前，戒絶和警惕所有不公正、謊言和欺騙；發展和促進所有善功；在所有神聖的品行上都要取得進步，而首先要對上帝報以信念，相互之間也要以真誠和善良相待。如果你們爲上帝之愛而將遭受一些疾苦和迫害，你們應該感到輕鬆和愉快，因爲偉大的榮耀等待着你們。因爲這是我們的大父上帝之願望，即要在忍耐中證明我們的信仰、願望和仁慈，猶如真金不怕火煉。對於上帝來説，解除我們所有痛苦和憂愁並非難事；但是很多時候，他讓他的臣民們在一生中忍受大量的勞苦，以便將來使其在天國中獲得更大的榮耀和獎賞；上帝讓我們效仿其獨子耶穌基督的所行，與基督保持一致。耶穌基督在這個世界上從未停止過行善和受苦，他的言行成爲指導我們的榜樣；他從誕生之日直至去世（死於十字架上）一直都非常謙卑，所以大父上帝將其榮升至光輝的寶座之上，其名望在一切名望之上；這樣不僅天國中的居民，而且地獄中的魔鬼也都拜倒在他的腳下，聆聽他的教誨；所以，如果我們爲基督之愛，耐心地忍受迫害和勞苦，那麼基督就會提升我們的低賤、卑微之軀，使其與基督的慈善之身相類。對此我不必贅言，因爲我知道與你們在一起的神父們正以誨人不倦的精神教育並勸導着你們。至高無上的上帝會保佑你們，並使你們保持耶穌基督的信仰。讓我們相互以兄弟般的情誼，祈禱我們獲得拯救。一六一六年五月二十日於羅馬。」

此頃，岳父吴小溪病卒[五]。

吴小溪對女婿徐家，多有幫助，晚年因徐光啓勸説，皈依天主教。吴小溪臨終時，因無神父在上海，未能行終傅禮，徐光啓深以爲憂，事見徐光啓《家書》所述：「外公一病遂不起，聞之傷悼痛切。我爲婿，值其家中落矣，待我殊盡心力，幸見我成立。而官冷家寒，無以報之。所幸者已得進教，又不幸先生不在，臨終不得與解罪，不知汝曾令吴龍與一講悔罪否？此事至急，凡臨終者即無先生在，不可不自盡也。只要真悔，無不蒙赦矣。」

六月頃，南京禮部侍郎沈㴶[六]疏請查辦外國傳教士，略謂：「近年以來，狡夷自遠而至，在京師則有龐迪我、熊三拔等，在南京則有王豐肅[七]、陽瑪諾等，其他省會各郡，在在有之。名其教曰天主教。臣初至南京，聞其聚有徒衆，營有室廬，即欲修明本部職掌，擒治驅逐。而説者或謂其類實繁，其説浸淫人心，即士大夫亦有信向之者。……伏乞敕下禮、兵二部，會同復議。……合將爲首者，依律究遣，其餘立限驅逐。」[八]疏上，不報。

六月二十七日家書，囑子驥「年年要將好桑壓秧來廣種。揀好桑苗留一兩科採極熟椹子曬乾寄到」。又囑多種蔓菁，將蔓菁、苧麻留子寄來。并查詢舊歲甘藷收穫數量。又提到「汝(驥)母近來無恙，只時常腹脹[九]，亦少於前時」[一〇]。

另外，此信發自北京，在落款處署「在京寓箔子胡同東口」，則可知徐光啓在京寓居處所。

以身體漸康復，七月三日「復原職」[一一]，仍任翰林院檢討。

按：上述「七月三日」應爲陰曆，陽曆爲八月十四日。徐光啓初三日復任翰林院檢討，次日即爲王儲開經筵講，對皇太子的「聰睿」寄予希望。「七月二十五日」(九月五日)徐光啓家書有云：「今初四日，東宫已開講，可喜儲宫聰睿，更得學問之力，他日政治可知。」七月二十五日(九月五日)家書中，徐光啓向徐驥通報警情，倭寇可能從福建北上，來犯江、浙和上海，並吩咐預備，躲避劫難。徐光啓於萬曆四十年(一六一二)家書中，已經設定了上海西面的蟠龍爲最近的逃難地點，一俟有事，即刻西行，此時又説：「時下南北多事，倭子必要通市，只在福建纏繞，似不通不止。而中外無一人知此事情。恐畢竟要弄出事來，則浙、直亦未得安枕也。上海甚險，令海船數隻〔進〕浦攻城，十有九破。我前年説該避跡在蟠龍以待，有儆則望西行，不可忽也。倭未有遠志，大要只在脅市，但只沿海攻陷一兩城，或擾亂一二州縣則退矣，所以略入内地，便不妨也。便是青浦，也還勝上海十倍，此言不可忽，不可忽。」

此頃家書提及：「西洋先生（龐迪我、王豐肅等）被南北禮部參論，不知所由。」「遽云『細作』，此何等事，待住處十七年方言之？」[一二]又謂：「南京諸處移文驅迫，一似不肯相容。杭州諒不妨。如南京先生有到海上者，可收拾西堂與居住。」[一三]

徐光啓和沈漼原有通家之誼，和楊廷筠也是好友，因而對他忽然激烈排教很不理解。徐光啓在本年八月的《家書》中稱：「沈宗伯又平昔稱通家還往者，一旦反顔，又不知其由也。」據西文資料，「耶穌會士認爲下面的事情是原因之一：當沈漼於一六一五年游於南京，準備出任禮部侍郎新職的時候，沈在其杭州家中設宴請客，楊廷筠也是座上賓。宴後有餘慶節目，楊廷筠對這些淫蕩的節目表示不滿，以爲它們基本上抵觸了第六戒。沈極爲憤怒，並咒罵楊廷筠的基督教信仰。」（鐘鳴旦《楊廷筠：明末天主教儒者》，魯汶大學中國歐洲研究中心，一九八七年）

八月頃，「禮科給事中余懋孳[一四]疏請闢異教，嚴海禁。大略謂西洋利瑪竇入貢，而中國復有天主之教。不意留都王豐肅、陽瑪諾等，煽惑百姓不下萬人，朔望朝拜動以千計。夫通夷有禁，左道有禁，……故今日解散黨類，嚴飭關津，誠防微之大計」[一五]。疏上，不報。

此頃，針對沈漼等疏，上疏申辨。略謂：「臣見邸報，南京禮部參西洋陪臣龐迪我等，內言其説浸淫，即士君子亦有信向之者。一云妄爲星官之言，士人亦墮其雲霧。曰士君子，曰士人，部臣恐誅連及，略不指名。然廷臣之中，臣嘗與諸陪臣講究道理，書名刊刻，則信向之者臣也。且嘗與之考求曆法，前後章疏具在御前，則與言星官者亦臣也。諸陪臣果應得罪，臣豈敢幸部臣之不言以苟免乎？然臣累年以來，因與講究考求，知此諸臣最真最確。不止踪跡心事，一無可疑；實皆聖賢之徒也。……所以數萬里東來者，蓋彼國教人皆務修身以事天主，聞中國聖賢之教，亦皆修身事天，理相符合，是以……來相印證。……臣審其議論，察其圖書，參互考稽，悉皆不妄。……苟利於國，遠近何論焉。」因建議「暫與僧徒道士，一體容留，使敷宣勸化」。并條陳「試驗之法」、「處置之法」認爲如此「誰是誰非？孰損孰益？久久自明」[一六]。

徐光啓《辨學章疏》成文後，曾經李之藻審閲。龍華民神父從李之藻處獲見，命鍾鳴禮修士在南京一教友余成元家私自刊刻。不料被鄰居告發至沈漼處，鍾鳴禮並刊印教友被捕入獄。鍾鳴禮受三次杖刑，判罰奴役三年。後雖經教友贖回，因備受嚴刑，終成殘廢。（參見徐宗澤《中國天主教傳教史概論》，土山灣印書館，一九三八年，第三五〇頁）

至是，沈漼等復一再題催[一七]，卒「納其言。至十二月（陰曆），令（王）豐肅及（龐）迪我等俱遣赴廣東，聽還本國。命下久之，遷延不行。所司亦不爲督發」[一八]。

「南京教難」後，駐北京耶穌會士龐迪我、熊三拔被驅逐至澳門，京中教會無人照料。

據巴爾托利《中國耶穌會史》：「徐光啓命一忠實教徒看守教堂與利瑪竇神父之墳墓。緣其爲欽賜之物，他人不得强奪，故得保存，迄於一六二二年諸神父之召還。」（費賴之著、馮承鈞譯《在華耶穌會士列傳及書目·熊三拔》，中華書局，一九九五年，第一〇八頁）十月五日家書提及：「時下南北多事，倭子必要通市。只在福建纏繞，似不通〔市〕不止。而中外無一人知此事情，恐畢竟要弄出事來；則浙直亦未得安枕也。上海甚險，令海船數隻進浦攻城，十有九破。」并估計「倭未有遠志，大要只在脅市」[一九]。

十月，徐光啓爲《葩經嫡證》作序，署「丙辰陽月，海上子先甫徐光啓撰」。《葩經嫡證》，有《新鐫張徐兩太史審定葩經嫡證》本，今藏復旦大學圖書館。《葩經嫡證》，朱輅（字殷如，署存拙齋主人，上海人）「輯注」，張以誠（字君一，雲間人，萬曆三十九年進士，狀元）「訂正」，徐光啓「參閱」。張以誠、徐光啓作序。萬曆年間，江南學風由「王學」轉向「經學」，松江府學者也非常注重研究《詩經》，爲士林所重。徐光啓指稱：「海内治《詩》，士首稱三吴，三吴則揭震澤王太傅，毗陵唐中丞、薛考功，海虞瞿少宰爲四大家。吾松業《詩》者十有七八，而以《詩》著者十之二三，蓋稱葩經林藪云。」《葩經嫡證》爲光啓同鄉朱輅所作，爲徐光啓南歸時在上海所見，賈人在刊刻前求證於光啓，遂爲序：「邇者奉使南歸，賈人持《葩經嫡證》問序於予，云繫吾里朱氏藏本也。」徐光啓自己也是經學先驅，爲

《詩經》研究風氣中人。據唐國士《〈毛詩六帖〉序》云：「《詩六帖》乃徐太史玄扈先生下帷時所輯。」則徐光啓至少從一六〇三年開始研究《毛詩》，後有《毛詩六帖》存世。

此頃，又家書一通，自述「做官似亦無甚罪過，但拙而且疏，未免有不到處」。并提及天津穫豆及蠶桑事，就中述養蠶意見，謂：「蠶壞只在濕熱。葉乾勤替，未有不收。只是勤替在人，葉乾在天。南方梅雨多，只要養得早還好。又要多種早桑，壅得肥，青得早，葉便可早成，脱了梅天也。北邊絶無梅雨，最宜蠶，所以急要種桑。宋以前只是兗州絲爲多，我朝方興湖絲耳。養好桑椹曬乾寄來，最要緊須揀好種早的火桑。」又提及「番藷種只是難傳」，認爲「可悶」。蓋當時公已將番藷引種北方，只是越冬傳種問題，尚未解决〔二〇〕。又，此後至年底，連發家書兩通，均述家常瑣務〔二一〕。

丙辰秋，上述家書中還提及：「天津早收得三百石，豆約五百石」，比前引五月頃家書中預估的「一百五六十石」大爲樂觀。「大約彀了錢糧，還得少利，可做工本也」，徐光啓對天津墾殖，頗爲滿意。

另，又有丙辰十月十二日（十一月二十日）家書，提及俞家夫妻此際正在徐光啓京中寓居逗留：「俞二伯今寓在我家後樓，只是老夫妻偶大病，今正費調理耳。」因徐光啓曾在家書中對徐驥稱俞汝爲（顯卿）爲「俞大伯」，則此「俞二伯」應爲顯卿二弟。本信另外提及「傳官人十月初十夜得一男，可喜」。「官人」爲收信人，即徐光啓子徐驥。十月初十日，徐驥爲徐光啓生一男孫，則本信爲徐光啓的賀信。

本年，按會内史料，羅馬耶穌會總部曾決議，中國天主教事務，應徵求徐光啓個人意見。「一六一六年，羅馬耶穌會開公會議，當時金尼閣也在羅馬，爲中國的傳教重要事，公議會議決，在中國的教士，當徵求徐光啓的意見而解決。耶穌會之信任徐光啓有如是。」此決議之議定，或因本年「南京教難」之教訓。當時，「高一志要請求明帝許可，在全中國自由隨處傳教，因而徵求徐光啓的意見。徐上海阻之，高公不聽，南京教難，不久興起了」。（徐宗澤《中國天主教傳教史概論》，土山灣印書館，一九三八年，第三三三頁）

本年，徐光啓在天津、北京徘徊。惟去年底、本年初，徐光啓或許曾經以公務之名，回過上海。徐光啓《〈葩經嫡證〉序》提及：「邇者奉使南歸，賈人持《葩經嫡證》問序於予。」而該序作於「丙辰陽月」，即本年十月。既稱「邇者」，不會離作序時太久，應在年中，則據徐光啓自陳，他曾於本年回過上海。

附注

［一］今遼寧新賓縣境（參見一五八三年注）。

[二] 孫彪，里籍事跡未詳。似是當時之農民。（公每以農民爲師。此亦一例。）

[三] 見手書《農書草稿》。

[四] 《家書墨跡》第八通。

[五] 據此頃家書：「汝母近日原病，聞變後稍增」，「外公一病不起，……我爲婿，值其家中落，……而官冷家寒，無以報之」云云，知公岳父係卒於是時。

[六] 沈㴶，字銘縝，浙江烏程人，萬曆二十年進士，事跡見《明史》。據《明史·外國傳》：當時與沈㴶聯名上疏者有禮部郎中徐如珂、給事中晏文輝等。

[七] 王豐肅原名 Alphonso Vagnoni，後易名爲高一志，字則聖，意大利人。公元一六〇五年來華，一六四〇年卒。

[八] 見《行實》。據《明史·外國傳》：沈㴶等合疏斥其邪説惑衆，且疑其爲佛郎機（當時所稱佛郎機，包括法蘭西、葡萄牙、西班牙等國）假託云云。

[九] 徐爾默《龍與府君行實》：「先王母（公妻吴氏）早年勤苦，患脹懑之疾。」

[一〇] 《家書墨跡》第九通。

[一一] 見《家譜》所載「履歷」。

[一二] 利瑪竇到南京設天主教堂，係在公元一五九九年一月間，至本年恰滿十七年。

[一三] 《家書墨跡》第十通（一九六三年版《新集》載此，列爲家書第十一通）。按：是函缺後段，未詳

其月日。函中提到「西洋先生」被參論事，當在六月後；但未提到本人上疏聲辯，則又當在八月頃前。

〔一四〕余懋孳，字舜舉，安徽婺源人，萬曆三十二年進士，事跡見《明史稿》（萬斯同本）。

〔一五〕見《明實録》。

〔一六〕原疏在清康熙十五年曾勒石，題《辨學章疏》。各本舊集亦著録，但文句頗有出入，今據搨本摘録。

〔一七〕見《行實》。據稱「八月，沈㴶又奏稱：兵馬司拘王豐肅與徒衆十三人，請旨處斷。仍不報。十二月，㴶題催請將王豐肅等分別治罪」。

〔一八〕見《明史·外國傳》。

〔一九〕《家書墨跡》第十一通。一九六三年版《新集》載此，列爲家書第十通，并注稱：「此信開端寫『七月三十日』，末尾又署『七月二十五日』，必有一誤，或開端『七月』爲『六月』之誤。」并認爲「應作萬曆四十四年七月二十五日」。今按：是函公親筆署「七月廿五寫」，其中「七」字可能誤署，應作「八」字。因函中提到「七月三十日褚季汀家人來」事，其寫期必然在是日以後。又提到「今初四日東宫已開講」事，查《明實録》：「皇太子出閣講學」，事在是年八月壬寅（陰曆初四日即陽曆九月十四日），顯見是「八月」無疑。陰曆八月二十五日即陽曆十月五日。

〔二〇〕《家書墨跡》第十二通。原函不署年月日，疑是缺其後段。《家書墨跡》編者根據函中「史局十三年無有不轉者」語，計由甲辰年入史館起至本年丙辰，恰十三年，因肯定其作期爲本年。又函内有「十月可上」語，蓋當寫於十月（陰曆）前。

［一二］《家書墨跡》第十三通及第十四通。兩函一署「十月十二日」；一未署年月日，《家書墨跡》編者認爲應是「萬曆四十四年冬作」。

公元一六一七年（萬曆四十五年·丁巳）　五十六歲

二月六日，任詹事府左春坊左贊善［一］兼翰林院檢討［二］。

所撰《毛詩六帖》初稿，是夏，爲書賈所刊行。是書原撰於公元一六〇三年前後，未成定稿。内容分翼材、存古、廣義、擥藻、博物、正叶等六目。付刻時，唐國士［三］爲之序［四］。略謂：「《詩六帖》乃徐太史玄扈先生下帷時所輯也。太史爲藝林宗匠，説《詩》尤多獨見。……當時弟子争相傳録。……是書妙處，能補紫陽之缺略，闡箋傳之精微，……所爲廣義、擥藻、博物，又多箋疏家所未及。」當時，公聲明此書係「未竟之業」，特命燬其版［五］。

《毛詩六帖》入上海市文物保管委員會《徐光啓著譯集》。

七月十一日奉命往寧夏［六］，册封慶世子朱倬漼［七］爲慶王。「往例，槩有餽遺，王具二百金并幣儀等物，追送至潼關」。公「委婉辭」。其「謝箋有云：『若儀物之過豐，例無冒受；惟隆情之下逮，即衷切鐫銜』等語。生平取予不苟，往往類此」［八］。

册封使命既竣，十月八日自寧夏啓程回京[九]，「援例繳節」[一〇]，因途次風塵跋涉，「中寒，發爲温疾，幾至不起」[一一]，「以病歸，〔仍〕田於津門」[一二]。

此頃，在天津養病，兼經營田事。曾就施肥問題，初步總結查詢所得，成《糞壅規則》。其中包括得自北京、天津、永平、真定、山西、濟南、沂州、東昌、三吴、崇明、浙、浙東、江西、閩廣、廣東等地經驗[一三]。「廣諮博訊，遇一人輒問，至一地輒問，問則隨聞隨筆。一事一物，必講究精研，不窮其極不已」[一二]。

附注

[一] 晉職「左贊善」時期，文獻紀載不同：《履歷便覽》繫於丙辰年而未詳月日；《國榷》繫於丙辰年十二月丁酉(初二)日；《家譜》所載「履歷」則填在萬曆四十五年(丁巳)正月初一日；《明實録》兩見，一在丙辰年十二月丁酉日，一在丁巳年二月庚子(初五)日。今按：除二月庚子日，顯係《明實録》誤記致重見外；可能是除授之命發表於丙辰年十二月初一日，而就職則由丁巳年正月初一日起計，因而致歧。今以就職期(正月初一日即陽曆二月六日)爲準。

[二]「兼翰林院檢討」銜，見《家譜》所載「履歷」。又，當時由檢討升任左贊善者有丘士毅、周柄謨、黄立極等連公共四人，見《明實録》。

［三］唐國士，字一卿，又字進卿，號玉屏，江蘇上海人，萬曆三十四年舉人，見《縣志·選舉表》。

［四］原序署「萬曆丁巳夏月吉旦」。

［五］《集引》：「《毛詩六帖》，公昔以爲未竟之業，書賈竊刻，刻而燬，燬而余（徐爾默自稱）續成之，以藏諸家塾。」

［六］據《明史·諸王世表》：慶藩自建文三年起，自韋州遷府寧夏，以後因之。又，據《明實録》：當時與公同往慶藩册封者，有行人殷懋新。

［七］據《明史·諸王傳》：慶藩受封，始自朱㮵（明太祖朱元璋十六子），歷十傳而至倬淮。

［八］見《行述》。

［九］見《家譜》所載册封回程牌示。

［一〇］見《年譜》。按：原文「援例繳節」句前有「四月」兩字，其中「四」字疑是「十」字之訛（以音近致訛）；否則，或「四」字上脱一「閱」字或「歷」字。蓋此役遠行至寧夏，揆以當時交通條件，包括往、返、逗留，歷時四匝月，似較符事實。

［一一］見《復太史焦座師書》（《庖言》）。

［一二］見《行述》。

［一三］見《農書草稿》。

公元一六一八年（萬曆四十六年・戊午）　五十七歲

此頃，撰《海防迂說》，述當時日本歷史背景頗詳[一]，并評述前此明廷對日本之策略，特別强調要與日本正式互市。認爲「官市不通，私市不止矣。必明與之市，然後可以爲兩利之道，可以爲久安之策，可以税應税之貨，可以禁應禁之物」。提出：「惟市而後可以靖倭，惟市而後可以知倭，惟市而後可以制倭，惟市而後可以謀倭」四言，反覆申說[二]。

撰《海防考評》[三]。

連年天災頗重：前年，「河南安陽大蝗，捕不能盡，田婦至道泣自經。淮陽亦蝗，有鼠無數萬，夜銜尾渡江而南，經日止」[四]。去年，畿輔旱、蝗，山西旱，山東、開封蝗，承天、泉州水，南京鼠，均成災。民饑或兼疫[五]，流亡載道。

五月七日滿洲主努爾哈赤以七大恨告天[六]，即夕興兵趨撫順。九日連陷撫順、東州、馬根單三城及臺、堡、寨共五百餘[七]。繼大破廣寧官軍萬餘，士卒還者十無一二。時，「中外張皇」，「廷議紛紛」[八]，禮部左侍郎何宗彦[九]以公「夙知兵略」聞於朝，「遂擬趨朝（限期回任）之旨」[一〇]。六月頃，公病仍未痊，「尫羸不堪」，以「時事倉皇，計無反顧，〔自天津〕輿疾入都」[一一]，回任左春坊左贊善兼翰林院檢討。

此頃，有《復太史焦座師》[一二]、《復吕益軒中丞》[一三]、《復錢游戎》[一四]等函[一五]，均論述時事。其中：復焦氏函，有昔「每爲人言富强之術，富國必以本業，强國必以正兵」，惜其不能「早得見用」。「今之愚見，欲當事者大有振作」，注意選將，練兵，製械。並自謂「區區之愚，思一效芻蕘」，拳拳不忘爲國効力。復吕氏函，有「久抱杞人之憂」，「此蜂蠆之敵耳，一失策將變爲豺狼，再失策將變爲虎豹，況又有真虎豹者突如其來」。但深信「古今無必敗之局，無必僨之事，全在區處得宜」云云。因簡述夙所主張之「遼左三策」，痛其言不早見用。復錢氏函，有「一時特起大將十人而兵與餉皆弗稱」，「敵雖微末，目前恐未可了，麾下豈能高卧海濱」語。

今存徐光啓萬曆四十六年所作三書，以《復吕益軒中丞》述明朝衰敗於「北虜」之勢，最爲痛切；對自己一貫堅持的「遼左三策」不得實施，更有感慨：「二十年來，每每妄言遼左三策，若肯相從，俱可無今日之變。其一，一意爲富强計，因而規取舊遼陽，驅北虜於絶漠之外，即奴酋可鞭箠使之，此易於反掌，在廟堂一主持耳，上策也。興復南關，令王忠有後，效順者勸矣；無棄横江之地，使六萬之衆，人自爲守；建州北關謀殺猛骨歹商而並其敕書者，俱無准其貢。若此三事皆在十數年前，令反亟而禍小，且可必有功，中策也。若不能然，便不必訟言其必反，日夜求剿滅於上，徒使彼操危慮深，釀成今日之勢。第當密爲防禦之備，撫順、清河繕完使可守，整兵治器使可戰，下策也。既不能自富强，又日夜益奴之富強。凡可以制奴之命者，無一之能爲；凡可以速奴之叛者，又無一之不爲。此則遼人之無策，自求禍耳。雖然，論江河之勢，不可得返，則三策必無得行之理，終不若策其必反者之必驗於今日也。興言及此，豈不痛心！」

六月頃，楊鎬〔一六〕任兵部右侍郎，經略遼東，徵四方兵，圖大舉。

十二月十一日，徐光啓上《簡兵將竣遘疾乞休疏》中，稱病辭職，病情「頭目昏眩，時欲傾仆。一指麻木，漸次蔓延左畔二肢，殆成偏廢。」從病情看，徐光啓的症狀是貧血症，或者心血管毛病。本年早些時候，徐光啓在《敷陳末議以殄兇酋疏》提到自己「年力向衰，多嬰疾疢」。已經萌生退意。

十一月頃，欽天監副周子愚奏言：「原任陝西按察使今在籍邢雲路深明曆法，近著有《曆元》一書，言七政源流，據經據緯，俱有本末。」又言：「此時雲路年已七十，……乞敕取前來統理曆法，并與本部前疏所舉通曉〔曆法〕數員〔一七〕，一同考察改正，以定一代鉅典。」〔一八〕

是年，郭子章卒。前此，郭氏撰有《蠶論》，論述桑蠶之重要性。後此，爲公選録於《農政全書》中。

呂坤卒。前此，呂氏撰有《實政録》，其中「民務（養民之道）」部分，述及「積貯倉庾」方面，後此，爲公選録於《農政全書》中。

附注

［一］所述日本國情及豐臣秀吉、秀賴父子，德川家康、秀忠父子等事頗詳。雖部份或屬傳聞，亦足資印證。

［二］原文見《明經世文編》。撰期未詳。文中述及「辛亥」日本德川家康遣將虜琉球王事，在萬曆三十九年。又述及「歲丁巳」德川家康滅豐臣秀賴，不久，家康死（年近九十），其子秀忠「繼父職柄用事」，則在萬曆四十五年。又言：此時「秀賴亦未知果死與否」？估計公撰此文時，距秀賴之滅不會過久。今姑次於此。

［三］《集引》、《家譜·翰墨考》並著録。

［四］見《國榷》（丙辰年七月）。

［五］散見《國榷》（丁巳年各月及其前後）。

［六］見《東華録》（天命三年四月壬寅）。

［七］見《東華録》（天命三年四月甲辰）。

［八］前句係《復吕益軒中丞》語，後句係《復太史焦座師》語，均指此時情況。

［九］何宗彦，字君美，湖北隨州人，萬曆二十三年進士。事跡見《明史》。

［一〇］見《復太史焦座師》函。按：原文只稱「前輩何宗伯」，未指其名。今考：當時何宗彦係任禮部侍郎，故稱「宗伯」。成進士早於公九年，故稱「前輩」。生平「遇事侃侃敷陳」，極關心邊事（見《明史》），作

風似亦相類。果爾，則所云「何宗伯」，當就是何宗彦。

［一一］見《復錢游戎》函。按：公入都期，據《年譜》，係在是年（戊午）陰曆閏四月。

［一二］焦氏即焦竑，家居潛心著述已久。此時在籍（南京），故公函有「期以今春南還，可得叩謁師門」語。又，所云「今春」，顯然此函寫期當在春初。

［一三］吕氏生平未詳。

［一四］錢氏疑是錢世禎，後在公轄下任中軍都司。參見《庖言》所載《巡歷已周實陳事勢兵情疏》。

［一五］三函並見《庖言》。按：此函亦選入《明經世文編》卷四九二。題爲《復某中丞》，删去其前一段（删一百五十五字）。

［一六］楊鎬，字汝京，河南商邱人，萬曆八年進士。事跡見《明史》。

［一七］按：所云「本部」，指禮部；所云「前疏」，指公元一六一二年一月七日禮部請遴員修曆及譯書一疏。所云「通曉〔曆法〕數員」指邢雲路、范守己、徐光啓、李之藻及龐迪我、熊三拔等。

［一八］見《明實録》。

公元一六一九年（萬曆四十七年・己未）　五十八歲

二月頃，遼東經略楊鎬疏陳進兵方略，略謂：「今已春暖風和，……約令鎮道各官，於二月十一日俱至遼陽演武場，酌量兵馬，分爲四路：北以開鐵爲一路，從靖安堡出邊，以原任總兵馬林[二]爲主將；……瀋陽爲一路，從撫順關出邊，以山海關總兵杜松[二]爲主將；……

靖沙爲一路，從鴉鶻關出邊，以遼東總兵李如柏[三]爲主將；……寬奠爲一路，從涼馬佃出邊，以總兵劉綎[四]爲主將。」[五]

此頃，《復莊[六]游戎》函，有云：楊鎬「經略疏言四路進兵，此法大謬。賊於諸路必堅壁清野，小小營寨且棄不復顧而併兵以應一路，當之者必杜〔松〕將軍矣」[七]。

三月十五日，「輔臣〔方從哲〕請以左贊善徐光啓、左諭德錢象坤、右諭德鄭以偉爲東宮講官。俱不報」[八]。

四月十四日家書，述會試及家事，并提及兒童讀書法，認爲「只是記文字，此是最捷徑之法。兩〔孫〕兒若有記性，應該做此工夫，慢慢裏，還要細到回來」[九]。

該家書述「二月廿九日揭榜，諸門下並相知多不得中，甚爲扼腕。獨升之得雋，可喜」。此即萬曆己未科會試，上海縣僅趙升之（東曦）進士及第之事。提及會試，徐光啓想到孫子們的教育，讓徐驥對兒子用死記硬背法教之：「福建人讀書法，只是記文字，此是最捷徑之法，兩兒若有記性，應該做此功夫，慢慢裏，還要細到回來。……凡少年科第，未有不從此得力者。」然徐光啓對科考「四書」的弊端有不得已之内衷，父子間自嘲曰：「我輩爬了一生的爛路，甚可笑也。」

本家書還提及如何在上海家中安頓耶穌會士躲避教難的事情：「舊年先生到，住在西園。今年若舊先生欲來，可仍在西園住。若有新先生〔來〕，可請于盤龍住。如無房，可收〔拾〕幾間，得在東園内者佳。如少，再造一兩間，不妨也。他盤纏自用，只要房子，或時常餽些食用足矣。」「南京教難」期間，耶穌會士避居上海，除路費之外，食宿兩項，由徐光啓家族承擔。

二十五日，大學士方從哲等八人充殿試讀卷官，御史房壯麗〔一〇〕等二人充殿試監試官，公充殿試掌卷官〔一一〕。

此頃，杜松出撫順，越五嶺關，進二度關，遇伏，滿洲集中精兵三萬餘騎迫之，全軍盡覆。其餘各路兵亦先後敗没。敗報聞，京師大震。

五月三日上疏，有云：此次「覆軍隕將，三路敗衄，此皆我謀之不臧，非賊之智力果不可敵」。「兵家簡切肯綮之論，無如管仲之言八無敵〔一二〕，鼂錯之言四予敵」〔一三〕。「近日遼東之戰，……杜松矢集其首，潘宗顔〔一四〕矢中其背，是總鎮監督尚無精良之甲胄，況士卒乎？杜松、劉綎、潘宗顔皆偏師獨前，豈非無紀律乎？兵與敵衆寡相等，而分爲四路。彼常以四攻一，我常以一敵四，豈非不知分合乎？戰車火器，我之長技，撫順臨河不濟，開鐵寬奠皆離隔不屬，豈非無政教乎？出關四十里，遇水不能渡，遇險不能過，入伏不能知，豈非不識地利，哨探無法乎？如是而求幸勝，果必不得之數也。今目前補救事宜，……已經中外臣工斟酌上請，臣不敢瑣贅。臣之愚慮，以爲戡定禍亂，不免用兵。用兵之要，全在選練。……但選須實選，練須實練，……貴精不貴多」。「臣志圖報國，於富強二策，考求諮度，蓋亦有年」。「一切選練事宜，頗窺一二。第因條緒繁多，……如蒙採摘施行，〔當〕逐一詳奏」〔一五〕。

十八日上疏，條陳選練及有關工作之意見。認爲「兵非選練，決難戰守」〔一五〕。

此頃，《復王孝廉》函，略談兵事，並自謂「夙昔不能趨炎，亦無心逢世，或每矯時，爲渙羣之議，雖不見用，顧爲時人所諒」〔一六〕。

七月三十一日，熊廷弼任兵部右侍郎兼右僉都御史，經略遼東。此頃，公曾先後復熊氏兩函，有「今日之計，獨有厚集兵勢，固守遼陽；次則保存海蓋四州爲上策。但須多儲守之器，精講守之法，中間惟火器最急」。又有「知遼城守備，全未足恃；……如此情勢，竊恐歸併合力，不足爲怯；嬰城自守，不足爲弱。……併兵合勢，此亦昔人應變之常」等語〔一七〕。

此頃，茅元儀〔一八〕撰成《武備志》〔一九〕，以其序請教，並函稱：自幼「喜談兵農之道……得先生（指公）三疏，始信士之不負祖宗，而祖宗之能養士矣。……十數年以來，士大夫閱邸報者，見錢穀兵馬之數，條陳臚列之事，無不昏昏瞌睡，唯恐其言之不盡，甚至有擲而棄之者。及見陽攻陰刺，舞舌反唇之談，則欣欣相告，尋繹無倦。儀且笑且痛而知其必有今日也久矣。……禮賢選將，先生一言道盡。練兵製器，大疏大旨已明。至於周折精微，在行之之時耳。……先生不能不用矣，但用之地，先生當自擇之，用愈大則國家愈受其福。」[二〇]

茅元儀《與孫瀟湘侍御書》，有云：「自用兵以來，尚未見一的確切當之疏。……況開原已失，遼瀋垂危，板蕩之事，在於旦夕。失今不言，言無日矣。……近日公車之疏，無如徐贊善（光啓）第三疏之深切有益也。若能如其疏而行之，國家雖危，猶可復安。何也？以其言皆事事實際，亦條條妥當。泛視之亦平平無奇；實按之，則無迂疏之病，亦無空談之弊。料事度時，定不出此。朝廷養士二百五十年，而無一留心邊計之臣。一旦倉卒，如羣盲辨色，各以意逆。雖灼灼可聽，終爲明眼人所笑。今幸得此一人，不竭力薦之，使盡破資格，授以本兵，責以成效，則天下事尚可爲乎？」

九月二日吏部等衙門尚書官趙煥[二一]等合奏，略謂滿洲主「自攻没開原以來，築城住牧，休其兵力而脅朝鮮，……意在迫京師。……謹合大小各衙門官員公同會議，……乞差左春坊左贊善徐光啓兼監察御史，如議量募兵訓練」。

同日，工科給事中祝耀祖[二二]奏：「詞臣志切擔當，銓部推用宜審。左贊善徐光啓願出使朝鮮，不辭險阻，應援内地，厚詰兵戎，膽量識力，自具壯志。但今之可慮者不在朝鮮而在遼陽，未有舍近而圖遠；兵之可練者不在遐方而在中國，未有去實而課虛也。莫若用之近地，布威宣信，仗義鼓勇，或加以御史職銜，……庶訓練有人，觀聽自改。」[二三]五日奉旨：「徐光啓……不依遠差，着在京用[二四]。」九日又奉旨：「徐光啓曉暢兵事，就着訓練新兵，防禦都城。」[二四]

十月十五日晉職爲詹事府少詹事，兼河南道監察御史，管理練兵事務[二五]。

二十一日上《恭承新命，謹陳急切事宜疏》，條陳有關練兵事項，包括關防、駐紮、副貳、將領、待士、選練、軍資、召募、徵求、助義等十欵[一五]。

三十一日上疏，略謂前所「條陳急切事宜十欵」，「懇速命廷臣從長議妥，以計安攘」。又謂目前「兵事百不相應，……今臣身用矣，……倘終不用臣言，請乞皇上別簡才賢」[二六]。後此，實録纂修官董其昌謂「此疏所謂『非博選天下奇材教練一二年，決不可用』，是實歷語」[二七]。

此頃，國子監署監事司業張鼐奏謂「不嫌出位，聊據目擊之事，少陳一得：……竊見少詹事徐光啓之訓練新兵……條畫兵事，言頗廣大，計則深遠」。宜速下其原疏，「令大小九卿科道會同面議：錢糧何項支給？公署何處屯紮？將領何處調遣？役使何處撥派？器械甲仗何處取辦？月糧本色何處關領？……一一酌停當而後責之練臣。練臣居其地，役其人，藉其犒餉以撫其士卒而訓練之，一人之精神與三千五千人易爲貫通。……内可備守，外可備戰」。「練臣徐光啓竭其心力，殫其籌畫，施之有本末，行之有漸次，……惟在皇上速斷而試之」[二八]。

撰《選練百字括》[二九]，袁應泰[三〇]刊行之[三一]。撰《選練條格》[三二]。《練藝條格》、《束伍條格》、《形名條格》[三三]。

徐光啓有《致翁臺》，年月不詳，惟談論練兵事宜，籌議從萬縣招募新兵，事甚悉，姑録于後，以備考核：「昨商之關臺所云萬縣兵，即龍綱垻牟、譚二家白杆兵也，原係民籍義兵。牟則牟海龍等主之，譚則譚大孝等主之，皆嘆惜宿將，可調而用也。忠州無兵，諸土司兵不敢議調，惟翁臺酌之。外敝鄉故將周鎮，先犯賊鋒，舉家死義，前恤疏不蒙附一名，忠魂鬱鬱，今其家人遷出，報有揭帖，敬呈清覽，表忠恤義，翁臺事也。鎮父早亡遼土，名周世祿者，應蒙恩恤矣。幸一視之爲感，不悉。弟啓□首，冲。」

《復袁憲使位宇》函，有「不揣建白，未爲時用。……一二拙見，盡在小疏中」等語[三四]。

十一月十日上疏，略謂：「時事極追極窘，……今日欲求克賊，苟非良將精兵，堅甲利器，必無勝理。臣之前疏，已嘗再四陳説，……器甲價值，兵士糧餉，皆於優厚之中，尋求節省，酌量中數。然而計部堂屬，茫無以應。且臣與商榷，不過議兵二萬耳，況進於此，其難又何如哉？」「今臣一身，四虛無着，候命再旬，延頸垂手，無一事可作。欲作一事，必須金錢，不比舊設衙門，尚有故事可循，徐圖整頓也。」「如行臣之言，即望勅下户部，如臣原題餉銀；勅下工部，如臣原題盔甲、軍火、器械工料價銀。各如數陸續給發。」「此外……建造敵臺，設置大砲

一事……〔亦望〕敕下工部設處工料，建立此事。」[三五]

此頃，遼東巡撫周永春[三六]上疏，有云：「練兵詞臣徐光啓之疏……以餉毫無措處。目今通州民兵月給亦係借用。夫通州先到山西民兵，數止三千尚不能爲之措餉，若各省民兵，四省召兵，并近擬召募八府民兵約共六萬之衆，何以餉之？……故發帑一着，萬萬無可遲疑。」[二八]

户科給事中官應震[三七]上疏，有云：「徐光啓以詹事練兵，原自可笑。臣曾有改加兵部職銜之請。若當事肯用言，庶光啓得以本等官料理本等事。縱議月餉，議營房敵臺，關係户〔部〕、工〔部〕，而彼此九列衙門，通融商榷，或猶易處。何至題目另立，枝節另生，而各衙門俱袖手不一應。」[二八]

繼此，吏科給事中姚宗文[三八]，户科給事中李奇珍[三九]，巡按山東御史陳王庭[四〇]等，先後疏請發帑設法支持公練兵事[四一]。

練兵事，頗棘手。此頃，《復黄憲副穀城》函，略謂「誤辱主知，授以輦轂重寄。……受事以來，百不應手，叩閽不聞，將伯無助，……無濟於事而空負祥金躍冶之譏，將焉用之？以此憤懣成疾，旦暮上章乞骸（辭職）矣。非敢避難，亦欲諸公知負荷之艱而官貴之不足以縻人」[三四]。

《復太史焦座師》函，略謂「啓才力職事，皆不宜兵戎之役，而義無坐視，……妄有所論列，冀當事採用，非必身爲之也」。又謂「種藝書未及加廣」[三四]，蓋此時所撰農書，已有雛形初稿矣。

是年頃，撰《兵機要略》[四二]，《火攻要略》[四三]，《虜情第一》，《大征第二》，《器勝第三》，《服戎第四》，《邊備第五》，《禁旅第六》，《用人第七》，《財計第八》，《營田第九》[四四]。

附注

[一] 馬林，察哈爾蔚縣人，由父蔭累官至總兵官。事跡附見《明史·馬芳傳》。

[二] 杜松，字來清，一字成青，號鶴林，江蘇崑山人，由舍人從軍，累官至總兵官。事跡附見《明史·杜桐傳》。

[三] 李如柏，字子貞，遼寧鐵嶺人，由父蔭累官至總兵官。事跡附見《明史·李成梁傳》。

[四] 劉綎，字省吾，江西南昌人，由父蔭累官至總兵官。事跡見《明史》。

[五] 楊氏原疏見《籌遼碩畫》。

[六] 莊氏未詳其名。

[七] 原函見《庖言》。

[八] 見《明實録》。

[九] 《家書墨跡》第十五通。原函署「三月初一日」發。其中「三」字筆跡較模糊，一九六三年版《新集》

載此作「五」字。按：應作「三」字。因函中報告「二月廿九日揭榜」，不會遲至五月初一日始函告。且此函署「第三號」，即是年發出第三次家書。以公丙辰年發家書習慣例之（十月十二日發至第二十號），約每半月一次。則此第三號函，決不會在「五月」發而極可能在「三月」發。又，原函未署年，《家書墨跡》編者據函中提及趙升之成進士年期考之，肯定爲萬曆四十七年。

［一〇］房壯麗，字威甫，河北安新人，萬曆二十三年進士。事跡見《蘭臺法鑒録》。

［一一］見《年譜》。「殿試」原文作「廷試」。

［一二］「八無敵」謂聚財、論工、製器、選士、政教、服習、遍知天下、明於機數八事。見《管子・七法篇》。

［一三］「四予敵」謂器械不利，以其卒予敵；卒不可用，以其將予敵；將不知兵，以其主予敵；君不擇將，以其國予敵。見《漢書・鼂錯傳》。

［一四］潘宗顔，字士瓚，河北懷來（係安衛）人。萬曆四十一年進士，事跡見《明史》。按：潘氏曉天文、兵法。時，受命監馬林軍。當出師前，曾上書經略楊鎬，謂馬林庸懦，不堪當一面，請易以他將。以林爲後繼，不然必敗。鎬不從。後林一戰而敗，策馬先奔，宗顔殿後，「奮呼衝擊，膽氣彌厲」，力戰而死。

［一五］原題《敷陳末議以殄兇酋疏》，見《庖言》。

［一六］王孝廉，未詳其名。原函見《庖言》。

［一七］原題《復熊芝岡經略》。芝岡，廷弼號。原函見《庖言》。

［一八］茅元儀，字止生，浙江歸安人，崇禎初以薦授翰林待詔，事跡見《明詩綜》。

［一九］《武備志》二百四十卷，見《明史·藝文志》按：原函稱此書係積「十五年講求」而成。天啓元年刊出。清代列爲禁書。末年始重刻，但已有所竄改。

［二〇］原函見《石民四十集》按：此係茅氏文集之一，清代列爲禁書。

［二一］趙焕，字文光，山東掖縣人，嘉靖四十四年進士，事跡見《明史》。按：趙氏時爲吏部尚書。

［二二］祝耀祖，江西清江人，萬曆三十五年進士。見《題名碑録》，事跡未詳。

［二三］按：祝耀祖此奏及趙焕等合奏，見《明實録》，均繫於是年「七月丁未」，依陽曆應爲「九月四日」。惟據公是年所上《恭承新命謹陳急切事宜疏》，提及該奏係「七月二十四日」，依陽曆應爲「九月二日」，與《明實録》所記，相差二日。蓋實録可能據邸鈔或該疏發表日期著録，故稍遲。

［二四］見所上《恭承新命謹陳急切事宜疏》。

［二五］見《家譜》所載「履歷」。

［二六］原題《兵事百不相應疏》。見《庖言》。

［二七］董其昌所論，附於原疏後。見《神廟留中奏疏彙要》。

［二八］原疏見《籌遼碩畫》。

［二九］《行述》稱：「所著有……《百字訣》行於世。」按：所云「《百字訣》」，當即《選練百字訣》，見《集引》。

[三〇] 袁應泰，字大來，陝西鳳翔人。萬曆二十三年進士。事跡見《明史》。

[三一] 見《復袁憲使位宇》函。原函有云：「百字爲韓父母偶書，政恐見笑於大方，何意以辱梨棗。」按：所云「百字」，當即《行述》述及之《百字訣》、《家譜・翰墨考》述及之《百字括》及《集引》述及之《選練百字括》之簡稱。所云「袁憲使位宇」當即袁應泰。袁氏生平頗關心邊務及農田水利，與公及熊廷弼意見頗諧洽。時，正任按察使，與函題「憲使」相符。又正治兵永平，對「關外所需芻茭火藥之屬，呼吸立應」（《明史》語），深爲遼東經略熊廷弼所利賴，與函中所云「東方之警，得借壯猷」語亦合。今一般文獻只稱應泰字大來，多未詳其别號「位宇」，此正堪補其遺。

[三二]《集引》、《家譜・翰墨考》並著録。撰期未詳，姑次於此。

[三三]《練藝條格》、《東伍條格》、《形名條格》三題，並見《徐文定公詩文目》，但《行述》、《集引》、《家譜・翰墨考》均未著録。疑原非獨立成篇，可能即《選練條格》之一部分。未見原文，誌此待考。

[三四] 原函見《庖言》。

[三五] 原題《時事極迫極窘疏》，見《庖言》。

[三六] 周永春，山東金鄉人，萬曆二十九年進士。事跡附見《明史稿・楊鎬傳》。

[三七] 官應震，湖北黃岡人，萬曆二十六年進士。事跡附見《明史稿・劉廷元傳》。

[三八] 姚宗文，浙江慈谿人，萬曆三十五年進士。事跡附見《明史稿・劉廷元傳》。

[三九] 李奇珍，字四可，浙江嘉善人，萬曆二十六年進士。事跡見《嘉興府志》。

[四〇] 陳王庭，河北盧龍人，萬曆三十五年進士，見《題名碑録》，事跡未詳。

[四一] 各疏並見《籌遼碩畫》。

[四二]《家譜・翰墨考》著録。但《行述》、《集引》均未述及，可能偶遺。

[四三] 見《徐文定公詩文目》。但不見於其他文獻著録。疑即《兵機要略》之一部分。

[四四] 由《虜情第一》至《營田第九》共九題，見《徐文定公詩文目》，惟未見其他文獻著録。疑此九篇，原有一「共題」，豈即《兵機要略》歟？或即後此所輯之《六函彙輯》或《上略下略》（參見一六三一年本譜）歟？俟考。又，其中「第二」、「第三」、「第四」三篇，被選輯於《明經世文編》中，别題爲《大征策》、《器勝策》、《服戎策》（亦見民國版「舊集」）。

公元一六二〇年（萬曆四十八年——泰昌元年・庚申）　五十九歲

一月二十三日上疏略謂「新設衙門，無舊貫可仍」，兵、餉、器甲，均不符原所規劃。「瞻前顧後，展轉迴惶」。「昨接邸報，見山西參政徐如翰[一]論列時事，因及於臣」。指摘選兵、練兵、用餉、部勒均無法。自覺「有稍宜剖析者」，因結合實況，分别條辨。并云：「今事勢之艱難若此，人言之指摘若此，正如羸牛駑馬，既重其任，且縶其足，又從而撾其首，何能一前取進？」仍祈「從長計議」，并「即加顯斥」[二]。

此頃，陳王庭疏稱：「督餉部院李長庚[三]、詞臣徐光啓、科臣姚宗文，特簡方隆，委任宜篤。乃救時方切纓冠，條奏如同轉石。……報者十一，不報者十九。」請「慨然允發帑之請，聽當事諸臣……以便宜行事併一切急着，悉賜奉行」[四]。

四月二十二日，開始在通州、昌平二處，進行巡歷，檢閱民兵[五]。

五月二日上疏，略謂：「東事警急」，「軍實全無可恃」。「新兵所需，百無一備」。且「人多羸弱」，「欲克敵制勝，揆之理勢，萬不可得」。「謹開設兩端」：其一、補充器甲，加強選練；其二，「足籌錢糧，多發料價」。均請「悉如初議」，「以保全勝」。否則，「一旦責以禦寇，驅無辜於鋒鏑，輕大事於一擲，至危至險」[六]。疏上，隨於是月七日奉批覆，將原疏下諸司集議[七]。實錄纂修官董其昌論曰：「國之大事在戎，暫費永寧，昔人所韙。見小欲速，祇誤國耳。……徐光啓所議練兵費二百萬，樞臣計臣相顧愕眙，見謂費多而效緩，訖無以應。營緒未畢，一簣中止。至於招募四出，坐靡千萬無一勝兵，而後覈其乾没，不亦晚乎？夫以屑越飽虚恢之腹，而以寒陋掣任事之肘，可歎也。」[八]右諭德張鼐貽職方郎中王□□書曰：「徐詹事（光啓）言，區畫甚大，製器甲甚精。夫甚大則非一二年了局，甚精則勢必身親，蓋爲數百年擁護京城，設此大方略而無暇計錢糧之接濟與時日之久暫也。宫銜兼臺職，鑄印授敕，事頗創見，而原無善始善終之長策，即此時已覺了局之難。」

此頃，「邊境稍緩，人情狃於晏安，當事者復多掣肘，至使士卒露宿空拳。〔公〕特以忠義血誠，感激人心。於是有指揮胡楫，中書楊之驊，捐助四千金，河南領兵官丁呂試，陶堯臣捐百金置嵩縣槍棍等項，招選教師，演習諸法，壁壘遂一新」〔九〕。

致力練兵外，爲長遠計，頗注意於屯墾事。曾函向茅元儀商略〔一〇〕。茅氏覆函有：「辱特命商略屯田一事，以爲國家千萬年根本之計。……屯政之大端，在於講地利、究人事兩者而已。兩者皆先生（謂公）之所熟察也。……今前疏已奉俞旨，大疏正在部復，想不日必有專命。正先生罄生平之學以建萬世之業之日也」等語〔一一〕。

西洋人金尼閣〔一二〕再度來華，七月下旬偕耶穌會士二十餘人攜西書七千餘部〔一三〕由歐洲抵澳門，翌年北上。

八月十八日萬曆帝朱翊鈞卒，廟號神宗。子常洛嗣位。是年八月二十八日（陰曆八月初一日）起，改年號爲「泰昌」。

十八日聞神宗喪，「從通州星夜馳至〔京〕，用備不虞」〔一四〕。

初，群臣議定萬曆帝朱翊鈞的廟號爲「顯宗恭皇帝」，徐光啓建議改爲「神宗」。徐驥《徐文定公行實》：「初議大行皇帝廟號『顯宗恭皇帝』，文定與大學士方公言：『皇上垂拱四十年，深居而天下治，豈非神明默運乎？』因更定今謚。」

此頃，遼東經略熊廷弼以疾請辭職，御史張銓奉派巡按遼東。

九月十六日上《統馭事宜疏》，略謂：「去歲奉神宗皇帝聖旨，訓練新兵，防禦都城。於時兵部議兵六萬，故總以總兵三員，使臣提衡其間。後減爲二萬，約可分四五營，用大將一員，此所謂法制相稱者也。今山東留防，三省援遼外，止餘存七千餘人。……簡汰却還，其堪留者不過三四千耳。以京邊營法計之，止宜設參游守把一二員統率訓練足矣」，可不設總兵，「即臣銜門似宜一并議裁」。

二十六日，泰昌帝朱常洛卒，廟號光宗。子由校嗣位。至翌年舊曆元旦起，改年號爲「天啓」。

去年，户部主事鹿善繼因力争援遼餉事，免職家居[一五]。此頃，奉召復官[一六]，函告「十月北來」[一七]。有云：「〔聞〕欲借重筦餉，……此舉似未足展驥，而此事似非足下不可。……今已成事，宜暫任一年，作一榜樣，亦佳也。不佞事向知其無濟於事，昨年勉就……且以安一時都下臲卼之人心耳。今事勢少緩，人情又非昔比，故以上章謝事。今不問如何發脱，總可了發言之初志，無愧無悔矣。」[一八]鹿氏覆函，有云：「三覆手教，慨繼以慷。老師一舒一捲，初志較然，獨時事實未見可緩，而人情如是，殊可憂」云云[一九]。

十月頃，遼東經略熊廷弼罷職，袁應泰任兵部右侍郎兼右僉都御史，經略遼東。

此頃前，函託在籍（杭州）家居之友人李之藻、楊廷筠二人商覓西銃備練兵。李、楊二氏「合議捐資遣〔李氏〕門人張燾〔二〇〕間關往〔澳門〕購〔取〕。至則嶴禁方嚴，無由得達」。藉廣東按察司吳中偉〔二一〕助力，「撥船差官伴送入嶴。……買得火銃四門」至粤。十一月頃，李之藻「覆命回京，欲請勘合應付催促前來。旋值光啓謝事，慮恐銃到之日，或以付之不可知之人，不能珍重萬一，反爲敵人所得」，只得暫時擱置，由「張燾自厝資費運至江西廣信地方」〔二二〕。

十一月九日上《巡歷已周實陳事勢兵情疏》，將當時選練民兵辦法及存在問題，據實陳報。其中，述及練習營陳大略，有云：「從前操演之法，皆用方營，北邊臨陳却用圓營。臣酌古準今，定爲營部哨隊伍，皆用方、圓、曲、直、鋭伍法，自五人以上至於數十萬，散可散操，合可合操，庶得曲直繁簡之衷，且於操練之中，即寓戰陳實法。」并報告簡選工作，「謂除前選去援遼兵外，所見七千五百人中，略能荷戈者不過二千，……求其真堪教練成爲精鋭者不過一二百人」。又報告目前缺乏軍器、糧餉等情況，提出簡汰、加餉、贍家等建議。指出「如今日之措置，而能令可久，又能令可用，臣愚不敏，未之嘗聞」。要求將所「奏陳事理，酌量人情所宜，財用所出，從長計議，……以求至當」。

十二月三日上《酌處民兵事宜疏》，略謂前疏請簡汰加糧等事，已奉旨下部妥議。惟「中間裁減衙門一節，部識未及。蓋緣簡汰事情，慮恐未易故也。部議既以爲難，臣豈敢〔以難〕遺諸人乎？」願繼續負責，除「巡歷通州料理外，所有一二事宜，再應酌量措置者」，分別條列，請下部議妥。

十二月八日上《巡歷控辭疏》，報告「奉旨巡歷，事不宜緩」，擬「即刻就道」，進行「選汰」，具疏「以代面辭」。

是年，巡歷及簡兵工作，由於「三遭國喪，一襄大事[二三]，奔走往還」，實際「在行間不過四月」[二四]，但工作相當費力，辛勞備至。

本年，據王重民考證，徐光啓在北京刊刻《農遺雜疏》。

本年，徐光啓爲中國天主教會，擬《給樞機主教貝拉敏致中國全體天主教徒書的回覆》。前此，天主教紅衣主教，耶穌會士貝拉敏（Roberto Belarmino，一五四二——一六二一），於一六一六年五月二十日曾致信問候中國天主教徒，由返回歐洲彙報東方傳教成就的金尼閣神父帶回。徐光啓此信則是代表中國天主教感謝回覆。《回覆》中文已失，葡萄牙文本存葡萄牙里斯本阿儒達圖書館（Biblioteca de Ajuda），卷宗編號「Cod. 49 – v – 5, fls. 189 – 190v」，由董少新先生發現、翻譯和提供，全文如下：「尊貴崇高且令人尊敬的樞機主教大人，您偉大的虔誠與慈悲比浩瀚的海洋和無盡的大地都寬廣，其光芒猶如一道精神之火照亮了我們，並足以照亮我們整個中國。尊貴的先生，您的信函在我們這裏被反復傳閲，尤其是很多進士和士大夫都閲讀了；一些内閣大員也都讀了您的信，這些内閣大員有的正在治理着國家，有的則曾經主持政務，而現在已經退休了，生活在各自的家中。他們中仍有很多尚未領受聖洗，但急切地渴望以熾熱的善心來行事，而這正是您對我們所有人的希望。因上帝和我們的救世主耶穌基督之聖寵，我們中的一些人已經領受了聖洗，我們越發希望改造我們的生活，使其變得更爲美好，並決心與民衆一起以兄弟般的善心竭盡全力行善功，全身心地投入到工作中去，我們對主的聖訓之熱情日益增加，接受主的聖訓的人數也越來越多，我們猶如沐浴在正午太陽的光芒之中。我們的士大夫都感到很驚訝，在如此遥遠的地方，竟然也有如此高大、勇敢且受人尊敬的人，他並没有把我們當成外邦之人，也没有將我們拋棄，而是把我們攬入他仁慈的懷抱。對此，我們將時時刻刻、生生世世永懷感激之情。很遺憾，我們没有翅膀，不能夠飛到您的膝前，親自向您致以誠摯的問候和深切的感謝。我們希望通過這封信捎去我們内心深處對您的想念之情，以及深深的敬意和敬仰之情。我主耶穌基督的神聖信仰傳入我們這片土地上没有多少年，在我們這個國家中，許多世紀以來，充滿了無數的謬論邪説。事實上，聖教傳入之初，看上去還很弱小，信衆也很少，我們的敵人——地獄中的撒旦——也因此輕視了聖教的存在，没有進行破壞；但是隨後撒旦注意到很多具有天賦和品德的著名士人，以及身居高位的官員都信仰基督及其教義，他們齊心協力地致力於真正宗教的信仰和服務之中，於是撒旦大發妒意，並開始害怕起來，認爲這個新的教義將會使他的陰謀詭計徹底失敗；所以就像遠古時代狡猾的蛇和狐狸一樣，策劃陰謀和圈套，利用利誘和魔力進行破壞；而一些令人厭惡的人所幹的陰謀勾當更爲陰險毒辣：他們挑起事端，引發動盪，波浪滔天；狂暴的颱風攪亂了本來平靜的海灘：如果與我們在一起的所有耶穌會福音傳教士没有被驅逐出中國，那麼他們也不是爲魔鬼而留下的，儘管魔鬼希望傳教士爲他效力，並到處尋求擁護者。所以，無論是毒蛇還是魔鬼的使者，其地獄般的瘋狂暴怒都無法使其令人詛咒的勾當得逞。因爲神父們——我們的教師、精神之父——仍然居住在他們原來的房子裏，或者住在教徒的家中，也有的神父住在非教徒的家中。在這些處所中，我們相信也希望神聖的信仰能夠得到更大的發展。請您不必爲宗教迫害擔心，因爲我們已從天主教悠久的歷史中懂得，暴風驟雨、驚濤駭浪越是猛烈，神聖的信仰就越是能夠發展壯大，而上帝也會更加保佑我們，賜福於我們，把受難者和遭受迫害的人置於他神聖的羽翼庇護之下。這些都是神父們向我們闡明的，他們將神聖的教義比作芥菜籽，這個比喻，我們的救世主也曾爲同樣的目的使用過：因爲將芥菜籽撒在土地上，它們會經歷冰雪和嚴寒，似乎已被毀壞，儘管如此，只要春天一到，它們就會破土而出，逐漸成長，伸展枝葉，比其他任何種類的種子都更加易於生長。芥菜長大以後，吸引鳥兒來休息，在花叢中嬉戲，享受快樂。我主耶穌基督的神聖教義經過了遭受迫害的嚴冬，已經進入了春天，並開始萌芽與生長，十分渴望長得枝繁葉茂，成爲參天大樹，以邀請我們這些當地人享受其蔭澤，採集和享用其甜美的果實。鄙人才疏學淺，没能將這個比喻的内涵恰當地闡釋清楚。我們大家都懇請您爲我們祈禱，請求我們的大主聖父——普世教會的牧師——以其熱情的、兄弟般的仁慈，使我們的國家皈依聖主，將這些神父們——我們的精神之父——置於他的保護之下。這些神父們正在教導我們，向我們展現了一條真正的道路。由於他們在其繁重的工作中得到安慰，所以他們感到力量倍增，帶著我們靈魂的偉大果實勇往直前。我們也祝願您被賦予更高的榮譽和職位，以與您的非凡才能相符合。這樣，您就能夠像永不乾涸的源泉一樣，以寬廣的胸懷造福於全人類。我們向尊貴的先生您叩首拜謝。北京。」

焦竑卒。

附注

［一］徐如翰，浙江上虞人，萬曆二十九年進士，見題名碑録，事跡未詳。

[二] 原題《剖析事理仍祈罷斥疏》，見《庖言》。

[三] 李長庚，字酉卿，號西白，湖北麻城人，萬曆二十三年進士，事跡見《明史》。

[四] 原疏見《籌遼碩畫》。

[五] 見所上《東事警急練習防禦疏》。

[六] 原題《東事警急練習防禦疏》，見《庖言》。

[七] 見《國榷》。

[八] 見《神廟留中奏疏彙要》。

[九] 見《行述》。

[一〇] 《石民四十集·報徐玄扈詹事書二》有「辱承剳諭，獎慰過至……又辱特教，命商略屯田一事」等語。知公曾有是函，原函今佚。

[一一] 原函見《石民四十集》。

[一二] 金尼閣，字四表，原名 Nicolas Trigault，法蘭西人。公元一六一〇年來華，一六一三年回歐。至是，再來華。一六二八年卒。

[一三] 據李之藻云：「金子〔尼閣〕者齎彼國書籍七千餘部，欲貢之蘭臺麟室。……異國異書，梯航九萬里而來，蓋曠古於今爲烈。」見《刻職方外紀序》。又李氏《譯寰有詮序》有「既又有金公尼閣載書逾萬部之富」語。一言「七千餘部」，一言「萬部」，蓋後者概略其詞，意欲示其載書之富，應以前者所言部數爲確。

李氏《刻天學初函題詞》亦有「近歲西來七千卷」語，可證。

［一四］見《行實》。

［一五］萬曆四十七年七月頃，鹿善繼任户部河南司主事，兼署廣東司事。力主將當時廣東解到「金花銀」五萬兩作援餉，不上供内廷，并謂萬一觸上怒，「請以身甘罪」。或勸謂「非專責，何必認真？」鹿氏堅持到底，卒以此去官。

［一六］據《國榷》：　鹿氏奉召日期在九月二日，仍任户部主事。

［一七］原函未見，公覆函有「錢生來，得手書」云云，知有是函。

［一八］原函見《江村筒寄》。一九六三年版《新集》收在「補遺」部分，并注稱「此簡蓋寫於萬曆四十八年〔陰曆〕九月間」。

［一九］原函見《認真草》。

［二〇］張燾係李之藻門人，曾任加銜守備，官至登萊副總兵官。里籍未詳。按：《明史·藝文志》著録有張燾《西洋火攻圖説》，則張氏蓋擅西洋火器者。《明史》稱其因所部兵變，與孫元化同棄市（見《徐從治傳》）。《明實録》則稱其爲叛兵脅，不肯降，自縊死。

［二一］吴中偉，字生白，浙江海鹽人，萬曆二十六年進士（與李之藻同年）。事跡見《嘉興府志》。

［二二］見李之藻《制勝務須西銃，乞勑速取疏》。此疏係天啓元年所上，見《明經世文編》。又吴中偉協助購運西銃事，公《與吴生白方伯》函，亦提及有「仰借鼎力，所致西洋大炮四位，業已解到」等語。

〔二三〕語見所上《簡兵將竣遘疾乞休疏》。所云「三遭」，即：是年五月七日神宗后王氏喪，八月十八日神宗朱翊鈞喪，九月二十六日光宗朱常洛喪三事。所云「一襄」，即是年九月助理營「定陵」葬神宗事。所上《謹陳任内事理疏》提及「奔走吉凶大典及山陵襄事」，所云「山陵襄事」亦即指此事。

〔二四〕所上《簡兵將竣遘疾乞休疏》語。

公元一六二一年（天啓元年・辛酉）　六十歲

此頃，進行「簡兵」工作。「獨身酬對五六千人，逐一辨析，逐一勸勉，發給印照，俵散盤費，自朝至暮，手口並作。勞勩之後，前疾復發，頭目昏眩，時欲傾仆。一指麻木，漸次蔓延左畔二肢，殆成偏廢」〔一〕。因於一月三日上《簡兵將竣遘疾乞休疏》。要求退休〔二〕。旋奉批有「受命簡兵，還着力疾竣事報命」語。

十一日力疾往昌平州簡兵，歷時約一月〔三〕。二月十一日上《簡兵事竣疏》，報告處理經過及結果情況〔二〕。

二十六日奉旨以少詹事協理詹事府事〔四〕。仍「累疏請告（辭職）」〔五〕。

三月三日奉「准回籍調理」。

十七日上《謝皇賞疏》，報告將賞銀分發官兵情況。

十九日上《謹陳任内事理疏》，條列任内經管事項備查核。至此，所負練兵任務告一段落。「數年後，尚有言『闕門諸事，惟徐詹事練習一隊足當一面』」者[六]。

此頃，準備回籍養病，三月下旬頃出都[七]，「恐途中醫藥未便，暫居天津調理」[八]。擬於六月四日前後就道。

二十二日，有信《致某同年》（錢鏡塘先生藏品，《徐光啓著譯集》收録），稱「迨抵津門，病軀潦倒，遂未及修尺爲謝」，則透露徐光啓其時已在天津。光啓在信中繼續和自己在京的「年兄」討論練兵造炮的事情。其時，「東事又復披猖，想都中震驚，不殊疇昔」，該年兄或在信中提出徐光啓不應回籍養病，並當「復出」。徐光啓在覆信中爲此感慨。該年兄信中言及清軍在繳獲明軍火炮後，大力收羅和仿製「紅衣大炮」，後來居上，度越中原，徐光啓爲此大爲憂慮，愈覺戰勝北虜，日益渺茫。「蓋火器一事，前代所無，向者我有彼無，猶然數敗，今空我所有，輦載輸將，盡以予之，彼盡兼所長，而我無所不短，此其爲力，十倍難於昨歲耳。野人説此，恐有逝梁發笱之嫌，特爲年兄道之，幸亮秘焉。」

五月初，遼東經略袁應泰計劃三路出師，規復清河撫順，未行。五月四日滿洲兵已薄瀋陽，破之。十二日乘勝攻陷遼陽，袁應泰自殺，御史張銓不屈死。後此，公論述此役略謂：「東事數年既未能戰，又不肯守。城外列營，寇至則潰，遂爲膏肓之疾。袁經略（應泰）在永平，曾遣親吏來咨，求守禦之策，深相憑信。遼陽之行，意謂足可倚仗。及寇至之日，張忠烈[九]、高監軍[一〇]定議守城，分派信地[一一]矣，俄然變計，城陷身亡。蓋有必死之忠而爲必生者[一二]所誤也」云云。

此頃，致李之藻函，有「東事披猖至此，此如早暮寒暑必至之期」。「汲引紛如，弟（公自謂）每廁名其中。……果欲用弟，則夙所陳説，必一一致行然後可。一言不見信，一事不盡法，恐終無益於事。……方今何等時，而可以君國僥倖，易旦夕之暫榮耶？」「知吾曹必獲免於今之世矣」等語[一三]。

天啓元年徐光啓致李之藻書，今存「三月」、「五月」兩函。「東事披猖……」爲三月函，敘徐光啓對遼東戰守之憂慮。徐光啓在得知工部尚書王佐（號泰蒙）獲任主持鑄炮，並以李之藻輔佐的消息後，有五月一函，祝賀李之藻，極抒胸臆：「讀泰蒙公手札，以手加額。此功成，真國家千萬年苞桑之固，惟兄知此言大而非誇也。荀卿言用財欲泰，用之而當，雖泰實省。目前軍火器械皆非克敵制勝之具，弟前疏謂今日之害，只是拘泥常格，因循積弊。不除此二端，雖空竭帑藏，終無實用，終無戰勝守固之理。今時危勢亟，正是可爲之時，又得泰老主之，仁兄佐之，豈非多難興邦，國以人興之一機乎？」

致親家某氏函，告以啓程回籍期。謂「閏月出都，暫駐津門。擬在望（陰曆四月十五日）前後解維行」。並自言：「嘵嘵多口，冀萬一之用，……以一人之力欲弭濫觴而遏滔天，想造物者或未之許。」[一四]仍念念不忘國事。

五月二十一日致友人函，有云：「頗聞諸公有欲弟復還者，但弟無他方略，方略在初時三疏中，設議致行之便可。了當此事，即弟在江湖亦可；若不用弟言，雖百身來無益也。諸公今日不宜虚言用弟，只宜將弟之三疏反覆講究果可用否？……弟故以爲先當論其言而後用其人。」又云：「日來病困逾劇，歸楫已備，擬即日南行。」[一五]

此頃，吏部奏請起公襄理軍務，奉旨回京。六月五日自天津「輿疾就道」，七日到京，十五日陛見[八]，並遞呈《謹申一得以保萬全疏》。略謂「昔年諸疏，大都言戰勝守固，必藉強兵。欲得強兵。必須堅甲利器，實選實練」。「今欲求堪戰之兵，必悉用臣言，日夜營辦，遲之數月，然後可得。而寇在門庭，又不能待」。因建議在關以東堅壁清野，嬰城固守。關以西籌集砲火，招募精兵接濟。同時加強都城防禦。認爲「根本一固，敵必不敢深入重地」。並建議着光禄少卿李之藻取西洋大炮仿製，「鳩集工匠，多備材料，星速鼓鑄」。又「建立附城敵臺[一六]，以臺護銃，以銃護城，以城護民」。「多造火銃，如法建臺」。并言「此真國家萬世金湯之險」。「臣（公自稱）建此議，今已三年。近日同朝諸臣，如刑部侍郎鄒元標[一七]等數臣，力主臣説，其餘面相咨詢，皆以臣言爲是」。要求「決意行之」。

此頃，致户部尚書李汝華[一八]函，略謂「憂天有志，而匡時無術； 熟觀人情事勢，更難措意。……假令當事者擇善而從，一意綢繆，猶尚可爲。」又謂「翁臺在津，……速簡堅厚戰船，精料水兵，安設大炮，扼而殲諸海，方諸陸地，十倍其易。 昔人言『海戰無奇法，大舡勝小舡，大炮勝小炮而已』」。 又謂「津城之守，既無兵馬甲仗，亦止宜堅壁而以大炮禦之」。 又提出「金復四衛來歸之民，……設處一一中綮，真大功德。 ……但恐勢不可待，或先發少糧，以濟飢窘，徐安插之」之意見，要求考慮從速辦理[一九]。

時，已起用李之藻爲光禄寺少卿，管工部都水清吏司事。 六月頃，李氏奏言： 門人「張燾自厝資費，將〔前在澳門所購西〕銃運至江西廣信地方」，請飭兵部從速提取備用。 并謂「似茲火器，真所謂不餉之兵，不秣之馬」，可以「攻堅致遠」。 如「依法廣鑄，傳術九邊，每邊各有數門，漠南應無蹂跡」[二〇]。

六月二十日兵部尚書崔景榮[二一]上《制勝務須西銃，敬陳購募始末疏》，將徐光啓、李之藻、張燾等前此購募西銃經過陳述。 並謂「少詹事徐光啓疏請建立敵臺，其法亦自西洋傳來。 一臺之設，可當數萬之兵。 尚書黄克纘[二二]、侍郎鄒元標各娓娓言之，實有灼見，急宜舉行。 ……宜行工部詳議而行」[二三]。

遼陽之役，座師張五典之子張銓壯烈犧牲[二四]。 此頃，《復張座師函》，有云： 「遼陽之事，節節失圖，不意破壞之日，致我長公（張銓）遂爲今日張、許。」[一二五]「遼陽義烈最著者，無若長公，固可格天人而成底定之績」。又謂「位宇（袁應泰）中丞，亦非剛愎自恣者，在闕之日，累書相聞。其於鄙言，傾心憑信，而度遼行事，一一相反，殆亦不勝衆咻耳」。又慨歎「戰守之畫，經營方寸者數十年，非無千慮之一，其如不用何」[一二六]云云。

六月二十八日連上《申明初意，録呈原疏疏》、《臺銃事宜疏》兩疏。前疏除録呈萬曆四十七年五月三日及其後連接所上三疏外，有云：前「見遼東三路敗衂，失亡甚多。……不勝感憤。尤可惜者，驅邊腹之民而盡斃之，……尤可憂者，盡中外之火器而盡予之。」「然此時如臣（公自稱）所計，精兵只須二三萬，役不過二三歲，大略費五六百萬，可以竣事」。「不圖言之曉曉，一不見信，諸凡區畫，未免拘泥常格，因循積弊。終於棄置堅城，糊塗浪戰」。「即今再行調發召募，以備應援圖恢復，亦須細細商求」。「四年以來，非無良將也，兵不精，器不利。……非無勁卒也，不選、不練，無器、無法。……非無厚餉也，人多而粟少，金賤而物貴。……今求必勝之兵，必將悉反前轍而後可。臣嘗言養兵之要有三：曰少、曰飽、曰好。惟其少，所以飽也；惟其飽，所以好也；惟其好，所以少也」。因具體提出有關選練、餉給、器甲等標準。并特别指出「保密」之必要，謂「如臣此等章奏，俱不應發鈔。而報房無知，往往竊謄傳播。大都今日兵機要務，言出口而敵先聞矣。使得因我備以備我，用我謀以謀我，皆不可之大者」。「乞勑下所司：一切本揭關係兵事者，着實嚴禁，不得妄行鈔傳，違者以漏泄論罪」。後疏略謂「急造臺銃爲城守第一要務」。但「非常之原，必須大破常格，盡除宿弊而後可」。「差之毫釐，通歸無用」。「故造臺之人，不止兼取才守，必須精通度數。如寺臣李之藻儘堪辦此。故當釋去别差，專董其事」。「然此法傳自西國，……千聞不如一見，巧者不如習者，則之藻所稱陪臣畢方濟[二七]、陽瑪諾等尚在内地，且攜有圖説。臣於去年一面遣人取銃，一面差人訪求。今宜速令……訪求前來」。「至若興造，……所費亦鉅，但此事所關久遠重大，不宜節省，只求核實」。并附陳着手造臺之具體規劃。

據耶穌會一六二一年報告，在江南匿居的畢方濟神父，年前潛入北京，住在徐光啓官寓中，協辦事務。本年，徐光啓上疏，試圖偕畢方濟一起，赴朝鮮聯絡王室，協同禦虜，兼行開教。朝廷起初允准，徐光啓、畢方濟已經置備行裝，印刷利瑪竇《天主實義》等著作。「將行，朝臣獻議，以爲遣一閣老往，有妨朝政，宜遣他人行，其事遂寢。」（費賴之著、馮承鈞譯《在華耶穌會士列傳及書目・畢方濟》，中華書局，一九九五年，第一四三頁）

另據耶穌會一六二一年報告，陽瑪諾于當年到北京，匿居在城外别墅，「每八日赴都城一次，爲新入教之教徒舉行聖禮，並舉行彌撒」。（費賴之著、馮承鈞譯《在華耶穌會士列傳及書目・陽瑪諾》，中華書局，一九九五年，第一一一頁）

此頃，與鹿善繼函，有云：「光禄李我存丈一疏，乃當今萬勝之著。……今所急者，宜速遣一使，取廣中四銃。」又謂宜急遣人至廣東徵取教演及製造銃器人員，并購備若干精利兵器及盔甲等，其有關費用，擬請措撥。又謂陪臣陽瑪諾、畢方濟等，「若得訪求到來，并攜帶所有書籍圖説，不止考求講肄，商略製造，兼能調禦夷目，通達事情，因而成造利器，教練精卒，深於守禦進取，有所裨益矣，惟足下留神圖之」[二八]云云。

工部尚書王佐貽函表示支持公之製造軍火器械議[二九]，公因函李之藻述其事，有云：「此功成，真國家千萬年苞桑之固，惟兄(之藻)知此言『大』而非『誇』。」又論述「用財」事，謂「用之而當，雖泰實省」。「有實用，須數倍工價不足惜；無實用者，雖毫釐亦妄費」。「今日之害，只是拘泥常格，因循積弊。不除此二端，雖空竭帑藏，終無實用，終無戰勝守固之理」。主張「一切修造，大應集思詳議」，注意「試驗」、「如法」、「有佳樣」、「擇善而從」。并謂戰車不能「但取輕便」，亦宜兼用「甚堅甚重」者。又指出「遊行出地之火，時有焚燒，非天災」，破除當時迷信説法。

太監魏忠賢[三〇]矯旨殺司禮太監王安[三一]，漸結黨羽攬權亂政。

七月一日有旨下吏部稱「所奏練兵除器甚悉。徐光啓着仍議委任，以畢其用」[三二]。時，公持論與兵部尚書崔景榮意見不合[三三]，御史郭如楚[三四]、丘兆麟[三五]，均曾奏請勿另議委任。

同日，上疏，略謂：「頃臺臣郭如楚論事及臣……慮臣之復用，……臣自知自量，則身非可用，而言或可用，……使能者爲之足矣。何必臣自爲之乎？且欲畢臣言之用，必非臣一人所能辦。」因請只「令就今職，事與同朝諸臣悉必論議，務臻實效，不必另議委任」。又建議「今日又可北連江夷，西撫礦民，爲恢復之計，如此之類，臣自請行，亦不避難」[三六]。

四日上疏，略謂：「奉旨回京，此時但知封疆之急，君父之命，計不旋踵，實無暇顧慮前後，是敢冒昧趨朝。」「昨臺臣丘兆麟核定去留之疏，議及於臣」。自維「昔率然而來，猝不暇思。今提醒而去，尚猶可及」[三七]。六日批覆：「徐光啓召還議用，不得以人言自阻。」

此頃，《與周子儀[三八]給諫》函，說明不同意所言「調川貴士兵十萬，可以滅奴」之意見[三九]。越月，又與周氏函，指出「有言南太僕牧地十萬頃，可變價濟邊」之誤。謂「蘇松二府賦最多，爲田只十五萬頃耳。此云空閑地土如二府者四〔倍〕，今安在？」認爲「若必行此，恐重爲東南之累而於事必無所濟」[三九]。

復臨縣尹諸葛昇[四〇]函。頗推重其「邊才」。但認爲「遼事尚未可爲，未敢深相推轂」。並自言「致茲〔進退〕維谷，亦甘之矣」。「政須小遲以觀勢」[四一]。

《與胡季仍[四二]比部》函，略謂「吾言之不行如故，……非久復將歸」。「方今事勢，實須真才；真才必須實學。一切用世之事，深宜究心，而兵事尤亟。務須好學深思，心知其意，久久當自得之。若急而究圖，雖高才博覽，未易窺其閫奥」[三九]。

七月二十四日，熊廷弼任兵部尚書兼右都御史，駐紮山海關，經略遼東軍務。

八月頃，致楊廷筠函，有云：此次被「復召，宜有發攄。而弟所言者，止於造臺備銃，防禦都城一事，頗爲知己所訝。或言『傷弓之鳥，假此塞責』。非敢然也。或言『關以外，當事者自有成畫，不宜有言，慮成撓阻』。此則是矣，而實未盡當。今時務獨有火器爲第一義。所欲繕完都城者，先固本而後及其枝葉。根本既固，人心帖然。醜虜聞之，絶意深入，乃可漸向外間作用，且戰且守，直達奴巢。……醫家急則治標，緩則治本。今急而治本者，爲既有治標之人；抑彼肯用吾方，亦何難並治。」[四三]

九月頃，致王佐函，報知「昨被敕旨，已鳩工造一〔臺銃〕小式，明晨呈覽」。約請「便與李〔之藻〕太僕估計工料」，並定期「沿城踏勘」[四四]。

此頃，致茅元儀函，以「實學相期許」[四五]。茅氏深受感動，遂「自信欲實効之於宗社」[四六]。

擬上《略陳臺銃事宜并申愚見疏》，認爲「今日之戰守而無大小銃砲，猶空手遇虎狼也。有銃而無臺，無堅甲利兵，猶手太阿之劍而無柄也。數者皆備而不能深求施用之法，合戰之權，是有劍而不知刺劍之術也。若置銃於城之外以守，驅不教之民而挾銃以戰，是又倒持太阿，以柄授人也」。指出「遼左再敗之後，賊則昔無今有，有而且多； 我則昔多今少，少而且劣。我雖舊用，用之甚拙； 賊雖創有，用之甚工」。敵我對比，巧拙懸殊。又言「西銃一節，取器取人，臣等實爲始事。若不盡如臣法，寧可置之不用； 後有得用之時。若但知慕用之而不講求其所以用； 萬一僨事，至於不可救藥。」因請「發帑金」、「定數目，概發工部應用，成就此〔造臺銃〕功」[二]。時，工部以「經費無出」，公亦以被言請告，疏成而未上，而費盡心力經營之臺銃抗敵計劃，「事乃中止」。「有識者不能不痛恨於阻議之臣」[四七]。

以病辭職，「復寓津門，部署墾闢水田諸事而歸」[四八]。

十月二十二日爲《陽明先生[四九]批武經》[五〇]撰序。是書係茅坤得自胡宗憲帳下，茅氏後人擬刊行，介公門人孫元化，請序於公。序文有云：是書「丹鉛尚新，語多妙悟」。「余視陽明先生之手澤，宛然而慚，碌碌靡所樹。奇分不當先生功臣，第竊喜正合奇勝險依阻截諸書，實用固彰彰不誣。」「或可借籌遼者之一箸。」[五一]

本年，門人孫元化受徐光啓影響，受洗加入天主教。徐宗澤《中國天主教傳教史概論》：「江蘇嘉定孫元化是徐文定公的門人，由徐公被化，在一六二一年，在北京領洗入教。不久南歸，至杭州訪楊廷筠，遇見郭居静公，因請他到嘉定開教。郭公應請，就同魯德昭到嘉定。孫公乃爲之購地建堂，時在一六二二年。據民國《嘉定縣續志》，堂建於城内，拱四圖。」（土山灣印書館，一九三八年，第三一〇頁）

嘉定開教，一説是在一六二〇年。「一六一六年，仇教之事起，居静深居簡出。一六二〇年，又闢新教區於嘉定，進士納爵之故鄉也。納爵入教未久，曾建築房屋一所，内設禮拜堂，並附設學校一處。其地甚幽静，有園林魚塘，於奉教、講學皆宜。費奇規神甫即在其中爲鄧玉函、傅泛際二神甫授華語。講學之暇，兼事傳教，時受洗者有六十人。」（費賴之《在華耶穌會士列傳及書目・郭居静》引金尼閣一六二一年報告）

本年，耶穌會士鄧玉函來華，到達澳門，隨即來嘉定學習中文。後又轉移杭州，和李之藻合作，翻譯《泰西人身説概》。同時，按徐光啓的佈置，鄧玉函準備隨時晉京，參與修曆。（參見費賴之著、馮承鈞譯《在華耶穌會士列傳及書目・鄧玉函》，中華書局，一九九五年）

本年，紅衣主教貝拉敏神父《致徐光啓並中國教徒書》在羅馬耶穌會總部刊印之年度報告（Lettres annuelles）上公布。受金尼閣神父回歐洲宣傳介紹利瑪竇傳教成就的鼓舞，羅馬、巴黎等地出現貝拉敏主教致中國徐光啓書（參見費賴之《在華耶穌會士列傳及書目・金尼閣》，中華書局，一九九五年，第一二〇頁）。貝拉敏（Roberto Rrancesco Romolo

Bellarmin，一五四二——一六二一），意大利人，一五六〇年加入耶穌會，一五九九年升任紅衣主教，一九三〇年受封爲聖徒。貝拉敏早年在羅馬、魯汶學習研究神學，後被教廷任命爲羅馬學院神學教授，著有大量神學著作，爲十六世紀教廷神學權威。一六一六年，貝拉敏負責宗教裁判所伽利略案件的審理。生前關心耶穌會在華傳教事務，死後葬在羅馬聖依納爵教堂。

李之藻外調至廣東任左參政[五二]。

附注

[一] 見所上《簡兵將竣遘疾乞休疏》。

[二] 原疏見《庖言》。

[三] 據自述：前往昌平州簡兵，係在陰曆庚申年十二月十九日。上疏報告竣事，在翌年正月二十一日。見《簡兵事竣疏》。

[四] 見《家譜》所載「履歷」。

[五] 見《謹陳任内事理疏》。其中有云：「不幸膺狗馬之疾，累疏請告。今年（辛酉）二月十一日（即三月三日）奉旨……准回籍調理。」

［六］見《行述》。

［七］此項，致親家某函（舊題《壎吹蘿附帖》），有云：「閏月出都，暫駐津門，擬在望前後解維行。」按：所云「閏月」，係是年陰曆閏二月。所云「望」，當係陰曆四月十五日。

［八］見《謹申一得以保萬全疏》。

［九］張銓謚忠烈。

［一〇］指高出。時，高氏任西平堡監軍。按：高出，字孩之，山東萊陽人，萬曆二十六年進士。事跡見《明詩綜》。

［一一］信地，當即「汛地」。分派信地猶言分防駐守。

［一二］意指藉戰逃生者。

［一三］原題《與李我存太僕》，見《庖言》。

［一四］原題《壎吹蘿附帖》，見《式古堂書畫彙考》書之部。

［一五］原函現藏故宫博物館，亦收載於《徐光啓手跡》。末署「四月朔日」，未詳何年。以函中所述「言不見聽」，因病告休，即將「南行」及其月日忖之，知當在是年。

［一六］臺，相當於今稱「炮臺」。公疏中謂此臺「與薊鎮諸臺不同，蓋其法即西洋諸國所謂銃城」云。

［一七］鄒元標，字爾瞻，號南皋，江西吉水人，萬曆五年進士。事跡見《明史》。

［一八］李汝華，字茂夫，一字桂亭，河南睢州人，萬曆八年進士。事跡見《明史》。

［一一九］原題《與大司徒李孟白》。按：　時李汝華方官户部尚書，故稱「大司徒」。其字「茂夫」，見《明史》。字「桂亭」，見《河南通志》。惟罕稱其號「孟白」。今以其時、其職、其事勘之，李孟白當即李汝華無疑。

［一二〇］李氏原疏見《明經世文編》。

［一二一］崔景榮，字自強，河北長垣人，萬曆十一年進士。事跡見《明史》。

［一二二］黄克纘，字紹夫，福建晉江人，萬曆八年進士。事跡見《明史》。

［一二三］原疏見《神廟留中奏疏彙要》。

［一二四］遼陽被圍時，袁應泰以張銓無守土責，令其退。銓誓死同守。及城破，滿洲帥聞其名，慰以好言不降，脅以刀斧不懼，慷慨自殺，滿營均驚歎其忠烈。事詳《明史》。

［一二五］張指張巡，許指許遠，兩人在唐天寶末，合兵守睢陽，城陷，壯烈犧牲，事見《唐書》及韓愈《張中丞傳後敍》。

［一二六］原題《復大司馬張座師》。見《庖言》。

［一二七］畢方濟，字今梁，原名 Franciscus Sambiasi，意大利人。公元一六一〇年抵澳門，越三年入北京。一六四九年卒。

［一二八］原函見《江村筒寄》。一九六三年版《新集》收在「補遺」部分，并注稱此簡寫期，「大概就在天啓元年（陰曆）四月末或五月初」。

［一二九］王佐，字翼卿，號泰蒙，浙江鄞縣人，萬曆十一年進士。事跡見《明史稿》。按：　王佐函未見。

據《與李我存太僕》函，有「讀泰蒙公手札」語。（所云「泰蒙公」，即王佐。）

〔三〇〕魏忠賢，原名進忠，河北肅寧人，少無賴，自宫入宫爲太監。事跡見《明史》。

〔三一〕王安，河北雄縣人。太監。事跡見《明史》。

〔三二〕見《仰承恩命量力知雜疏》。原疏載《庖言》。

〔三三〕《明史》云：「還朝……方議用，而光啓與兵部尚書崔景榮議不合，御史丘兆麟劾之」。所云「議不合」，未詳所議何事。

〔三四〕郭如楚，福建晉江人，萬曆三十五年進士。見《題名碑録》，事跡未詳。

〔三五〕丘兆麟，字毛伯，江西臨川人，萬曆三十五年進士。事跡見《明詩綜》。

〔三六〕原題《仰承恩命量力知難疏》。

〔三七〕原題《服官非分疏》。見《庖言》。

〔三八〕周子儀生平未詳。

〔三九〕原函見《庖言》。

〔四〇〕諸葛昇，字澹明，浙江壽昌人。事跡見《汾州府志》。據稱：諸葛氏係萬曆中選貢生，知臨縣及定遠縣，留心水利，多惠政。按：《農政全書》選録其《墾田十議》并加以批注，多所推許。

〔四一〕原題《復臨縣尹諸葛澹明》。見《庖言》。

〔四二〕胡季仍生平未詳。《家書墨跡》第十四通曾提及其人，疑係上海人，或曾居住，曾任職於上海。

［四三］原題《與楊淇園京兆》。見《卮言》。按：原題所稱「京兆」，蓋指其任「少京兆」即「順天府丞」言。惟楊氏原係任光禄寺少卿，至天啓四年五月二十九日始任府丞（見《國榷》）。此函標題所題職銜，可能是後來補題。近人撰《楊淇園年譜》，據此，謂楊氏在是年任少京兆，誤矣。

［四四］原題《與王泰蒙大司空》。見《卮言》。

［四五］原函已佚。據茅元儀《寄徐玄扈詹事書五》（見《石民四十集》）有「自辛酉歲蒙閣下實學之褒」云云，蓋當有是函，惟未詳其月日，姑繫於此。

［四六］茅元儀函語，見《石民四十集》。

［四七］所上《醜虜暫東綢繆宜亟謹述初言以備戰守疏》語。

［四八］見《年譜》，原文作「九月請告」。惟《家譜》載公七十歲所填之履歷則作「八月請告回籍」。其請告（辭職）期，一云「九月」，一云「八月」，似應以履歷所填爲確。但回籍期當稍後，有如《年譜》所記，先寓津門，部署事竣然後歸。

［四九］指王守仁。

［五〇］按：王守仁手批《武經》，係茅震東刻本，流傳極罕。《明史・藝文志》及諸家書目，均未見著録。

［五一］見民國版《舊集》。

［五二］按：李之藻任廣東左參政，史傳多不載，惟見於《廣東通志・職官表》，并記其始任期在天啓

元年。

公元一六二二年(天啓二年·壬戌)　六十一歲

此頃，在籍家居，致書謫宦廣東之李之藻[一]，有云：「東事之殷，弟於人情事勢，稍稍知有今日。弟之既去，亦知翁丈之必有今日。」「吾輩所志、所言、所事，要可俟諸天下後世而已，他勿論矣。」[二]

本年，鄧玉函在嘉定，和徐光啓、孫元化有非常深入之晤談。四月二十二日，鄧玉函從嘉定發出長函，致羅馬教宗御前植物學家法倍爾(Faber)。此函再次敦請法倍爾幫助，轉請伽利略用他贊成的「日心説」理論，參與由徐光啓倡議、將在北京開展的明廷修曆工作，並預祝欽天監用伽利略理論推算日、月蝕的方法成功：「我誠懇祝禱他新法推算日、月蝕的成功。日蝕尤爲重要，我們在中國修曆，對日蝕的推算，最感需要，因靠修曆名義，便不致被驅逐出境。」(方豪《中國天主教史人物傳·鄧玉函》，中華書局影印本，一九八八年)鄧玉函來華前，曾傾向于在中國修曆中採納伽利略的「日心説」理論，一六一六年五月十八日的日記中曾記録：「我希望在啓程赴中國之前，伽利略能告訴我推測日月蝕的新方法。因爲他的方法，比第谷的方法爲精。」一六一六年八月，鄧玉函、金尼閣在慕尼克會見主張改良傳統天文學的科學家開普勒（Kepler），商量在中國推行天文新法。一六一八年三月三十一日，鄧玉函在葡萄牙致函法倍爾，請求收集伽利略著作，帶去中國。一六二一年八月二十六日，鄧玉函在杭州又致書法倍爾，請求伽利略的幫助：「如能寄來他關於日月的理論，不必附圖，對於中國社會必有莫大貢獻。」（均同上）不知何故，伽利略一直沒有回覆老朋友鄧玉函的請求，而後來鄧玉函終於在修曆實踐中放棄了「日心說」理論，回到「第谷體系」。鄧玉函曾是伽利略的學術盟友，加入耶穌會後仍持有進步的天文學理論，或者是能夠調解伽利略新學說和天主教會正統理論的最佳人士。鄧玉函離開羅馬，缺席宗教裁判所的旁證，是新學陣營的一個損失。同樣，他最終沒有得到伽利略的支持，也是明朝修曆事業的大缺憾。

是春，主東北邊防者爲熊廷弼、王化貞[三]。二人意見不協，王氏時任廣寧巡撫，其防地猝爲滿洲兵所乘，三月二日失西平堡，翌日廣寧兵潰，王氏棄城走，與熊氏會合，同入關。關外四十餘城隨之陷。

致廣東布致使吳中偉函，略謂「三年以來，屢進屢退，出入春明之門者數矣」。「東方之役，制閫者委棄芻蕘，……以百萬生靈，數千萬金錢，嫁送全遼」。此後，「川黔之事，必致紛紜。三楚越西，恐非無事之國。固圉長策，尚煩清慮。近聞紅毛[四]聚衆，欲劫取濠鏡[五]。若此夷得志，是東粤百年之患，亦恐禍不僅在越東也」[六]。

年前，荷蘭人侵佔臺灣地，築室耕田，久留不去。國人呼爲「紅毛夷」。繼又據澎湖列島，犯漳州、海澄、廈門等地，官軍屢却之[七]。此頃，有窺取澳門消息，公頗以爲憂[八]。

是夏，接茅元儀函，有云：「語有之，天生一代之才，自足供一代之用，於今而知其不然也。」「方今之局，正在一庸。……雄則實，庸則虚。」「元儀於縱横短長之學，俱所不習。其受知於先生（指公）者，以所區區講問之業，不敢爲其虚者耳。……欲使之不教戰，不治器，不重諜，不申賞罰而能得一簇之利，儀實不能」[九]云云。公覆函，語頗懇切[一〇]。

六月二十五日媳顧氏卒，年四十三[一一]。

鄒元標自萬曆初年以言事罷歸，講學垂三十年。泰昌年頃，起刑部侍郎，繼爲左部御史。對公建議諸策，多贊同。與馮從吾[一二]等建首善書院於京師[一三]，業餘講學其中。十一月頃，被劾「以講學爲門户」，罷官回籍。書院圖書設備悉被毁，只存院舍。後此，公借用該院舍爲曆局，進行修曆工作[一四]。

本年，徐光啓乘回滬之際，邀請畢方濟從北京來上海居住，畢方濟在松江府城開教。「方濟有時至松江，爲一家九十人授洗，同時有秀才二十五人入教。數月後，又爲八十九人授洗，已而在附近一小村中爲十二人授洗。」（費賴之著、馮承鈞譯《在華耶穌會士列傳

及書目·畢方濟》，中華書局，一九九五年，第一四四頁）

是年，王徵成進士。

張國維成進士。

方岳貢[一五]成進士。

附注

[一] 據《廣東通志·職官表》：李之藻在天啓元年任左參政。公函所云「翁丈之必有今日」，疑指此。

[二] 原題《與李我存太僕》。見《庖言》。

[三] 王化貞，山東諸城人，萬曆四十一年進士。事跡附見《明史·熊廷弼傳》。

[四] 指荷蘭。據《明史·外國傳》：「和（荷）蘭，又名紅毛番，……其人深目，長鼻，髮、眉、鬚皆赤。」

[五] 濠鏡，亦稱濠鏡澳，即今澳門。萬曆年間在此設濠鏡澳關。

[六] 原題《與吴生白方伯》。見《庖言》。

[七] 見《明史·外國傳》。

[八] 見《與吴生白方伯函》。原文「在粵東也」句之「粵」字作「越」。

[九] 原題《與徐玄扈詹事書三》，見《石民四十集》。

[一〇] 原函已佚。茅元儀《與徐玄扈詹事書四》提及「在壬戌之夏……伏承劄教勤懇，倍切銘鐫」語，

知此頃公曾復茅氏函。

[一一] 參見《龍與府君及顧孺人行實》。

[一二] 馮從吾，字仲好，號少墟，陝西長安人，萬曆十七年進士。事跡見《明史》。

[一三] 首善書院在宣武門内，鄒元標等講學其中，一時士風爲之稍振。魏忠賢用事，構陷東林黨人，依附者奏請毁天下書院，因被波及。壁有葉向高文，董其昌書，並碎焉。後此徐光啓請改爲曆局。見《天府廣記》卷三。

[一四] 設曆局事在崇禎二年十一月六日，見後。

[一五] 方岳貢，字四長，號禹修，湖北穀城人。事跡見《明史》。按：後此《農政全書》之刊行，方氏曾先後兩次序之。

公元一六二三年（天啓三年·癸亥）　六十二歲

此頃，將「自〔在〕『宮坊』以至『端闈』」[一]任職時所上奏疏稿，輯爲《端闈奏草》[二]。

鹿善繼參孫承宗幕，隨孫氏督師榆關。此頃，鹿氏答茅元儀函，有「曾於徐老師[三]口中聞足下名」，「足下天下才也」等語[四]時，作爲青年作家、軍事學家、倡導屯墾者之茅元儀，每爲公所獎掖，故鹿氏函特提及之。

三月，羅如望去世，葬杭州大方井墓地。一六〇三年，羅如望在南京爲徐光啓授洗。一六一六年「南京教難」，羅如望先在江西建昌、福建漳州躲匿，後來上海、嘉定投靠徐光啓及其家族。一六二二年，與徐光啓起草辯教疏文，上書請求取消教禁。羅如望去世後，「光啓聞訃，全家持服，如遭父喪」（費賴之著、馮承鈞譯《在華耶穌會士列傳及書目·羅如望》，中華書局，一九九五年，第七二頁）。

是夏，西洋人艾儒略[五]撰《西學凡》，述當時歐洲大學文、理、醫、法、教、道等六科之課程綱要。楊廷筠爲之序。序中提及當時「六科經籍約略七千餘部，業已航海而來，且在在可譯。」希望「假我十年，集同志數十手，衆共成之」。

此頃，李之藻罷官回籍，「結廬湖上」，與西洋人傅汎際[六]從事譯述工作[七]。楊廷筠與艾儒略因利瑪竇、龐迪我舊稿，更取艾氏「西來所攜手輯方域梗概，增補成《職方外紀》」。九月頃，艾氏及李之藻各爲之序。李氏序並提及「吾欲引伸其説，作諸國山川經緯度數圖十卷，風俗政教、武衞、物産、技藝又十卷，而後可以當職方之一鏡」[八]。

是年，《大秦景教碑》在西安出土。此碑建立於唐建中二年（七八一），埋入土中歷七百餘年，至是，始發現。爲西方宗教東傳史上之重要文獻。

《大唐景教流行中國碑》，發現于西安府盩厔縣。《景教碑》之發現年代，有「天啓三年」和「天啓五年」兩説。陽瑪諾《景教流行中國碑頌正詮》(一六四一)「大明天啓三年，關中官命啓土，於敗牆基下獲之」，則以爲發現於一六二三年。李之藻《讀景教碑書後》、魯德昭《大中國史》、傅徐光啓撰《鐵十字著》，均説是「天啓五年」，爲一六二五年。徐宗澤《中國天主教傳教史概論》有所考辯，而目前學者多持「天啓五年」説。

附注

[一] 語見《集引》。按：所云「宫坊」，指春坊官。萬曆四十五年春，公任左春坊左贊善。所云「端闈」，指詹事官，萬曆四十七年公任少詹事，天啓元年秋，辭職歸家。

[二] 《行述》、《集引》、《家譜・翰墨考》并著録，但不詳其輯成年月，今次於此。按：此書稿至清順治十五年尚存。其時，徐爾默撰有《題端闈奏草》，謂尚「獨存此册，楮墨猶新」。

[三] 公係鹿氏座師，故稱「徐老師」。

[四] 原題《答茅止生書》，見《認真草》。

[五] 艾儒略，字思及，原名 Julius Aleni，意大利人。公元一六一三年來華，一六四九年卒。

[六] 傅汎際，字體齋，原名 Franciscus Furtado，葡萄牙人。公元一六二〇年來華，一六五三年卒。

[七] 李之藻《譯寰有詮序》：「余自癸亥歸田，即從修士傅公汎際結廬湖上(西湖)，……矢佐繙繹。」

[八] 按：李之藻提及擬作爲「職方之一鏡」之二十卷書，前一部分係世界自然地理，後一部分係世界

人文地理。惜未成書。

公元一六二四年（天啓四年・甲子）　六十三歲

舊同年魏廣微「以文字語言，因懷忮害」[一]，向與公「不協」。此頃，魏氏黨附魏忠賢升任東閣大學士，禮部尚書，繼又改吏部尚書，加少保，兼太子太傅。爲籠絡人材計，謀起用公，二月三日有旨任爲禮部右侍郎兼翰林院侍讀學士，協理詹事府事，纂修神宗實録副總裁[二]，并行文至上海縣催請到任[三]。公「以逆焰方張，落落無出山志」[四]，不就職。

此頃，接周之訓[五]函，提及督學任内經過。公覆函有云：「一載賢勞，今兹竣事，必多得真才爲它日羽儀楨幹矣。執法不撓，剗除宿弊，自是當官本領。即有危機，非所宜避也。況公道在人，終古不泯。從來真清執者，何嘗不信於當世耶？黨與二字，耗盡士大夫精神財力，而於國計民生，毫無干涉，且以裕蠹所爲，思之痛心，望之却步。今日中外事事可虞，杞人之慮，蓋非一端。若皆以養癰爲得計，其如一朝之患何哉？真僞之説，最爲切至。然特患未真耳，果真者必有用；不於吾身，當於後之人。豈有治病不須藥石者乎？今日而欲爲不祥之金，誠所不敢；然言及之而緘口，事後當成敗，明知其然而謬謂不然，隨人姸媸，以鴆毒爲利病，以此階榮梯貴，懼兩失之，則惟有語默，隨時聽天任運，不可，即奉身退耳。足下以爲何如？」[六]語頗剴切沈痛。所云：「即有危機，非所宜避」，後此周氏慷慨殉難[七]，不愧其座師[八]此言。

七月十五日左副都御史楊漣[九]劾魏忠賢二十四大罪。左光斗[一〇]、魏大中[一一]、周順昌[一二]等相繼攻魏氏罪。均爲所銜，誣陷死。

此頃，爲張銓撰傳[一三]，自謂「拙筆而兼以病軀」，於其「精忠大節，不能摹其萬一」，「姑待異日」再定稿[一四]。

張銓子張道濬[一五]，年少習兵，以父蔭官錦衣衛指揮僉事。去年九月頃，疏請出使朝鮮[一四]，曾録其疏稿函告。此頃，公復函，稱其「意識不凡」。又謂昔年所志，「獨有澄江冷月，差堪語此，得足下而三之」[一六]。

筆録畢方濟口授，成《靈言蠡勺》[一七]，八月頃付刻。其書係以唯心主義之宗教觀點，論述所謂「靈性」，「總歸於令人認己」[一八]。

《靈言蠡勺》慎修堂重刻本署：「泰西畢方濟口授，吴淞徐光啓筆録。」天啓四年(一六二四)刻印，曾收入李之藻《天學初函》。《四庫全書》未收録此書，僅在「子部雜家類存目二」敘録是書。一九一九年，新會陳垣據徐家匯藏書樓藏本重刊，有重刊序，並馬良重刊序。今有齊魯書社《四庫全書存目叢書》(一九九七)影印本。本書爲徐光啓參與翻譯的重要神學著作，介紹亞里斯多德《論靈魂》大意，原本爲葡萄牙科英布拉大學《亞里斯多德〈論靈魂〉》教材講義。

畢方濟《〈靈言蠡勺〉引》云：「亞尼瑪（譯言『靈魂』，亦言『靈性』）之學，于費禄蘇非亞（譯言「格物窮理之學」）中，爲最益，爲最尊。古有大學，榜其堂曰：『認己。』謂認己者，是世人百千萬種學問根宗，人人所當先務也。其所稱『認己』，何也？先識己亞尼瑪之尊、亞尼瑪之性也。若人常想亞尼瑪之能、亞尼瑪之美，必然明達世間萬事，如水流花謝，難可久戀。惟當罄心努力，以求天上永永常在之事。故格物窮理之君子，所以顯著其美妙者爲此。推而齊家、治國、平天下，凡爲人師牧者，尤宜習此亞尼瑪之學，借此理以爲齊治均平之術。」「古有大學，榜其堂曰『認己』」，即古希臘特爾斐(Delphi)阿波羅神廟上的銘文，原文爲「γνῶθι σεαυτόν」，英譯爲「Know thyself」，意爲「認識你自己」。此即西方哲學史上著名的「特爾斐神諭」(Delphi Oracle)，蘇格拉底曾用此神諭，表達他的哲學理念。《靈言蠡勺》爲明末最早系統介紹希臘哲學的著作之一。

《四庫全書總目提要》認定《靈言蠡勺》主旨「認己」，是從「釋氏覺性之説」敷衍而來，甚爲不喜，其曰：「明西洋人畢方濟撰，而徐光啓編録之。書成於天啓甲子，皆論亞尼瑪者，華言靈性也。凡四篇，一論亞尼瑪之體；二論亞尼瑪之能；三論亞尼瑪之尊；四論亞尼瑪所同美好之情，而總歸於敬事天主以求福。其實即釋氏覺性之説而巧爲敷衍耳。明之季年，心學盛行，西士慧黠，因摭佛經而變幻之，以投時好。其説驟行，蓋由於此，所謂物必先腐而後蟲生。非盡持論之巧也。」

友人呂克孝[一九]任工部郎中，司榷荆州。此頃，與以函，略謂「榷使於地方無與，而黔事[二〇]未定，荆楚實要地也。治兵使者，未有成畫，率意進取，今冬大舉，勢不能無挫衄。徵兵措餉，其難且十倍矣。固守，虜斷不至長驅。而事勢潰決，就近用人，恐不免煩年兄碩畫，幸豫計之」[二一]。時，貴州土司安邦彦[二二]等起兵屢敗官軍，公頗主安撫，聞官方將「大舉」進攻，頗操心，故函述其意見。

是年，簡述黄體仁事略，屬何三畏[二三]寫成《黄副憲穀城傳》[二四]。

是年頃，撰《先祖事略》、《先祖妣事略》、《先考事略》、《先妣事略》[二五]、《吴夫人事略》[二六]。

附注

［一］見《再瀝血誠辨明寃誣疏》。

［二］此所列舉職銜，係據《行述》。據稱：在「癸亥〔年〕即家拜」任，但未詳何月。《年譜》稱在癸亥年十月而未詳何日。《家譜》所載履歷稱在天啓三年十二月十七日。《國榷》稱在天啓三年十二月庚子（十五

日)。今依《國榷》所記,作「十二月庚子」,即陽曆翌年二月三日。

［三］見《家譜》轉載天啓四年正月十七日《付上海縣劄》。

［四］《行述》語。又,所上《再瀝血誠辨明寃誣疏》,有云:「魏廣微……秉政之日,數與人言,促臣赴任,而臣年餘不至。謂臣不入牢籠。」

［五］周之訓,字無逸,號日臺(亦作玉臺),湖北黄岡人,萬曆四十一年進士。事跡附見《明史·張秉文傳》。

［六］原題《復周無逸學憲》。見《庖言》。

［七］崇禎十一年冬,滿洲兵陷濟南。周之訓時爲副使。與妻劉氏同時自殺,全家殉之。

［八］周氏係癸丑科進士,公時任分考官,係其座師。

［九］楊漣,字文孺(亦作文如),號大洪,湖北應山人,萬曆三十五年進士。事跡見《明史》。

［一〇］左光斗,字遺直,號共之,安徽桐城人,萬曆三十五年進士。事跡見《明史》。

［一一］魏大中,字孔時,號廓園,原名廷鯁,浙江嘉善人,萬曆四十四年進士。事跡見《明史》。

［一二］周順昌,字景文,號蓼洲,江蘇吴人,萬曆四十一年進士。事跡見《明史》。

［一三］原文已佚。

［一四］見《復張深之司隸》函。

［一五］張道濬,字深之,張銓之子。事跡附見《明史·張銓傳》。

［一六］原題《復張深之司隸》。見《庖言》。

［一七］《四庫提要・雜家類存目》著録。《集引》著録作《靈言蠡測》。

［一八］畢方濟序語。

［一九］呂克孝，字公原，江蘇華亭人，萬曆二十五年舉人。事跡見《婁縣志》。按：呂氏與公同年鄉試中式。

［二〇］指當時在黔境與水西部族開衅事。見《明史紀事本末》卷六九。

［二一］原題《與呂公原比部》。見《庖言》。（時，呂氏官工部郎中，故稱「比部」。）原文「碩畫」二字作「石畫耶」。

［二二］安邦彦，苗族人。事跡見《明史・貴州土司傳》。

［二三］何三畏，字士抑，華亭人，萬曆十年舉人。事跡見《府志》。

［二四］此文見《雲間志略》。據稱：「宗伯徐公光啓尤敬信其師，詳述其行誼官箴，屬余受簡而爲之傳」云云，蓋根據公所述而成。成期未詳。張鼐爲《雲間志略》撰序，署「天啓甲子」；又，文中稱公爲「宗伯」，是其寫成當在公受「禮部右侍郎」命後，則亦當在「天啓甲子」。其時，公在籍，何氏亦久隱家園，可常相晤。

［二五］四篇事略，並見《家譜》及各版《舊集》。可能同時撰，但撰期未詳。考《先祖事略》文中，有「先宗伯生六年」語，所云「先宗伯」，指徐思誠。思誠追贈「宗伯」，應在公受「禮部右侍郎」命後。此頃，可能藉

家居之暇修家譜，因而撰此數文。

〔二六〕《卵徑》提及公曾撰此文。撰期未詳，姑次於此。

公元一六二五年（天啓五年・乙丑）　六十四歲

此頃，因宦官魏忠賢勢燄極張，故稱病在籍家居。致函在京友人王祚遠〔一〕，略謂：「田居似適，而疢疾不除」，「惟有杜門静攝，或無大患，可勿貽知己憂。」又謂：「昔己未之春，上言兵事。海外之行，舉朝伏闕以請，而特旨留用，此時已度有今日。」自歎「升沉出入，如殘燈吐燄，知其無益」，故「遲遲吾行，正欲坐而待之。生無媚人之骨，……籌邊之論，不能宛轉以從人」〔二〕。

三月頃，楊廷筠被劾罷職〔三〕，回籍「講學論道於湖山之下」〔四〕。

六月頃，爲許樂善〔五〕《適志齋稿》〔六〕撰序。略謂：「詩以言乎志也，惟文亦然。志有苞塞而不喻，則必託諸言以自見。言人人殊，歸之乎志。志亦人人殊，要之乎適。……後世之絺章繪句，以殉時好，反爲辭所掩。」又謂「惺初許公……詩與文各如其志之所欲言」，「大都言簡意足，能以真率少許勝人多多許。」

魏忠賢黨羽，以公久不赴任，「不入牢籠」〔七〕，促使試任御史智鋌〔八〕具疏論劾，追究「練兵一事，孟浪無對」。指斥其招選、教習、清勾等工作均不當，並控以「代庖越俎」，「依牆靠壁」，「騙官盜餉」等罪名。六月二十七日降旨免公禮部右侍郎等職[九]。

此頃，撰《疏辯》，針對智鋌指摘練兵事，據實聲辯[一〇]。惟以當時閹黨勢正盛，自知辯之無益，擱置未上[一一]。

天啓五年五月二十三日，貴州道試御史智鋌上疏，內指責徐光啓「騙官盜餉」。徐光啓在《疏辯》中抗議：「同年同資委亞卿者十一人，六在職前，四在職後，而升轉之期，職居十一人之末，所騙何官乎？」「盜餉一言綦重矣，可虛指耶？職兩年之內亦賠費己資三四百金，一時同事能言之，其不在事者聞之不信也。」

《與李君敍[一二]柱史》函，自謂「生平志在静退，獨言兵一事，去安就危，而且爲越俎，爲躍冶」。「實出一時効命之試，不能自禁，且至於今無行吾言者；亦未有舍吾言而功見事立者，乃愈信此時此言之不可已也」。智鋌「料疏中多不必辯，獨有一二語，不辯不明，一道破又當豁然」[一三]。

九月二十七日前督師熊廷弼被殺害。

是年，李之藻、傅汎際合譯《寰有詮》，已「削稿」[一四]。其書「論四行天體諸義，皆有形聲可晰」[一五]。蓋依宗教立説之「宇宙論」也。

本年，徐光啓獲見《大唐景教流行中國碑》碑文拓片。陽瑪諾《景教流行中國碑頌正詮》：「岐陽張公賡虞搨得一紙，讀竟踴躍，即遺同志我存李公之藻，云長安掘地所得，名景教流行中國碑頌，殆與西學弗異乎？李公披勘，良然，色喜曰：今而後，中土弗得咎聖教來何暮矣。古先英辟顯輔，朝野共欽，昭燭特甚，尚奚有今之人也。繼而玄扈徐公光啓，愛其載道之文，並愛其紀文字畫，復鐫金石，楷摹千古。」

本年，撰《明文簡公像贊》，署「年眷弟徐光啓拜題」，收録於《陸墅周氏宗譜》（上海圖書館藏刻本）卷二。文簡，周炳謨謚號。周炳謨，江蘇無錫人，字仲覲，爲徐光啓同榜進士，曾爲利瑪竇《畸人十篇》作序，天啓五年（一六二五）年卒。《文簡公像贊》不署年月，惟應是炳謨去世不久所作，故繫於本年。

附注

［一］王祚遠，字無近，江蘇句容人，萬曆四十一年進士。事跡見《江寧府志》。

［二］原題《與王無近端尹》，見《庖言》。

［三］見《國榷》。按：《國榷》記楊廷筠被南京給事中楊朝棟所劾罷之日期爲「二月辛卯」即三月二十日。《楊淇園年譜》稱楊氏在天啓四年秋「自少京兆致仕歸」，蓋誤。又《國榷》稱楊氏時任「應天府丞」，亦

誤。因前一年（天啓四年）四月丙申，《國榷》已記其就任順天府丞，且既稱爲「少京兆」，則顯係「順天」而非「應天」矣。

［四］陳繼儒《祭楊侍御文》語，見《白石樵真稿》。

［五］許樂善，字修之，號惺初，江蘇華亭人，隆慶五年進士。事跡見《府志》。

［六］係許氏詩文集。該集除公序外，尚有錢龍錫序、錢希言序。

［七］所上《再瀝血誠辨明寃誣疏》語。

［八］智鋌，河北元氏人，萬曆三十七年舉人。因附魏忠賢由知縣擢升御史。事跡附見《明史·曹欽程傳》。

［九］見《國榷》。

［一〇］見光緒版《舊集》。

［一一］據公《與李君敍柱史》函有「〔智鋌〕糾疏……一道破，又當豁然。其在別楮，與知己者共之」語，知當時公雖曾撰《疏辯》，但只是署稿於「別楮」，「與知己者共」，未曾上達。崇禎二年所上《再瀝血誠辨明寃誣疏》有「鋌所誣臣者……臣又未嘗一言自理」語可證。

［一二］李君敍生平未詳。疑即李九官。李九官，山東萊蕪人，萬曆三十五年進士。天啓年間任浙江巡按御史。見《山東通志》。

［一三］原函見《庖言》。

〔一四〕李之藻之孫李次虨《名理探序》：「先大父（指李之藻）……癸亥廬居靈竺，迺延體齋傅先生譯《寰有詮》，兩載削稿。」按：由癸亥至是年（乙丑），恰符「兩載」，惟未詳何月耳。又按：是書削稿後，至崇禎元年，李之藻序而刊之。

〔一五〕李次虨《名理探序》語。

公元一六二六年（天啓六年·丙寅）六十五歲

二月下旬，滿洲五六萬騎攻寧遠，勢張甚。寧前道副使袁崇焕〔一〕等力禦之，「連發西洋砲相持三日夜」。滿洲騎兵被砲擊，大敗遁歸。「關外九城，得屹然拱護山海」〔二〕。滿洲主努爾哈赤負重傷，旋卒。子皇太極嗣位，翌年，改元「天聰」。

是春，金尼閣撰《西儒耳目資》成。其書述語音原理并創始以西方字母依音拼合中國文字。王徵等爲之序〔三〕。王氏序有云：是書「以西學二十五字母辨某某爲同鳴父，某某爲自鳴母，某某爲相生之母。分韻以五仄，如華音平則微分清濁焉。不期反而反，不期切而切，不體外增減一點畫，不法外借取一詮釋，第舉二十五字母，纔一因重摩盪，而中國文字之源，西學記載之派，畢盡於此」。

此頃，龍華民撰《地震解》，述地震之原因及現象。六月間刊行。

泰西湯若望[四]撰《遠鏡説》，述望遠鏡之功能及製造法。九月頃，湯氏撰自序，有云：「佐耳佐目之法，皆不可廢。」「佐目者利物出於人力，其巧妙誠有可得而言者。無可得而言者言之則誕；有可得而言者秘之則欺。此《遠鏡説》之所由述也。」

是年，李之藻、傅汎際開始譯《名理探》。是書係論述邏輯之學，原文凡三十卷。「歷數年」只譯出十餘卷[五]。

張五典卒[六]。

周應賓卒。

附注

[一] 袁崇焕，字元素，號自如，廣東東莞人，萬曆四十七年進士。事跡見《明史》。

[二]《國榷》語。

[三] 是書除王徵序外，尚有張問達序、韓雲序及金尼閣自序。

[四] 湯若望，字道味，原名 Johann Adam Schall Von Bell，德意志人，公元一六二〇年來華，一六六六年卒。

[五] 是書原係 Université de Coimbre 之哲學講義。原文爲拉丁文。「分三大論以準於明悟之

用：……一直、二斷、三推」（李天經序語）。「計三十卷」，「第厥意義宏深……以故歷數年所竟帙（卷）十許」（李次彪序語）。

［六］據《張海虹年譜》：張氏卒於天啓五年十二月二十三日。依陽曆應爲翌年一月二十日，故繫於是年。

公元一六二七年（天啓七年・丁卯）　六十六歲

此頃，在籍家居，自言：「年來家食，幸得安閒，第時嬰疾疢，每須靜攝。」對國家事，深感「事勢愈促，曷勝蒿目」［一］。

家居期間，駐南京之黎甯石、陽瑪諾神父被南京當局驅逐，來松江府城避居。又被告發，遂再遷上海，住徐光啓家中。兩人曾欲返回松江應訟辯誣，徐光啓阻之，並力勸其赴杭州，投靠楊廷筠。甯石、瑪諾從之，杭州教務益盛。（參見費賴之著、馮承鈞譯《在華耶穌會士列傳及書目・畢方濟》，中華書局，一九九五年，第一一二頁）

黎甯石（Pierre Ribeiro，一五七二——一六四〇），字攻玉，葡萄牙人，一五九〇年加入耶穌會，一六〇四年來華，先在南京，後來上海。一六四〇年在杭州去世，葬于大方井墓地。

王徵製有「虹吸、鶴飲、輪壺、代耕器及自轉磨、自行車諸器」，成《諸器圖説》。王氏并詢西洋機械之法於鄧玉函，依其口授，寫成《遠西奇器圖説録最》[二]，於二月頃刊行。自序稱：「遠西『巧器極多，……特録其最切要者，……最簡便者，……精妙者。』『雖屬技藝末務而實有益於民生日用』。

此頃，《復蘇伯潤[三]柱史》函，有云：「今之建賊（滿洲統治者），果化爲虎豹矣；若真虎豹者則今閩海寇夷是也。」頗感慨於「世態千變，……驥足難展」[四]。

六月，著《鐵十字著》，發布西安發現《大秦景教流行中國碑》之消息，文稱：「近天啓乙丑，長安掘地得碑，題曰：大秦景教流行中國碑。碑首冠以十字，亦一證也。碑中言：景教自唐貞觀九年，大德阿羅本始奉以入中國。國主大臣，如唐太宗、高、玄、肅、代、憲宗，及房玄齡、郭子儀之屬，悉皆遵奉。貞觀十二年，建寺於京師義寧坊。高宗令於諸州各置景寺，肅宗又於靈武等五郡建立，則終唐之世，聖化大行，上德唐賢，比肩林立；法壇道石，周遍寰宇，何况江右世載文明，盧陵素稱赤望。有兹事迹，豈足疑乎？天啓丁卯六月朔書。」

九月三十日天啓帝朱由校卒，廟號熹宗。弟由檢嗣位。舊曆翌年正月初一日（即二月五日）起，改年號爲崇禎。

崇禎帝因廷臣交章劾魏忠賢逞私、殖黨、盜弄國柄、陷害忠良、紊亂刑章等罪狀，十二月八日榜其罪示全國。忠賢自殺，磔其屍，窮治其黨羽。

比年閒住，增訂、批點前此所輯《農書》，此頃，編成初稿[五]。又選輯前此論述兵事之奏議書牘等文稿，刊成五卷，題爲《庖言》[六]。

《徐氏庖言》由徐光啓手訂，凡五卷，題「上海徐光啓子先甫著」。原書本有序跋，巴黎法國國家圖書館藏本均已失去。據《徐氏宗譜》存徐爾默《跋〈庖言〉》句「批註點畫，咸屬先公（徐驥）手筆，惜多觸忌諱，不克重梓」，則清初順治年間徐驥、徐爾默父子爲父祖重編文集時，《徐氏庖言》刻本尚存家中，且多有批註。本書原爲抵禦「北虜」而作，在入關後的滿清人士看來，不免多有違礙之詞，徐家不敢重刻。乾隆朝輯修《四庫全書》，《徐氏庖言》被軍機處列入第十次抽燬書目，正式載入《禁書總目》。禁燬本書的理由是：「光啓有廉謹稱，而經濟非其所見，故諸疏皆未能切中時弊，且有干礙字句，應請銷燬。」說徐光啓「經濟非其所見」是假，徐光啓的經世之才，爲人公認；說他書中有「干礙字句」，卻是真的，《徐氏庖言》對明朝邊疆的安全憂心如焚，對在關外橫行的滿清則例用了不少「北虜」、「虜酋」等詞句。由于禁燬，《徐氏庖言》在乾隆年以後就漸漸不復流傳，竟至各大圖書館亦無收藏。幸虧巴黎法國國家圖書館藏有一部明刻本《徐氏庖言》，上海徐家匯藏書樓主事神父徐宗澤攝影而歸，于一九三三年紀念徐光啓逝世三百周年之際，據影印件排印出版。上海文管會編《徐光啓著譯集》（一九八三）時，據所藏照片影印出版，讀者始見真跡。

是年，葉向高卒。

附注

［一］見所撰《復蘇伯潤柱史》函。

［二］今本題《遠西奇器圖説》，無「録最」兩字。按：此爲中文論述力學最早之書。

［三］蘇伯潤生平未詳，疑即蘇述。此函原文有「貴地寇警尤深」語，所云「貴地」，指蘇氏本人所在地。所云「寇警」，指海寇侵擾事。當時如閩、浙兩省，蘇州、松江兩府受害均頗深。函中有云：「浙、直二方，不止震隣之恐。」所云「直」，指「南直隸」即公鄉蘇、松等府。浙省在其隣，故云「震隣之恐」。果爾，則所云「貴地」，當指浙省。考當時任浙江道御史者有「蘇述」其人（見《浙江通志》）。蘇述曾與公一度共事（見《庖言·鈔工部揭帖》）。可見他極可能就是「蘇伯潤柱史」。

［四］原函見《庖言》。

［五］當時《農政全書》尚未定名，只稱爲《農書》。據道光刻本《農政全書》徐如璋附識：「嘗考《後樂堂集序》：農書之成，實在天啓五年以後，崇禎元年之前。」按：公纂輯農書，歷時頗久。「有得即書」，積漸成帙。惟此頃較閒，系統進行增廣、審訂、批點、編排等工夫，勒成初稿，當在是時。

［六］《庖言》亦題《徐氏庖言》，見《集引》。其輯刊期未詳，所選録作品，止於天啓七年，疑其輯刊，亦當在是年；選輯人當爲撰者本人，從其命名爲《庖言》，有自責、自謙之意，可證。又，《家譜・翰墨考》及《府志》、《縣志》之「藝文」部分，並著録有《兵事卮言》，疑即此《庖言》之歧名，因字形相近，誤「庖」爲「卮」。此書在乾隆年間，被列爲禁書（見《清代禁燬書目》），國内已失傳，公元一九三三年始由法國巴黎圖書館攝影複制在上海鉛印。

公元一六二八年（崇禎元年・戊辰）　六十七歲

一月二十二日［一］，復禮部右侍郎原職，並任詹事府詹事［二］。

此頃，接茅元儀函［三］，有「自辛酉歲蒙閣下實學之褒，遂妄自信欲實効之於宗社。中遭逆璫［四］之毒，……四顧名流，遭摧被抑者，高思遠跡，卑則任運。深維獨斷，必在閣下。……是時，晤俞彦直［五］於吴門，謂閣下忠決，果如鄙料。而指所首屈，遂及不肖，不肖俯而泣」云云。

由上海到京，八月二十二日進宫朝見［六］。

張宗衡爲公昔年所取士，頗爲公器重。六月二十六日，受任右僉都御史，巡撫大同，贊理軍務，公到京後，與鹿善繼比鄰而居，對張氏膺此重寄，均慶得人。鹿氏致張氏函有云：「恭喜老年臺［七］開府此地，非爲老年臺喜；爲此地喜，爲此時之此地喜。六十年不戰不争之地，忽發其難於一朝，非二十分才，二十分膽，烏足勝其任而愉快？」[八]又答張氏函，有云：「《論邊計疏》於邸報見，而《荒政略》纔讀於刻本，極重仁兄，極痛仁兄，又極服仁兄，天下再得幾個真爲身家、真爲性命者布列於重鎮，何欵局之不可罷？何聖武之不可揚也？弟與徐老師[九]比鄰而居，每相過對談，輒以仁兄事爲燥脾。徐老師分考，一番摸索，得真英雄，於最重地、最急時爲國家撑天柱地，是大得意事。而同門如弟，隱隱借光，不禁其説項也[一〇]。」時，鹿氏並推薦滿桂[一一]在張氏麾下任總兵官[一二]。

八月三十一日，充日講官[一三]，旋充經筵講官[一四]。此頃，撰有《經闈講義》[一五]。

王重民編《徐光啓集》從《徐氏宗譜》卷四抄出《日講官徐光啓》一篇，改題《經筵講義》，爲《大學》「聽訟吾猶人也，必也使無聽訟乎」一句之講文。徐光啓持「天下不争」之論，主張消解萬曆年間日益劇烈的「黨争」。他主張剛剛登基的崇禎皇帝，當務之急是要以「蕩平正直之治」行之，使天下止訟，而至於太平。講義中有句：「惟我皇上天縱神聖，同符帝堯，御極之初，首留意于蕩平正直之治。蕩平正直，就是不争的極至。那偏黨反側，卻是争的源頭。伏願我皇上日新聖德，如大明中天，使天下人的争心争氣，如冰消霧釋，何偏黨反側之有不化，何蕩平正直之有不臻？《中庸》所謂『時靡有争』，則不賞而勸，不怒而威，馴至於篤恭，而天下平矣。」

九月二十八日上《敬陳講筵事宜以裨聖學政事疏》，略謂：目前「日講規制，稍似東宫舊儀」，似不適於今。建議多問辨，少講解，遇有「古今沿革，利弊因緣，必須備細考求」者，請假講官以時日，設「書庫」備參考，并增置講官數員，更番入值。又建議命閣臣將朝章國故，共同考索，「核實簡明，編次成章」，積「久而勒成一書」，使「天下要務，略如指掌」。又謂：「方今造就人才，務求實用」，使「人人務博通，以稱任使。數年以後，才不勝用，而文體官方，亦將翕然改觀。救時急務，似當由此」[一六]。此頃，以即位慶典，給予三代誥命，廕一子入監讀書[一七]。

此頃，答崇禎帝問。問：「用人何必專是甲科？鄉科吏員中，豈無人才？」答：「聖諭及此，宗社生靈之福。」問：「《周禮》三物，教萬民而賓興之云云，〔其要義如何〕？」答：「《周禮》三物，德行爲先，下至禮樂射御書數，亦皆是有用之學。若今之時文，直是無用。」「人才只要培養作興，今皇上專以德行取人，制科學政，一一有法，再加以選舉之法、考課之法，將不可勝用，不必借才於異代也。」[一八]

前此，閹黨擅權，人民慘受盤剥，且連年饑荒，更不聊生。是冬，陝西大饑，起義之農民四起：高迎祥[一九]、王大梁[二〇]、王二[二一]、王嘉允[二二]、王之爵[二三]等，「一時並起」[二四]。

本年，徐光啓和新任松江知府方岳貢（禹修）及本城縉紳商議擴建「華亭水次倉」，加固城壕，以備戰守，徐光啓外甥陳于階負責其事。葉夢珠《閱世編·建設》（上海古籍出版社，一九八一年）記：「華亭水次倉在西郊跨塘橋之内，秀州塘之南，土曠水深，以便漕船停泊交運也。其初不過環以水垣，内列倉宇公廨，以便積儲官司暫憩而已。崇禎之初，穀城方禹修先生來守吾郡，慮其地近泖濱，盜賊出没不時，冬春儲米，防禦難周，乃與縉紳士大夫謀築城以衛之。爰即其地，浚濠啓土，環築甃磚，建四門以通出入，分街道以便往來。引水貫城，架梁度水。監臨督護，廨宇森列。雖斗大一城，人煙輻輳，居然有金湯之勢。……董其役者，爲吾邑陳仲臺于階，時爲鳳司博士，相國徐文定公之甥也。」

方岳貢，字禹修，湖北穀城人，天啓壬戌進士。崇禎元年，由部曹簡放爲松江知府。徐光啓早與陳于階「爲忘形交」，曾爲《農政全書》作序，與徐光啓等地方縉紳人士交善。徐光啓早在萬曆辛卯（一五九一）就與俞顯卿等鄉紳爲禦倭犯，「計議城守」（見一六一二年家書）。本年徐光啓既在上海，陳于階輔其事務，可見徐氏家族爲之後盾，力挺其整肅地方，籌備防務。方岳貢治松，以廉潔稱，「士大夫之賢者，亦從而重之，戒無相犯，風俗爲之一變。」（葉夢珠《閱世編・宦跡》）

崇禎年間，徐氏家族率佃户在上海縣浦東開墾灘塗，移民于斯，辟金家巷、張家樓天主教社區。「這兩地方的人，原來是徐宅的佃户將黄浦東岸新漲出的地，墾耕而居住的。明末時，據説在黄浦之東金家巷，已有上海某教友捐款，築有一小堂。至於張家樓的來歷，是一北京人張姓者，由利瑪竇手領洗。後來徐光啓領他到上海，在徐宅服務。不久即在黄浦江邊墾種新漲出之地，因而居留焉。張姓有四子，自明至今，保存信德。今張家樓極發達之會口，其信德的根基實由利瑪竇所種植，徐光啓所灌長的。」(徐宗澤《中國天主教傳教史概論》，土山灣印書館，一九三八年，第三一二頁)

是年，金聲成進士。

李彦貞[二五]生。

王錫闡[二六]生。

楊廷筠卒[二七]。

汪應蛟卒。

附注

[一] 此次奉召起官時期，《履歷便覽》只填戊辰年；《年譜》繫於戊辰年二月；《家譜》所載履歷作戊辰年二月初五日；《明實録》及《國榷》作丁卯年十二月己酉日即陽曆翌年一月二十二日。按：記録致歧原因：可能是丁卯年十二月頒旨，戊辰年二月接旨。今依頒旨日期即《明實録》及《國榷》所記日期著録。

[二] 當時所任職，據《履歷便覽》、《行述》、《年譜》並作「起原官」，《明實録》、《國榷》則作「爲詹事」。

按：《國榷》於同年八月辛卯日述公「補日講」事，已署明「禮部右侍郎」，則此次起官，當係復禮部右侍郎原職，同時兼爲詹事。前銜係原任，後銜係新任（前此只任少詹事）。

［三］原題《寄徐玄扈詹事書五》，見《石民四十集》。

［四］逆璫指魏忠賢。

［五］俞彦直疑是俞廷諤，華亭人，天啓四年舉人。事跡附見《府志・俞汝爲傳》。按：俞廷諤係公長孫媳之父。

［六］接奉「起補原職」旨後，可能於是夏始成行。到京期未詳，其朝見期在陰曆七月二十三日即陽曆八月二十二日，見《家譜》所載履歷。

［七］鹿善繼與張宗衡同爲癸丑科進士，故稱「年臺」（同年）。

［八］原題《致張石林書》，見《認真草》。

［九］係鹿善繼、張宗衡之座師，故稱「徐老師」。

［一〇］原題《答張石林書》，見《認真草》。

［一一］滿桂，字愫丹，蒙古人，事跡見《明史》。按：滿桂，字愫丹，史傳所未詳。《認真草》數見《致滿愫丹書》、《答滿愫丹書》，稽其事，知愫丹即滿桂。

［一二］滿桂隨孫承宗出鎮山海關，被擢爲總兵官。後與袁崇焕不協，被召還。鹿善繼屢函張宗衡，盛稱滿氏之材勇。張氏因薦爲大同總兵官。見《認真草》。據此，可補《明史》之闕。

[一三] 見《國榷》。

[一四] 見《行述》。按《行述》述此作「今上(崇禎帝)即位,詔起原官,侍日講,補經筵講官」。不詳其月、日。《年譜》則作陰曆「八月充日講官,本月(同月)充經筵講官」。果爾,則任講經筵,蓋在九月間。

[一五] 見《行述》及《集引》,但均未述及撰期,姑次於此。按:今《家譜》尚録載有《大學》「子曰:『聽訟吾猶人也,必也使無訟乎。』無情者不得盡其辭,大畏民志,此謂知本」一章講義稿。

[一六] 見光緒版《舊集》。

[一七] 見《年譜》。

[一八] 見明鈔本《徐文定公奏疏》,原文未注明年月,可能在講官任期中,今次於此。

[一九] 高迎祥,起於米脂,稱闖王。係李自成之舅。

[二〇] 王大梁,起於漢南(成縣、兩當),稱大梁王。

[二一] 王二,起於白水。

[二二] 王嘉允,起於府谷。

[二三] 王之爵,别號王左掛,起於宜州。

[二四]《明史》語。諸起義者事跡參見《明史·李自成傳》及《明季北略》。

[二五] 李彦貞,字我生,後更名延昰,字辰山,號寒村,又號西園老人,江蘇上海人。事跡見朱彝尊《曝書亭集·高士李君塔銘》。按:李氏係徐孚遠弟子。曾撰《南吴舊話録》,其中涉及公之生平事跡多則。

［二六］王錫闡，字寅旭，號餘不，又號曉庵，江蘇吴江人。事跡見《清史稿》。按：王氏精治曆算，貫西於中，説者謂爲「徐（光啓）、李（之藻）諸子之諍臣」（見錢熙祚《曉庵新法跋》）。

［二七］按：楊廷筠卒於天啓七年十二月。若以陽曆算，當屬是年一月頃（一月七日至二月四日）。

公元一六二九年（崇禎二年・己巳）　六十八歲

一月頃，充纂修熹宗實録副總裁[一]。

二十一日，以日講敍勞，加太子賓客[二]。

上《自陳不職乞賜罷斥疏》，有「忝預賜環（還朝），備位經筵，再參史局，未見開陳之益……遽成優敍」，自覺「有踰涯分」，請「罷斥」[三]。奉批覆：「徐光啓日侍講讀，學問素優，着照舊供職。」

繼前疏，又上《再瀝血誠辨明寃誣疏》，辨明昔年智鋌誣劾練兵失職事。略謂「除一切虚詞誶語，臣無可辨，亦不必辨者，不敢枚舉外；其所指陳，獨有逃兵買免一節」，前「未嘗一言自理，現據實辨析，以雪誣枉」。並自謂「練兵一事，雖兢兢黽勉，實亦未著勞績」，要求「准依前請，特賜罷免」[三]。

二月頃，上疏略云：「方今急務，莫若先事強兵。兵強則戰必勝，守必固，而費又省。臣十一年來，條陳諸疏，具在御前。若見諸施行，猶然可以保勝，可以節財。倘……先與臣精兵五千或三千，一切所須，毋容牽沮，再加訓練……必立微功以報命。既有成驗，然後增兵。」[四]

四月十六日任禮部左侍郎，管部事[五]。

五月間撰《重修天津衛學記》[六]。

「崇禎二年己巳孟夏穀旦」，作《重修天津衛學宫記》，可見徐光啓對天津深有眷戀，亦可知其在津「僑寓」關係之深厚。《重修天津學宫記》云：「余曩僑寓津門，有事畚鍤之役，與津之諸士紳遊，詢知津故無學，學于正統改元初朱揮使勝捐舍基建之，嗣倪揮使寬請增廣生二十名，僅與邑額埒。道化翔洽，人才浸盛，科第蟬聯，津成文明勝區。」

此頃，呂維祺受任太常寺卿，提督四夷館。孫元化受任山東布政司參政，登萊道兵備。

六月二十一日（陰曆五月朔）日食，公「依西法預推順天府見食二分有奇，瓊州食既，大寧以北不食。大統回回〔曆〕所推順天食分時刻與光啓互異，而光啓法驗，餘皆疏。帝切責〔欽天〕監官[七]。時，五官正戈豐年[八]等言：『大統〔曆〕乃國初所定，實即郭守敬授時曆也。二百六十年毫未增損。自至元十八年造曆，越十八年爲大德三年八月，已當食不食，六年六月又食而失推。是時守敬方知院事[九]，亦付之無可奈何；況斤斤守法者哉。今若循舊，向後不能無差。』於是禮部奏〔請〕開局修改」[一〇]。批覆依議，并着將有關事宜另行具奏。

八月二十九日禮部上疏開列修改曆法事宜請裁。其中：「一議選人員」，略謂「臣〔一一〕於萬曆四十等年，原疏推舉五人爲史臣徐光啓，梟臣邢雲路，部臣范守己，崔儒秀〔一二〕，李之藻。今〔邢、范、崔〕三臣俱故，獨臣光啓現任本部，臣之藻以南京太僕寺少卿丁憂服滿在籍，似可效用。……尚須博訪遍求，聽其選擇，與之共事」。「一議用西曆」，略謂「萬曆間歸化陪臣利瑪竇等數輩，觀光入覲，所攜曆法等書，尤爲精密。……故四十等年議曆，有〔欽天〕監正周子愚呈部乞令陪臣龐迪我、熊三拔等翻譯本書，令與中曆會通歸一。今二陪臣雖故，尚有同事龍華民、鄧若翰〔一三〕偕其徒侶〔在〕，……〔請〕令與欽命諸臣對譯成書。依其成法，測驗推步。……古曆止有天之經度，至回回曆乃有天之緯度，……唐以來始知有地之緯度。……若地之經度，惟利瑪竇諸陪臣始言之，亦惟彼能測驗施用之。故交食時刻，非用此度，則不能必合」。「一議博訪取」，略謂「訪求……通曉曆法者」，「先取其著述文字，并令預算交食凌犯數條，或製造儀器樣式，……果否合法，方行取用」。「一議用錢糧」，略謂「修曆事重且繁，用人既多，經費亦鉅。……取人必求實幹，造器必求實益，供億必不令虛冒，時日必不令虛度，〔則〕事成而費亦可省」。「一議考成績」，略謂「宜倣周禮日考日成，月考月要之法」。「至若成造重大儀器及刊刻全書」，亦須「計功議敍」〔一四〕。

九月一日「奉旨督領修曆事務，即於次日選用知曆人并匠役等製造儀器」〔一五〕。曆局設在宣武門内[一六]。

時，李之藻丁憂在籍，奉旨起用協理修曆[一六]。

九月十三日上《條議曆法修正歲差疏》，有云：「切念曆數一家，今爲絶學，……古來言曆者有二誤：其一，則《元史》議言考古證今，日度失行者十事。夫已則不合，而歸咎於天，謬之甚也。其一，則宋儒言天，必有一定之數，今失傳耳。夫古之曆法，當時則合者多矣，非不自謂已定，久而又復不合，則豈有一定可拘哉。」指出「天行有恆數而無齊數也。有恆者，如夏至日長，冬至日短，終古不易。不齊者，如長極漸短、短極漸長，終歲之間，無一相似。歲法如此，他法皆然，以至百千萬年，了無相似，而用法商求，仍歸輳合。遲速永短，悉依期限，此天地之所以爲大。」認爲「今所求者……必尋其所以差，……所以不差之故。上推遠古，下驗將來，必期一一無爽。日月交食，五星淩犯，必期事事密合，又須窮原極本，著爲明白簡易之説，使……人人可以從事，……可隨時隨事依法修改。且度數既明，又可旁通衆務，濟事適用」。自謂此是「所志」，而非「所能」，要望「衆思羣力之助」。并「陳急要事宜四款」：一爲「曆法修正十事」，包括「議歲差，每歲東行漸長漸短之數……；議歲實少餘，昔多今少、漸次改易及日景長短歲歲不同之因。……每日測驗日行經度，……夜測月行經緯度數，……密測列宿經緯行度，……密測五星經緯行度，……推變黃赤道廣狹度數，密測二道距度及月五星各道與黃道相距之度，……議日月去交遠近及真會似會之因」；「……測日行考知二極出入地度數，……依唐元法，隨地測驗二極出入地度數，地輪經緯。……」一爲「修曆用人三事」：包括推舉國內「嵩門名家」；録用西洋人龍華民、鄧玉函；選用和考取測驗、推步、製造儀器及能書善算者。一爲「急用儀象十事」：包括製造七政象限大儀、列宿紀限大儀、平渾懸儀、交食儀、列宿經緯天球儀、萬國經緯地球儀、節氣時刻平面日晷、節氣時刻轉盤星晷、候時鐘、測候七政交食遠鏡[一七]。一爲「度數旁通十事」：認爲度數明、曆象正，可旁通不少有關之科學技術，包括豫知「晴雨水旱」之氣象學；「疏濬河渠、築治堤岸、灌溉田畝」之水利學；「考正音律」之音樂學；「兵家營陣器械及築治城臺池隍等」之兵工學；會計、理財、從事「九章諸算術」之數學；「營建屋宇橋梁等」之土木學；使「治水用水與凡一切器具皆有利便之法」之機械學；明悉「天下輿地……縱横……廣袤」之大地測量學；「審（天時）運氣……與病體相視（相應）」之醫藥學；藉「以知時刻分秒」之製時鐘術等。説明「凡物有形有質，莫不資於度數」。「此須接續講求，若得同事多人，亦可分曹速就」[一八]，企圖能廣泛促進科學技術之發展。

九月底，滿洲兵聯同所屬部族共六千騎，從大鎮堡分二道，直薄錦州，大焚掠。繼陷雙臺堡，出大小淩河，毁右屯衛城而去。

十月二十八日奉「諭勑」[一九]有「據爾（指公）所陳四款之三十三條，……西法不妨於兼收，諸家務取而參合，用人必求其當，製象必覈其精。較正差訛，增補闕略，……闡千古之曆元，成一朝之鉅典」等語。

十月三十日領到開設曆局勑書並鑄給關防[一五]。

是日，「奉旨往〔曆〕局測候日食，自卯初一刻至日出，俱云陰不見」。因奏言[二〇]：「據欽天監靈臺官俱依郭守敬授時曆法，初虧在卯初一刻。按新法在卯初三刻。回回曆在辰初一刻，法之不同如此。今布陰雲，是法無從徵驗。」

頗費心力經營之曆局，十一月六日正式成立[一五]。七日上《奉旨修改曆法開列事宜乞裁疏》[二一]。報告籌備開局、用人、製器之概況，並附列經費及工料之預算。

十二月十一日滿洲主皇太極親督數萬騎攻破大安口，分入龍井口、馬蘭谷，進圍薊州。官軍多敗沒。十九日陷遵化，連陷撫寧。警訊聞，人心震動。時，大同總兵官滿桂以五千人入援。諸路官兵亦陸續有「勤王入衛」者。

十八日，帝召廷臣於平臺，問方略。公面奏，略謂：「敵兵路遠天寒，來自本部非多。今之人衆，大都掠我良民，逼令薙髮。……我官兵遇之，必殺以報功。……絶其歸正之路。」建議勿遽殺俘降。并謂：「兵不止練戰，亦須練守。今守城全賴火器，非素練不能。」「城外列營置炮，萬分不可。只憑城用砲，自足盡敵。」「古時無火器，故非戰不能守城。今火砲既能禦敵於

城外。……若城外勝負難期，不如守城爲穩。」[二二]

「平臺召對」時，崇禎不但以軍事詳詢，還就國家根本大計，與徐光啓廣泛討論。王重民編《徐光啓集》，據《徐文定公奏疏》輯録《面對三則》，以爲正是與「平臺召對」時的國策之論。現摘録如下：一、「聖諭：用人何必專是甲科？鄉科吏員中豈無人才？臣光啓奏：聖諭及此，宗社生靈之福。」二、「聖諭：《周禮》三物，教萬民而賓興之云云。臣光啓奏：《周禮》三物，德行爲先，下至禮、樂、射、御、書、數，亦皆有用之學。若今日之時文，直是無用。聖諭：祖宗朝以此取士，未嘗不善，只是後來云云。」三、「久之，又奏：人才只要培養作興，今皇上專以德行取人，制科學政一一有法，再加以選舉之法，考課之法，將不可勝用，不必借才於異代也。」

上《城守條議》[二三]，就京師城守工作及其應注意事項，作出具體規劃。

十二月二十二日孫承宗受任兵部尚書兼中極殿大學士，督理兵馬。

三十日奉旨指揮訓練京營兵[二四]。

附注

[一] 見《行述》及《年譜》。原文繫於舊曆戊辰年十二月。依新曆，當在此頃。按：所上《自陳不職乞

賜罷斥疏》有「再參史局」語，當指此。

［二］加「太子賓客」銜事，《履歷便覽》繫在己巳年；《國榷》繫在己巳年三月己卯日，與升禮部左侍郎同時著録。《行述》次於戊辰年十二月，《年譜》同。《家譜》所載履歷，作戊辰年十二月二十八日（即陽曆翌年一月二十一日）。按：應從《家譜》。據戊辰年底所上《自陳不職乞賜罷斥疏》等兩疏，署銜均作太子賓客禮部右侍郎。證明其時未升左侍郎，已充太子賓客。《國榷》缺記加銜事。三月己卯日所記，是記其侍郎職由右升左；所題「太子賓客」、「翰林侍讀學士」，只是因其繼續兼任此職而連帶提及。至於《履歷便覽》所填，可能以時日接近而誤。

［三］原疏見光緒版舊集，無標題。此一標題，據宣統版舊集照録。

［四］原疏未見，此據《行述》摘録，惟原文未詳其月、日。《行實》繫於舊曆閏四月，疑非。據公是年舊曆十一月初四日平臺奏對，曾提及此疏。自稱係是年正月所上。則應繫於正月即新曆二月頃爲合。

［五］按：由右侍郎改左時期，《明史》所記，未詳其年、月、日。《家譜》中之《年譜》及「履歷」，只記「己巳」年，未詳其月、日。《行述》記爲「己巳四月」，未詳其日。《國榷》則年、月、日並記，但所記之月，與《行述》所記不同，當有一誤。今依《國榷》。

［六］原文見《天津衞志·藝文》。

［七］參見《内閣題覆欽天監推算日食前後刻數不對疏》（宣統版《舊集》）、《禮部爲日食刻數不對請勑部修改疏》（光緒版《舊集》）等稿。按：據禮部疏，「切責監官」事在六月二十三日。

［八］戈豐年事跡未詳，據當時《禮部爲日食刻數不對請勑部修改疏》，知是時戈氏係任曆科「夏官正」（《明史·曆志》謂爲「五官正」）。

［九］任昭文館大學士、知太史院事。

［一〇］《明史·曆志》語。

［一一］指禮部部臣等。

［一二］崔儒秀，字敬初，陝西陝州人，萬曆二十六年進士。事跡見《明史》。

［一三］鄧若翰即鄧玉函。

［一四］原題《禮部題爲奉旨修改曆法開列事宜乞裁疏》。按：此疏可能出自公手。

［一五］見所上《奉旨修改曆法開列事宜乞裁疏》。

［一六］見《禮部題爲奉旨修改曆法開列事宜乞裁疏》。

［一七］按：此即天文望遠鏡。公建議在我國裝製，距伽利略最初創製時，僅二十年。

［一八］原疏見宣統版舊集，首段有缺文。民國版舊集據明本奏疏補足。

［一九］原題《諭督領改修曆法勑》，見宣統版舊集。

［二〇］見《國榷》。按：原文「大學士徐光啓言」之「大學士」三字係誤記。因此時公尚未任此職。

［二一］原疏見宣統版舊集。

［二二］見《家譜》載《記十一月初四日事》。按：此則記事，可能出自公手。明本奏疏及光緒版舊集，

均收載。

［二三］見宣統版舊集。按：原議未署年、月。惟其中曾提及「掌詹事府尚書錢象坤」。查錢氏爲尚書，事在天啓七年底（與公任詹事同日），此議必在其時後。又查：錢氏升遷大學士，事在崇禎二年底，此議必在其時前。今繫於此。

［二四］見《明實録》、《國榷》。

公元一六三〇年（崇禎三年・庚午）　六十九歲

一月一日，奉旨指授訓練戰守事宜[一]。此頃，一面監製大砲，「一面教練，晝夜在城，飢渴俱忘，風雨不避，手面瘡瘃，提點軍士」[二]，備極辛勤。

三日，滿洲主皇太極率兵大集京城外。滿桂率所部出城迎擊，爲城上發砲誤傷；滿洲兵亦稍却。

前此，西洋人陸若漢[三]、公沙的勞[四]等攜大銃等火器自澳門來京[五]。五日到達涿州「聞虜薄都城，暫留本州，製藥鑄彈」，協助防守[六]。

十一日，應召在平臺奏對，略謂：敵已列營城外，請得選士五千人或三千人配備好盔甲、大銃、中銃及鳥銃，結爲車營，願自領之，驅敵出塞。但暫未便長驅，俟整頓，然後出塞圖恢復[七]。

此頃，「敵去京師而不攻，環視涿州而不攻」[八]，隨處擾掠。

二十一日上《再陳一得以裨廟勝疏》，重申前曾面奏用車營破敵之法，認爲須亟令兵仗局二廠工匠冶鑄二號西洋銃、大鳥銃等火器，同時加強選募訓練，「結爲車營，便堪出戰」，慎勿「任敵之蹂躪旁邑」。又謂「倘以臣書生之言未便足信，可用百分之一姑小試之。如車二輛，二號銃一位，鳥銃三十門，臣可使砲聲終日不絕。凡鳥銃之精者一發必斃一敵。以小推大，以一推百，敵之不能支亦易見」。又謂：「邊城近邑雖經殘破，敵決不能分兵守之，克復甚易。但克復之後，非銃不守。」建議廣事鑄造，擇「銅鐵煤炭所聚」之地，「鑄造起解」，「可省半費」[九]。

二十九日廷議設文武兩經略，以梁廷棟[一〇]、滿桂分任之。滿氏以敵勁援寡，謂未可戰。中使促之亟，不得已出戰，敗没。

此頃，爲迎取西洋大銃，建議「決策貴專等事」，具疏陳述所見[一一]。奉旨「與兵部總理作速詳議密奏」。

上《控陳迎銃事宜疏》，略謂：「西洋大銃，近在涿州」，「欲令速至，乞勅該〔兵〕部撥見在入援步兵一營或三千、四千，給以鳥銃二千門，臣請率之以行。到彼〔處〕料理，刻期前來。遇敵則戰，可保全勝」。「倘步兵火器又不可得，不若仍遵前旨，暫留守涿」，以免中途失事。并附述有關銃、械、藥彈等之「目前至急事宜」及有關選練、城臺等之「續行事宜」[一二]。

二月三日上《破虜之策甚近甚易疏》，有云：「兵家所貴，知彼知己。虜中常言兵多不足畏，所畏者火器耳。虜能畏我所長，是虜之知彼也。我不能善用所長，不能盡用所長，是我之未能知己而諸臣之失策也。」「大銃〔只適於〕守城；……戰陣所急，無如鳥銃」，今不能「善用」、「盡用」，「將士多稱未習。然習之非難事，……用此練習之衆，成師而出，……以一銃斃一〔敵〕人，何難哉？但爲出戰計，則更有四事」：一爲練習用鳥銃射擊并「急造大號鳥銃」。一爲「須擇……中銃」，「試驗裝架，以補鳥銃之闕」。一爲「車兵不宜輕出……每人必須全副器甲。不足則前鋒一半必不可少」。一爲「儘有奇傑之士……鼓舞其人……戰守之際，用以跳盪出奇，臨機制勝」。「四事既集，教練復就，固可目無全虜」。

四日，山西援兵潰於良鄉，農民起義軍領袖李自成與之合，衆至萬餘，推高迎祥爲首，稱闖王，李氏稱闖將。

十二日滿洲兵東趨永平，旋陷之。繼陷灤州[一三]。

十三日上《醜虜暫東，綢繆宜亟，謹述初言以備戰守疏》。略謂：敵人雖環京師「而不敢攻」，「惟是屢破名城，……捆載而去，須防其再尋前轍」。「今幸有可爲之時，……所條議皆夙昔所嘗言。然兵家之事，先正後奇。既遇大敵，須鬥實力。是以寧爲過求，不爲冒險；寧爲蹠實，不爲鑿空」。目前「當夙夜拮据，……豈堪再誤」。因條陳應亟備事項，包括「建造銃臺」、「多造銃器」、「教演大銃」、「區畫戰兵」、「精造軍需」等議。指出其中如西洋銃之製造、大銃之裝放及其視遠用之遠鏡、量度用之度板，「皆有秘傳」、「關係甚大」，宜保密，「不宜使人人能之」。

此頃前，留在涿州之澳門外籍商人所進大銃等火器，以「虜騎充斥，不能前進。虜騎甫退，馮銓[一四]躬率家丁，護送入都」，十四日抵達[一五]，二十八日由原來率領人陸若漢將銃器等進獻[一六]。

三月五日上《西洋神器既見其益宜盡其用疏》，略云：「東事以來，可以克敵制勝者……大砲一器而已。一見於寧遠之殲敵，再見於京都之固守，三見於涿州之阻截。」「滿桂之敗，敵亦用火攻。……今又陷永平建昌等處，所以砲位更多。惟盡用西術，乃能勝之。欲盡其術，必造我器盡如彼器，精我法盡如彼法，練我人盡如彼人而後可。」「兵書曰：『殺敵者怒也。』傳曰：『明恥教戰，求殺敵也。』今天下之臣民，恥甚矣，怒甚矣。欲用其恥與怒，莫若使之造器以殺敵。」至「言法、言器、言人三事，皆須〔專職責成〕，……早夜不遑；然後日有日成，月有月要。若以格套限之，以議論持之，則……後悔無及」[一二]。

十六日奉旨有「嶴商（澳門洋商）留京製造教演〔銃器〕等事，徐光啓還與總提協商酌行，仍擇京營將官軍士應用」等語[一七]。

二十四日上疏報告與「總提協」商定之製造及教演銃器事項[一八]。

四月二十四日，徐光啓作《致澳門耶穌會巡按使神甫書》，原文中文本失去，現存葡萄牙文本，藏葡萄牙里斯本阿儒達圖書館(Biblioteca de Ajuda)，卷宗號：「BA，JA，Cod. 49－v－8，fls. 743v－744v」。經董少新先生收集、翻譯並提供，全文如下：「我主上帝保佑巡按使神甫閣下①。借此良機，請允許我以應有的尊重與敬意致函巡按使神甫閣下，討論一些重要事宜。澳門城以熱忱和忠誠，派遣統領、使節率領戰士和其他人員，攜帶火炮及其他精良兵器，來援助我皇陛下，抗擊韃靼人。在帝國的邊境，這些韃靼人已經造成巨大的破壞；在抗擊韃靼人的戰爭中，巡按使閣下和澳門城鼎力相助，並獻計獻策。使節、統領及來自不同地區的人到達之時，朝廷内外正因外敵的入侵而陷入混亂，京城附近已經有大批人死亡，並造成極大的破壞，而名震天下的葡萄牙人到來後，敵人已經退回到帝國的邊境，現正盤踞在那裏。朝廷又恢復了平静與安寧，這使我皇陛下及朝廷上下

① 此巡按使爲班安德(André Palmeiro，一五八四—一六三五)，葡萄牙里斯本人，一六二一—一六二六年任馬拉巴爾和果阿教省巡按使，一六二六—一六三五年任日本和中國教省巡按使，一六三五年在澳門去世。參見榮振華著、耿昇譯《在華耶穌會士列傳及書目補編》下，傳六〇六「班安德」，中華書局，一九九五年，第四七八—四八〇頁。

都十分感激，對保衛帝國的統領和來自帝國不同地區的人們都非常器重，而對上帝賦予葡萄牙人的才能與名望尤其敬重。您似乎想通過信徒在帝國内做一番大事業，以爲上帝服務。正如巡按使神甫閣下所清楚知道的那樣，在近千年前的唐朝，天主教曾繁榮昌盛，但後來由於多種因素而消失了。此後，在我們的大明王朝，我主上帝通過耶穌會的神甫——我們的教師，使天主教再次得到宣揚，欲使其神聖經典傳遍帝國的每個角落，使每個人都認識造物主和救世主，以展示上帝的最高智慧。來自澳門城的統領、使節和其他人，通過我向我皇陛下建議，爲了結束戰争，最好從澳門調派一些葡萄牙武裝戰士，在皇帝的訓練指揮下，投入抗擊帝國境内韃靼人的戰争中。皇帝高度評價了葡萄牙人保衛帝國的忠誠與熱心，且對使用來此的少量葡萄牙武裝這一經驗十分滿意。皇帝派遣一使臣前往廣州和澳門①，與其同往的有耶穌會陸若漢神甫。皇帝對陸神甫的多次熱誠效忠感到非常滿意，故派他一同前往廣州和澳門以便在短時間内與救兵一起返回。他們到達的時候，敵人就必須得將所有兵力投入到戰争中了。神甫攜有皇帝詔書一份，慷慨特許，使

① 徐光啓崇禎四年三月初九日上《遵例引年懇乞休致疏》中説：「因昨年自請往調澳商，伏蒙聖旨諭留，題差原任中書姜雲龍押送教士陸若漢等迴往。後雲龍被議，職實未知。」知使臣爲姜雲龍，而徐光啓亦曾自薦前往澳門，未得批准。

團一切相關需要都由該省的都堂和察院承擔。該省堂統和察院對忠誠的澳門城提供特殊的保護與關心。詔書還命令他們負責神甫一行的所有開銷，並向將從那裏來此的葡萄牙人提供一切所需。我由衷地確信，以巡按使閣下對此天主教會和帝國的熱誠，以及閣下、澳門總兵、主教對帝國所奉獻的才能和勤勞，陸神甫會在最短的時間内，與一同前往的皇帝使臣，以及所請求的武裝一起返回，因爲我們對我主上帝充滿信心，知道隨著他們的到來，戰爭很快便會結束。澳門城將名譽永垂，同時將從我皇陛下那裏接受諸多優待，而這些優待澳門將永遠享受。我所委託陸神甫及其隨行人員的就這些了。通過迢迢征途，隨信奉送薄禮。崇禎三年四月二十四日。按照慣例，鄙名寫在另一張紙上。徐保禄(Paulo Syû)。」

四月三十日上疏，報告臨時負責料理之火藥局失火，燒燬未成火藥三千餘斤事，自請處分[一九]。

五月十三日上疏，略謂鎮臣所請銃車、銃手等，雖奉旨酌給，惟據職掌所限，未便調發[二〇]。

同日，助理修曆者鄧玉函病卒[二一]。

陰曆五月，禮科給事中盧兆龍上《王者有必勝之兵疏》，反對徐光啓借澳門葡兵，疏存

《崇禎長編》卷三十四(第二〇五三——二〇五七頁)「崇禎三年五月」云:「禮科給事中盧兆龍上言: 聞中國尊則四裔服,内憂絶則外患消,未聞使驕夷釀釁葷轂也。堂堂天朝,精通火器、能習先臣戚繼光之傳者,亦自有人,何必外夷教演,然後能揚威武哉?臣生長香山,知澳夷最悉,其性悍桀,其心叵測,其初來貿易不過泊船于浪白外洋耳,厥後漸入澳地,初猶搭篷廠棲止耳,漸而造房屋,漸而築青洲山,又漸而造銃臺、造堅城,爲内拒之計,蓄夷衆,聚兵糧,爲顔行之謀,時駕番舶擅入内地,拒殺我官兵,掠我人民,擄我子女,廣收硝黄、鉛、鐵,以懷不軌。閩之奸徒,聚食於澳,教誘生事者,不下二三萬人。粤之盗賊,亡命投倚爲患者,不可數計。粤人不得安枕,數十餘年於兹矣。其歲輸課税雖二萬金,然設將添兵,以爲防禦,所費過之。時而外示恭順,時而肆逞兇殘。其借銃與我也,不曰彼自效忠,而曰漢朝求我; 其鳴得意於異域也,不曰寓澳通商,而曰已割重地。悖逆之狀,不可名言。粤地有司與之爲約,入城不得佩刀,防不測也。今以演銃之故,招此異類,躍馬持刀、彎弓挾矢於帝都之内,將心腹信之乎?將驕子養之乎?猶以爲未足,不顧國體,妄奏差官,而夷目三百人是請。夫此三百人者,以之助順則不足,以之釀亂則有餘,奈之何費金錢騷驛遞而致之也。謂其銃可用乎,則紅夷大炮,閩粤之人有能造之者,昨督臣王尊德所解是也。其裝藥置鉛之法,與點放之方,亦已備悉矣。臣計三百夷人,自安家犒勞以及沿途口糧，夫馬到京，供給所費不貲，莫若止之不召，而即以此錢糧，鳩工鑄造，可得大銃數百具，孰有便焉。中國將士如雲，貔貅百萬，及今教訓練習，尚可鞭撻四裔，攘斥八荒，何事外招遠夷，貽憂内地，使之窺我虛實，熟我情形，更笑我天朝之無人也？且澳夷專習天主教，其説幽渺，最易惑世誣民，今在長安大肆講演，京師之人信奉邪教十家而九，浸淫滋蔓，則白蓮之亂可鑒也。查成化年間，番僧領占竹誘惑漢人，演習番教，爲禮科糾劾遣還；萬曆年間，番人龐迪我、王豐肅等煽惑京師，爲禮部疏參驅逐。禮臣徐光啓夙擅談兵，臣嘉其志，素負清望，臣重其人，而今忽取夷人入京，豈子儀借回紇之兵，但與夷人説天主也。以古況今，無乃不可，況又欽差一官，多帶員役，金牌遮道，招摇出都，一到地方必且貪夷賄，啓釁端矣。竊見近年以來，借取銃解銃名色，騷擾多事，害不可言，臣故謂差官之當罷也。前東兵未退，臣言之恐夷目生心，致有他變，今各城已復，内患宜防，輦轂之下，非西人雜處之區，未來者當止而勿取，見在者當嚴爲防閑。如皇上懷柔異類，念彼遠來，則止可厚其賞賚，發回本澳，前日涿州運炮壓斃二夷，但當敕地方官厚葬，以服遠人之心。若夫澳中築舍築臺添課添米等事，彼或徼功陳乞，弗可輕許，以貽後憂也。帝謂：朝廷勵忠柔遠，不厭防微，此奏亦爲有見，所司其酌議以聞。」

此頃，上《聞風憤激宜獻芻蕘疏》，轉達西洋人陸若漢等呈：略謂曾「奉旨留用」，「近來邊鎮……各欲請器請人」，但「人、器俱少，聚亦不多，分益無用」。請「悉留銃領以下人員，教演製造，保護神京。止令〔陸若〕漢偕通事一員，傔伴二名，董以一二文臣，前往廣東濠鏡澳，遴選銃師、藝士，常於紅毛對敵者二百名，傔伴二百名，統以總管，分以隊伍，令彼自帶堪用護銃、盔甲、鎗刀、牌盾、火鎗、火標、諸色器械，星夜前來。往返不過四閱月，……緣澳中火器日與紅毛火器相鬥，是以講究愈精，人器俱習，……可相籍成功」云云。公亦謂：「奉旨製銃，匠役極少，成就最艱。若廣東工匠甚衆，鐵料尤精，價亦可省。……欲待工完之日，請於彼處置造。」又謂「願與之（陸若漢）星夜遄發，疾馳至彼，以便揀選將卒，試驗銃炮，議處錢糧，調停中外，分撥運次，催儹驛遞。秋高馬肥，茲事已就。數年國耻，一朝可雪。」[一二]

六月二十六日，上《修改曆法〔并〕請訪用湯若望〔等〕疏》，略謂：「自受命〔修曆〕以來，同西洋遠臣龍華民、鄧玉函日逐講究翻譯。……計一月餘，所著述翻譯《曆説》、《曆表》稿草七卷。忽因警患，……拮据兵事，因之輟業。獨念天道幽遠，曆學精奥，自古聖哲，皆不能爲一定之法。獨郭守敬彌爲絶倫，……其法亦未精密。」「今改曆一事，因差故改。必須究其所以差之故而改正之。」「昔年曾遇西洋利瑪竇，與之講論天地原始、七政運行、併及其形體之大、小、遠、近，與夫度數之順、逆、遲、疾，一一從其所以然處，指示確然不易之理。較我中國往籍，多所未聞。臣等自後每聞交食，即以其法驗之，與該〔欽天〕監所推算，不無異同，而大率與天相合。……今茲修改，必參西法而用之。……從曆法之大本大原闡發明晰而後可以言改。」然而布算既密，事緒亦繁，不意「鄧玉函患病身故」，「臣等訪得……尚有湯若望、羅雅谷[二三]二臣者，其術業與玉函相埒，而年力正強，堪以效用」[二四]。奉批覆：「曆法方在改修，湯若望等既可訪用，着地方官資給前來。」[二四]

前此，李之藻奉旨起補參加修曆工作。去年底由原籍起程，行至揚州、滄州兩處，「血疾」再發，醫療躭延，至是獲痊。是月二十六日陛見，旋即到曆局視事[二二]。

前此，李之藻輯刻《天學初函》叢書，其中包括公所譯之《泰西水法》、《幾何原本》、《簡平儀說》、《測量法義》、《測量異同》、《勾股義》、《靈言蠡勺》等書。此頃，李氏撰《刻天學初函題辭》[二五]，有云：「叢諸舊刻，臚作理器二編，編各十種，以公同志。……近歲西來七千卷，方在候旨。將來問奇探賾尚有待云。」

徐宗澤指《天學初函》初刻於一六二八年，其《明清間耶穌會士譯著提要》：「《天學初函》，明李子之藻輯，李子杭州仁和人，字振之，又字我存。一六一〇年，在利子瑪竇手受洗，一六二九年卒。《天學初函》者，其卒前一年所刻。『天學』謂天教，即天主教。『初函』，謂擬續刻，由初函而二函、三函也。初函所包，有二十種，分爲『理編』、『器編』。每編十種，皆利子等所編著。其目列下：《西學凡》（艾儒略）、《天主實義》（利瑪竇）、《辯學遺牘》（利瑪竇）、《唐景教碑書後》（李之藻）、《畸人十篇》（利瑪竇）、《交友論》（利瑪竇）、《二十五言》（利瑪竇）、《七克》（龐迪我）、《靈言蠡勺》（畢方濟、徐光啓）、《職方外紀》（艾儒略）、《泰西水法》（熊三拔、徐光啓）、《簡平儀説》（熊三拔）、《渾蓋通憲圖説》（利瑪竇）、《同文算指》（利瑪竇、李之藻）、《幾何原本》（利瑪竇、徐光啓）、《圜容較義》（利瑪竇）、《表度説》（熊三拔）、《測量法義》（利瑪竇）、《天問略》（陽瑪諾）、《勾股義》（利瑪竇）。」（中華書局，一九四〇年，第二八六頁）

户部奉命「清理屯鹽二事」[二六]。二十六日，公因上《言屯鹽事宜疏》[二七]。略謂「臣雖東南腐儒，於此二事抱杞憂之日久矣。蓋嘗游學奉使咨詢十直省，朝考夕思，揣摩四十年，竊有二策於此，其理確然而不易，其事甚易而無難，其着數則捨此而外别無措意之處，其效驗則漸次而成。要之數年之後，則財計、民生、士風、邊防皆倍勝於今日」[二八]。七月一日奉批覆：「力作墾荒，禁私疏壅，最得屯鹽要領。……還詳加條畫來看。」[二九]

七月十二日，徐光啓就盧兆龍《王者有必勝之兵疏》反對借用澳門葡兵，更上《捍衛葡人疏》（從葡萄牙文回譯）。《捍衛葡人疏》中文本失去，現有葡萄牙文本，藏葡萄牙里斯本阿儒達圖書館（Bilioteca de Ajuda），卷宗號 BA. JA，49. v. 9，fls 65v. 69。由董少新先生收集、翻譯並提供，全文如下：「太子賓客禮部左侍郎兼翰林院侍讀學士徐光啓上言：

臣已做過新的調查，奉旨向陛下陳述臣的感言，恭請陛下明鑒。同時，我也請陛下允許我卸職還鄉，在我自己的家中安度晚年。臣奉陛下之命掌理火炮及相關事務。現在臣又奉旨向陛下奏明如何最好地練兵與養兵。在我手中有一個奏疏的抄本，就是科吏盧兆龍所奏者，他在疏中論述了是否應該讓正在路上的葡萄牙人來，此疏中涉及到我。臣仔細回顧，十三年前，是臣第一個講到，欲摧毁敵人，必借助火炮；臣立即尋找火炮，是臣第一個派人前往澳門尋獲四門火炮。現在各地均需要擁有火炮，但無一處能夠擁有。我們没有這麼多火炮，也没有這麼多人，即使有一些地方有這樣的火炮和人員，如果我們不能夠將其整合成爲一個整體以前往抗敵，我相信反叛的韃靼人將不會得到懲處。正因爲如此，才會徵三百葡萄牙人。儘管此一想法爲公沙的西勞統領所提出，但是他向陛下所奏之事，以及他向陛下所請求的條例，我也都知道，所以我不能夠坐視不管，保持沉默。但是陛下知道，那時我希望獲得火炮以驅敵，並不僅僅是想獲得火炮，而是想鑄造更多的火炮，不僅因爲韃靼人的入侵，而且也因爲荷蘭人，蓋荷蘭人是西方來的殘暴的海盜。澳門葡萄牙人是西方温順的商人。那些海盜想搶劫這些商人，這些商人盡力以手中的火炮進行抵禦，故雙方均想儘量擁有最精良的火炮。荷蘭人來到這裏已經二十年了，期間無論其船的數量還是火炮的數量均有大量增加。可以肯定的是，他們的野心不小。他們知道我們的帝國不使用巨炮，因此尚未重視我們中國。澳門的葡萄牙人擁有精良的火炮，可以依靠這些火炮自衛，然而他們知道自己地小人寡，因此希望投靠我們，從我們這裏得到幫助。我想長話短説。澳門葡萄牙人與荷蘭人的衝突，是荷蘭人想攻佔澳門，然後再覬覦我們的帝國。澳門葡萄牙人想在我們的帝國境内修築防禦工事，以抵禦荷蘭人的攻擊，荷蘭盜賊集中其所有力量以奪取澳門，而澳門葡人以堅定的決心，向我們的帝國表示出巨大的忠心。雙方之良莠，動機之好壞，臣看得很清楚。因此我想利用火炮摧毁韃靼人，而葡萄牙人顯然將會竭盡全力助我們功成此事。這樣，我們帝國的人將看到火炮的巨大優勢，從今以後，我們的人將鑄造很多火炮，學習高超的鑄造技術，辨别和使用火炮。福建、廣東、浙江、南京以及其他沿海地區，將通過葡萄牙人獲得裝備，以應對他們所面臨的一切局勢。而荷蘭人得知我們的這些安排後，將會打消其覬覦中國的野心。但是那時，我的設想没有被實施，此後數年，荷蘭人果真在澎湖建起堡壘和要塞，今日他們又定居於 Pequiam，臺灣，這兩個地方距離福建省三四百里，幅員遼闊而富足，而現在中國的流民、盜賊和叛亂者，招集倭寇，聚集在那裏，已經構成許多城市和村莊，人口衆多，城池堅固，裝備了火炮，而荷蘭人的虎目從那裏日夜窺視著我們中國，而他們達到目的的最佳辦法，便是先佔據澳門，因爲澳門對他們進行了最堅決的抵抗，澳門想建防禦工事也正是爲此。因此，儘管我們不願用葡人作爲抵抗韃靼人的先鋒，我今天也建議最好保留在澳門的葡人，以便通過他們保衛南部沿海地區。科吏盧兆龍對他的家鄉香山很關注，希望我們對澳門保持警惕，而不是將葡人趕走。但是陛下在那個省的官吏經常欺負、淩辱澳門葡人，造成了我們與澳門葡人之間的不和；因此，澳門葡人非常擔心，荷蘭人會懷疑陛下在廣東的官吏們能給澳門葡人提供幫助，而荷蘭人原本認爲廣東官吏會幫助澳門的。那裏的葡人也有從澳門撤離的想法，而我非常擔心，葡人早上撤走，荷蘭人晚上就佔據那裏了。這些荷蘭人在最初來這裏的時候也會説自己是商人，説他們的誠意比葡萄牙人更大。但是根據我講過的這些事實來看，我認爲葡萄牙人是商人，而商人是不會變爲强盗的。荷蘭人是海盗，因此他們不想做貿易，從開始到現在他們的所作所爲已説明了這一點，他們所注重的就是擁有更多裝備大量火炮的船、淡水和食物，然後一有機會便搶劫、擄掠，他們因此而獲得巨大財富，貴重之物堆積如山。而現在，有誰能夠使他們懼怕，使他們能夠放棄做惡，放棄搶劫的習俗，使他們安於在海上航行以賺取百分之十的利潤，如其他商人一樣？所有這些事情都需要慎重考慮。臣處心積慮已久，以前不敢向陛下奏明這些事情。至於我們請的三百葡人和一千二百枝火槍，儘管他們到來之時將已入秋，但是那時叛敵仍將在我們的帝國之内，我們便可用葡人將他們驅逐出去。即便敵人被趕走，要想收復遼東、懲處北方叛亂分子，我們仍應該借助於葡萄牙人，讓他們督導我們的訓練，精選兩三萬有經驗的士兵，將他們與葡兵組織在一起，提供花銷、供給、武器以及其他戰鬥物資，我們便將獲得所期望的勝利，兩年之内即可成功。爲了征服所有韃靼人，並極大地節省開銷，這是萬全而唯一的策略，等戰勝敵人一兩次以後，我們的士兵就會重新振作，焕發生機，積極投入戰爭，那時我們便可以命葡萄牙人返回，而不必留他們在這裏兩年時間。總之，如果陛下的諸臣們認爲没有必要收復已失去的土地，或者他們有比我所講的策略更高明的計謀來收復土地，那麽毫無疑問，在三百葡人身上投入的花銷將是無用的，没有任何好處，因爲他們將幫不上我們什麽忙。臣與科吏誰的意見更正確，還望陛下明鑒。我接下來略述天主教，據説此教在唐代便已存在於中國，被稱爲景教。該教認爲，大君無始無終，即是我們的主，我們的主滌蕩我們的過錯，賦予我們美德，讓我們恪守應盡的義務。從貞觀年間開始，該教在中國發展、繁榮了兩百年，我們可以從一塊石碑的銘文中得到證明，該碑在前幾年發現於陝西省，看來這一聖教並不是在今日才傳入中國的，而是已經在中國非常久了。利瑪竇神父及他的會友用中文翻譯了數十部各類書籍，其中數學書籍並非最受推崇的，那些講述致命的罪惡、與此相反的美德以及對良心的考驗的書籍，是寫給每個人看的，因爲書中每個辭彙都很明晰，都非常有用。臣時常讀這些書以利臣之靈魂。於是該科吏説我受神父們蒙蔽，而毫無顧慮，對真理麻木不仁，從不敢揭露事實真相。現在我也得承認，我是一個無能之人，缺少德行，且上了年紀，諸病纏身。在過去數年中，當敵人又來入侵，我不敢爲自己著想，不能休息，無法顧及私人的事情，總是盡力效忠，爲國效力；但是現在，國家邊事平静，而反觀自己，並没有盡什麼力。因此我懇請陛下允許我卸職，以讓那些抱怨我的人滿意。我閉門獨處於陋室之中，但不會因此而忘記浩蕩皇恩。臣懷著敬畏、謹慎之心恭候皇上諭旨。一六三〇年七月十四日皇上須佈諭批：朕已閲覽您的奏疏。前來效力的葡萄牙人已表現出忠心，他們對我們帝國之防衛與援救已盡全力，對此朕毫不懷疑。至於他們講述的關於我們的那些事情，各地方總督在他們的奏疏中没有提到。您徐光啓深謀遠慮，忠心效力，盡職盡責，這些朕均親眼所見，與您所言不符。朕命您安心修養，並繼續擔任您的職務，將您以前的策略付諸實施。欽此欽尊。」

七月十七日，禮科給事中盧兆龍在徐光啓《捍衛葡人疏》之後，再上《王者有必勝之兵第二疏》，繼續攻擊徐光啓。本疏原題失去，部分疏文存於《崇禎長編》（卷三十五，崇禎三年六月，第二〇九二——二〇九五頁），現據疏文内容擬定。盧兆龍部分疏文如下：「頃見演炮西夷，彎弓佩刀於帝（頁二〇九三）都之内，實懷叵測之憂，故具王者有必勝之兵一疏，大意謂制勝自有長策，西洋異類不可引入中國，窺我虛實，啓彼戎心，且輦轂重地，招聚多夷，萬一變生意外，事關非細。而禮臣徐光啓隨具聞言内省一疏，娓娓數百言，其大旨若爲紅夷澳夷分順逆，又鰓鰓然爲澳夷計保全謀久遠，何其深且切乎！然與臣所謂罷止續取之差以杜内釁者，固相背而馳，非對針之語也。澳夷即假爲恭順，豈得信爲腹心，即火技絶精，豈當招入内地？據光啓之疏，謂閩廣浙直尚防紅夷生心，則皇居之内不當慮澳夷狡叛乎？舍朝廷不憂，而特憂夷人之不得其所，臣所未解也。即其總括之兩言，曰紅夷之志欲剪澳夷，以窺中國，此言似矣；而曰澳夷之志欲強中國，以捍紅夷，則是堂堂天朝，必待澳夷而後強，臣前疏所謂笑我中國之無人者，此類是也。火銃可以禦敵，未必可以以敵。而謂欲進取於東、問罪於北，此三百人可當前鋒一隊，臣未敢輕許。若謂威服諸邊二年爲約，則愚所未能測也。果能二年得志，以省兵力，禮臣正當自信而肩任之，效與不效，與天下共見之，又何必以去就争哉！臣自幼習讀孔孟之書，改過遷善省身克己之事，經文備之矣。不識世間有天主一教，與所謂唐朝景教者。貞觀以後之唐碑，恐非堯舜以來之聖揆，微臣以白蓮爲鑒戒，恐異教流行，禮臣以瑪竇爲常師，恐異教不流行，又臣所未解也。昔江統論著徙戎，韓愈疏諫佛國骨，至今人且稱之。臣前疏雖迂，其説頗正，願存此段議論以爲國家防微，以俟政府參酌，毋以部覆不行，遂委信遠夷而主盟邪教，以貽釁無窮也。臣言夷人不可用，非言火炮不可用。乞皇上責成光啓始終力任，竟展其二年成功之志，勿因臣言以爲卸擔，則臣之言未必非他山之助也。」

七月十八日上疏條陳墾田、用水、除蝗、禁私鹽、曬鹽等「綱領五端」，具體作出五篇有系統之規畫。其中：第一篇「墾田」，條目凡二十八。主要係述鼓勵人民墾荒之具體辦法。第二篇「用水」，條目凡六，陳述農田水利之重要性及其具體措施，包括利用水之「源」、「流」、「瀦」、「委」及作井、作池塘水庫等。第三篇「除蝗」，條目凡九，指出「蝗災甚重，而除之則易，必合衆力共除之然後易」。條列蝗之生活習性、當事捕治、先事消弭、後事翦除及備蝗雜法。第四篇「禁私鹽」，條目凡八，説明當時私販之風、鹽法之弊、禁政之急及行法用人之要。第五篇「曬鹽」，條目凡四，分述曬鹽之方法及其利益，指陳今昔榷鹽之利病〔三〇〕。均密切聯繫當時實際而言。

此頃前，官軍先後收復灤州、遷安、永平、遵化等四城。至是，孫承宗上《收復四路露布》〔三一〕。

八月二日升任禮部尚書兼翰林院學士，協理詹事府事〔三二〕。

九日上疏，報告訪用修曆人員事。略謂西洋人湯若望，仍在訪求中；羅雅谷則已由開封府資給前來，候旨委派供事〔三三〕。

此頃，李之藻病卒[三四]。

「時，工部尚書南居益[三五]疏請一切軍器，皆宜歸併兩廠」[三六]，要求添設廠爐，督辦製造。公上疏「謝其事」，略謂「承乏禮曹，兼任修曆」，已「晨夕不遑」。只以「大敵臨城」，「西銃繼至」，「奉旨與戎政諸臣商酌製造，隨行教練」，「製式授法」，明係「暫任」。今「宜循職守」，不能「代庖」。「至如廠地匠作，工臣欲用即用。但人數本少，功力未竟，遽改而他屬，則目前銃器，無時可完」。擬俟「竣事之日」，任從派員接管。「若火器事宜……有問臣者，據臣所知，必不敢隱」。「欲依臣法，即當細與商酌，罄臣識力，亦不敢辭」[三七]。拳拳「不忘自效」。

此頃前，因參與京師城守事，暫輟修曆工作。至是[三八]，開始「續理前緒」[三九]。

九月二十二日督師袁崇煥被殺害[四〇]。

十月頃，上疏報告試驗大銃需用鉛藥分兩；并謂「火攻之法，一在銃堅，二在藥彈相稱，三在人器相習」。又謂製造銃器，「工費頗奢，臣亦自覺其然。……若議減之，又恐器必苦窳。……有建言製造於山西者，蓋彼産鐵之處，工料易得，煤價甚賤，亦可加精」，請「採擇」[四一]。

此頃，「城守敘勞，頒賚有加」[四二]。

十月二十五日上《題爲月食事疏》報告推算「十月十六(即十一月十九)夜月食分秒時刻、

起伏方位」及其圖像。并謂所採西洋法，因「里差」關係，「非從月食時刻測驗數次，不能遽定」[四二]。

二十五日上《奉命修曆因事暫輟謹略陳事緒以明職守疏》，報告崇禎二年十一月間「忽遭虜警，……協同料理城守事宜，繼以造銃，訓丁等事」，致修曆工作暫輟原因。并將譯撰甫成正在待繕之書表開列目録上報。據稱：當時譯撰書表一十九卷，其中：《測天約説》二卷，《大測》二卷，《元史揆日訂訛》一卷，《通率立成表》一卷，《散表》一卷。以上係公與龍華民、鄧玉函等譯撰。《測圖八線立成表》四卷，《黄道升度立成中表》四卷，以上係鄧玉函與知曆人等譯算。《曆指》一卷，《測量全義》二卷，《比例規解》一卷，《日躔表》一卷，以上係公與李之藻、羅雅谷等譯撰。此外，并報告製造大儀器三座，其中：七政象限大儀二座，測星紀限大儀一座，以上係鄧玉函與知曆人陳于階[四三]等製造[四四]。

十一月二十日上疏報告昨夜觀測月食結果[四四]。

此頃，四川資縣生員冷守忠[四五]以知曆法、「執有成書，言論娓娓」，爲巡按御史馬如蛟[四六]所薦，録其原書轉由都察院咨請「查覽」。公因備文咨覆[四七]，「力駁其謬」[四八]。認爲所言古曆沿革，「牽合傅會」；但「無關工拙，可置勿論」。所推辛未歲前冬至與大統法及新法所推并不符，但此事較「奥賾難宣」，「亦姑勿論」。獨辛未年月日交食，此可預推，尤難掩覆。

合離疏密，……不必以口舌争」。因説明新法預推「是年四月十五日(舊曆)」月食食限及成都地區初虧、食既、食甚、生光、復圓之時刻分秒及方位。指出冷氏「加法在晝」説法與新法「相左之甚」。謂「今時日既在指顧，事理又若列眉」，建議令其「至期詣(當地)公府一伺候驗」。

陳子龍至京[四九]，謁公於京邸，問當世之務。陳氏自述對公之觀感，謂爲具「忠亮匪躬之節，開物成務之姿，海内具瞻久矣。其生平所學，博究天人而皆主於實用。至於農事，尤所用心」[五〇]。

審閲《熹宗實録》草稿，發覺有方某爲奉祠事，疏斥方孝孺[五一]嫡胤方忠奕爲冒認。悉其情，因上疏爲之辯護，有云：「孝孺有後，事在臣鄉。沉鬱二百餘載，……方氏子孫乃得自名其祖[五二]。……海内臣民，咸所稱快。」但方某之疏，「敢於罔上，忍於覆宗，至此極也。」[五三]

十二月二十七日，上《奉旨回奏疏》報告考驗曆法事。略謂：「臺官用器不同，測時互異」，奉旨「着較勘畫一」，經「督率該(欽天)監堂屬官并知曆人等到臺，前後較勘三次。設立表臬及合式羅經，於本臺日晷簡儀、立運儀正方案上，較定本地子午真綫，以爲定時根本」。認爲「定時之法，當議者五事：一曰壺漏，二曰指南針，三曰表臬，四曰儀，五曰晷」。分别論述此五事之作用及若干有關問題。并謂「總五事而論之：壺漏用物，用其分數；南針用物，用其性情；然皆非天不因，非人不成。惟表、惟儀、惟晷，悉本天行，私智謬巧，無容其間，故可爲候時造曆之凖式」。又謂「推步之學，……自漢迄元一千三百五十年，凡六十八改，……皆從粗入精，先迷後得。謂古法良是，後來失傳誤改者，皆謬論也。自元至今又二百五十年，略無修正，并郭守敬之遺書一百餘卷悉皆散佚，徒取其僅存之粗迹」。「昔日臺官阻撓〔修改〕特甚，近……諸臣專已成心悉已捐除，而見臣等著述稍繁，似有畏難之意。不知其中有理、有義、有法、有數。理不明不能立法，義不辨不能著數。明理辨義，推究頗難；法立數著，遵循甚易。即所爲明理辨義者，在今日則能者從之；在他日則傳之其人，令可據爲修改地耳；非必在臺諸臣悉皆暢曉也。若立成諸表，皆先爲一定之法，一成之數，……用之推步，展卷即得。……此則今之甚易，何足畏」。

推算冬至時刻「累測日躔，如法布算，與該〔欽天〕監原推不合，而該監原推，與近來議曆者所言又不合。欲求畫一」，認爲「當於臬表二器，酌就一巧便之法」。因於三十一日「前往觀象臺[五四]再備細行考驗計畫。不意偶然失足，顛墜臺下，致傷腰膝，不能動履」[五五]。

附注

[一] 見《國榷》。

[二] 見《行述》。

[三] 陸若漢(Jean Rodriguez)，葡萄牙人。據稱：僑居澳門已五十餘年，任耶穌會掌教(見《熙朝崇正

集》載陸氏等奏疏)。

[四] 公沙的西勞(Gonzles Texeira Correa),葡萄牙人。據稱:僑居澳門已二十餘年(見《熙朝崇正集》載陸若漢等奏疏)。按:公沙可能是商人。

[五] 見《聞風憤激直獻芻蕘疏》。按:陸若漢、公沙的西勞等係於崇禎元年應兩廣「軍門」(總兵官李逢節、王尊德之招。其年九月攜同銃器、銃師、匠役等至廣州,翌年二月由廣州從水道北上。十一月二十二日抵達涿州。見《熙朝崇正集》載陸氏等奏疏(月、日照録原文,均係陰曆)。

[六] 見《熙朝崇正集》所載奏疏。據稱:當時敵警緊急,「州城内外士民,咸思竄逃南方。知州陸燧,舊輔馮銓一力擔當,將大銃分布城上……演放大銃,晝夜防禦,人心稍安。奴虜聞知,離涿二十里,不敢南下」。

[七] 見《家譜》(按此似係公所自記)。

[八] 見所上《再陳一得以裨廟勝疏》。

[九] 原疏見宣統版舊集。該集著録此疏,缺去一頁,民國版舊集補足。

[一〇] 梁廷棟,字無它,河南鄢陵人,萬曆四十七年進士。事跡見《明史》。

[一一] 原疏未見,只見所上《控陳迎銃事宜疏》提及。

[一二] 原疏見光緒版舊集。按:疏中提及之軍用「遠鏡」,係我國歷史文獻上最早之紀録。

[一三] 滿洲兵二月十五日陷永平,二月十九日陷灤州,繼續東向,中伏,兵敗,勢稍戢。參見《國榷》。

［一四］馮銓，字振鷺，河北涿州人，萬曆四十一年進士，後降清，事跡見《清史稿》（亦附見《明史·顧秉謙傳》）。

［一五］見《烈皇小識》及《熙朝崇正集》。

［一六］見《國榷》。惟原文日期作「正月壬寅」，今依《熙朝崇正集》載陸若漢等奏疏所署作「正月十七日（丁酉）」即陽曆二月二十八日。

［一七］見所上《恭報教演日期疏》。

［一八］原題《恭報教演日期疏》，見宣統版舊集。

［一九］原疏各版舊集均不載，只見明鈔本《徐文定公奏疏》（現藏北京大學圖書館）。惟鈔本原疏未署年、月、日。今按：疏中題及「兵部郎中郭士奇」，查郭氏任兵部郎中係崇禎二年十二月二十三日（見《國榷》，原文依舊曆作十一月庚寅日），知此事必發生在是時以後。據《國榷》，「京師火藥局災」係在崇禎三年三月戊戌日（陰曆），則此疏當上於是日。疏文中有「今十五日」語，疑「五」字係「八」字之誤，因是年陰曆三月戊戌日係十八日非十五日。

［二〇］原題《鎮臣騾求製銃謹據職掌疏》。見光緒版舊集。

［二一］見所上《修改曆法請訪用湯若望〔等〕疏》。

［二二］原疏見宣統版舊集。題下只署崇禎三年，未署月、日。據疏中「奉旨留用，方圖報答」及「近來邊鎮，……各欲請器請人」等語，知當在陸若漢奉旨留用，且當在鎮臣騾求製銃以後。考《留用旨》係頒於三

月十六日：《鎮臣騾求製銃謹據職掌疏》，係上於五月十三日。是上此疏時，應在是日即五月十三日以後。又，此疏署銜爲「禮部左侍郎」，但是年七月九日，公已被提升爲禮部尚書。是上此疏時又應在是日即七月九日以前。今按：極可能在六月頃，因疏中提及「往返不過四閲月」及「秋高馬肥，兹事已就」語，由六月頃再曆四閲月，恰是「秋高」的重陽時節。

［二二三］羅雅谷，字味韶，原名 Jacobus Rho，意大利人，公元一六二四年來華，一六三八年卒。

［二二四］見民國版《舊集》。

［二二五］李之藻輯刻《天學初函》，自撰題辭，未署年期，後世簿録多不詳之，或只泛言在崇禎中。今按：李氏輯刻此書，當在天啓三年罷官回籍後，崇禎二年自原籍赴京前（公元一六二三至一六二九）。刻成後自撰題辭，則似成於崇禎三年抵京後（亦可能在臨離原籍時，即崇禎二年間）。題辭原文有「利瑪竇者九萬里抱道來賓……迄今又五十年」語，可證。蓋由是年即崇禎三年上溯至萬曆十年即利氏抵澳門之年，首尾略符五十年之數。

［二二六］見《行述》。原文未記其具體日期，今查《國榷》：「論户部講屯鹽良法」事，係在「四月戊寅（陰曆）」即六月九日。

［二二七］原疏未見，但見所上《奉旨條畫屯鹽疏》提及，《行述》亦提及，且引用其部分原文。又，明鈔本《奏疏》亦收録此疏，但已缺其前一部分（只殘餘最後一頁）。

［二二八］據《行述》所摘要照録。

[二九] 見所上《奉旨條畫屯鹽疏》。

[三〇] 原題《奉旨條畫屯鹽疏》。見宣統版舊集。按《農政全書》、《明經世文編》均收載，惟只裁篇分載，不照疏文原文及其次序全録。

[三一] 見《明實録》、《國榷》。按： 是時孫承宗任兵部尚書、中極殿大學士、督理軍務。收復四城，事在是年六月十一日至十五日，頒露布在七月四日。《明史》只記其「四城俱復」事，不録其「露布」，且不提其頒露布事。

[三二] 升任「尚書」職，《履歷便覽》、《行述》、《年譜》、《國榷》、《明史》等文獻均有記述。惟《明史》未記年、月、日，《履歷便覽》記年未記月、日，《行述》、《年譜》記年、月未記日，《國榷》則年、月、日均備記，惟所記較公所上《衰病實深懇賜罷斥疏》提及之日期後三日，蓋《國榷》所據，多憑當時邸報，而邸報鈔發日期每稍遲，應以公所自記爲準。《家譜》載公七十歲所填履歷，作崇禎「三年六月二十四日（陰曆）」，與公上疏所述之日期正符，可證。又，當時兼任職銜：《年譜》所記係「兼翰林院學士，協理院事」而不及詹事府；《國榷》所記係「協理詹事府事」而不及翰林院，《行述》所記則兩者兼有作「兼翰林院學士，協理詹事府事」。按： 應以《行述》爲準，是年八月十三日所上《修改曆法疏》署銜正作「禮部尚書兼翰林院學士協理詹事府事」，可證。

[三三] 原題《修改曆法疏》，見宣統版舊集。其上疏期或稍後於所述羅雅谷到京日期即陰曆七月初二日（八月九日），但必當在批復該疏日期即陰曆七月初六日（八月十三日）前。

［三四］按：李之藻卒期，文獻多未述及。近人最近訂補之《歷代人物年里碑傳綜表》，亦只載其生期，未詳其卒期。《疇人傳》、《杭州府志》并謂卒於崇禎四年，誤。《行實》於崇禎三年十二月下述及：「是年冬李太僕之藻病篤」，亦誤。據公所上《因病再申前請以完大典疏》所述，知李氏病卒，係在崇禎三年秋。

［三五］南居益，字思受，陝西渭南人，萬曆二十九年進士，事跡見《明史》。

［三六］《行述》語。此事亦見所上《欽奉明旨謹陳愚見疏》。

［三七］原疏見光緒版舊集，不標題。宣統版舊集題爲《欽奉明旨謹陳愚見疏》。但只署年，未署月、日，今次於此。

［三八］指陰曆八月，即九月七日至十月五日間。

［三九］見《修曆缺員謹申前請以竣大典疏》。據稱：「臣於崇禎二年七月十四日欽奉明旨，督領修正曆法事務。中因兵事輟業。至三年八月，續理前緒。」

［四〇］袁氏時兼兵部尚書，太子太保。其見殺日期見《國榷》。罪名爲「謀叛欺君，縱敵通虜」。按：袁氏在當時頗著戰功，忽遭殺害，衆多不平。據《東華録》所載，知其遇害，係因崇禎帝誤中反間計所致。

［四一］原疏見光緒版舊集，不標題。宣統版題爲《欽奉聖旨復奏疏》，但均缺圖像。明版《治曆緣起》載此疏，附有「月食圖」。

［四二］《行述》語。此事亦見《年譜》，并繫於「九月（陰曆）」記所賜物爲「白金文綺」。

［四三］陳于階，字瞻一，一字允升，號仲臺，上海人。事跡見《明四朝成仁録》。按：陳氏係公之外

甥，隨公學習曆法、天文、算學、火器等科學。後爲史可法薦授欽天監博士，并協助史氏督製火器。清兵破南京，自縊於雨花臺。

［四四］各版舊集，均未録載原疏。今據明刻《治曆緣起》（北京圖書館藏本題《大明天文奏疏》）著録。

［四五］冷守中，四川資縣人，諸生。事跡附見《疇人傳·徐光啓傳》。

［四六］馬如蛟，字騰仲，號訥齋，安徽和州人，天啓二年進士。事跡附見《明史·黎弘業傳》。

［四七］原文見《崇禎曆書·學曆小辯》。按：此文亦見《圖書集成·曆法典》。

［四八］《明史·曆志》語。

［四九］參見陳子龍自撰《年譜》。

［五〇］見《農政全書凡例》。

［五一］方孝孺，字希直，一字希古，學者稱正學先生，浙江寧海人。事跡見《明史》。

［五二］方孝孺被明成祖殺害，夷其族。有遺嗣改姓余，匿居上海凡二百餘年。萬曆三十七年楊廷筠督學南直，檄松江知府訪其遺胤，使復姓，并給與資助。見《松江府志》。

［五三］見《爲一事兩旨前後互異謹據實直陳懇勘明歸一以勸忠節以昭信史事疏》。原疏見明鈔本《徐文定公奏疏》。此疏後半段殘缺，未詳其上疏期。據所署「禮部尚書」等銜，知當上於任尚書後，入閣前。今姑隸於此。

［五四］觀象臺係欽天監所轄。據《春明夢餘録》所述：當時該臺設在京城東南隅，臺上備有渾天儀、

簡儀、玉衡、銅球、量天尺、銅壺滴漏等器，并闢有測景室。

［五五］見所上《因病再申前請以完大典疏》（宣統版舊集）。

公元一六三一年（崇禎四年・辛未）　七十歲

一月三日上《因病再申前請以完大典疏》。略謂前在觀象臺顛墜致傷，「不能動履，見今延醫調治。……〔惟〕修曆事務，勢難闕人。……目下算數、測候、謄寫員役雖不乏人，而釋義演文、講究潤色、較勘試驗，獨臣一身。即使強健踰人，尚苦茫無究竟。況今疾困支離，卧病一日，則誤一日之事」。要求「勑下吏禮二部，商求堪用人員，更簡數輩前來供事。若使醫藥遂効，可速於造成；　如或痊可未期，亦便於成接」［一］。

四日，湯若望由陝西西安府資給到曆局任職［二］。

上疏預告推算「四月十五日戊午」（即五月十五日）月食［三］食限分秒時刻、起復方位并繪具圖像。「仍附陳四事」：　其一，指出當時論時刻所用名詞，有「算外」、「算内」之别，認爲有「畫一」之必要。其二，指出所用新曆與觀象臺曆不同，以後推算，「每具兩率」，「以待候驗」。其三，指出測日食月食，自古至今，由粗入精。認爲以後「四海測驗」，更須按地區「詳求經緯之法」。其四，指出新舊法紀述月體入「闇虚」分數各不同之故。并聲明候命届時測候［三］。

八日，「《神宗實録》告成，加從一品俸」[四]。

二月初，滿洲造紅衣大砲[五]成。滿人造砲自此始[六]。

此頃，撰《奏呈曆書總目表》。先略述星曆之學自邃古至元代之發展過程，并謂其學「至元而盛，亦自元而衰」。次自陳所見，「以爲欲求超勝，必須會通。會通之前，先須翻譯」。相信「西法至爲詳備」，「可爲目前必驗之法，又可爲二三百年不易之法，又可爲二三百年後測審差數因而更改之法，又可令後之人循習暢曉，因而求進，當復更勝於今」。建議「翻譯既有端緒，然後令甄明大統，深知法意者，參詳考定，鎔彼方之材質，入大統之型模」。因條列諸目：一爲「節次六目」：日躔曆、恆星曆、月離曆、日月交會曆、五緯星曆、五星交會曆。指出此「六節次〔須〕循序漸作……不能兼併，亦難凌越」。二爲「基本五目」：法原、法數、法算、法器、會通。指出此「五基本則〔猶〕梓匠之規矩，……雖則浩繁，亦須隨時並作」。次説明「大事必須衆力，疾行必無善步」，提出「三議」：其一爲「速就」法，只「預算日月交食三四十年」，或「用舊法略加損益附會其間，數月可竣」。但自覺「此則昧心罔上，臣等所不敢出」。其二爲「節次」、「基本」之法，依循辨理，「分任經營」，「有法有數，……二三百年必無乖舛。然其書已多於曩昔，其術亦易於前人」。其三爲「更求大備」法，「一義一法，必深言所以然之故，從流溯源，因枝達幹，不止集星曆之大成，兼能爲萬務之根本。此其書必逾數倍，其事必閲數年。……法意既明，明之者自能立法。……所謂今之法可更於後，後之人必勝於今」。聲明所「臚列事在徐圖，先其簡易，次其繁重。惟是功非朝夕，人必旁求」。最後開列「第一次進呈書目」，其中屬法原者爲《日躔曆指》、《測天約説》、《大測》。屬法數者爲《日躔表》、《割圓八線表》、《黄道升度表》、《黄赤道距度表》。屬會通者爲《通率表》[一]。

二月二十八日上《奉旨恭進曆書疏》，此爲第一次所進，共二十四卷。計分《曆書》一套六卷，其中：《曆書總目》一卷，《日躔曆指》一卷，《測天約説》二卷，《大測》二卷。又《曆表》一套十八卷，其中：《日躔表》二卷，《割圓八線表》六卷，《黄道升度表》七卷，《黄赤道距度表》一卷，《通率表》二卷[一]。

四月十日上《遵例引年懇乞休致疏》。略謂「今年滿七十」，據《會典》：「凡内外大小官員年七十者聽令致仕。」「況多膺疾病，與筋力未衰者不同。」要求「照例休致」[七]。十三日奉批覆：「卿清淡端慎，精力正優。詞林允資模範，不止修曆一事，着安心供職，不必引陳。」

十六日「策貢士吴偉業[八]等三百人於建極殿」[九]。是科，公「充廷試讀卷官」[一〇]。「當讀卷，亟賞〔張溥〕」[一一]廷對一策」。張氏以此受知并受教，曾謁公於京邸。因「勉以讀書經世大義」。張氏自稱：「退而矢感，早夜惕勵」[一二]。

此頃，所取士張溥、徐天麟[一三]「聞公方究泰西曆學」，「往問所疑，見公掃室端坐，下筆不休。室廣僅丈，一榻無帷，則公卧起處也」。張氏又嘗「獲侍」左右，「親見公推算緯度，昧爽細書，迄夜半乃罷」。家中「惟一老班役，衣短後衣，應門出入傳語」。因歎爲「古來執政大臣，廉仁博雅，鮮公之比」[一二]。

二十二日（陰曆三月二十一日）七十壽辰，「諸親知」致禮品，「俱令兒輩於家中辭謝」，不受[一四]。此頃，周明瑛[一五]禮品從鄉至京，因其「遠來」，「從權祇領」，特函致意[一四]。

五月十六日上疏報告昨夜測驗月食結果，據稱：與前所預推頗密合。并詳述其測驗方法[三]。「已而，四川報冷守中所推月食，實差二時而〔公所用之〕新法〔則〕密合」[一六]。

七月九日，上疏預報推算「十月十五日乙卯」（即十一月八日）月食食限、分秒時刻、起復方位，并繪具圖像」[三]。

「時，有滿城布衣魏文魁[一七]著《曆元》、《曆測》二書，令其子象乾進《曆元》於朝，通政司送〔曆〕局考驗」[一六]。公摘其當議者二事：一議交食食分，一議冬至測算。當極論者七事：一爲歲實減差，一爲弧背求弦矢，一爲盈縮限期，一爲太陰遲疾，一爲日食正午時差，一爲交食定限，一爲論測算宋元嘉六年十一月朔日食。并謂此係「略引其端，事頗賾隱，更僕未罄」[一八]。「已而文魁反覆論難，光啓更申前説，著爲《學曆小辨》[一九]，其論歲實小餘及日食變差尤明晰」[一六]。

此頃，「充考庶吉士閲卷官」[一〇]。二十五日發榜，張溥等二十二人入選[九]。

春夏間，至親好友在上海爲徐光啓籌辦七十大壽，徐光啓命兒子徐驥婉拒，於壽禮一律辭謝。惟姻親周明嶼遠來，不便推辭，徐光啓馳書《與周明嶼》：「賤誕何足煩尊念，諸親知厚意俱令兒輩於家下辭謝，而尊惠遠來，從權祗領，致不能安如何！附此申謝，未盡。名正具，沖。」鳴謝有禮。周明嶼，字叔魯，太學生。上海人，康熙《上海縣志》有傳，和徐光啓的姻親關係不詳，待考。

八月二十七日上《奉旨續進曆書疏》，略謂對曆書工作，「一面撰述修潤；一面測算繕寫。……但討論潤色，原擬多用人員，今止臣一人，每卷必須七八易稿」。其他「分曹著述」及圖表之算測工作，由「兩陪臣與在局人員」分擔。「近今繕寫齊備〔者〕，凡書表圖像三種，共二十卷一摺」。其中：《測量全義》十卷，《恆星曆指》三卷，《恆星曆表》四卷，《恆星總圖》一摺，《恆星圖像》一卷，《揆日解訂訛》一卷，《比例規解》一卷。又謂：前疏提及之「基本五目，其法原、法器，今《測量全義》并前《測天約説》、《大測》等書，已陳其大約矣。法數即立成表，各依七政本曆附載。會通止二卷，已經進訖。法算即係術算，暫用舊法，亦足供事，更有超捷深奥者，宜待異日，是則基本五目，略已足用。今未敢多端旁騖，以致稽延。若節次六目，前已完過《日躔書表》三卷，今續完《恆星書表・圖像》八卷一摺，其《月離曆》則稿草半就，《交食曆》、

《五星曆》方當經始」，容俟「陸續完進」[二]。

十月三日上疏預報推算「十月初一日辛丑」(即十月二十五日)日食分秒時刻、起復方位，并繪具圖像。略謂是日日食分數雖非多，惟「論曆法，正宜詳加測驗，……日食明白易曉，按晷定時，無可遷就，無容隱匿。故曆法疏密，獨此最爲的證。……未經目擊，而以口舌爭，以書數傳，雖唇焦筆秃，無益也」。因更舉「四説」，以明測候之必要：其一，「可驗時差之正術」。認爲新法據黄道，舊法據赤道，「黄赤二度之中，獨冬夏二至乃得同度。餘日漸次相離。今十月朔去冬至度數尚遠」，此時進行測候，孰疏孰密，「足爲顯證」。其二，「可以求里差之真率」。因交食時間以地之經度不同而稍有先後，「必從交食時測驗數次」，便可證實本地經度真率，從而求得里差。其三，「足以明學習之甚易」，因可「根極要領」，以所實測與所撰述及推算之書表互證，「一時發覆，蹊徑了然」。其四，「足以明疏失之非辜」。因曆法愈測愈密，「非一人一世之聰明所能揣測，必因千百年之積候」，方能有所「會通」。——因此要求「預定晷景，臨時依法瞻測……〔如〕密合則向來述作，不爲空言；有差則向後各法，因之裁定」[二〇]。

二十五日(陰曆十月朔)，日食期屆，親「率監臣預點日晷，調壺漏，用測高儀器測食甚日晷高度，又於密室中斜開一隙置窺筩眼鏡[二一]，以測虧復，畫日體分數圖板，以定食分」。測驗結果，與原所預測之「時刻高度悉合；惟食甚分數，未及二分」，因食分較少，致其初虧及復圓時刻，不易準確測定。翌日，上《日食疏》，報告實測情況，並特別指出「窺筩眼鏡」之效用[二一]。此鏡係較原始之天文望遠鏡，在中國用以觀測日食，此爲最早之一次。

此頃，受封「資善大夫」[二二]。

滿洲主皇太極率兵分兩路大舉圍大凌河城，該城新築甫竣，滿洲兵已臨其下，四面包圍。自秋至冬，「久而無援，援而不勝」[二三]。十一月頃，城外城臺百餘，次第爲滿洲兵所發紅衣砲擊潰，城中援絶糧盡，隨陷。由是役起，滿人行軍，必攜紅衣砲[二四]。

十一月八日上《處不得不戰之勢宜求必戰必勝之策疏》。略謂「自東事以來，猥以書生，屢言兵計。十三年間，章數十上」。目前「屬事之殷，謹隱括一二」：「一曰宜以戰而爲守，……惟有樂戰保勝之兵，則可以備禦者，即可以進取。……總其大要，不過四言：曰勿疑，曰勿遲，曰急用人，曰無惜財而已」。「二曰宜聚不宜散。兵法欲專不欲分。……如關外一聚，關内一聚，近畿一聚，有勝兵各二萬人，則諸城不必多兵，但取可守足矣。……且二萬人又非必聚於一城也。但選募同強，教練同習，營制同法，器械同利。分時各當一面，合時共拒大敵」。「三曰：宜精不宜多。……非得絶力絶技，目無全敵，歡然健鬥者以爲之倡，必無勝理」。「四曰先步而緩騎。……今所謂急者莫先車營，多備火器，精其器甲，卒皆絶技絶力之士。……今苦無兵無餉亦無馬，故當先其急者。第今所謂步營，不當如尋常習套。……惟人與器皆求倍勝於敵」[二]。十二日批覆着將招練圖功及所云「三聚四言」、「詳細條奏」。

十四日上《欽奉明旨敷陳愚見疏》。略謂「累次建言，皆以實選實練，精卒利兵，車營火器爲本。……至今未獲施用，而敵反用之」。此時之兵，「選宜加精，練宜加習」，大砲亦「當以多勝寡，以精勝粗，以習熟命中，勝其妄發而已」。因具述「車營之制」及「三聚」之法。并說明所指出之「四言」。「一曰勿疑。勿疑之端有三：一勿疑於城守，……惟車營盡制，足以制勝萬全。……一勿疑於浪戰。……一勿疑於求全，勿疑於預備」。「二曰勿遲。勿遲之端有四：一速召孫元化、王徵於登州，……一速如舊年初議，再調澳商。……蓋非此輩，不能用砲、教砲、造砲。……一速取廣東大小砲位。……一速行查明大小砲位車輛〔及一應合用軍需〕，有則修整，無則造作」。「三曰急用人：……孫元化、王徵而外，……朱大典[二五]……王肇生[二六]……郭士奇[二七]……熊文燦[二八]……允宜召用」。「四曰勿惜財。……今者一加額，一召募，一置備軍需，皆須大費。……如宋臣李綱[二九]所謂生財、節用、稽弊、核實、開闔、懋遷六事，一一致行。……非但今費可償，加派可蠲已也。又臣民中亦有慕義捐財、願助軍需者……亦涓埃之助」云云[二]。

《欽奉明旨敷陳愚見疏》再次提出任用澳門葡萄牙商人教練火器：「教練火器，必用澳商。廣中所解軍需，悉皆精好，而同來工匠，又可令董率造作。……蓋非此輩不能用炮、教炮、造炮。」

十一月九日上《奏爲月食事疏》，報告昨（陰曆十月望）夜觀測月食情況，略謂初虧、食既時刻，照原所預測「差至半刻」，雖較元人舊法爲密合，但仍「當再造小儀一二，以便質正，更求精密」。又謂「日食之難，苦於陽精晃耀，每先食而後見；月食之難，苦於游氣紛侵，每先見而後食。且闇虚之實體，與外周之游氣，界限難分。臣等亦用窺筩眼鏡，乃得邊際分明」[三〇]。

十二月二十八日上疏預報推算「崇禎五年三月十六日癸丑」（五月四日）月食食限分秒時刻，起復方位并繪具圖像[三一]。

是年頃，撰《兵事或問》[三二]。

輯兵事奏稿成《兵事疏》[三三]。又輯「經國訏謨」[三四]言論成《六函彙輯》[三五]。輯「籌邊碩畫」[三四]臚陳成《上略下略》[三五]。

附注

[一] 原疏見宣統版《舊集》。

[二] 見《因病再申前請以完大典疏》。按：此疏提及湯若望到職，但未明言到職期。今依崇禎十一年七月初九日李天經所上《奉旨補給銀米疏》（見《治曆緣起》）所記日期著録。

［三］各版舊集均未録載原疏，今據明版《治曆緣起》著録。

［四］見《年譜》。《行述》作「加俸一級」，蓋是時公俸爲「正二品」，加一級即爲「從一品」。又，《行述》及《年譜》均隸其事於「十二月」（陰曆），未詳其日。《家譜》收載公七十歲所填履歷，則備記月日，但均指加俸月日言；而《神宗實録》告成月日，據《明實録》及《國榷》，係在崇禎三年「十一月丁亥」即十二月十五日。

［五］「衣」字疑是「夷」字音轉。「紅衣砲」當是「紅夷砲」即「西洋砲」。

［六］見《東華録》天聰五年部分。

［七］原疏見光緒版舊集，無標題。今題照宣統版《舊集》録。

［八］吳偉業，字駿公，號梅村，江蘇崑山人，是年會試中式第一名，廷試第二名。事跡見《清史稿》。

［九］見《國榷》。

［一〇］見《行述》。

［一一］張溥，字乾度，又字天如，號西銘，江蘇太倉人，是年舉進士。事跡見《明史》。按：張氏係「復社」之領袖。

［一二］見張溥《農政全書序》。

［一三］徐天麟，字退谷，上海人，是年舉進士。事跡見《縣志》。

［一四］見《致周明璵函》。原件現存上海市文物保管委員會（《徐光啓手跡》影印），係一短簡。上、下款均未署名。簡末附周金然跋，知係公致其父明璵函（金然事跡見《縣志》）。按：此函未署年、月，與另一

函並爲周金然跋藏。另一函提及「衰遲日甚」，是晚年所書，意此函亦寫於晚年。文中提及誕辰事，疑指七十歲誕辰。因次於此。

［一五］周明璵字叔魯，上海人，太學生。事跡見《縣志》。

［一六］見《明史・曆志》。

［一七］魏文魁自號玉山布衣，河北滿城人。事跡略見《明史・曆志》。按：據當時徐光啓稱：「滿城者儒魏文魁，知其名二十餘年矣，頗聞邢〔雲路〕觀察《律曆考》多出其手。」見《學曆小辨》。又按：《疇人傳》論之云：「文魁主持中法以難西學，然其造詣較唐宋術家，固已遠遜。反覆辯論，徒欲以意氣相勝，亦多見其不知量矣。」

［一八］《學曆小辨》語，參見《明史・曆志》。按：此文亦見《圖書集成・曆法典》。

［一九］此書收入《新法曆書》中，只一卷，不題撰人姓名。據《明史・曆志》，知爲徐光啓所撰。

［二〇］原疏題《日食分數非多略陳義據以待候驗疏》，見宣統版舊集。

［二一］所云「窺筩眼鏡」，《明史・曆志》作「窺筩遠鏡」，亦作「睍筩」，而另一疏《月食依法推步具圖呈覽疏》亦作「窺筩遠鏡」，蓋即早期之天文望遠鏡。崇禎二年九月十三日疏陳擬製之「測候七政交食遠鏡」即此。

［二二］見《年譜》。受封期原文作「十月（陰曆）」，不詳其日。按：明代官制：「資善大夫」係文官正二品官階（見《明史・職官志》）。

［二三］見《處不得不戰之勢宜求必戰必勝之策疏》。

［二四］參見《東華録》天聰五年部分。

［二五］朱大典，字延之，號未孩，浙江金華人，萬曆四十四年進士。事跡見《明史》。

［二六］王肇生生平未詳，時任「道員」。按：《明史·張銓傳》提及崇禎四年在山西任副使者，當即其人。

［二七］郭士奇生平未詳，時任兵部郎中，在告。

［二八］熊文燦，貴州永寧衛人（原籍四川瀘州），萬曆三十五年進士。事跡見《明史》。

［二九］李綱，字伯紀，福建邵武人，宋政和二年進士。事跡見《宋史》。

［三〇］原疏見民國版舊集。按：原疏年、月均未標明，據疏中提及湯若望參加觀測，知當在崇禎三年十二月初二日，即本年一月三日以後。又據疏中提及「本年六月十一日」所上預報推算月食内容，可肯定此疏係上於「崇禎四年十月十六日」即本年十一月九日。

［三一］原疏題《月食依法推步具圖呈覽疏》。見宣統版舊集，但缺圖；明版《治曆緣起》載此疏，有圖。

［三二］《集引》、《家譜·翰墨考》並著録，其撰期未詳，姑次於此。

［三三］《行述》、《集引》、《家譜·翰墨考》並著録。按：此書内容似與《庖言》相類，但兩者同見著録，似非一書異名。疑前者選輯天啓及其前之奏疏、書牘；後者專收（或兼收）崇禎年間之奏疏（只限於奏

疏），故爾不同。然其書已刻而燬（見《集引》），未能確審矣。撰期亦不詳，姑次於此。

〔三四〕見《集引》。

〔三五〕《集引》著録，不見於《行述》及《家譜・翰墨考》，可能偶遺之。但其原題是否如此？是否已刻？撰輯期在何年月？均未詳。疑此書及《六函彙輯》、《兵事疏》、《兵事或問》等，非同時撰輯，亦未必撰輯於此時，姑彙記而次於此。

公元一六三二年（崇禎五年・壬申）　七十一歲

一月十九日，登萊參將孔有德〔一〕等於奉命援遼途次，叛於吴橋，回兵連陷陵縣、臨邑、商河、新城，繼進圍登州。時已兵疲械乏，又憚城中火器，窮蹙僞請降。登萊巡撫孫元化議招撫，誤信其言。二月二十二日，登州城爲僞降兵所陷。孫元化及監軍道王徵等被執。孫氏自殺不死，叛兵縱其歸〔二〕。副總兵張燾不肯降，自縊死。

登萊兵變時，消息中斷，「朝中羣言（孫元化）〔三〕反，因繫其家屬。公直辨其不反，……願以全家百口共戮（保之）」，繼而（孫氏）〔三〕至京伏罪，衆咸謂公知人」〔四〕。

登州變後，公主撫不主剿。説者謂「此老迂憨，勇於任事而不顧利害」〔五〕。

五月五日上疏報告昨夜觀測月食結果。略謂初虧時因「雲陰不見」。食甚及復圓，雖「雲氣朦朧」，但仍可共見，與「原推相合」。又謂「今設有測高儀器，亦因雲陰難用」[六]。

二十二日上《奉旨恭進第三次曆書疏》，開列此次進呈書目，共三十卷。計：《月離曆指》四卷，《月離曆表》六卷，以上係羅雅谷譯撰。《交食曆指》四卷，《交食曆表》二卷，以上係湯若望譯撰。《南北高弧表》一十二卷，《諸方半晝分表》一卷，《諸方晨昏分表》一卷，以上係監局官生推算。并謂：「日食一法，理數甚繁，尚須譯撰《曆旨》約三卷，立成表約二十卷，今屬草將半，又須於星度里差等事，精加參訂，乃敢著爲定論，五星一節，比於日月倍爲繁曲，漢以來治曆者七十餘家，而今所傳《通軌》等書，其五星法不過一卷，以之推步，多有乖失。所以然者，日月有交食可證，作者盡心焉；五星無有，故自古及今，此理未晰也。回回曆則有緯度、有凌犯，稍爲詳密。然千年以前之書，未經更定。而兩書皆無片言隻字言其立法之故，使後來者入室無因，更張無術，凡以此耳。今諸陪臣所傳，獨爲詳備，而譯撰頗艱，書成亦須二十餘卷，不能不少費時日。」[七]

六月十九日上疏預報推算「九月十四日己酉」（十月二十七日）月食食限、分秒時刻、起復方位並繪具圖像[七]。

二十一日「特旨簡用，以禮部尚書兼東閣大學士。參預機務，知制誥。充纂修《熹宗實録》總裁官，玉牒提調」[八]。時，公「以孑立之蹤，居重地[九]，雖生平餽遺請託，必絶必嚴，至是則通候常禮，亦必對使焚槭，婉詞謝却」。「每日入值，目不停披，手不停揮，百爾焦勞」[一〇]。「入閣辦事」以後，「因閣務殷繁，〔對修曆及編譯工作〕，不能復尋舊業。止於歸寓夜中，篝燈詳繹，理其大綱，訂其繁節」[一一]。

後此，將「自左右常侍以至常伯」[一二]時所上奏疏稿，輯爲《南宮奏草》[一三]。

九月七日孫元化因所部孔有德兵叛案被誅，王徵戍近衛[一四]，事前公設法營救無效[一五]。

此頃，兼任同知經筵事[一六]。

所預推之月食期將屆，十月二十五日上《月食乞照前登臺實驗疏》，略謂：凡測算交食，「新法與舊法，不無參差」。「故每交食時，臣曾題請身往測候，必得其真時刻、真分數。少有參錯，又因而究其所以然」。「本月十四日（十月二十七日）夜望月食」，因「備員揆地，例當於中府衙門隨班救護，如此則本局督視無人。雖有陪臣臺官等依法測驗，不至乖舛，然非臣等所親見，……臣心所未安」。因請「於是日照前登臺實驗」[七]。

二十八日上疏報告昨夜測候月食，因「雲氣隱蔽月體，至天明雲尚未開，凡食分時刻，皆無憑測驗」[一七]。

十一月初八日，徐光啓有《與周明嶼》書：「年來兵事、曆事在在拮据，日不暇給，家鄉親故多闕聞問，極知書簡。」可知徐光啓爲練兵、修曆日夜忙碌。此信透露，徐光啓估計

《崇禎曆書》的修訂工作，當能於「來年春莫」結束。一俟完工，便決計南歸休假，療養身體。「前諭領悉，不佞衰遲日甚，獨緣星曆未完又將完，是以勉欲了此。一竟便當解組南還矣，計晤對之期當在來年春莫也。」

十一月二十二日上《月食先後各法不同緣由及測驗二法疏》。略謂此次月食「先時推步」，據「郭守敬授時曆法，初虧在卯初一刻」臣等譯撰新法，初虧在卯初三刻；回回曆初虧在辰初初刻。三法之不同如此，至期測候，正欲藉以辨其離合。合則據爲準式，離則尚費推求。不意候至卯初一刻，遂有陰雲，迄於天明，未見開朗。諸法是非，無從徵驗」。繼詳述「三法不同之因」：分從「平朔望」、「定朔望」（日月之食甚定分）、「算里差」等方面具體爲之論證，從而指出「三家所報，各依其本法展轉推求乃始得之，不能立異以相畸，亦不能中變以相就。必欲辨其疏密，則在臨食之時，實測實驗而已」。繼說明「定分」、「定時」二法。認爲「近造闚箭新法」，可以「灼見實分」。而定時之術則「壺漏爲古法」、「輪鐘爲簡法」，但「不如求端於日星，晝則用日，夜則任用一星，皆以儀器測取經緯度數，推算得之」。繼「歷考古今〔曆法〕疏密之致」，論證郭守敬法「比於前代，洵爲密矣」；〔但今仍嫌其疏〕，若使守敬復生今世，欲更求精密，計非苦心極力，假以數年，恐未易得。何可責於沿襲舊法如諸臺臣者乎？」「豈惟諸臣，即臣等新法遂成，……慮所不免。惟是臣等不敢以差自安，亦不敢以差自廢。正須緣此微差，溯厥因起，別求新意，據理改定。臣所懼者，諸臣以惶恐畏咎之心，堅其安習寡聞之陋。臣等書雖告成，而願學者少，有倡無繼，有傳無習，恐他日終成廢閣」。因請「察其後前之失，實非由己，開其向往之路，嘉與圖新，即有疏遠，且勿遽加罪譴；但令陳説所以然之故。有能精習透曉者，異加優異；久而不諳，罰亦隨之」[一七]。

同日，上《修曆缺員謹申前請以竣大典疏》。略謂前曾「三次進過曆法書表共七十二卷一摺，於日躔、月離、恆星經緯、日月交食各種法義，併立成數目，略已具備，所少者止日食一卷及五星經緯交會。以較全功，則未完者約四分之一也」。又謂自「入閣辦事……迄今五月，竟不能復尋舊業。止令在局陪臣、該監官生併知曆人等，推算得各色立成表二十餘卷，譯撰得日躔、交食及土木火星曆指稿草六卷。內立成表則諸臣自能詳加磨覆，陸續繕寫；惟曆指譯述法意，義多奧賾，臣不在局，尚未能修潤成書也。臣曾於崇禎三年十二月初二日[一八]以協修缺員具奏請補，奉旨下部，至今未得其人。今者日多草創，而莫爲成全，恐稽大典，則用人一事，似屬難緩」。因列舉「所知者如山東巡撫朱大典，陝西按察使李天經[一九]，又有封疆方面之責。……是以廣咨博訪，徘徊數月。今看得原任監察御史告病在籍金聲，思致沉潛，文辭爾雅，博涉多通，兼綜理數，堪以委用，使居討論修飾之任。……原任誥勑房辦事，大理寺評事，今聽降王應遴[二〇]，學亦通綜，且數請修曆，……可據用之，率領官生，可以集事」。「倘得此兩臣在局，而臣亦時加稽覈，即前項未完書表，可計期完竣矣。若草澤中未必無人，臣所求惟取好學深思，心知其意，試有徵驗者，方敢上聞。今未敢濫及」[七]。

此頃，「命前御史金聲及中書舍人王應遴修曆法」[二二]。

金聲致公函，有云：「太老師閣下，身倡絶學，道濟蒼生」，「頃乃以經天大事，收及病廢」。惟以體力未康復，「傷在神氣」，且象數之學，非所素諳，而父母年老多病，又不便遠離，不能赴京應修曆之召。并「近發薄願」：「將次第譯授西學，流布此土」，「此非十年不仕，優閒專精，未易卒辦」[二二]。

十二月十四日，「督師大學士孫承宗還關門，引疾。命放歸」[一四]。

十九日函周明瑛，有云：「年來兵事曆事在在拮据，日不暇給。家鄉親故，多闕聞問。」又云：「不佞衰遲日甚，獨緣星曆未完又將完，是以勉欲了此。一竟，便當解組南還矣。計晤對之期，當在來年春莫。」[二三]

是年頃，爲絳州景教堂撰碑記[二四]。

《景教堂碑記》爲徐光啓爲山西絳州韓雲、韓霖兄弟建立教堂而作。其時，徐光啓已有天主教「柱石」之名，更有擔當教會維持之實。故此，碑記隱含記録中國天主教會六十年發展之旨：「我中國之知有天主也，自利子瑪竇之來賓始也。其以像設經典入獻大廷，賜食大官，與士大夫交酬問答，因而傳播其書，興起有衆也，自萬曆庚子利子之入都門始也。……蓋自辛巳以來，於端，於韶，於洪州，於白下，於武林，於三吴，往往自築精舍，或僦居廛郭耳。……頃自利子以來，雖一甲子而近，乃自阿羅本賓唐，至於今一千餘載，不爲不久矣。」

附注

［一］孔有德，遼東人，原隸總兵毛文龍部下，文龍被殺，走依登萊巡撫孫元化爲步兵左營參將。事跡見《清史稿》。

［二］孫元化、王徵等被縱歸，至天津時已三月下旬。參見《國榷》。

［三］原文作「初陽」兩字。按：「初陽」，孫元化字。

［四］見《行略》。

［五］見《烈皇小識》。按：説者所云「利害」，係從當時統治階級利益看。

［六］原疏見宣統版《舊集》。

［七］原疏見宣統版《舊集》，缺圖。《治曆緣起》載此疏，有圖。

［八］見《年譜》，惟只隸於「五月」，未詳其日期。《行述》所記與《年譜》同，所記日期爲「五月初四日」即六月二十一日，今從之。惟《明史莊烈帝本紀》却記爲「五月辛亥」即七月一日，相差十日。考其致差原因，

可能「辛亥」之「亥」字本作「丑」，辛丑即「五月初四日」，亦即「六月二十一日」。一字之誤遂致歧。今以《行述》爲準。

［九］原文「居」字前有「忝」字。「居重地」指入内閣。

［一〇］見《行述》。

［一一］見《曆法修正告成書器繕治有待請以李天經任曆局疏》。

［一二］語見《集引》。按：所云「左右常侍」，指禮部右侍郎及左侍郎。天啓四年被任爲禮部右侍郎，不赴，翌年免職。崇禎二年遷禮部左侍郎。所云「常伯」，指禮部尚書，崇禎三年任是職，至是年入閣。

［一三］《行述》、《集引》、《家譜·翰墨考》並著録，但不詳其輯成年、月，姑次於此。

［一四］見《國榷》。

［一五］據《明鑑》稱：孫「元化故與徐光啓善，〔徐氏〕與周延儒圖救之，卒不得」。

［一六］見《行述》、《年譜》。均只隸「八月」（陰曆），未詳其日期。

［一七］原疏題《奉旨測候月食無憑測驗疏》。見宣統版舊集。

［一八］依陽曆即翌年一月三日。

［一九］李天經，字長德，河北吴橋人。萬曆四十一年進士。事跡見《明史·曆志》。按：李氏自言曾從邢雲路「講究曆理，頗聞其概」。所上《遵旨任事謹陳題薦始末疏》。又按：《疇人傳》稱：「李天經之學亞於〔徐〕光啓，其在西局，謹守成法，畢前人未畢之緒，十年如一日。光啓薦以自代，可謂知人」云云。

［二〇］王應遴，字雲來，生平未詳，時任大理寺評事。按《吴淞甲乙倭變志》卷端有「門人王應遴校」題記，知王氏是該書著者張鼐學生。《國榷》記泰昌元年「監生王應遴請修《大統曆》」事，知王氏原係監生。《明史·藝文志》著録王應遴著作有：《乾象圖説》一卷，《中星圖》一卷，《備書（兵書）》二十卷，《慈無量集》四卷。

［二一］見《國榷》，但隸其日期於「十月庚午」即十一月十七日，疑誤，應在公疏薦金、王二氏即十一月二十二日之後方合。原文「庚午」可能是「庚辰」。「十月庚辰」即十一月二十七日。

［二二］見《金忠節公集》卷三。

［二三］原件現存上海市文物保管委員會（《徐光啓手跡》影印）。末署「仲冬八日」，未詳何年。據函中「星曆未完又將完」，「勉欲了此，一竟，便當解組南還」等語，似當在崇禎五年。《徐光啓手迹》編者，謂「作書時間當在崇禎改元後不久」，非是。因崇禎初年，公尚未任曆局事，安得云「星曆將完又未完」。其時，甫北上復職，何以遽言「解組南還」？且其時體力尚未至如函中所云「衰遲日甚」。蓋顯非崇禎初年手書也。今次之於此。

［二四］《景教堂碑記》，見《熙朝崇正集》。一九六三年版《新集》録載全文，并注稱：「此文疑爲天啓間家居時所作。」今按：以文中「天啓癸亥關中人掘地而得唐碑……（碑文）事辭頗悉，今已大行世」等語忖之，疑撰期距天啓癸亥，已歷有年所。又，文中有「頃自利子以來，雖一甲子而近」語。所云「利子以來」，指利瑪竇莅中國以來，即文中所言「辛巳以來」。計由辛巳年至是年壬申，達五十二年，差符「一甲子而近」。

故姑繫於此。

公元一六三三年（崇禎六年・癸酉）　七十二歲

此頃，在參與「密勿之中，時切疆埸之念，而〔崇禎帝〕亦有以宰臣行邊之意屬〔公〕」[一]。一日，夜分退朝，喜形於色。初不以叨居輔弼之位，遂忘鎖鑰北門之寄；而綢繆户牖之防，腸蓋一日九迴」[二]。時，「自意可盡展其所欲爲。卒不果」[三]。「每誦唐人詩：『一人計不用，萬里空蕭條。』有『擊碎唾壺』之慨」[二]。

時，吏治積弊日深，人民困苦愈甚。四月初，帝諭都察院，有云：「近來民窮多『盗』，皆由親民之官貪殘所致。妄取民財，彌縫津要，所以舉劾不當，貪人得志，小民愈苦。邇聞近畿州縣，未征錢糧，先比火耗，又於此巧立名色，不論有罪無罪，概加罰贖。取民物不償其值，或因小事以嚇取，或聽胥役以剥詐，甚至逞忿酷斃無辜，種種害民，難以悉數。」[四]已足反映其一斑。

三月下旬頃，脾胃宿疾「忽焉大作，數日以來，飲食不進，强進少許，隨即嘔吐，因而通身疼痛，昏暈時作」，頗形「委頓」[五]。上疏請假調理[六]。

四月初，「疾勢少減」，七日，「赴鴻臚寺報名」請謁[七]并上疏報告銷假「入直辦事」[六]。

此頃，刑部都給事中陳贊化[八]劾首輔周延儒[九]「昵武弁李元功等招摇罔利」，從而反覆辯訐。閣臣温體仁[一〇]謀奪周氏位，亦嗾言者攻之，至是，周氏大窘。七月二十五日引疾罷歸[一一]。

此頃，鄭以偉卒。鄭氏與公同時入閣預機務。卒時篋中僅餘三金，與公同有「清介」稱。

戴羲[一二]撰《養餘月令》，内容主要述農事，包括測候、藝種、栽博、收採、畜牧等項目；兼述日常生活，包括經作、烹製、調攝、藥餌、避忌等項目，均按月分程。其中引及公所撰《農遺雜疏》者頗多(最少有六十則以上)。八月十八日自撰序，有「取眉睫間率履，印之諸書，……輯成爲目者十，……於無所事事之地，作惟日不足之謀。亦以素貧賤行此貧賤而已」等語。

八月中，上《衰病實深懇賜罷斥疏》，略謂：「昨入直看詳，見刑部都給事中陳贊化爲狡弁蓄謀等事，以舊輔周延儒故，刺及於臣。謂在綸扉者有同鄉密友授衣缽而思代爲反噬。所云同鄉者臣也。臣與延儒雖同朝二十載，詞林前後，例少往還。獨己巳之歲，並佐禮曹，然……仍落落不相及也。去歲誤蒙簡命，乃始朝夕共事，……亦〔止〕自效於調劑，實不敢開玄黄水火之端，顧豈敢爲阿私朋比之事哉？臣生平愚見，每謂植黨爲非，涣羣爲是，是以孑然孤蹤，東西無著。苟利社稷，矢共圖之。……然念時事多艱，每厪宵旰。輔理之臣，非長材强力，何堪久任。臣無識無學，實病實衰」。伏望「即賜罷斥。」[一三]二十日奉批覆，有云：「卿忠誠勤恪，精力正優。朕方切倚任，浮言狂挽，何待剖陳。閣務殷煩，着即日入直佐理。」同日上《恭承明命〔即〕入直辦事疏》[六]。

二十九日，二品三年考滿，被評爲「勞績茂著」，「加太子太保，文淵閣大學士，〔仍任〕尚書如故，蔭一子中書舍人，照新銜給與應得誥命」[一四]。

同日上《考課無能乞允辭免疏》，有云「臣一介疏庸，四朝知遇。憶昔備員講幄，已貽蚊負之譏，兹且謬列贊襄，益切鵜梁之愧」語，要求「收回新命」[一三]。三十日奉批覆：「不必遜辭。」

同日(二十九日)，上疏謝賜寶鈔、羊、酒等物[一五]。

九月二日上疏報告已即「入直辦事」[六]。

此頃，撰《張海虹先生文集序》，認爲「先生(張五典)之文具在，其志、其行、其文學、其政事，先生所自得與嗣君(張銓)之所得於先生者可考而知」，「後之言真道德真事輟業者，莫能舍旃」云[一六]。

上《赤道南北兩總星圖》并撰《赤道南北兩總星圖敍》，認爲「道有理數所不能祕者，匪言弗宜；有語所不能詳者，匪圖不顯」，極推重「圖」之製之用。並説明此圖之圖例及特點，指出其有經、有緯且有隨時隨地測候之活法，蓋創作云[一七]。

十一日，以「脾疾」告假[一八]。

二十四日，崇禎帝以公患病，特遣内使問候，并賜猪、羊、米、酒、醬、瓜、茄等物。公上疏謝。有「垂老馳驅，正值技窮於莫展」語[一九]。

十月三十一日上疏預報推算崇禎七年「二月十五日壬申」(三月十四日)月食食限分秒、起復方位并具圖像[二〇]。

同日上《曆法修正告成書器繕治有待請以李天經任曆局疏》。略謂「以衰齡嬰此重證，犬馬之力已殫，痊可之期尚遥。新成諸書共六十卷：　如《黄平象限》共七卷，《火、木、土二百恒年表并周歲時刻表》共三卷，《交食表》共四卷，《交食曆指》共三卷，《交食諸表用法》共二卷，《交食簡法表》共二卷，《五星圖》一卷，《木星加減表》一卷，《方根表》二卷，《土星加減表》一卷，《日躔表》一卷，《五緯總論》一卷，《日躔增》一卷，《恒星總圖》八幅，已上三十卷，略皆經臣目手，業已謄繕。　如《火、土、木經度》三卷，《三星緯度》一卷，《三星表用法》一卷，《三星緯表》一卷，《日躔考》二卷，《交食蒙求》一卷，《夜中測時》一卷，《古今交食考》一卷，《日月永表》二卷，《金、水二星曆指》二卷，《日月五星會望弦等表》一卷，《火星加減表》一卷，《金水二星表》四卷，《高弧表》五卷，《甲戌、乙亥二年日躔細行》二卷，《恒星出没》二卷，已上三十卷，尚屬草稿，内經臣目者十之三四，經臣手者十之一二，亦可續寫進呈。其餘卷帙及教習官生續製儀器並料理旁通諸務，尚須擇人省成。恐局無職掌，或致中廢。臣於崇禎五年十月，以協修缺員具奏請補，奉旨下部以山東巡撫朱大典、山東參政李天經、山東道御史金聲等堪以委任，曾經具題内。金聲復經部復咨催。今聞聲實患病，不能前來。局中臣工，豈能坐待？不得不復理前說。但朱大典見有衝藩重寄，勢難移動。惟李天經分管稅糧，在彼亦腹背之羽，非當六翮之用，稍爲更置，似亦無難。而博雅沈潛，兼通理數，曆局用之，尤爲得力。伏乞勑下吏部將該道別行推補；李天經則議其事任，……使之供事。則以討論修飾之任，更兼承前啓後之責」[二一]。

此頃，將有關國家大事奏疏稿，所謂「平章軍國之篇」[二二]，輯成《綸扉奏草》[二三]。將有關觀象修曆疏稿，所謂「欽若昊天之製」[二二]，輯成《清臺奏草》[二四]。

「因病久不愈，上疏乞休[二五]，奉旨慰留」。遣内使「直入卧内，宣諭問安，并賜牲醴米菜如初」[二六]。

時，「力疾倚榻，猶矻矻捉管了曆書。良由生平勞勩，習與性成，不自覺病體之莫可支也」[二]。

「病勢益甚，語孫爾爵曰：『疾深矣，倘得乞休歸里門，明農訓後人，耕鑿歌帝力耳。』」[二

「伏枕之餘，手録一編，首述告君父之言與致同寅之語，次陳輯書之意，遂列五穀百卉種植畜牧

暨救荒勸相諸方」。篇幅約數卷，題爲《農輯》[二七]。「伏枕手書」與子驥，告以「病勢危迫」[二八]。

十一月七日，上《治曆已有成模懇祈恩敘疏》。略謂「卧病私室，藥石罔效，日致尫羸，恐難終事」。「第見在臣工勤敏有加，勞瘁堪録……敢分別敘之」。因開列陪臣羅雅谷、湯若望，知曆生員鄔明著[二九]，訪舉儒士陳于階等十五人之勞績請照例酌量優敘。又原任大理寺評事今帶銜光禄寺録事王應遴，武英殿辦事中書陳應登[三〇]，武舉魏邦綸[三一]等「三臣著聲勤慎，所當同行優敘」。至欽天監官生等「勤學可嘉，俟學習完日另敘」[三二]。

八日，上《進繳敕印開報錢糧疏》，略謂：病重，「恐溘露不免乎朝夕」。「曆法重務雖幸告成；而未了規摹，尚須善後」。「請將李天經下部覆議」。早日派來接任。現將督領曆局印信及敕諭，「先期奏繳。俟接任官到日，另行奏請改給。至於錢糧一項……臣逐項自行料理，纖悉明備」。因目前尚有「儀器正在鳩工，難以遽行銷算。俟接管官逐件查對奏繳」[三三]。

本日，因徐光啓一直拒絶給自己畫像，其孫徐爾爵便設計，延一畫師，扮作醫生，在徐光啓生前録得一像。此即今人所見徐光啓遺像，後存於祠堂和宗譜，永作流傳。柏應理《徐光啓行略》：「公服膺利子之教，欲筆其像以供奉之。利師不許，遂法利師之行，亦終身不繪一像。至病篤，仲孫爾之（爾爵）在側，欲爲公傳神，公不許。仲孫延一畫士，作醫生，就榻診視，始得圖像，拜瞻廟貌於不朽云。」

同日，「語孫爾爵：　速繕成《農政全書》進呈，以畢吾志」[三四]。「是日卒[三五]，臨没了了，祇以疆圉多故爲念，一語不及於私」[二]。　時家人遠居原籍，「止甥〔陳于階〕、孫〔爾爵〕[三六]以應試至京[三七]，爲視含殮」[三八]。

「蓋棺之日，囊無餘資」[三九]，「宦邸蕭然，敝衣數襲外，止著述手草塵束而已」[四〇]。所遺文集數十卷[四一]及序議、書牘、詩篇等草稿[四二]相當「浩繁」，生前均未及編次成書。蓋大都「賅淹」而切於「實用」，不尚「虚詞」[四三]者云。

内閣以訃聞，特賜祭，贈少保，謚文定，遣專使護喪回鄉[四四]。

附注

［一］原文「而」字下有「皇上」二字；「屬」字下有「意先文定」四字。

［二］見《行述》。

［三］《罪惟録・徐光啓傳》：「時，督師孫承宗行邊，老謝事。上意光啓繼之。光啓亦自意可盡展其所欲爲。卒不果。」

［四］見《國榷》。

［五］見《懇予假調理疏》。

［六］原疏見《家譜》。

［七］見《病勢少減入直辦事疏》。

［八］陳贊化，字金釴，山東朝城人，天啓二年進士。事跡見《山東通志》。

［九］周延儒，字玉繩，號挹齋，江蘇宜興人。萬曆四十一年會試殿試皆第一。事跡見《明史》。

［一〇］温體仁，字長卿，號圓嶠，浙江烏程人。萬曆二十六年進士。事跡見《明史》。

［一一］參見《明史》温、李二氏本傳及《國榷》。

［一二］戴羲，别號漱園灌叟。事跡未詳。

［一三］原疏見光緒版《舊集》，不標題。今題係據宣統版《舊集》。

［一四］當時吏部奉旨所題，有「徐光啓簡任密勿，協贊忠誠，茲當考滿，勞績茂著」等語。見《考課無能乞允辭免疏》引。

［一五］原疏見光緒版舊集，不標題。宣統版舊集題爲《恭謝天恩疏》。

［一六］原序未署年月日，原書亦未署付刊期。據序文所署「太子太保」、「文淵閣大學士」等銜，知當在此頃。

［一七］原圖及原序刻本，現存法國巴黎圖書館。其進呈原稿存中央檔案館（原序全稿蒙中國科學院自然科學史研究所薄樹人君手録見示）。按：此圖及此序之繪撰期未詳。《明史·天文志》述及徐光啓曾

於崇禎初上《見界總星圖》。又云：「後又上《赤道兩總星圖》。」所云「《赤道兩總星圖》」當指此。據其序所署銜，疑當成於此頃。

［一八］見《行述》。

［一九］原疏題《恭謝頒賜疏》，見宣統版舊集。按：舊集此疏題下有小字注明「崇禎六年九月」。所云「九月」疑當作「八月」。因疏中有「浹旬賜假」語，知上疏距告假，時只「浹旬」。查公告病假在「八月初九日」（陰曆），依此計之，上此疏必不在「九月」。又，此疏提及趙進頒賜事，與《年譜》所記「八月因病告假，特遣御前牌子趙進問安」事相符，益顯見其爲「八月」而非「九月」。又疏中所述頒賜事在「本月二十二日」，所云「本月」，既肯定其爲八月，則上此疏期，亦當在此日，即陰曆八月二十二日，亦即九月二十四日。

［二〇］各版舊集，均未録載原疏，今據明版《治曆緣起》著録。

［二一］原疏見民國版《舊集》。

［二二］語見《集引》。

［二三］《集引》、《家譜·翰墨考》並著録。按：其内容當係入閣以來所上有關國事之奏疏。《行述》未述及，當時可能未輯成。

［二四］《行述》、《集引》、《家譜·翰墨考》並著録。

［二五］各版《舊集》，均未録載原疏。今據《行述》所記。

［二六］見《年譜》。

[二七] 徐爾默《題農輯》語。

[二八] 見徐驥《謝恩疏》。

[二九] 鄔明著，生平未詳。

[三〇] 陳應登，生平未詳。

[三一] 魏邦綸，生平未詳。

[三二] 原疏見宣統版舊集。

[三三] 原疏見民國版舊集。

[三四] 見《家譜》中之《家傳》。按：當時《農政全書》尚未定名，只泛稱爲「農書」。

[三五] 公之卒期，書史紀載多歧：《啓禎野乘》、《南吳舊話録》等作「秋九月」；《明實録》、《國榷》、《明史·莊烈帝本紀》等作「十月戊辰（初九日）」；《行述》、《年譜》、《家傳》、《行略》及徐驥《謝恩疏》等均作「十月七日」。按：當以陰曆「十月初七日」即十一月八日爲確，因係其子孫所記，自較可信。《明實録》等所記，可能根據接到訃告之日期，故遲兩日。此外，概屬以訛傳訛，不足信。

[三六] 據《行略》所記：公「疾篤，仲孫爨之在側」。「爨之」即徐爾爵。

[三七] 所云「以應試至京」者，指公孫爾爵，非指公甥陳于階。陳氏隨公在曆局工作，至京已多年，非因「應試」。

[三八] 見《家傳》。按：當時隨侍在側之家屬，《行實》謂「惟内外孫二人」。按：公只一子，無女，所

云「外孫」，誤矣。應依《家傳》作「止甥、孫二人」。

［三九］《明史》語。

［四〇］《罪惟録·徐光啓傳》語。

［四一］《行述》、《集引》並著録。按：《集引》稱：公殁後逾年，其家人擬請梁存邃爲之「編校遺文」而未果，則此文集初固未編成也。

［四二］《集引》所臚述，有：「序議之賅淹，鱗次而集，凡若干卷；書牘之浩繁，皆經文緯武之實用；詩篇之錯落，非抽黄對白之虚詞」等語，知尚有序議、書牘、詩篇等稿，皆擬編而未成亦未名者。

［四三］見《集引》。

［四四］參見《年譜》、《明實録》、《國榷》、《明史》等記載。

譜後之部

公元一六三三年(明・崇禎六年・癸酉)

公逝世後，家人檢視其卧榻，發現「褥上破爛一穴」。據稱：係公生前暖足湯壺微有滲漏，積久使然。蓋公「自戊辰環召，至癸酉謝世，未嘗攜家自隨。邸舍之内，一榻蕭然。苧帷布褥……衪寒獨宿，〔每〕夜〔只〕用湯壺暖足」[一]，畢生保持其儉樸生活。

十一月二十五日，家中接公「伏枕手書」，知公病重。子驥「即於是日就道」北上。至十二月二日在淮安途次聞訃，因哀痛過甚，被扶掖至泰安州而病劇。「強憩荒村草舍中，瀕危者數」。既而疾少差，匆遽入都[二]。

是年，梅文鼎[三]生。

梅文鼎(一六三三—一七二一)推崇徐光啓之曆算學，其《曆學疑問補・論遠國所用正朔不同之故》曰：「徐文定公及此地諸文人爲之廣其翻譯，爲曆家所取資，實有功於曆學，其他可以勿論，……徐文定公之譯曆書也，云融西洋之巧算，入《大統》之型模，非獨以尊《大統》也。揆之事理，固有不得不然者爾。」其《勿庵曆算書記·曆志贅言》曰：「崇禎朝徐、李諸公測驗改憲之功，不可没也。」其《擬璿璣玉衡賦》曰：「吴淞太史、仁和水部，夜譯晨抄，心追手步。亦得請而開局，集歐羅與儒素。擷西土兮精英，入中算兮罏鑄。屢清臺兮雜候，良占測兮可據。怵巧拙兮相形，新術精兮群妒。慨萬里兮作賓，兼十年兮發覆。曆成兮弗用，良書兮徒著。何人事兮多違，或蒼穹兮有待。」

附注

［一］見《先訓》。

［二］見徐駿《謝恩疏》及《龍與府君及顧孺人行實》。

［三］梅文鼎，字定九，號勿庵，安徽宣城人。事跡見《道古堂集·梅文鼎傳》。按：梅氏年二十七始立志治算曆學，「積畢生之精力，從事一藝，既專且久，是以所造能究極精微」（《疇人傳》語），故錢大昕目之爲清代算學第一人。其論曆算，往往引用公之議論爲佐證。

公元一六三四年（崇禎七年·甲戌）

二月頃，子驥「扶柩南旋」[一]，暫厝於南門外雙園别墅[二]。

此頃，「魏文魁上言：曆官所推交食節氣皆非是。於是命文魁入京測驗。是時言曆者四家：大統、回回外，别立（用）西洋（法）者爲西局，文魁爲東局。言人人殊，紛若聚訟焉」[三]。

五月中，李天經以公薦來京繼任「督修曆法」事[四]。十八日朝見。六月三十日領到「督修曆法」關防，七月六日就職[五]。

八月十三日李天經上曆書[六]二十九[七]卷，包括：《五緯總論》一卷，《日躔增》一卷，《五星圖》一卷，《日躔表》一卷，《火、木、土二百年恒年表》並《歲周時刻表》共三卷，《交食曆指》三卷，《交食諸表用法》二卷，《交食表》四卷，《黄平象限表》七卷，《木土加減表》二卷，《交食簡法表》二卷，《方根表》二卷。另恆星屏障一具。據李天經稱，俱係「故輔徐光啓先年親手訂證者。「臣奉命接管，不過爲之督寫代進，完輔臣未竟之志[八]。輔臣積學深思，嘔心此道數十年，其所撰述，……皆依新法測定，精心算輯，足闡前人所未發而補中原所未備」[九]。

九月九日李天經上疏，「預報諸曜會合凌犯行度并陳節氣始末，謂新法所推與監推各各不同」。并言「於閏八月二日同監局官生測太陽午正高五十度零六分，尚差一分入交。推變時刻

（秋分），應在未初一刻一十分，脗合新曆。隨取輔臣徐光啓從前測景簿〔勘對〕，數年俱合」[一〇]。

是年，曹于汴卒。

附注

[一]《行述》語。按：《行述》及《龍與府君行實》，均未記其南旋期。以情理忖之：徐驥於十二月二日在淮安途次始聞訃，旋稽於病，至京後又須遵禮成喪，當必稍費時日。估計成行期當在二月頃。

[二] 見譯本《許母徐太夫人事略》注引《江南傳教史》。

[三]《明史・藝文志》語。

[四] 李天經《遵旨任事謹陳題薦始末疏》（附見宣統版舊集）。

[五] 李天經《微臣遵旨管事疏》。及《報告魏文魁不肯參加曆局工作疏》（見《治曆緣起》）。

[六]「曆書」二字，《國榷》、《明史紀事本末》所記，均作「曆元」。

[七]「九」字，《明史紀事本末》誤作「七」。

[八] 原文「志」字下有「耳」字。下句「輔」字前有「況」字。

[九] 參見《治曆緣起》及《明史・曆志》。

[一〇] 李氏上此疏期，《國榷》及《明史紀事本末》署崇禎七年正月乙巳，並誤。因此時李氏尚未到任，

不應有此疏。且疏文明言於閏八月二日實測，益見非是年正月。今據《治曆緣起》所署月日改算陽曆。

公元一六三五年（崇禎八年・乙亥）

此頃，子驥撰《先文定公行述》[一]。

一月二十一日李天經進曆書三十卷，包括：《火土木經度》三卷，《三星緯度》一卷，《三星表用法》一卷，《三星緯表》一卷，《日躔考》二卷，《交食蒙求》一卷，《夜中測時》一卷，《古今交食考》一卷，《日月永表》二卷，《金水二星曆指》二卷，《日月五星會望弦等表》一卷，《火星加減表》一卷，《金水二星表》四卷，《高弧表》五卷，《甲戌乙亥二年日躔細行》二卷，《恆星出没》二卷。李天經稱：　此均「輔臣徐光啓未竟之緒也。所有原報曆書三十卷，輔臣手訂及半。臣受事以來，詳加較閱。今繕寫已完，……前後五次所進，共計成書一百三十七卷[二]。……此書進呈而前局結矣」[三]。至是，公所主編「竭晝夜以推步，鏤肝腎以研削，凡五更寒暑，晝瘁以成」[四]之《崇禎曆書》[五]，全部告竣。

按徐驥撰《文定公行實》，徐光啓逝世時其著述已刻和未刊者有所統計：「所著有《曆書》一百三十二卷，《清臺奏草》、《兵事疏》、《幾何原本》、《測量》、《勾股》、《水法》、《簡平儀》、《農遺雜疏》、《毛詩六帖》、《百字訣》行於世。《文集》數十卷，《南宮奏草》、《端闈奏草》、《經闈講義》、《通漕類編》、《讀書算》、《平渾》、《日晷》、《九章算法》、《農書》、《醫方》藏於家。」

《法華鄉志·藝文》：「《徐氏卮言》（按疑爲《徐氏庖言》之誤）、《山林記載》、《博笑録》、《避暑餘談》、《讀書算》，以上明徐光啓撰。」内中所述，有幾種書，如《山林記載》、《博笑録》、《避暑餘談》不見一般目録，或當時尚有抄本。

是年，陳子龍在華亭南園讀書，向公孫爾爵借得公所編撰之「農書」[六]草稿數十卷鈔録[七]。

約本年，光啓獨子徐驥妻顧氏去世。據柏應理《徐光啓行略》：「公（徐驥）媳亡後，鰥貞十餘年。」徐驥去世之年爲順治三年（一六四六），鰥居於「十餘年」前，則姑以顧氏去世之年爲崇禎八年（一六三五）。另據光緒《上海縣續志·徐驥傳》：徐驥「妻顧氏，早卒，二十餘年不再娶」，則顧氏先於徐驥二十多年去世，應在天啓年間，然似屬不確。兩説并附，姑存於此。

附注

［一］原文見《家譜》，未署撰期。但其中有「先文定公之盡瘁於官也，……星霜再易」語，知應撰於是

年頃。

［二］進曆書五次，前三次爲公所進，後兩次爲李天經續進。計：第一次二十四卷，第二次二十卷另一摺，第三次三十卷，第四次二十九卷另一屏幛，第五次三十卷，合計一百三十三卷另一摺一屏。與此所述「一百三十七卷」數目不符。豈偶誤記歟？抑將此一摺一屏增算爲卷數歟？未能肯定。考此書《集引》著録作二百三十二卷，《明史・藝文志》著録作一百二十六卷，《四庫總目》著録作一百卷，卷數均不一致，蓋或寫刻偶誤，或有所去取分合也。

［三］見《治曆緣起》。

［四］《集引》語。

［五］此書題名多歧：《行述》只稱《曆書》；《集引》稱《西法曆書》；《明史・藝文志》稱《崇禎曆書》；《四庫總目》稱《新法算書》。蓋傳寫傳刻或著録，均未有定稱也。《家譜・翰墨考》既著録《新法算書》一百卷，又著録《崇禎曆書》一百二十六卷，歧一書爲兩書，殊失檢。

［六］後此定名爲《農政全書》。參見拙撰《農政全書撰述過程及若干有關問題的探討》。

［七］見《陳忠裕公集・年譜》。

公元一六三六年（崇禎九年・丙子）

四年前（一六三二），滿洲主皇太極率兵攻察哈爾，大敗内蒙古林丹汗。自是，内蒙古之察哈爾及土默特諸部均被征服。皇太極繼又進兵鄂爾多斯草原，陸續征服蒙古其他部族。兵勢益張，對明京畿地區，形成半包圍之戰略優勢。

五月十五日滿洲主皇太極建國號曰清，自稱皇帝，改元爲崇德元年[一]。

此頃，鹿善繼在原籍定興家居，八月上旬因清兵壓境，入城協助守禦，「晝夜拮据」。二十二日清兵薄城下。二十七日城陷，死之[二]。

此頃，農民起義軍首領高迎祥被擒，李自成領其衆入蜀[三]。

是年，董其昌卒。

附注

[一] 參見《東華録》天聰十一年部分。

[二] 見《鹿忠節公年譜》。

[三] 見《明季北略》。

公元一六三七年（崇禎十年·丁丑）

此頃，宋應星[一]撰《天工開物》，内容包括乃粒、乃服、彰施、粹精、作鹹、甘嗜、陶埏、冶鑄、舟車、錘鍛、燔石、膏液、殺青、五金、佳兵、丹青、麴蘖、珠玉等十八篇。具體敘述農作及工藝等生産技術。有圖有説，切於應用。五月頃自撰序，有云：「此書於功名進取，毫不相關。」蓋有感而言。此外，宋氏此頃尚撰有《論氣》、《談天》等書。從現存之該兩書内容言：前者是論述氣及形、聲、水、火、風、寒、熱等質性或其彼此間關係；後者只存《説日》部分。

本年，潘國光來上海傳教。二年間，潘國光和賈宜睦二神父在上海地區授洗一千一百二十四人。潘國光掌管上海地區天主教期間，教務得到發展。一六七一年，松江府共有教堂九十座，小教堂四十五座。一六六五年，松江府教徒約五萬人。（參見費賴之著、馮承鈞譯《在華耶穌會士列傳及書目·潘國光》，中華書局，一九九五年，第二三一頁）

潘國光（Francois Brancati，一六〇七——一六七一），字用觀，意大利西西里人。一六二四年加入耶穌會，一六三七年來華，一六七一年在廣州去世。潘國光得到徐光啓家族幫助，常駐上海傳教，長達三十四年。一六四一年，潘國光負責徐光啓營葬事務。一六四四年，潘國光在上海堅守，參與抗清。一六六五年避居廣東，一六七一年在廣州逝世。次年，劉迪我將其靈柩運回上海，在南門外聖母堂安葬。

賈宜睦（Jerome de Gravina，一六〇三——一六六二），字九章，意大利西西里人，一六一八年加入耶穌會，一六三七年來華。協助潘國光在上海、松江、常熟、杭州傳教。賈宜睦出身貴族，性格固執，一六六二年，因貧病交加在常熟逝世。（參見費賴之著、馮承鈞譯《在華耶穌會士列傳及書目・賈宜睦》，中華書局，一九九五年，第二四七頁）

附注

〔一〕宋應星，字長庚，江西奉新縣人。諸生。事跡附見《奉新縣志・宋應星傳》。所著除此書及其序中提及之《畫音歸正》外，尚有《野議》、《論氣》、《談天》、《思憐詩》等（後四種均極罕知見，近始發見於江西，係蔚挺圖書館原藏）。一九七六年九月，上海人民出版社刊行明宋應星佚著四種。

公元一六三八年（崇禎十一年・戊寅）

四月二十六日羅雅谷卒〔二〕。公所聘任在曆局任職之西洋人，至是只存湯若望一人。

此頃，孫承宗在原籍高陽家居。十二月十三日清兵圍攻高陽，翌日城陷，被執，自殺。子孫多戰死〔二〕。

是年底，陳子龍、徐孚遠、宋徵璧〔三〕等編《明經世文編》〔四〕成。其中卷四八八至四九三爲《徐文定公集》，收録公所撰文稿凡三十三篇。書端「姓氏爵里」部分，有小傳，其中有云：「公博學多聞，於律曆、河渠、屯田、兵法，靡不究心，獨得泰西之秘，其言咸裨實用。」又書端

「凡例」有云：「若徐文定之農書[五]，……摘其成者，良可孤行，兹特表而出之。」

附注

［一］見《治曆緣起》李天經《遵旨補給銀米疏》。

［二］見《明史》。

［三］宋徵璧，原名存楠，字尚木，亦作讓木，江蘇華亭人，崇禎十六年進士。事跡見《府志》。

［四］據宋徵璧所撰「凡例」，「此集始於戊寅（一六三八）仲春，成於戊寅仲冬」。

［五］按：當指公所編撰之《農政全書》。其時尚未編成定稿，亦未定名（參見拙撰《農政全書撰述過程及若干有關問題的探討》），故泛稱「農書」。

公元一六三九年（崇禎十二年・己卯）

本年，徐驥在上海籌款，營建徐光啓墓地和牌坊，三年始成。「閣老坊」選址上海城廂南門，額板爲董其昌所題；「閣老墓」選址上海西郊蒲匯塘北原鄉二十八保地塊。葉夢珠《閱世編・門祚》（上海古籍出版社，一九八一年）記此事：「徐驥，字龍輿，以諸生承廕，稍營家產。乙卯、庚辰、辛巳之間，爲文定建坊卜葬。」

此頃，陳子龍等[一]在華亭南園整理公所撰農書稿，成《農政全書》六十卷[二]。内容分農本、田制、農事、水利、農器、樹藝、蠶桑、蠶桑廣類、種植、牧養、製造、荒政等十二目。是春經始，是秋付印[三]。張國維、方岳貢、王大憲[四]、張溥等先後撰序。陳子龍撰《凡例》。陳氏《凡例》有云：「徐文定公……生平所學，博究天人，而皆主於實用。至於農事，尤所用心。蓋以爲生民率育之源，國家富強之本。故嘗躬執耒耜之器，親嘗草之味，隨時採集，兼之訪問，綴而成書。……公薨，又二年，子龍於公次孫爾爵得農書而録焉。偶以呈大中丞張公〔國維〕，公以爲經國之書也，亟以示郡大夫方公〔岳貢〕。公亦大喜，共謀梓之。」

是年，陳繼儒卒。

或因徐光啓的緣故，陳繼儒曾爲利瑪竇《交友論》作序，其《〈友論〉小叙》，文辭間頗有針砭時弊，贊美西學之處：「仲者爲神，屈者爲鬼。君臣父子夫婦兄弟者，莊事者也。人之精神，屈於君臣父子夫婦兄弟，而伸於朋友，如春行花内，風雷行元氣内，四倫非朋友不能彌縫。不意西海人利先生乃見此。利先生精於天地人三才圖，其學惟事天主爲教，凡震旦浮屠老子之學，勿道也。夫天孰能舍人哉？人則朋友其最耦也。槜李朱銘常，於交道有古人風，刻此書，真可補朱穆、劉孝標之未備，吾曹宜各置一通於座隅，以告世之烏合之交者。仲醇陳繼儒題。」

附注

［一］當時參加整理者有謝廷禎、張密、李待問、徐孚遠、宋徵璧、徐彩鳳、陳于階等人。見陳子龍《農政全書凡例》。

［二］見《陳忠裕公集・年譜》。

［三］參見拙撰《農政全書撰述過程及若干有關問題的探討》。

［四］王大憲，字依可，江西萬安人。崇禎七年進士。見《上海縣志・職官表》。（按：《職官表》原文作「甲辰進士」，今據《江西通志・選舉表》作「甲戌進士」。甲戌即崇禎七年，似應以後者爲確。王序有「憲雖生晚」語，可證。）

公元一六四〇年（崇禎十三年・庚辰）

此頃，戴羲將所撰《養餘月令》增輯蠶、魚、竹、牡丹、芍藥、蘭、菊等部分附書後。除雜引諸書外，兼附所見。七月一日冠以又序，刊行之。

公元一六四一年（崇禎十四年・辛巳）

此頃，葬公於上海徐家滙土山灣西北［一］。

徐驥在城南籌建「閣老坊」，董其昌爲題額板，爲上海縣城内之重要建築，本年落成。葉夢珠《閱世編》（上海古籍出版社，一九八一年）：「閣老坊在縣治之南，爲相國徐文定公諱光啓所建業，成于崇禎辛巳之秋，工費甚繁。予初見其立柱時，每柱基下先掘地方丈，布木樁數十，並以高木懸大石以下樁，樁以坎内土齊，鋪以方石，而後立柱於上。柱之立也，先於架上横亘大木作盤車象，施大桁以垂，下傅於石柱，用數十人作氣以盤之。桁漸短而柱漸升，俄而直立，復用二大石斗筍，合抱於柱底，用壓石獸於其上，故頂蓋紛疊而下不動摇，亦石工之巧也。」牌坊毁於一九三〇年代。

徐光啓墓前建四柱三間石牌坊，牌坊中間横刻「明故光禄大夫太子太保贈少保加贈太保禮部尚書兼文淵閣大學士徐文定公墓闕」。中間書額「文武元勳」，東間横刻「熙朝元輔」，西間横刻「王佐儒宗」。中間兩柱對聯爲：「治曆明農百世師，經天緯地；出將入相一個臣，奮武揆文。」

潘國光神父爲徐光啓撰寫拉丁文墓誌銘：「MAGNO SINARUM DOCTORI SIU PAULO IMPERATORIAE EJUSDEM REGNI MAJESTATIS A SECRETIS CONSILIIS VIRO OMNIUM REGNI PRIMATUM ILLUSTRISSIMO，ET OB SUSCEPTAM FIDEM，QUAM COLUIT，AMAVIT，AMPLIAVIT，ULTRA SAECULARES ANNOS

CELEBERRIMO SOCIETAS UNIVERSA JESU' GRATI ANIMI AMORISQUE MONUMENTUM POSUIT'」（比利時魯汶大學杜鼎克博士二〇〇六年七月十三日爲徐光啓墓前十字架修復工程提供）。上海天主教會提供拉丁文墓誌銘的中文翻譯：「徐公保禄，中國文宗；　弼附天子，弁冕臣工。　篤信聖道，堅守至終；　宣教播化，百世褒崇。唯我小會，痛失良從；　作此片銘，永紀豐功。」

徐光啓和父親徐思誠分葬二處。按儒家葬禮昭穆制度，徐驥與光啓父思誠葬在一起。徐光啓五個孫子中，除爾路和徐思誠、徐驥同葬一處外，爾默、爾爵、爾覺和爾斗，和祖父同葬在徐家匯。按《徐氏宗譜》「墳圖」記載，徐光啓墓地自西向東，分别安葬：黄氏-徐爾默，李氏、喬氏-徐爾爵，吴夫人-文定公，俞氏-徐爾覺，王氏-徐爾斗。

時朝政益乖，封建統治者剥削自肥，各地王府「金錢山積」，民怨載道。各路農民起義軍勢極盛。

是春，李自成破河南府，殺福王朱常洵[二]；　張獻忠破襄陽府，殺襄王朱翊銘[三]、貴陽王朱常法[四]。

是冬，李自成破南陽府，殺唐王朱聿鏌[五]。

此頃，吕維祺在洛陽，城陷，被殺死。

是年，張溥卒。

附注

［一］公柩南還，「自甲戌以迄辛巳」，厝擱八年始葬，見《龍與府君及顧孺人行實》。又《許母徐太夫人事略》注引《江南傳教史》，亦謂公葬於公元一六四一年，且記其葬儀頗詳，惜均未詳其月日。

［二］朱常洵，係神宗子。

［三］朱翊銘，係仁宗七世孫。

［四］朱常法，係襄王翊銘子。

［五］朱聿鏌，係隆武帝聿鍵弟。

公元一六四二年（崇禎十五年・壬午）

四月中，清兵先後攻陷松山、錦州。督師洪承疇[一]被執，降清。

是年，牛頓[二]生。牛頓發展哥白尼、格白爾、伽利略等研究成果，奠定近代科學基礎，對數學、天文學、物理學等均有貢獻，其尤著者爲萬有引力定律及力學基本三定律。

伽利略卒。

附注

［一］洪承疇，字亨九，福建南安人，萬曆四十四年進士。事跡見《清史稿》。

［二］牛頓（Isaac Newton），亦譯作奈端，英國人。

公元一六四三年（崇禎十六年・癸未）

是春，徐爾斗赴京進呈《農政全書》[一]。五月一日奉旨有「故輔徐光啓經濟忠謨，事久彌驗，……這奏進《農政全書》，有裨邦本，……仍着該撫按梓印廣傳，以重民事」等語[二]。但不久明室覆亡，未及「梓印而中輟」[三]。

癸未、甲申年間，徐驥在上海縣城北郊的桃園，經營有方。獲利同時，更置假山、園林、亭臺，成滬北一處名勝。桃園中更建一石室，號稱「徐文定公藏書處」。葉夢珠《閱世編・居第》：「桃園，在北郊之東北二、三里，故相國徐文定公任子龍與所闢建也。初，北郊人傳露香園桃種，歲獲美利，於是家栽户置。每年仲春，桃花盛開，遊人出郊玩賞，不減玄都、武陵之勝。龍與性樸務質，有圃一區，於其間雜植桃柳，中置土山，略據園林之致而已。後見遊人日盛，而鄰家誇多鬥靡，龍與不無起勝之意。遂即土山，增高累石，桃園之外，廣植名花。土石之旁，層巒疊嶂，構堂榭，施丹堊，誅茆覆軒，環以柏牆，曰『平江一笠』；截棕爲亭，踞山臨水，曰『翼然』；土山下瞰大浦，危崖壁立，天風海濤，石洞虛中曲折，人可小憩，曰『徐文定公藏書處』；兩山夾水，一亭中立在澗，石樑卧波，轉入文定公祠，曰『攝攝橋』。登土山，勢可望海；引浦泉，潮可灌溉。規方百畝，疏密得宜，崇禎癸未、甲申之間，遂爲一邑名勝，經營正未艾也。」

徐氏桃園，在「北郊東北二、三里」，「規方百畝」。按方位判斷，地處北門外黄浦和吴淞江交匯處。一八四三年十一月二十九日，江南海關分巡蘇松太兵備道（又稱「上海道臺」）宫慕久公布《上海土地章程》，設立「英租界」，章程中劃定「洋涇浜北」爲上海開埠後英國僑民的租地區域，則正爲徐氏故園。

九月二十一日清主皇太極卒，廟號太宗。子福臨嗣位。翌年，改年號爲順治。福臨年幼[四]，以濟爾哈朗[五]、多爾衮[六]兩人攝理國政。

是冬，李自成率農民起義軍自襄陽攻破潼關，克西安、延安諸郡，繼克西寧、甘肅，於是三邊皆攻破。

此頃，王徵在原籍三原家居。城爲農民起義軍攻破。起義軍遣使聘之不受。十一月下旬，絶食七日死[七]。

《農政全書》刻本[八]加刻禮部、吏部、户部之公文[九]及方岳貢再序[一〇]、周一敬[一一]序弁其端[二]。其中，禮、吏兩部公文係奏陳審查該書及表彰作者之意見；户部公文係該部尚書「書附」移咨各撫按梓印該書，遵行重農事。方氏再序有云：「玄扈先生少閑任土辨物，兵志星曆諸家，皆身晝躬親，不徒託之空言。……公遭逢全盛，未嘗翱翔乎石渠，優遊乎簪筆，降而與野老耕夫，省五土之宜，審九穀之性，規偃瀦，溉岡鹵，且口嘗草芽木實，以備荒政之求。……語曰：『智者慮之於未形，達者規之於未兆』，文定公之謂歟？」周氏序有云：「公生平學本賈〔誼〕、晁〔錯〕，志希韓〔琦〕、范〔仲淹〕，九邊形勢，聚米可成，而胸中數萬甲兵、六千精騎，皆可坐籌決勝於指顧間。且其平居持論，以爲國用資乎食貨，既富方穀，所饒所鮮，在於菽粟，不在錢緡。以故察地勢，辨物方，考之載記，訪之土人，親嘗躬閲，廣搜博采，著爲成書。」

附注

〔一〕爾斗赴京奏進農書事，見《年譜》及《國榷》。其進書期，《年譜》作「癸未六月」而未詳其日；《國榷》作「癸未三月戊申（十五日）」。兩書所記不同。今按：平露堂版《農政全書》卷端所載禮部尚書林欲楫等六月十一日疏，其中述及「徐光啓孫男中書舍人徐爾爵等〔進書〕奏」及崇禎十六年三月十四日奉旨批覆等情事，知《年譜》所記，係誤將林欲楫等上疏期作進書期；《國榷》所記，係誤將崇禎帝批覆期作進書期，均不合。實則進書期應在批覆期即三月十四日之前。又《國榷》所記「三月戊申」即三月十五日，較批覆期後一日，原因可能據該件在邸報發表期。邸報記事每較實際日期稍遲，不足爲異。又，其進書人，或説徐驥（如《明史》、《啓禎野乘》等），或説徐爾爵（如上述林欲楫等疏及《家譜》所載之《家傳》等），或説徐爾斗（如上述《年譜》、《國榷》等），諸説不一。疑奏進此書，依例應爲徐驥，可能當時因老病，改署爾爵等名，遂致傳説互歧。但實際赴京進呈者當爲爾斗，其壻孫致彌在《孫孺人八十壽序》中已明誌其事，可證。

［二］見平露堂（明印）版《農政全書》卷端所載林欲楫疏。

［三］《集引》有：「若夫《農政全書》曾塵乙覽，奉旨梓傳而中輟」語，知其時雖有梓傳之命，惟國變倉皇，未及辦矣。

［四］時年方六歲。

［五］濟爾哈朗，係清顯祖塔克世孫，封鄭親王。

［六］多爾衮，係清太祖努爾哈赤子，封睿親王。

［七］見《啓禎集·列傳》。

［八］經陳子龍等手編之平露堂刻本。

［九］禮部文係該部尚書林欲楫等所上一疏，上疏期署「崇禎十六年六月十一日」。吏部文係同年九月初三日該部尚書李遇知所上疏。户部文係該部尚書倪元璐《書附兩京各省公移》，未署撰期。

［一〇］方岳貢在任松江府知府期間，曾爲《農政全書》撰序。此頃，任副都御史兼東閣大學士，再爲該

書撰序。

［一一］周一敬，浙江西安人，崇禎元年進士，見《明代進士題名碑録》。其序成於崇禎十五年陰曆十月。時任巡按蘇松等處，福建道監察御史。

［一二］按：方氏再序、周氏序及禮部、吏部、户部等文，今傳世各版《農政全書》均未載及，僅見於極少數之明印平露堂版中（部分現存之平露堂版亦缺載）。

公元一六四四年（崇禎十七年·甲申）

一月二十二日，有旨：「故大學士徐光啓加贈太保，廕中書舍人。」[一]

此頃，孫爾斗卒於北京[二]。

二月十三日甥陳于階以史可法薦，任南京欽天監博士[三]。

是春，農民起義軍張獻忠自荆州攻克巫山，直入四川；李自成自三邊攻克山西，趨北京。

四月二十四日李自成攻破京城，崇禎帝朱由檢自縊於煤山。

五月十三日清多爾衮奉命率軍經略中原。二十日明山海關總兵官吴三桂[四]致書降清，聲言願率所部合兵「以抵都門」[五]。

清多爾衮率兵南下，五月二十六日入山海關，與吴三桂合兵進迫北京。李自成出走。六月六日入北京，分兵兩路追擊李自成。

明政權覆亡後，陪都南京官吏立福王朱由崧[六]爲帝。六月七日即位，定明年爲弘光元年。

此頃，鄒漪[七]爲公撰傳[八]，附論云：「文定公固文武全才，即其所學，出入天人，上下經史。而身當筦鑰，一拂意於璫人，再觸忌於司馬，遂不得竟其大用，殊可惜也。後之論世者，屈指兩朝綸扉輔佐，文章節義，蓋不乏人，而求其宏通淵博，足爲萬邦之憲如公，豈有二哉？」

附注

［一］見《國榷》。原文依舊曆作崇禎十六年十二月癸酉日。

［二］據徐爾斗婿孫致彌稱：「吾外父中翰公成文定之志，補輯農書進呈乙覽。文定用是得晉太保，而外父亦推恩得官禁近。不幸拜命之日即撤瑟之辰。」（見《孫孺人八十壽序》）查公晉「贈太保」期在癸未十二月癸酉，即公元一六四四年一月二十二日；則爾斗得官期及卒期當距此時不遠。

［三］陳于階任欽天監博士事及其年月日，見《國榷》。受史可法薦事見《明四朝成仁録》。

［四］吳三桂，字長白，江蘇高郵人。事跡見《清史稿》。

［五］參見《東華録》順治元年部分。

［六］朱由崧，係神宗孫，福王常洵子。
［七］鄒漪，字流綺，江蘇無錫人，事跡見《耆獻類徵》。
［八］見《啓禎野乘》。該書自序有云：「今年甲申，運當鼎革，感星辰劍履之傾頹，懼滄海桑田之變易，……乃取〔天啓、崇禎〕兩朝名蹟，薈萃條列，記所知名曰野乘。」

公元一六四五年（清・順治二年・乙酉）

是春，清兵破潼關，李自成退出西安，走襄陽，繼走武昌，五月中，在湖北通山縣九宫山，遭當地地主武裝襲擊死難，時年四十歲。

五月二十日清兵攻破揚州，明督師史可法不屈死。六月三日弘光帝出奔，不久，被清兵擒獲。八日南京陷。

此頃，陳于階自經死。死前，歎曰：「吾微員也，可以無死，然他日何以見徐公［一］哉？」［二］死後，其僕宋千秋［三］扶櫬歸，自經於墓側［四］。

陳于階死節事，見《明史》卷一百六十七《高倬傳》附録：「時又有欽天監博士陳于階、國子生吴可箕、武舉黄金璽、布衣陳士達，並死焉。」陳于階有子，順、康年間仍活躍於家鄉。葉夢珠《閱世編・建設》（上海古籍出版社，一九八一年）記：「數年前，仲臺（陳于階）嗣君子式、子正持來（册籍），予（葉夢珠）曾見之。」則陳于階至少有二子傳祚。

陳于階詳傳，參見陳垣《明末殉國者陳于階傳》（中華書局，一九八〇），有云：「于階，字瞻一，號仲臺，上海百曲港人。祖天倖，號曲川，官福建邵武府弩口驛丞。父紹統，號華曲，官廣東增城縣巡檢，改浙江衢州府倉使。母徐光啓女兄也。于階性醇篤，嗜書，言笑不苟。幼從光啓學天算，又受神學于義大利人畢方濟，問銃于日爾曼人湯若望。崇禎二年，以儒士佐光啓修曆。六年十月，光啓疾篤，疏治曆成模，稱其思精推測，巧擅繪製，非阿言也。」「四月，清兵陷揚州，可法死之，于階聞大慟。五月初十日，福王出走。十五日，清豫王多鐸入南京，總督京營戎政忻城伯趙之龍、禮部尚書錢謙益等率衆迎降。大雨淋漓，百官蹇裳恐後。十六晨，多鐸受朝賀，遞職名參謁者如蟻。于階憮然曰：是謂中國無人也。雖然，今日之事，不降則死，不死則降。吾職雖微，惡可受辱，且他日何以見史公哉？遂沐浴具六品冠服，往鐵塔倉北天主堂默禱畢，從容就義於雞鳴山之觀象臺，年五十有一。子四人，不在側，僕宋千秋斂殯於雨花臺。」陳垣記陳于階死節事，有身同之感佩，並以明末忠烈讚譽之。黃一農《兩頭蛇：明末清初的第一代天主教徒》（上海古籍出版社，二〇〇六年）則以「教徒因盡節而違反『十誡』（指不自殺），如徐光啓的外甥陳于階即於清兵攻陷南京時自殺殉國」爲例，說明明末天主教徒的儒家身份意識。

南京既陷，七月頃魯王朱以海[五]稱監國於紹興，張國維等輔之。八月頃，唐王朱聿鍵[六]稱帝於福州，改年號爲隆武，黄道周[七]等輔之。

秋，舊居遭火災，「上世所遺，悉成烏有」。公所藏「圖書萬卷」，及「生平撰製，充棟等身」，至是，損失殆盡[八]。

此頃，金聲在休寧與邑人起兵抗清。十一月七日兵敗被執。十二月五日不屈死[九]。

附注

［一］指母舅徐光啓。

［二］見《南疆逸史》。

［三］宋千秋，生平未詳。

［四］見《松江府志》。

［五］朱以海，係明太祖十世孫。

［六］朱聿鍵，係明太祖九世孫。

［七］黄道周，字幼平，學者稱石齋先生。福建漳浦人。天啓二年進士。事跡見《明史》。

［八］參見徐爾默《題端闈奏草》。原文記遭火期爲「乙酉八月」，依陽曆計，是月當爲九月二十日至十

月十八日，但不知何日成災耳。

［九］見《明史》。

公元一六四六年（順治三年·丙戌）

子驥因國亂家難，「凶變屢告」，「目擊憂憤，外枯中焦，俄而疾作」，一月十五日卒，年六十四[一]。

柏應理《徐光啓行略》：「公（徐光啓）子名驥，字安友，號龍與，以廕補中書，隱居不士。確守家訓，修身克己。公媳亡後鰥貞十餘年，勤行愛主愛人之事。時太西學士潘子用觀（諱國光，西濟利亞國人。崇禎丁丑至）振鐸上海，中書公日侍左右，化誨者歲以幾千計。舊堂不能容衆，因謀於中書公。復建堂於縣治之北安仁里，又置田二、三頃，取租足用，以備不繼。至順治乙酉去世。在天學成爲好道之修士，在儒學目爲篤行之君子，與文定公并祀學宫焉。」

清光緒《上海縣續志·徐驥傳》：「徐驥（前志附《光啓傳》），字安友（號龍與），光啓子。幼從父讀經義外，兼通陰陽、律曆、兵法、農政等學。弱冠，補郡庠生。父貴，益力學，並肄武學，精火攻諸器。家居侍母病垂四十年，母忘所苦。父居官清，公費不給，則出家資輸助以爲常。父卒京邸，徒跣奔喪。至泰安州，病幾殆。市一柳櫬，命僕舁以從，示無反顧，竟達都，病亦漸愈。入朝，謝諭祭恩，扶柩南歸，躬度兆域親畚鍤。妻顧氏，早卒，二十餘年不再娶。生平以謹飭爲鄉里先，前賢祠宇、碑坊皆修葺愛護。初，光啓嘗議吾邑北郊桃園一帶東爲吴淞江故道，達海不能五十里，南則雉堞臨之，爲形勢扼要。驥乃鳩工累石，築爲岡阜，環植桃柳，繞以清泉。雖若遊觀，脱倉卒有警，可屯士卒，藏矢炮，隱然寓保障焉。晚益肆力墳索，尤精悟西學及《青囊》、《肘後》術。甲申之變，憂憤以卒。遺命布袍薄斂，康熙十年祀郡邑鄉賢祠。」《法華鄉志》卷五「獨行」，有《徐驥傳》，所記與光緒《上海縣續志·徐驥傳》類同，而另記徐驥著述有「《洪範訂正》一卷」。

今流傳徐驥撰之《文定公行實》，無一字言及徐光啓與利瑪竇和天主教的交往，學者或疑徐驥已經脱教，觀柏應理《徐光啓行略》所記徐驥事迹，可知其非。《上海縣續志·徐驥傳》記徐驥謹守父訓，「猶精西學」。徐驥親家孫元化，表兄陳于階，子爾覺、爾爵、爾斗、爾默、爾路，女福禮濟大（上海艾廷槐妻）、甘第大（松江許遠度妻）、瑪爾定納（上海潘堯納妻）均虔誠信教。蕭若瑟《天主教傳行中國考》（獻縣耶穌會，一九三七年）據西文資料，專門記録徐驥對江南教會建設之貢獻，有稱：「教傳十三省，而教務最盛者，首推江南。徐光啓提倡於先，其子徐驥聖名雅各伯提倡于後。士民觀感興起，奉教者所在多有。計江南一省，領洗信教者不下十萬有餘，得中國奉教者三分之二。」可見徐驥仍然積極於教務，則《文定公行實》諱言天主教，恐另有原因。

徐驥之後，上海徐氏丁口繁庶，稱上海大族。柏應理《徐光啓行略》：「公（徐光啓）孫五，爾覺（字順之）、爾爵（字縻之）、爾斗（字旋之）、爾默（字含之）、爾路（字行之），俱以廕授中書。曾孫十八人，玄孫三十五人，耳孫二人。此據其目前生育者，已有綿綿之美，況後此繁衍愈盛，又何可量乎？孫女五，并配名家，咸遵文定公家訓，皆領洗，敬事天主者。」徐光啓的子、孫，承明代之恩廕，先秉抗清之素志。或因易代，或因入教等緣故，徐氏子孫在清初難以入朝爲官。葉夢珠《閱世編》：徐光啓「孫五人，三承恩廕，一先龍與卒。鼎革以後，家漸中落。今曾孫濟濟，尚未有達者。」惟《法華鄉志·徐驥傳》記載，徐驥子爾路，在順治丙申（一六五六）曾出任知縣：「（徐驥）子爾路順治丙申部題充貢，授職知縣，舉鄉飲大賓。爾覺、爾爵、爾斗、爾默俱廕中書舍人。爾默録文苑。」

七月頃，孫爾默將公所撰《農輯》付刻，并撰題詞，有云：「先文定留心農政，向有全書，而以王事鞅掌，未克見諸施行。癸酉秋月，揆務焦勞，盡瘁成疾，乃欲舍黄閣而問滄田，伏枕之餘，手録一編。首述告君父之言與致同寅之語，次陳輯書之意，遂列五穀百卉種植畜牧暨救荒勸相諸方。由是而遍考全書，所謂祭海而先河也。……敬授梨棗，倘亦繩武之一端乎。」[二]

九月頃，妻吴氏卒，年八十二[二]。

光緒《上海縣續志·徐驥傳》，稱徐驥「家居侍母病垂四十年，母忘所苦」，則徐光啓妻吴氏自四十歲以後就長期患病。徐光啓萬曆二十八年（一六〇〇）在南京初見利瑪竇，曾向其傾訴妻室不能再生育，憂心徐家的子嗣問題，應和吴氏的健康狀況不佳有關。

徐光啓在京任官期間，吴氏多在上海家鄉居住，由兒子徐驥供奉。徐光啓與吴氏分居京、滬兩地，既免照顧之責，又有全心工作之便。柏應理《徐光啓行略》記：「（徐光啓）夫人吴氏，誥封一品。感公之化，奉事天主極虔。公宦游京師，夫人居鄉，操家有法，節儉自持，非瞻禮不衣綉綺。」徐光啓依教規，不娶側室，孤身一人在京，一心從事朝政和著譯，此亦有《徐光啓行略》所記爲證：「在都下，一日同官鄭來候見公旅況蕭然，因謂公曰：『老先生既不遠迎夫人，又不娶一伴侣，似此寂寥，沽名太甚。』公作答曰：『若聖百爾納曰：人思所以來，甚可愧耻；思今所在，甚可涕哭；思所以王，甚可戰慄。我亦人也，何以异於人也？惟思吾罪不足以補，是可畏也，尚敢耽於聲色之樂，受當世之虚譽耶？』」《徐光啓行略》語涉「同官鄭來候」，應是鄭以偉。徐光啓、鄭以偉兩人爲同僚，同志，并同年逝世。崇禎五年五月，徐光啓「入參機務，與鄭以偉并命，累加太子太保，進文淵閣。……明年十月卒，贈少保。……御史言：光啓、以偉相繼没，蓋棺之日，囊無餘資，請優恤以愧貪墨者。帝納之，乃謚光啓文定，以偉文恪」。事見《明史·徐光啓傳》。《法華鄉志》卷六「壽婦」：「吴夫人，徐文定公光啓妻，順治三年殁，年八十二。」徐光啓後裔女眷中另一載入《法華鄉志》的是徐爾爵妻子孫孺人：「孫孺人，徐文定公孫爾爵妻，康熙三十四年殁，年八十一。」

此頃，清兵渡錢塘江，魯王朱以海遁入舟山，張國維勢絀，投水死[三]。

李自成死後，張獻忠勢孤，四川各地之地主武裝紛起。是春，張獻忠率部由川入陝。與清軍及吴三桂軍在西充鳳凰山遭遇，起義軍猝不及防，被擊潰。是冬，張獻忠受傷被俘死。

是秋，在福州掌握軍政權之鄭芝龍[四]降清。清兵入福建，隆武帝逃建寧，擬入湘，途次爲清兵俘，死。

隆武帝死訊傳至粤，十一月二十日丁魁楚[五]、瞿式耜[六]等以桂王朱由榔[七]稱監國於肇慶。十二月二十四日稱帝，以明年爲永曆元年。

附注

［一］見《龍與府君及顧孺人行實》。原文依舊曆作乙酉年十二月二十八日。

［二］見《家譜》。

[三] 參見《明季南略》及《明史·張國維傳》。

[四] 鄭芝龍，號飛黄，福建南安人，初爲海寇。事跡見《明季北略》。

[五] 丁魁楚，字光三，江西永城人，萬曆四十四年進士。事跡附見《明史·丁啓睿傳》。

[六] 瞿式耜，字起田，號稼軒，又號耘野，江蘇常熟人，萬曆四十四年進士。事跡見《明史》。

[七] 朱由榔係神宗孫，初封永明王。

公元一六四七年(順治四年·丁亥)

陳子龍於南京失守之同年，八月一日在松江起兵抗清。九月二十二日清兵陷松江，陳子龍逃匿。至是年六月間被捕。二十六日乘守者不備，投水死[一]。

清兵馬踏江南之際，爲打擊江南人士抗清活動，徐光啓墓地曾被覬覦。上海地區民間傳説：清兵佔領松江後，爲報復徐光啓在《庖言》中抗清禦虜的言行，欲發其墳。縣民聞之，以「七十二隻閣老墳」設計，保護徐光啓墓地。「有一年，皇帝聽信讒言要根除徐光啓。松江府家鄉的老百姓聞訊後心急如焚，紛紛思謀計策。官差到上海後，非常驚訝，竟然一夜間從南市到徐家匯出現了七十二隻徐光啓墓。官差四處打聽，老百姓都説當時出喪棺材確實有七十二隻，而且都一模一樣。出喪送葬的隊伍也有七十二支，誰也不知道哪隻是真的。於是，官差開始挖掘墳墓。百姓得知官府要把七十二隻墳墓全部掘掉，就設法把徐光啓的棺材遷移到已掘過的墳墓裏。官差掘了七十二隻，結果隻隻是空的，只得無奈而歸。」（上海市徐匯區非物質文化遺産保護辦公室編《徐光啓》，學生課外閱讀教材，徐匯區文化局、教育局、徐家匯街道，二〇〇八年）據徐匯區非物質文化遺産保護辦公室黄樹林先生告知，「七十二隻閣老墳墓」的傳説，得自一九八〇年代區文化館對徐家匯老人的口述記録。推究該傳説之細節，未必確鑿，因徐家匯墓地石牌坊、石像生等，直到「文革」之前，未有破壞。然而，明清易代，對徐光啓身後之遭際影響重大，則是自然。《庖言》既被列入清初禁毁書目，徐光啓墓自然也可能被覬覦。此説録以備考。

附注

［一］參見《明史》、《南疆逸史》、《明季南略》等。

公元一六四八年（順治五年・戊子）

是年，劉獻廷［二］生。後此劉氏撰《廣陽雜記》，其中有云：「今之學者率知古而不知今，縱使博極羣書，亦衹算半個學者，然知今之學甚難也。農政一事，今日所最當講求者，然舉世無其人矣。……徐玄扈先生有《農政全書》，予求之十餘年，更不可得。紫庭在都時，於無意中得之。予始得稍稍翻閲。玄扈天人，其所著述，皆迥絶千古。然此書先生未竟之稿，而張國維、方岳貢重爲編輯者也。故讀之不能暢。人間或一引先生獨得之言，則皆令人拍案叫絶。意欲摘其數十則，録於日知録内，而卒不暇也。」

附注

［一］劉獻廷，字君賢，號繼莊，别號廣陽子。事跡見《劉處士墓表》及《劉繼莊傳》。

公元一六五〇年（順治七年·庚寅）

是年笛卡爾卒。

公元一六五四年（順治十一年·甲午）

二月十三日孫爾默撰《跋庖言》，有云：「兵燹之餘，版刻散佚，又字畫難考。不意此本，得之他所，批注點書，咸屬先公[一]手。惜多觸忌諱，不克重梓。」[二]

附注

[一]「先公」，指爾默父徐驥。

[二] 見《家譜》。

公元一六五七年(順治十四年·丁酉)

此頃前，公生平著述，「散佚殆盡」，孫爾默着手搜集纂録。自稱：「自丙戌抵今丁酉十有二年矣。旦夕皇皇」，「心思耳目，畢耗於此」，至是，「粗爲卒業」[一]。

附注

[一] 見《集引》。

公元一六五八年(順治十五年·戊戌)

五月三十一日徐爾默撰《題端闈奏草》，有云：「乙酉八月……舊居遭回禄，先世所遺，悉成烏有。灰燼之中，獨存此册，楮墨猶新。」[一]

九月頃，張履祥[二]筆録「身所經歷之處與老農所嘗論列者」成《補農書》下卷。另録崇禎末年漣川沈氏所撰之《農書》弁其前，爲《補農書》上卷[三]，大都爲切於當地應用之生産實踐經驗。

附注

［一］見《家譜》。

［二］張履祥，字考夫，號念芝，學者稱楊園先生，浙江桐鄉人，事跡見《清史稿》。

［三］近人陳恆力撰有《補農書研究》（一九五八年中華書局版），可參考。

公元一六六三年（康熙二年·癸卯）

此頃，孫爾默編《文定公集》已竣。十月九日撰《文定公集引》，有云：「吾祖文定公自丁酉發解，癸酉捐賓，幾四十年。大而經綸康濟之書，小而農桑瑣屑之務，目不停覽，手不停毫，孜孜矻矻，若老經生。生平著述，與年俱富。」「公生平無他嗜好，精神意氣，散見於楮墨文字之間」。「因出臆見，聊爲銓次」。又云：「家業荒凉，糊口不給。壽諸梨棗，河清難俟。」蓋編成而未付刻[一]。

十月頃，王錫闡撰《曉庵新法》成。自序有云：「萬曆季年西人利氏來歸，頗工曆算。崇禎初命禮臣徐光啓譯其書，有《曆指》爲法原，《曆表》爲法數。書百餘卷，數年而成，遂盛行於世。言曆者莫不奉爲俎豆。吾謂西曆善矣，然以爲測候精詳可也，以爲深知法意未可也。循其理而求其通可也，安其誤而不辨不可也。余故兼采中西，去其疵類，參以己意，著曆法六篇」云云。「蓋其書雖疏密互見」[二]，然頗有獨見，説者謂「實爲徐〔光啓〕李〔之藻〕之諍臣」[三]。

附注

[一]見《家譜》。
[二]《四庫題要》語。
[三]《曉庵新法跋》語。

公元一六六六年（康熙五年·丙午）

是年，湯若望卒。

公元一六六八年（康熙七年·戊申）

此頃，查繼佐撰《徐光啓傳》[一]附論云：「求精責實四字，平平無奇，文定持之終身不衰[二]，觀[三]時深而驗物切，以爲求治，終不能易此。……嗟乎，使中朝無黨，以光啓爲中樞而專任熊〔廷弼〕經略東事，『守在遼東』一語，乃終始之矣。」

本年，禮部左侍郎左春坊兼河南道御史王可忠應徐光啓孫爾路（南陔）及諸孫之請，爲徐光啓撰墓誌銘。「銘曰：　朝夜怙安，誰其思危？克典文華，而貞於師。經術有本，不曰予知。時方互矜，乃不一試。天子知之，謂我股肱。蕘言奪聽，而違崇功。于天于人，諸有所記。事過輒念，念彼克禅。禮部左侍郎左春坊兼河南道御史王可忠頓首拜撰。」墓誌銘前有小序，附記撰銘始末：「余二十年來，頗有所記載。疑啓禎之間，廷臣水火，其不與徇而不作調停之解者，未易概見。戊申客上洋，口碑文定徐公學問經濟鑿鑿，余始自慚缺文之非。方擬歸棹，適徐子南陔，遮而舍我。南陔，文定公嫡孫也。居移日，余惟卜旦請遺略。而兹晨南陔忽心動，遂以行狀垂示。嗟乎！先哲流美，不可没，其相感有候，亦一奇也。南陔隨其諸昆等請志銘於余，余曰：『此補余所闕，其何敢辭！』」（李杕《徐文定公行實》附）王可忠「戊申客上洋」，知墓誌銘作于本年。

附注

[一] 見《罪惟録》，亦見於《家譜》，撰期爲「歲次戊申」。按「戊申」即清康熙七年。

[二] 原文空一格，無「衰」字，據《家譜》補。

[三] 原文脱「觀」字，據《家譜》補。

公元一六七五年（康熙十四年・乙卯）

英國建天文臺於格林威治[一]。

附注

[一] 格林威治(Greenwich)，在倫敦東南，世界著稱之天文臺設於此。至第二次世界大戰後始改遷。

公元一六八二年（康熙二十一年・壬戌）

本年，康熙《上海縣志》編定，徐光啓家族事務，多有載入。徐光啓墓地以「徐家灣」命名。康熙《上海縣志》卷七記：「贈太子太保大學士徐緒墓在肇家浜南；贈太子太保大學士徐思誠墓在陸家浜南；太保禮部尚書文淵閣文定公徐光啓墓在二十八保徐家灣，崇禎七年賜葬。」乾隆十五年《上海縣志》（一七五〇）、乾隆四十九年《上海縣志》（一七八四）均記徐光啓墓地爲「徐家灣」。嘉慶十七年《上海縣志》（一八一二）改記爲「徐家匯」。

現代上海重要地名「徐家匯」，原有「徐家灣」、「徐家庫」等不同記載，均因徐光啓墓地于斯、徐氏後人繁衍于斯而得名。《法華鄉志》（一九三二）記：「徐家匯在法華東南二里許，向爲滬西荒僻地。清道光二十七年，法人建天主堂，堂之西即明相國徐光啓故居，其裔孫聚族于斯，初名徐家庫。」

《法華鄉志》另記載，徐光啓家族中，爾默、爾路的後裔居住在徐家匯，「後樂堂，在徐家匯，明徐文定公光啓故居。其中堂有御賜『儒宗人表』。旁築『東皋草堂』、『瀼西草堂』。董其昌書額『春及堂』，其耕讀處也。今西人建築天主堂，舊舍移西改置。其孫爾默、爾路後裔，世居於此。」

公元一七九九年（嘉慶四年・己未）

此頃，阮元[一]撰《疇人傳》成[二]。自序有云：「二千年來，〔推步〕術經七十改，作者非一人。其建率改憲，雖疏密殊而各有特識，法數具存，皆足以爲將來典要。爰……甄而録之，以爲列傳。……俾知術數之妙，窮幽極微，足以綱紀羣倫，經緯天地，乃儒流實事求是之學。」其中有《徐光啓傳》，附論云：「自利〔瑪竇〕氏東來，得其天文數學之傳者，光啓爲最深。洎乎督修新法，殫其心思才力，驗之垂象，譯爲圖説，洋洋乎數千萬言，反覆引申，務使其理其法，足以人人通曉而後已，以視術士之秘其機械者不可同日語矣。迄今言甄明西學者必稱光啓。蓋精於幾何，得之有本，其識見造詣，非〔魏〕文魁，〔冷〕守忠輩所能幾及也。」又其中《李之藻傳》附論云：「西人書器之行於中土也，之藻薦之於前，徐光啓、李天經譯之於後，是三家者，皆習於西人，亟欲明其術而惟恐失之者也。當是時《大統〔曆〕》之疏闊甚矣，數君子起而共正其失，其有功於援時布化之道，豈淺小哉？」又其中《李天經傳》附論云：「天經之學，亞於光啓，其在西局，謹守成法，畢前人未畢之緒，十年如一日。光啓薦以自代，可謂知人矣。」

附注

〔一〕阮元，字伯元，號芸臺，江蘇儀徵人。乾隆五十四年進士。事跡見《清史稿》。

〔二〕據撰者手訂《凡例》謂：「是編創始於乾隆乙卯（一七九五），畢業於嘉慶己未（一七九九）。」

公元一八四三年（道光二十三年·癸卯）

十一月十七日，英國駐上海領事（George Balfour，一八〇九——一八九四）和江南海關分巡蘇松太兵備道宫慕久簽署之《上海土地章程》（*The Shanghai Land Regulation*）生效，上海英租界正式開闢。徐光啓家族開闢之舊桃園，在城東北二三里，正好坐落于《土地章程》劃定之英租界租借地範圍内。據《閲世編》卷十《居第》記載：「桃園，在北郊之東北二三里，故相徐文定公子龍與所闢也。……崇禎癸未、甲申之間，遂爲一邑名勝，經營正未艾也。」龍與，即徐光啓子徐驥之號。清兵佔據江南後，徐驥故去，桃園失理，耶穌會駐上海潘國光（Francois Brancati，一六〇七——一六七一）神父曾用作爲演武場。順治十四年，上海縣衙正式收爲公地，「改治桃園爲演武之地，除其兩稅，作爲公佔，至今因之。」如此，徐氏舊桃園，地當黄浦和吴淞江交匯之區，即後來所謂「外灘」（The Bund）附近，則爲上海英租界爲「十里洋場」之組成部分。

公元一八五七年（咸豐七年·丁巳）

前此，公曾筆譯歐幾里得《幾何原本》[一]，尚餘後半部未譯。曾言：「續成大業，未知何日？未知何人[二]？」至是春，此一「業」，始爲李善蘭[三]及泰西偉烈亞力[四]所「續成」。至是，《幾何原本》中文譯本始有原帙。一月三十日李氏撰序，有云：「明徐〔光啓〕利〔瑪竇〕二公……未譯者九卷。卷七至卷九，論有比例無比例之理，卷十論無比例十三線，卷十一至十三論體。此外，十四、十五二卷六論體，則後人所續也。無七八九三卷則十卷不能讀，無十卷則後三卷中論五體之邊不能盡解。是七卷以後皆爲論體而作，即皆論體也。自明萬曆迄今，中國天算家願見全書久矣。……歲壬子(一八五二)來上海與西士偉烈君亞力約，續徐、利二公未完之業。……遂以六月朔爲始，……凡四歷寒暑始卒業。……偉烈君言：異日西士欲求是書善本，當反訪諸中國矣。」云云。

附注

［一］參見本譜公元一六〇七、一六一一、一六一二等年之譜文。

［二］見所撰《跋幾何原本》。

［三］李善蘭，字壬叔，浙江海寧人。諸生。事跡見《清史稿》。按：李氏算學之造詣，世謂梅文鼎後一人。

［四］偉烈亞力(A. Wylie)，英國人。

公元一八九六年(光緒二十二年·丙申)

是年，《徐文定公集》[一]編成，輯録遺作二十六篇。

附注

［一］李杕編，上海慈母堂印行。按：李杕，字問漁，別號大木齋主，上海人。

公元一九〇三年（光緒二十九年・癸卯）

是年，《徐文定公家書墨跡》[一]編成。輯印公之家書手稿十五通[二]，各附考釋。

本年，上海天主教區和耶穌會爲紀念徐光啓入教三百周年，修繕徐光啓墓地，並在墓前神道設立一大理石十字架。十字架基座南面分左右鐫刻銘文，左刻潘國光一六四一年撰寫的拉丁文墓誌銘（已見該年），右刻上海耶穌會新撰紀念銘文，全文如下：「Magno Sinarum doctori Siu Paulo Imperatoriae ejusdem regni majestatis a secretis consiliis viro omnium regni primatum illustrissimo, et ob susceptam christianorum fidem, quam coluit, amavit, ampliavit, ultra saeculares annos celeberrimo Societas universa Jesu, grati animi amorisque monumentum posuit.」一九五〇年代後，十字架毀棄，拉丁文墓碑殘存。經聯絡，比利時魯汶大學漢學系杜鼎克（Ad Dudink）博士查找到拉丁文墓誌全文，並於二〇〇六年七月十三日提供給筆者，隨後鐫刻在修復後的徐光啓墓前十字架基座正面（南面）。

十字架基座東、北、西三面刻寫由著名天主教徒、前耶穌會士丹徒馬良（相伯）撰文，書法家婁縣張秉彝書寫的碑文《明故少保加贈太保禮部尚書兼文淵閣大學士徐文定公墓前十字記》：

「嗚呼！聖沙勿略之來賓而斃於粵島也，誰不哭望三洲，奚我獨後？詎知大聖禱祈，早格維皇，即於是年嘉靖壬子利瑪竇生，壬戌則文定公生。初訪利氏之會友於韶州，繼訪利氏於白下。考道數年，至癸卯乃始深信不疑而受洗。嗣是無日不推闡所深信之道，口之手之，公諸遐邇。時雖廷臣水火，魏、客煽處，致不能一展其猷，公泊如也。遇中傷教士，則必抗疏以諍之。公孫爾覺，刻其疏於上海南門外耶穌會之墓道。公云：『臣嘗與諸陪臣，講究道理，書多刊刻，則信向之者，臣也。又嘗與之考求曆法，前後疏章，具在御前，則與之言星官者，亦臣也。因與講究考求，知此諸臣最真最確。所傳事天之學，真可以補益王化，左右儒術，救正佛法者也。臣心有一毫未信，又安敢妄加稱許，爲之遊説哉？』觀此，知公通道之誠，不啻口出。高山在望，尤貴景行。今歲癸卯，距公受洗年三百周。江南教衆輸資，建十字石於肇嘉濱北原之故阡，取潘國光書旌納壙之文，演以爲頌曰：

經云信德有耳聞，有傳有習相須殷。惟明碩輔徐上海，揭信光兮掃群氛。耶穌會士再拜言：

公真震旦之朝暾。共豎墓前十字石，石弗欄兮矢弗諼。光緒二十九年癸卯教衆立石，丹徒馬良撰文，婁縣張秉彝書。」

附注

[一] 亦題《徐文定公墨蹟》，徐允希（公十一代孫）輯並附考釋。上海鴻寶齋石印本，附題詠二十通。後此，上海土山灣印書館重印，删去原附題詠。

[二] 其中有首尾不完整者。

公元一九〇九年（宣統元年·己酉）

是年，《徐文定公集》重訂本[一]編成，輯録遺作六十三篇[二]。

附注

[一] 原題《增訂徐文定公集》。徐允希編，上海慈母堂印行。

[二] 係據光緒二十一年刊出之《徐文定公集》增訂成。

公元一九一四年（民國三年·甲寅）

本年，爲參與次年在美國三藩市舉辦的「太平洋-巴拿馬世界博覽會」，上海徐家匯土山灣孤兒院工藝場畫館畫師創作了徐光啓、利瑪竇、湯若望、南懷仁四幅人物畫。每幅畫像頂端，有著名天主教徒馬相伯撰寫的題額，其中徐光啓畫像的題額，全文如下：「徐光啓，字子先，號玄扈。先世由河南遷蘇州後，自高祖秉鐸上海，遂家焉。以嘉靖壬戌三月生。生三十六年，始中萬曆丁酉舉首。甲辰成進士，丁未授檢討。丁外艱，一再赴澳門講習聖教禮規。服闋，回翰林院，旋請病假，至丁巳始遷左春坊左贊善，復請病假。萬曆末年，邊警迭告。乙未，除詹事府少詹，兼管通、昌等處練軍事務，以巡撫體統行事，遂奏多造銃臺銃器。尋以乏餉撤兵，又一再請病假。其請病假也，輒至津門，興水利，講農學，爲京師根本至計。天啓癸亥，特旨升禮部右侍郎。乙丑，爲魏璫所構，著冠帶閑住。崇禎元年戊辰，復特旨起用，加太子賓客。己巳，轉本部左侍郎，奉敕修正曆法，並巡視城中火器，乃徵龍華民等修曆，又從西士新法造大炮。是年十一月，於德勝門外三發大炮，戕敵甚衆。十二月，奏造鳥銃二三千，又奏陳訓練造銃各策。庚午二月，奏陳造銃教演，須徵用西洋人，並奏派龍華民、畢方濟赴澳，招勸捐助火器。應徵者有教士陸若漢與教紳公沙的，皆屢獲勝仗。六月，升尚書。壬申，兼東閣大學士。癸酉七月，加太子太保，兼文淵閣大學士。自升授卿貳以來，每力辭，皆不獲。自是，又屢上疏乞休，卒以十月初七日薨於位。上聞震悼，賜祭賜謚，謚曰『文定』，並賜水衡錢治葬事，一切蔭贈皆如例。當文定未第時，常遊學粵東，過韶州天主堂，遇教士郭仰鳳，談道頗契。庚子，訪利瑪竇于白門，益知萬事萬理舍萬物真原無着落處。癸卯，復至白門，而利氏已北，遇羅如望，令恭默思道八日，恍然天下之天無二天，天主之教無二教，因遂受洗禮。入教後，公車北上，與利氏談聖經之暇，講西學，故屢有譯書之請。而沈㴶等因附魏璫，屢害教士，文定亦屢上疏争之。所薦之畢方濟，後亦上疏云：『臣又蒿目時艱，思所以恢復封疆，裨益國家者，一曰明曆法以昭大統，一曰辨礦脈以裕軍需，一曰通西商以官海利，一曰造西銃以資戰守』云云，皆忠讜至論，惜皆爲食古不化與放利而行者所廢阻，不獲行其所志。然宫掖之間，奉教者已五百餘人，士大夫數百人。以少京兆楊廷筠、太僕卿李之藻、大學士葉益蕃、左參議瞿汝説（其子式耜後謚忠宣）者等爲最著。」

公元一九二三年（民國十二年·癸亥）

本年，梁啓超在清華大學國學研究院開講《中國近三百年學術史》，評價徐光啓的科學貢獻，説：「明末有一場大公案，爲中國學術史上應該大筆特書者，曰：歐洲曆算學之輸入。先是，馬丁·路得既創新教，羅馬舊教在歐洲大受打擊，於是又所謂『耶穌會』者起，想從舊教内部改革振作。他的計劃是要傳教海外，中國及美洲實爲其最主要之目的地。他的計劃是要傳教海外，中國及美洲實爲其最主要之目的。於是利瑪竇、龐迪我、熊三拔、龍華民、鄧玉函、陽瑪諾、羅雅谷、艾儒略、湯若望等，自萬曆末年至天啓、崇禎間先後入中國。中國學者如徐文定（名光啓，號玄扈，上海人，崇禎六年〔一六三三〕卒，今上海徐家匯即其故宅）、李涼庵（名之藻，仁和人）等都和他們來往，對於各種學問有精深的研究。」「明萬曆中葉，迄清順治初葉的三十年間，耶穌會士賚歐洲新法東來，中國少數學者以極懇摯極虚心的態度歡迎之，極忠實以從事翻譯。同時舊派反抗頗烈，新派以不屈不撓之精神戰勝之。其代表人物則爲李涼庵（之藻）、徐玄扈（光啓）等。」

先此，民國九年（一九二〇），梁啓超爲蔣方震《歐洲文藝復興時代史》作序，成《清代學術概論》，其中稱道徐光啓、李之藻之學，曰：「自明徐光啓、李之藻等廣譯算學、天文、水利諸書，爲歐籍入中國之始。前清學術，頗蒙其影響，而範圍亦限於天算。」梁啓超曾與馬相伯交，本人於清末翻譯事業及成就頗爲推崇，故對徐光啓獨有認識。

公元一九三三年（民國二十二年・癸酉）

十一月八日，逝世三百年紀念，上海、南京等地部分團體舉行紀念會，並輯印《徐文定公逝世三百年紀念文彙編》〔一〕。

紀念會由天主教上海教區主辦，惠濟良主教主持。紀念活動在徐光啓墓地舉行，市長吴鐵城派代表參加。國民政府政要蔣介石、宋子文、孔祥熙、柳亞子、孫科、馮玉祥等題詞，題有：「科學導師，徐文定公逝世三百周年紀念，蔣中正敬題」；「後學楷模，徐文定公紀念，宋子文敬題」；「赫赫文定，新學開山，西來政教，獨發其端。世變益烈，三百載還，流風不遠，渺矣難攀。徐文定公逝世三百周年紀念，孔祥熙敬撰」；「西學開山三百年，中華爲國揔難痊。交侵倭虜還如故，倘有英靈怒九天。敬題徐文定公三百年逝世紀念册，一九三四年二月十二日，柳亞子」；「奕世流芳，前明相國徐文定公逝世三百周年紀念，孫科敬題」；「德澤流光，明相國徐文定公逝世三百周年紀念，馮玉祥敬題」。

一九六二年十一月，蔣宋美齡爲《徐文定公家書墨蹟》（臺北，一九六二年）作序，披露「外王母徐太夫人乃文定公第九世女孫。予髫髮時，獲聞公故事于外王母，津津如哺飴焉。」據此，可推知宋靄齡、慶齡、美齡、子文、子安、子良，乃徐光啓第十一世後裔。徐光啓九世女孫，一適上海租界倪蘊山牧師，一適江南製造局牛尚同總辦。倪徐氏長子倪錫純，曾任漢冶萍煤鐵廠礦公司上海商務所所長；二女倪秀珍，適温秉忠，曾任蘇州海關監督；三女倪桂珍，適上海衛理公會宋耀如牧師。宋耀如，即宋氏兄妹之父，辛亥革命後，姻聯革命黨人孫中山，政客蔣介石、孔祥熙，成上海巨族。

是年，《徐文定公集》三訂本[二]編成。輯録遺作八十九篇。

附注

［一］徐宗澤編。

［二］徐宗澤編，係據宣統元年刊出之《增訂徐文定公集》再增訂，仍題《增訂徐文定公集》，上海徐順興印刷所鉛印。

公元一九六三年（中華人民共和國建國十三年）

四月二十四日誕生四百年紀念，北京、上海等地部分學術團體舉行紀念會，並輯印《徐光啓紀念論文集》[一]。

四月，《徐光啓手迹》成書[二]，輯録《農政全書手劄》五十六葉，附許纘曾跋；書簡四通；家信十四通；序跋二篇。

是年，新編《徐光啓集》[三]成書，輯録遺作包括奏疏、書牘、論、説、策、議、序、跋、記、贊等文二百零四篇，詩十四首。

本年，臺灣影印重刊《增訂徐文定公集》。遷至臺灣的徐光啓十三世孫徐懋禧，於光啓誕辰四百周年之際，重印了《增訂徐文定公集》。俞大維提供舊藏版本供影印，並題詞「增訂徐文定公集，四百年誕辰紀念重刊，俞大維敬題。」俞大綱撰《重刊增訂徐文定公集序》。其他一應照舊影印徐宗澤《增訂徐文定公集》（三訂本）。

臺北光啓出版社影印《徐文定公家書墨蹟》，張其昀題「徐文定公家書墨蹟」，蔣中正題「徐文定公家書墨蹟」（扉頁），田耕莘題「家珍國寶」。蔣宋美齡作序，方豪作簡釋，徐懋禧作跋。

附注

［一］中國科學院中國自然科學史研究室編，一九六三年中華書局版。

［二］上海市文物保管委員會編，一九六二年十二月中華書局用珂羅版影印。

［三］王重民編，一九六三年中華書局版。

譜主撰述年表

表例簡述

（一）凡譜主作品，除目前尚未考知，譜文無從著録的外，不論整部的「書」或單篇的「文」（論文、奏疏、書函及其他），都依次收録於本表。

（二）作品以譜文著録的公元年次爲序。依其年次，兼可逐題檢索譜文及其附注。

（三）作品名稱，概照原題著録。

（四）「名稱」項下，酌附簡注，以括號「（ ）」表之。其中：（甲）注「譯」的，表從外國文譯成中國文；注「筆述」的，表從他人口述，筆記成文；注「輯」的，表從譜主舊作，自輯或被輯成書；注「主編」的，表與他人合編，并負主編責任。無這些附注的，概屬譜主自撰。（乙）注「佚」的，表該作品已不存；注「未見」的，表該作品存亡未悉；注「部分存」的，表該作品原件雖佚，部分仍存；無這些附注的，概屬現存。

（五）本表另附「索引」，將表列的作品名稱，依筆畫多少排列。如筆畫數相同，則以字典習用的部首法爲序次。「名稱」項下各附公元年次，以便依次檢索。

年次（公元）	書名（或篇名）
一五九七	《「舜之居深山之中」一章》
一五九九	《「子曰：聽訟吾猶人也」一章》（未見）
	《與焦老師書》
一六〇三及其前	《毛詩六帖》（參見一六一七年）
	《淵源堂詩藝》（佚）
	《芳蕤堂書藝》（佚）
	《四書參同》（佚）
	《子史摘》（佚）
	《方言轉注》（佚）
	《語類》（佚）

《塾書政》(佚)
《二十四則古》(佚)
《讀書算》(佚)
《賦囿》(佚)
《制彙》(佚)
《書法集》(佚)
《草書類》(佚)

一六〇三　《量算河工及測量地勢法》

一六〇四　《擬上安邊禦虜疏》
《跋二十五言》
《克罪七德箴贊》
《與海翁夫子書》

一六〇五　《擬漢武帝罷田輪臺詔》
《漢文帝誅薄昭或以爲仁厚中有神武，田叔燒梁獄詞，或以爲善處人母子兄弟之間，二事寬嚴得失何如對》

《正直忠厚辯》
《聖母萬壽頌》
《郭汾陽大人頌》
《擬東方朔陳泰階六符奏》
《新都楊永嘉張二文忠公贊》
《赤子之心與聖人之心若何解》
《刻紫陽朱子全集序》
《君臣交儆箴》
《爲之自我者當如是論》
《擬緩舉三殿及朝門工程疏》
《與友人辯論雅俗書》
《題歲寒松柏圖》(詩)
《賦得玉壺冰》(詩)
《題陶士行運甓圖歌》(詩)
《邊塞苦寒吟》(詩)

《雨霽望西山》(詩)

《賦得草色遥看近若無》(詩)

《曲水流觴》(詩)

《上苑聽新鶯》(詩)

《南郊陪祀有述》二首(詩)

《北郊陪祀》(詩)

《聞楚變有感》(詩)

《閲宋史監門鄭俠上疏民圖有感》(詩)

《九日憐芳菊》(詩)

《甲辰翰林館課》(輯)

《考工記解》

《記里鼓車圖解》

《漕河議》

《通漕類編》(佚)

《通漕考評》(佚)

《漕河評正》(佚)
《處置宗禄查核邊餉議》
《山海輿地圖經解》(《題萬國二圜圖序》)
《擬講讀官請皇太子暑月宫中視學箋》
《續文德論》
《賦得冬嶺秀孤松》(詩)
《秋祀恭謁長陵》(詩)
《憶江南梅花》四首(詩)
《賦得霜前白雁》二首(詩)
《玉河新水》(詩)

一六〇六

《家書》
《幾何原本》(譯)
《測量法義》(譯)
《選練論》(未見)

一六〇七

《家書》

一六〇八 《題測量法義》
《測量異同》
《甘藷疏》（參見一五八二年）
《復宫端全座師》函
《穀城先生四然齋集序》

一六〇九 《俞子如先生像贊》
《蕪菁疏》（部分存）
《勾股義》
《耶穌像贊》
《聖母像贊》
《正道題綱》
《聖教規誡箴贊》（包括：《天主十誡》、《克罪七德》、《真福八端》、《哀矜十四端》）

一六一一 《澹園續集序》
《家書》

《跋幾何原本》
《簡平儀説》（筆述）
《簡平儀説序》
《平渾圖説》（未見）
《日晷圖説》（未見）
《夜晷圖説》（未見）

一六一二　《泰西水法》（筆述）
《農遺雜疏》（部分存）
《致親家》函二通
《家書》二通

一六一三　《家書》二通

一六一四　《刻同文算指序》
《宜墾令》（佚）
《北耕録》（佚）**增補者按：部分存。**

一六一五　《闢妄》

《諏諮偶編》
《擬復竹窗天説》
《醫方考》(佚)
《種棉花法》(部分存)

一六一六 《家書》七通
《辨學章疏》

一六一七 《糞壅規則》

一六一八 《海防迂説》
《海防考評》(佚)
《復焦座師》函
《復呂益軒》函
《復錢游戎》函

一六一九 《復莊游戎》函
《家書》
《敷陳末議以殄兇酋疏》

《兵非選練决難戰守疏》

《復王孝廉》函

《復熊芝岡經略》函兩通

《遼左阽危已甚疏》

《恭承新命謹陳急切事宜疏》

《兵事百不相應疏》

《選練百字括》（未見）

《選練條格》（未見）

《練藝條格》（未見）

《束伍條格》（未見）

《形名條格》（未見）

《復袁憲使位宇》函

《時事極迫極窘疏》

《復黄憲副轂城》函

《復太史焦座師》函

《兵機要略》(未見)
《火攻要略》(未見)

增補者按：現存《兵機要訣》、《選練條格》二書，已上七篇注「未見」者均已包括在内。

《虜情第一》(未見)
《大征第二》(別題《大征策》)
《器勝第三》(別題《器勝策》)
《服戎第四》(別題《服戎策》)
《邊備第五》(未見)
《禁旅第六》(未見)
《用人第七》(未見)
《財計第八》(未見)
《營田第九》(未見)
《剖析事理仍祈罷斥疏》
《東事警急練習防禦疏》

一六二〇

《與茅止生》函(佚)
《與鹿伯順》函(佚)
《統馭事宜疏》
《巡歷已周實陳事勢兵情疏》
《酌處民兵事宜疏》
《巡歷控辭疏》
《簡兵將竣遘疾乞休疏》
《簡兵事竣疏》
《謝皇賞疏》
《謹陳任内事理疏》
《與李我存太僕》函二通
《致親家》函
《謹申一得以保萬全疏》
《與大司徒李孟白》函
《復大司馬張座師》函

一六二一

《申明初意録呈原疏疏》
《臺銃事宜疏》
《仰承恩命量力知難疏》
《服官非分疏》
《與周子儀給諫》函二通
《復臨縣尹諸葛澹明》函
《與胡季仍比部》函
《與楊淇園京兆》函
《與王泰蒙大司空》函
《與茅止生》函
《略陳臺銃事宜並申愚見疏》
《陽明先生批〈武經〉序》

一六二二 《與李我存太僕》函
《與吳生白方伯》函

一六二三 《端闈奏草》(輯)(佚)

一六二四
《復周無逸學憲》函
《張銓傳》(佚)
《復張深之司隸》函
《靈言蠡勺》(筆述)
《與吕公原比部》函
《先祖事略》
《先祖妣事略》
《先考事略》
《先妣事略》
《吴夫人事略》(未見)

一六二五
《與王無近端尹》函
《適志齋稿序》
《疏辨》
《與李君敍柱史》函

一六二七
《復蘇伯潤柱史》函

一六二八
《農書》(《農政全書》未定稿)(參見一六三九年)
《庖言》(輯)

一六二九
《敬陳講筵事宜以裨聖學政事疏》
《經闈講義》(佚)
《自陳不職乞賜罷斥疏》
《再瀝血誠辨明寃誣疏》
《先事強兵疏》(佚)
《重修天津衛學記》
《條議曆法修正歲差疏》
《報告測候日食疏》(佚)
《奉旨修改曆法開列事宜乞裁疏》
《城守條議》

一六三〇
《再陳一得以裨廟勝疏》
《控陳迎銃事宜疏》
《破虜之策甚近甚易疏》

《醜虜暫東綢繆宜亟謹述初言以備戰守疏》

《西洋神器既見其益宜盡其用疏》

《恭報教演日期疏》

《報告火藥局火災並自劾疏》

《鎮臣驟求製銃謹據職掌疏》

《聞風憤激直獻芻蕘疏》

《修改曆法請訪用湯若望等疏》

《言屯鹽事宜疏》(佚)

《奉旨條畫屯鹽疏》

《修改曆法疏》

《欽奉明旨謹陳愚見疏》

《欽奉聖旨復奏疏》

《題爲月食事宜疏》

《奉命修曆因事暫輟謹略陳事緒以明職守疏》

《報告觀測月食疏》

《審查冷守中曆法議意見》
《爲一事兩旨前後互異謹據實直陳懇勘明歸一以勸忠節以昭信史事疏》
《奉旨回奏疏》
《因病再申前請以完大典疏》
《預推月食疏》三通
《奏呈曆書總目表疏》
《奉旨恭進曆書疏》（第一次）
《遵例引年懇乞休致疏》
《與周明璵》函
《報告測驗月食疏》二通
《審查魏文魁所著曆元一書意見》
《學曆小辨》
《奉旨續進曆書疏》（第二次）
《預推日食疏》
《報告測驗日食疏》

一六三一

《處不得不戰之勢宜求必戰必勝之策疏》

《欽奉明旨敷陳愚見疏》

《奏爲月食事疏》

《兵事或問》

《兵事疏》(輯)

《六函彙輯》

《上略下略》

《報告測驗月食疏》二通

《奉旨恭進第三次曆書疏》

《預推月食疏》

《南宮奏草》(輯)(佚)

《月食乞照前登臺實驗疏》

《月食先後各法不同緣由及測驗二法疏》

《修曆缺員謹申前請以竣大典疏》

《與周明璵》函

一六三二

一六三三

《景教堂碑記》

《懇予假調理疏》

《病勢少減入直辦事疏》

《衰病實深懇賜罷斥疏》

《考課無能乞允辭免疏》

《恭謝天恩疏》

《張海虹先生文集序》

《赤道南北兩總星圖敘》

《恭謝頒賜疏》

《預推月食疏》

《曆法修正告成書器繕治有待請以李天經任曆局疏》

《綸扉奏草》(輯)(佚)

《清臺奏草》(輯)(佚)

《乞休疏》

《農輯》(佚)

《家書》(佚)

《治曆已有成模懇祈恩敍疏》

《文集》(輯)(佚)

《序議》(輯)(佚)

《書牘》(輯)(佚)

《詩篇》(輯)(佚)

一六三五　《崇禎曆書》(别題《新法算書》主編)

一六三八　《徐文定公集》(《皇明經世文編》之一部分)(輯)

一六三九　《農政全書》(參見一六二七年)

一六六三　《文定公集》(輯)(佚)

一九〇三　《徐文定公家書墨跡》(輯)

一九〇九　《徐文定公集(重訂本)》(輯)

一九三三　《徐文定公集(三訂本)》(輯)

一九六二　《徐光啓手跡》(輯)

《徐光啓集》(輯)

譜文附注引用文獻「簡稱」、「全稱」對照表

「行述」——《先文定公行述》（徐驥撰別本或題《文定公行實》）。

「行略」——《徐光啓行略》（Philippus Couplet 撰，張星曜譯）。

「行實」——《徐文定公行實》（李杕撰）。

「家譜」——《徐氏家譜》（別本或題《徐氏宗譜》）。

「年譜」——《文定公年譜》（附見於《徐氏家譜》）。

「題名碑録」——《明進士題名碑録》。

「履歷便覽」——《萬曆三十二年甲辰進士履歷便覽》。

「庖言」——《徐氏庖言》。

「光緒版舊集」——《徐文定公集》（李杕編，光緒二十二年版）。

「宣統版舊集」——《增訂徐文定公集》（徐允希編，宣統元年版）。

「民國版舊集」——《增訂徐文定公集》（徐宣澤編，民國二十二年版）。

「一九六三年版新集」——《徐光啓集》(王重民輯校)。
「集引」——《先文定公集引》(徐爾默撰)。
「家書墨跡」——《明相國徐文定公墨跡》(别題《徐文定公家書》)。
「甲辰館課」——《新刻甲辰科翰林館課》。
「縣志」——《上海縣志》。
「府志」——《松江府志》。
《利瑪竇傳》——*Le père Matthieu Ricci et la Sociélé Chinoise de son temps*(《利瑪竇司鐸和當代中國社會》, Henri Bernard撰,王昌社譯)。

此外,尚須附告:

(一)引用《明史》或他史,兼注篇名。其不注篇名只注「見《某史》」的,概指「見《某史》某人本傳」。例如「焦竑」名下附注:「見《明史》」——「見《明史焦竑傳》」。

(二)引用篇幅較多的書,兼注卷數或篇名;有些篇幅雖多,但係「編年」的,如《明實録》、《國榷》、《東華録》等,可按年檢索,則從省。

(三)引用各種方志,各有不同版本。如同一事實,各版本多有記及的,只注該方志名稱;如只見於某一版本的,則兼注其版本。

(四)一般習用的簡稱,衆所周知,這裏不一一列述。

本譜有關文獻一覽

説　明

一、著録範圍，包括本年譜全部譜文及其附注所涉及的或引及的文獻。

二、著録項依次分爲如下四部分：（一）名稱項：著録各該文獻的全稱。本譜採用的簡稱，另條著録，但仍須參見其全稱條。如有别稱的，於「附注項」下注明，標以「别題」等字。（二）姓名項：著録該文獻撰者或編者或譯者姓名。姓名前所冠括號「（　）」内的名詞，表其朝代；朝代後如綴以符號「…」表其人係在兩個朝代間（例如「（明…）」係表明、清兩代間）；朝代後如綴以西洋或日本等名詞，表其人係歐洲或日本人，非中國人；姓名前如無括號，表其人係近人；姓名後如綴以「等」字，表尚有其他人，不一一具列。姓名後分别綴以「撰」或「編」或「譯」字。（三）版本項：著録較特殊的版本（如罕本、鈔本、影本等）或叢書本（如不只出自一種叢書的，著録其較原始的一種或本譜所引用的一種）；　如係方志或現代刊物，注明何年版；　其他通行版本相當多的，一般不予著録。（四）附注項：　個別文獻，必要時酌附説明。如該文獻今已不存的，標以「佚」字；　如係孤本、罕本，標以「罕見」兩字；　如未經目睹亦未知其存亡的，標以「未見」兩字；　其他方面，如有説明的必要，也酌附簡注。凡「附注項」，概標以括號「（　）」示別。

三、每一文獻的著録項後，所綴的一組或多組中文數字，係表公元年次，説明該文獻見於本年譜公元若干年的譜文或其附注中（例如《上海志》條後，附有一二九二、一五六二兩組數字，係表本譜在公元一二九二及一五六二兩年，曾涉及或引及《上海志》一文獻），可分别按這些年次檢索。

四、文獻排列，先依其名稱首字筆劃多少爲序，筆劃少的在前；　如筆劃數相同，則依普通字書部首先後爲序；　如筆劃和部首都相同，則依字書排列習慣爲序。其次，將首字相同的集中，依其名稱字數多少爲序，字數少的在前。　如字數相同，則依第二字的筆劃、部首等爲序（如首字例）。以次類推。

二　畫

七克　（明・西洋）龐迪我(Didacus de Pantoja)撰　《天學初函》本　一六〇四

二十五言　（明·西洋）利瑪竇（Matthieu Ricci）撰　《天學初函》本　（亦見王肯堂《鬱岡齋筆叢》，改題爲《近言》，并略有删改）　一六〇四

二至晷景考　（元）郭守敬撰　（佚）　一二七六

三　畫

十駕齋養新録　（清）錢大昕撰　潛研堂刻本　一二四七

三國典略　（唐）丘悦撰　（佚，現存《藝文類聚》、《太平御覽》、《太平廣記》等古類書，均見引及）　一五九八

上海志　（明）唐錦編　弘治十七年版　（罕見，近有影印本）　一二九二，一五六二

上海縣志　（清）葉廷眷等編　同治十一年版　一五三七，一五四三，一五五二，一五五六，一五六六，一五六九，一五七一，一五七六，一五七七，一五七九，一五八二，一五八七，一五八八，一五九一，一五九六，一五九八，一六〇一，一六〇四，一六〇九，一六一一，一六一二，一六一七，一六二七，一六三一，一六三二，一六三九

上海築城記略　（明）潘恩撰　（見《上海縣志·建置》）　一五五三

上中下三曆注式　（元）郭守敬撰　（佚）　一二七六

千頃堂書目　（清）黄虞稷撰　一九一三年版　一六〇九，一六一二

大興水利申　（明）耿橘撰　（見《農政全書》卷八）　一六〇六

大明天文奏疏　徐光啓、李天經等撰　北京圖書館藏明刻本　（罕見，書名頁已脱，後人用墨筆作此題。按即《治曆緣起》，係《崇禎曆書》之一部分）　一六三〇

大西利先生行蹟　（明·西洋）艾儒略（Julius Aleni）撰　北京大學圖書館藏鈔本　（罕見）　一五八二，一六〇〇，一六〇三，一六〇四

山東通志　（清）楊士驤等編　宣統三年版　一五九三，一六〇四，一六二五，一六三三

山海輿地圖　（明·西洋）利瑪竇（Matthieu Ricci）繪製　（別題《坤輿萬國全圖》。程百二《方輿勝略》亦收載是圖）　一五八四，一六〇〇，一六〇五

山海輿地圖自序　（明·西洋）利瑪竇（Matthieu Ricci）撰　（見該圖）　一五八二，一六〇〇

四　畫

中星圖　（明）王應麟撰　（未見）　一六三二

中西文化之交流　（日本）石田幹之助撰，張宏英譯　一九四一年版　一六〇〇

中國農業遺産選集·棉　中國農業遺産研究室編　一九五七年版　（分棉、麥、稻……專

冊）　一六一五

中國植物學文獻評論　（西洋）布勒士萊德（Emil Bretschneider）撰，石聲漢譯　一九三五年版　一五七八

中國叢書綜錄　上海圖書館編　一九五九——一九六二年版

五星細行考　（元）郭守敬撰　（佚）　一二七六

元史　（明）宋濂等撰　一二三一，一二七六

分省人物考　即《本朝分省人物考》

四元玉鑑　（元）朱世杰撰　《宛委別藏》本　一二九九

天問略　（明・西洋）陽瑪諾（Emmanuel Diaz）撰　《天學初函》本　一六一五

天工開物　（明）宋應星撰　一九五九年影原刻本　一六三七

天主教要　（明・西洋）耶穌會諸教士同譯　（罕見）　一六〇三

天主實義　（明・西洋）利瑪竇（Matthieu Ricci）撰　《天學初函》本　一六〇三

天府廣記　（明…）孫承澤撰　一九六二年版　（向只鈔本流傳，極罕見）　一六三二

天津衛志　（清）馮允京等編　民國覆刻康熙十七年本　一六二九

天學初函　（明）李之藻編　（係叢書，罕見）　一六一五，一六三〇

文定公集引　即《先文定公集引》
文定公家傳　不題撰人姓名　（見《徐氏家譜》）　一五六九，一六三三
方輿勝略　（明）程百二撰　（罕見）　一六〇五
日用算法　（宋）楊輝撰（佚）　一二六一
月離考　（元）郭守敬撰（佚）　一二七六
月令廣義　（明）馮應京撰　（明）戴任增訂　（係增廣《實用編》而成）　一六〇一
毛詩六帖序　（明）唐國士撰　（見該書原刻本）　一六〇三
牛書　（明）楊時喬撰　（佚）　一六〇九
王伯善農書序　（元）戴表元撰　（見《剡源集》，今本《農書》不載）

五　畫

古今交食考　（元）郭守敬撰　（佚）　一二七六
古今圖書集成　（清）陳夢雷輯，蔣廷錫等增輯　一六三〇，一六三一
古今律曆考　（明）邢雲路撰《畿輔叢書》本　一六三一
四庫提要　即《四庫全書總目提要》

四庫總目　即《四庫全書總目提要》

四庫全書總目提要　（清）紀昀等撰　一二四七，一六〇九，一六一五，一六二四，一六三〇，一六三五，一六六三

本草綱目　（明）李時珍撰　一五七八

本草綱目序　（明）王世貞撰　（見該書）　一五七八

本朝分省人物考　（明）過庭訓撰　（罕見）　一六〇〇，一六〇四

玉華子游藝集　（明）馬一龍撰　（罕見）　一五七一

田畝比類乘除捷法　（宋）楊輝撰　《叢書集成》本　一二六一

甲辰館課　即《新刻甲辰科翰林館課》

白石樵真稿　（明）陳繼儒撰　一六二五

石民四十集　（明）茅元儀撰　一六〇四，一六一九，一六二〇，一六二二，一六二三，一六二八

立成　（元）郭守敬撰　（佚）　一二七六

六　畫

先訓　（明…）徐爾默撰　（筆記之一，見《徐氏家譜》）　一五八八，一五九六，一六一〇，

一六一一，一六三三（譜後）

先文定公行述　（明）徐驥撰　（别題《先文定公行實》。見《徐氏家譜》）　一五六二，一五八一，一五八三，一五八五，一五九一，一五九二，一五九三，一五九六，一五九七，一五九八，一六〇三，一六〇五，一六〇六，一六〇九，一六一一，一六一二，一六一三，一六一四，一六一五，一六一七，一六一九，一六二〇，一六二一，一六二三，一六二四，一六二八，一六二九，一六三〇，一六三二，一六三三，一六三四，一六三五

先文定公集引　（明…）徐爾默撰　（見《徐氏家譜》）　一六〇三，一六〇五，一六〇七，一六〇九，一六一一，一六一二，一六一五，一六一七，一六一八，一六一九，一六二三，一六二四，一六二七，一六二八，一六三一，一六三三，一六三五，一六四三，一六五七，一六六三

先考龍與府君及先妣顧孺人行實　（明…）徐爾默撰　（見《徐氏家譜》）　一五八〇，一五八二，一六〇一，一六〇九，一六一六，一六二二，一六三三（譜後），一六三四，一六四一，一六四六

同文算指　（明）李之藻撰　《天學初函》本　（分前編、通編）　一六一三，一六一四

名理探　（明）李之藻等譯　一九三一年版　一六二五，一六二六

名理探序　（明）李次虨撰　（見該書）　一六二五
地震解　（明・西洋）龍華民（Nicolaus Longobardi）撰　（康熙間有重刻本，原刻罕見）　一六二五
安雅堂稿　（明）陳子龍撰　一六〇四
年譜　即《徐文定公年譜》
式古堂書畫彙考　（清）卞永譽撰　一九二一年影印本　一六一二，一六二一
曲江縣志　（清）歐樾華等　光緒元年版　一五九三
江西通志　（清）劉繹等編　光緒七年版　一六〇三，一六〇四，一六三九
江寧府志　（清）姚鼐等編　嘉慶十六年版　一六二五
竹窗三筆天説　（明）釋袾宏撰　（未見）　一六一二
考利瑪竇的世界地圖　洪煨蓮撰　（見《禹貢半月刊》五卷三、四期）　一六〇〇
行述　即《先文定公行述》
行略　即《徐光啓行略》
行實　即《徐文定公行實》
西學凡　（明・西洋）艾儒略（Julius Aleni）撰　《天學初函》本　一六二三

西法曆書　即《崇禎曆書》（别題《西洋新法曆書》）

西儒耳目資　（明・西洋）金尼閣（Nicolaus Trigault）撰　一九六二年影印本　一六二六

七　畫

利瑪竇傳　（西洋）裴化行（Henri Bernard）撰　王昌社譯　一九四三年版　（别題：《利瑪竇司鐸和當代中國社會》。原名：*Le père Matthieu Ricci et la Société Chinoise de son Temps*）　一五六二，一五六六，一五八一，一五八二，一五九〇，一五九二，一五九三，一五九五，一六〇〇，一六〇三，一六〇四，一六〇六，一六〇七，一六〇八

利先生行蹟　即《大西利先生行蹟》

利子瑪竇碑記　（明）王應麟撰　（《徐文定公行實》亦附載此記）　一六一〇

卯徑　（明…）徐爾默撰　（筆記之一則，見《徐氏家譜》）　一五八八，一六三二

吴淞甲乙倭變志　（明）張鼒撰　《上海掌故叢書》本　（作者《寶日堂集》題爲《倭變志》）　一五七一，一六三三

宋史　（元）托克托等撰　一一二七，一六三二

李我存年譜　方豪撰　一九三七年版　一五六六

李問漁逝世二十五週年紀念　徐宗澤撰　（見《聖教雜誌》二十五卷十二期）　一八九六
汾州府志　（清）戴震等編　乾隆三十七年版　一六二一
芋經　（明）黃省曾撰　（別題《種芋法》）　一五四〇

八　畫

刻職方外紀序　（明）李之藻撰　（見該書）　一六二〇
刻天學初函題詞　（明）李之藻撰　（見該叢書）　一六二〇
奉新縣志　（清）帥方蔚等撰　同治十年刻本　一六三七
宗譜　即《徐氏家譜》
府志　即《松江府志》
明史　（清）張廷玉等撰　一三六七，一三六八，一三八二，一三八四，一四〇五，一四〇六，一四七二，一四九〇，一五一二，一五一八，一五二一，一五二五，一五二七，一五三五，一五三六，一五四一，一五四二，一五五〇，一五五五，一五五六，一五五八，一五五九，一五六三，一五六五，一五六六，一五六七，一五六九，一五七一，一五七五，一五七六，一五七七，一五七八，一五八二，一五八四，一五八五，一五八六，一五八七，一五八八，一五九二，一五九

明季北略　(清)計六奇撰　一六〇六，一六三六，一六四六

明季南略　(清)計六奇撰　一六四六，一六四七

明詩紀事　(清)陳田編　一六〇五

明儒學案　(明…)黄宗羲撰　一六〇一

明鑑綱目　(清)乾隆官修　印鸞章修訂　一六〇七，一六三一

明經世文編　(明)陳子龍等編　(原題《皇明經世文編》，罕見)　一五九九，一六〇五，一六〇八，一六一三，一六一八，一六一九，一六二〇，一六二一，一六三〇，一六三八

明史紀事本末　(清)谷應泰撰　一五五三，一五七七，一五九五，一五九六，一六二四，一六三四

明四朝成仁録　(明…)屈大均撰　一九四七年影舊鈔本(原題《皇明四朝成仁録》)　一六三〇，一六四四

明經世文編凡例　(明…)宋徵璧撰　(見該書)　一六三八

明代進士題名碑録　不題編者姓名　一五八九，一六〇一，一六〇四，一六〇八，一六一三，一六一五，一六一九，一六二〇，一六二一，一六四三

明・宋應星佚著四種　一九七六年版　一六三七

杭州府志　吴慶坻等編　民國十一年版　一五五七，一五七九，一五九三，一六三〇
東華録　（清）王先謙撰　一六一八，一六三〇，一六三一，一六三六，一六四四
東海陳言　撰人不詳　（未見，本譜據《徐氏家譜》轉引）　一五七三
東莞縣志　陳伯陶等編　民國十年版　一五八〇
松江府志　（清）宋如林等編　嘉慶二十三年版　一五四〇，一五四五，一五六二，一五六九，一五七五，一六〇三，一六〇八，一六〇九，一六二五，一六二七，一六二八，一六三〇，一六三八，一六四五
松江府志　（明）陳繼儒等編　崇禎三年版　一六一二，一六一五
松風餘韻　（清）姚弘緒編　（罕見）　一六〇五
武經　即《陽明先生批武經》
武備志　茅元儀撰　（原刻罕見，清末刻本有删改）　一六一九
河南通志　（清）孫灝等編，道光六年版　一六〇四，一六一〇，一六二一
治曆緣起　（明）徐光啓、李天經等撰　（《崇禎曆書》之一部分）　一六三〇，一六三一，一六三三，一六三四，一六三五，一六三八
直齋書録解題　（宋）陳振孫撰　《叢書集成》本　一二四七

金忠節公集　（明）金聲撰　一六三二

金薯傳習録　（清）陳世元撰　（罕見，華南農學院圖書館藏有鈔本）　一五八二，一五九三

青浦縣志　（清）孫鳳銘等　乾隆五十三年版　一五三九

九　畫

便民圖纂　（明）鄺璠編　（舊刻各版均較罕見。近年先後刊出石聲漢、康成懿校注本及影萬曆于永清刻本）　一五〇二，一五九三，一六〇九

便民圖纂序　（明）于永清撰　（此序見於該書萬曆版，其他版缺載）　一五九三

南匯縣志　（清）金福曾等編　光緒五年版　一五三九

南疆逸史　（清）温睿臨撰　一九五九年版（原書在清代只有鈔本流傳，無刻本。一九一五年始排版刊行）　一六四五，一六四七

南吴舊話録　（明…）李彦貞（原題「趙郡西園老人」）撰　一五六八，一五六九，一五七五，一五八七，一五九八，一六〇七，一六二八，一六三三

律曆考　（即《古今律曆考》）

律曆融通　(明)朱載堉撰　(見《古今圖書集成・曆法典》)　一五九五
春明夢餘録　(明…)孫承澤撰　原刻本　一六三〇
查東山年譜　(清)沈起撰　《嘉業堂叢書》本　一六〇一
癸辛雜識　(宋)周密撰　《學津討原》本　一二四七
神器譜　(明)趙士禎撰　《玄覽堂叢書》本　一五九八
神宗實録　(明)官輯　(《明實録》之一部分)　一六三一
神廟留中奏疏彙要　(明)董其昌編　一六一九，一六二〇，一六二一
表度説　(明・西洋)熊三拔(Sabbathinus de Ursis)撰　《天學初函》本　一六一四，一六一五

十　畫

乘除通變本末　(宋)楊輝撰　《叢書集成》本　一二六一
修改(曆法)源流　(元)郭守敬撰　(佚)　一二七六
倭變事略　(明)采九德撰　《鹽邑志林》本　一五五七
剡源集　(元)戴表元撰　一三一三

唐書　（五代·晉）劉昫等撰　一六二一

孫孺人八十壽序　（明…）孫致彌撰　（見《徐氏家譜》）　一六四三，一六四四

家書　即《徐文定公墨蹟》

家傳　即《文定公家傳》

家譜　即《徐氏家譜》

家書墨跡　即《徐文定公墨蹟》

徐氏家譜　上海徐氏家族編藏鈔本　（別題《徐氏宗譜》，罕見）　一一二七，一五六二，一五六五，一五六九，一五七三，一五八一，一五八二，一五九七，一五九八，一六〇一，一六〇三，一六〇五，一六〇七，一六〇九，一六一〇，一六一一，一六一五，一六一六，一六一七，一六一八，一六一九，一六二一，一六二三，一六二四，一六二七，一六二八，一六二九，一六三〇，一六三二，一六三三，一六三五，一六四六，一六五四，一六五八，一六六三

徐海本末　（明）茅坤撰　《借月山房彙鈔》本　（別題《海寇後編》）　一五七一

徐光啓手迹　上海市文物保管委員會編　一九六二年版　一六一四，一六三二，一九六二

徐光啓行略　（清·西洋）柏應理（Philippus Couplet）撰　（清）張星曜譯　（一九三四年

《聖教雜誌》二十三卷六期據法國巴黎圖書館藏本轉載。另有單行本）　一五六五，一五六八，一五八一，一六〇〇，一六〇一，一六〇三，一六〇四，一六〇六，一六〇七，一六一三，一六一四，一六三一，一六三三

徐文定公行實　（清）李杕撰　（見《徐文定公集》光緒版，各版均載）　一五六二，一五七六，一五八三，一五九三，一五九五，一六〇〇，一六〇一，一六〇三，一六〇四，一六〇六，一六〇八，一六一〇，一六一一，一六一三，一六一四，一六一五，一六一六，一六二〇，一六二九，一六三〇，一六三三

徐文定公年譜　不題撰人姓名　（見《徐氏家譜》）　一六一二，一六一七，一六一八，一六一九，一六二二，一六二四，一六二八，一六二九，一六三〇，一六三一，一六三二，一六三三，一六四三

徐文定公墨跡　（清）徐允希編　光緒二十九年版　（附編者考證。别題《明相國徐文定公墨跡》，或題《徐文定公家書》）　一五九一，一五九三，一六〇六，一六〇七，一六一〇，一六一一，一六一二，一六一三，一六一四，一六一六

徐文定公詩文目　徐宗澤編　（見《上智編譯館館刊》第三卷第三、四期合刊）　一五九七，一六一九

徐太母尹太夫人傳　（明）梁珉撰　（見《徐氏家譜》）　一五六二

時候箋注　（元）郭守敬撰　（佚）　一二七六

晉書　（晉）王隱撰　（佚，近人陶棟有輯本）　一五九八

晉書　（唐）房玄齡等撰　一六〇五

泰西水法　（明・西洋）熊三拔（Sabbathinus de Ursis）口授徐光啓筆述　《天學初函》本　一六一二

浙江通志　（清）沈翼機等編　乾隆元年版　一六二七

浙西李之藻傳　陳垣撰　（一九二六年《國學》第一卷第三期）　一五六六

海濱屯田疏　（明）汪應蛟撰　（見《農政全書》卷八）　一六〇一

海虹張公墓表　（明）黃立極撰　（見《張海虹文集》）　一五五四，一五九七

烈皇小識　（明…）文秉撰　《明季稗史》本　一六三〇，一六三二

益古演段　（元）李冶撰　《知不足齋叢書》本　一二四八

耆獻類徵　即《國朝耆獻類徵》

送崑山縣令朱侯序　（明）歸有光撰　（見《震川集》）　一一二七

馬書　（明）楊時喬撰　（罕見）　一六〇九

馬政紀　（明）楊時喬撰　《玄覽堂叢書》本　一六〇九

十一畫

乾象圖説　（明）王應遴撰　（未見）　一六三二

啓禎集　（明…）陳濟生撰　舊鈔本　（罕見）　一六四三

啓禎野乘　（明…）鄒漪撰　一九三六年版　（原刻罕見）　一五七一，一六〇六，一六〇七，一六〇八，一六三三，一六四三，一六四四

國榷　（明…）談遷撰　一九五八年版　（原書在解放前，只靠鈔本流傳，無刻本）　一五七〇，一五七五，一五七六，一五八一，一五八四，一五八六，一五八八，一五八九，一五九〇，一五九一，一五九四，一五九七，一五九九，一六〇一，一六〇四，一六〇五，一六〇七，一六〇八，一六一二，一六一三，一六一七，一六一八，一六二〇，一六二五，一六二六，一六二八，一六二九，一六三〇，一六三一，一六三二，一六三三，一六三四，一六四三，一六四四

國史經籍志　（明）焦竑撰　一五九四

國朝（明）獻徵録　（明）焦竑撰　（別題《國史獻徵録》，罕見）　一三八四，一五〇二，一五七一

國朝耆獻類徵　（清）李桓撰　一六〇一，一六四四

婁縣志　（清）謝庭薰等編　乾隆五十三年版　一六〇九，一六一四

崇禎曆書　（明）徐光啓、李天經等編　（罕見，清初重刻者，其中如《治曆緣起》等部分有改易，并改題《新法曆書》或《西法曆書》、《西洋新法曆書》等名）　一六三〇，一六三一，一六三二，一六三三，一六三四，一六三五

張海虹集　（明）張五典撰　（罕見）　一六三三

張海虹年譜　（明）張五典撰，張氏後人補訂　（見《張海虹文集》）　一五九七，一六二六

張中丞傳後敘　（唐）韓愈撰　（見《昌黎集》）　一六一一

推步　（元）郭守敬撰　（佚）　一二七六

救荒本草　（明）朱橚撰　一九五九年影印嘉靖四年版　（《農政全書》全録此書）　一四〇六

救荒本草序　（明）卞同撰　（見該書）

清史稿　趙爾巽等撰　一五八三，一六二八，一六三〇，一六三一，一六三二，一六四二，一六四四，一六五八，一七九九，一八五七

許母徐太夫人事略　（清・西洋）柏應理(Philippus Couplet)撰　（清）徐允希譯注　一九三八年版　（原書名：*Histoire D'une Dame Chrétienne de Chine ou Madame Candide Hiu*）

一六〇九，一六三四，一六四一

野菜譜　（明）王磐撰　（與《王西樓詩集》合刊）　一五二四

陳忠裕公集　（明）陳子龍撰　一六三〇，一六三五

陳子龍年譜　（明）陳子龍撰　（見《陳忠裕公集》）　一六三〇，一六三五

陳繼儒年譜　（明）陳夢蓮撰　（見《眉公全集》）　一五八八

魚經　（明）黄省曾撰　（别題《養魚經》）　一五四〇

鹿忠節公年譜　（明⋯）陳鋐撰　《畿輔叢書》本　一六一三，一六三六

十二畫

備書　（明）王應遴撰　（未見）　一六三一

幾何原本　（明・西洋）利瑪竇(Matthieu Ricci)口譯　徐光啓筆述　《天學初函》本　（原名 *Elements of Euclid*，全書凡十五卷，此僅譯其前六卷，後九卷到清同治年間爲李善蘭等續譯，金陵藩署合刻）　一六〇六，一六〇七，一六一一，一八五七

測圓海鏡　（元）李治撰　《知不足齋叢書》本　一二四八

渾蓋通憲圖説　（明）李之藻撰　《天學初函》本　一六〇七，一六一一

朝鮮學報(第四十四輯)　一九六七年(日本昭和四十二年)版　一五八〇

補農書　上卷(明)原題漣川沈氏撰　下卷(清)張履祥撰　《楊園全集》本　一六五八

補農書研究　陳恒力撰　一九五八年版　一六五八

絶徼同文紀　(明)楊廷筠輯　(罕見)　一六〇五

跋庖言　(明…)徐爾默撰　(見《徐氏家譜》)　一六五四

跋幾何原本三校本　(明…)徐爾默撰　(見《徐氏家譜》)　一六一二

開荒申　(明)耿橘撰　(見《農政全書》卷八)　一六〇六

陽明先生批武經　撰人不詳　(明)王守仁批,(明)茅震東刻　(罕見)　一六二一

集引　即《先文定公集引》

雲間志略　(明)何三畏撰　(罕見)　一五四三,一六二四

雲間雜識　(明)李紹文撰　(罕見)　一五八八

雲間據目鈔　(明)范濂撰　(罕見)　一五四三

十三畫

傳是樓書目　(清)徐乾學編,王存善校訂　一六〇九

新法曆書　即《崇禎曆書》

新法算書　即《崇禎曆書》

新測無名諸星　（元）郭守敬撰　（佚）　一二七六

新刻甲辰科翰林館課　（明）李廷機等選編　（罕見）　一六〇四，一六〇五

新測二十八舍雜坐諸星入宿去極　（元）郭守敬撰　（佚）　一二七六

楊淇園年譜　楊振鍔撰　一九四四年版　一六二二，一六二五

熙朝崇正集　編者姓名未詳　（未見原書，其中有關部分，蒙王重民教授録示）　一六三〇

畸人十篇　（明·西洋）利瑪竇（Matthieu Ricci）撰　《天學初函》本　一六〇八

碑傳集　（清）錢儀吉編　一五九四

罪惟録　（明…）查繼佐撰　《四部叢刊·三編》影印原稿本　（此書向無傳本，僅存殘稿）　一二三六七，一五六八，一五六九，一五九六，一六〇一，一六一三，一六一四，一六三三，一六六八

經濟類編　（明）馮琦撰　原刻本　（罕見）　一六四〇

羣芳譜　（明）王象晉撰　（別題《二如亭羣芳譜》）　一五八〇，一六〇八

萬年曆　（明）朱載堉撰　（原題《聖壽萬年曆》及《萬年曆備考》。見《古今圖書集成·曆法典》）　一五九五

萬曆三十二年進士登科録　明刻本　（罕見）　一五六二，一五八九

萬曆三十二年甲辰進士履歷便覽　明刻本　（罕見）　一五六二，一五八九，一六〇四，一六一二，一六一七，一六二八，一六二九，一六三〇

詳解九章算法　（宋）楊輝撰　《宜稼堂叢書》本　一二六一

登科録　即《萬曆三十二年進士登科録》

道古堂集　（清）杭世駿撰　一六三三（譜後）

農説　（明）馬一龍撰　（從《玉華子游藝集》别出）　一五七一

農書　（元）王禎撰　一三一三

農桑輯要　（元）司農司輯　一二七三

農政全書序　（明）張國維、方岳貢、王大憲、張溥等撰　（各一篇，見該書）　一六三九

農政全書凡例　（明）陳子龍撰　（見該書，亦見《陳忠裕公集》）　一六〇九，一六一四，一六三九

農桑衣食撮要　（元）魯鐵柱撰　（别題《農桑撮要》撰人原以「字」稱，作「魯明善」）　一三三〇

農桑衣食撮要序　（元）張粟撰　（今本不載。僅見北京圖書館所藏舊刻別本）　一三三〇
農政全書徵引文獻探原　康成懿撰　一九六〇年版　一五七八，一五九三
農政全書撰述過程及若干有關問題的探討　梁家勉撰　（見中國科學院《徐光啓誕生四百週年紀念論文集》）　一六〇九，一六三五，一六三八，一六三九

十四畫

嘉興府志　（清）許瑶光等編　光緒四年版　一六一九，一六二〇
壽懷西徐翁序　（明）程嘉燧撰　（見《徐文定公行實》）　一五九九
圖書集成　即《古今圖書集成》
實用編　（明）馮應京撰　（參見《月令廣義》條）　一六〇一
實政録　（明）吕坤撰　一六一八
漢書　（東漢）班固撰　一六一九
種法　即《種棉花法》
種樹書　（明）俞貞木撰　一三八四

種棉花法　（明）張五典撰　（見《農政全書》）　一六一五

種藷譜　（朝鮮）徐有榘撰　（朝鮮木活字排印本，影印於日本出版之《朝鮮學報》第四十四輯中）　一五八〇

疑耀　（明）李贄撰（或云張萱撰）　一六〇二

管子　（戰國至漢初）撰人未詳　（舊題管夷吾撰）　一六一九

《算學啓蒙》　（元）朱世杰撰　《測海山房叢刻》本　一二九九

認真草　（明）鹿善繼撰　（即鹿善繼文集）　一六二〇，一六二三，一六二八

遠鏡説　（明・西洋）湯若望(J. Adam Schall Von Bell)撰　《西洋新法曆書》本　一六二六

遠西奇器圖説　（明・西洋）鄧玉函(Joannes Terrenz)　口授，（明）王徵筆述　一六二七

韶州府志　（清）歐樾華等編　同治十二年版　一五九三

鄞縣志　（清）董沛等編　同治十三年版　一六〇四

鳳岡陳氏族譜（廣東東莞縣屬）　不題編者姓名　一五八二

十五畫

儀象法式　（元）郭守敬撰　（佚）　一二七六

劉繼莊傳　（清）全祖望撰　（見《鮚埼亭集》）　一六四八
劉處士墓表　（清）王源撰　（見《或庵文集》）　一六四八
履歷便覽　即《萬曆三十二年甲辰進士履歷便覽》
廣西通志　（清）謝啓昆等編　嘉慶五年版　一五九六
廣東通志　（清）阮元等編　道光二年版　一六二一，一六二三
廣陽雜記　（清）劉獻廷撰　一六四八
潯州府志　（清）魏篤等編　同治十三年版　一五九六
數學九章　即《數書九章》
數學大略　即《數書九章》
數書九章　（宋）秦九韶撰　《宜稼堂叢書》本　一二四七
數術大略　即《數書九章》
稻品　（明）黄省曾撰　（别題《理生玉鏡稻品》）　一五四〇
諸器圖説　（明）王徵撰　一六二七
輟耕録　（元）陶宗儀撰　一二九五
適志齋稿　（明）許樂善撰　（罕見）　一六二五

閱世編　(清)葉夢珠撰　《上海掌故叢書》本　一五四三，一六〇四
養餘月令　(明)戴羲撰　一九五六年版　(原刻罕見)　一六一二，一六三三，一六四〇

十六畫

圜容較義　(明)李之藻撰　《天學初函》本　一六〇八
墾田十議　(明)諸葛昇撰　(見《農政全書》卷八)　一六二一
寰有詮　(明)李之藻等譯　(罕見)　一六二三，一六二四
曆元　(明)邢雲路撰　(未見)　按邢氏《律曆考》最後部分有《曆原》四卷，未悉是否即此書　一六一八
曆元　(明)魏文魁撰　(未見)　一六三一
曆書　即《崇禎曆書》
曆測　(明)魏文魁撰　(未見)　一六三一
曆議擬藁　(元)郭守敬撰　(佚)　一二七六
歷代人物年里碑傳綜表　姜亮夫撰　陶秋英校　一九五九年訂補本　一六三〇
曉庵新法　(清)王錫闡撰　一六二八，一六六三

曉庵新法跋　（清）錢熙祚撰　（見所輯《守山閣叢書》本《曉庵新法》）　一六二八，一六三三

潞水客談　（明）徐貞明撰　《畿輔河道水利叢書》本　一五七六

澹園集　（明）焦竑撰　一六一一

澹園續集　（明）焦竑撰　一五九四，一六一一

熹宗實録　（明）官輯　（《明實録》之一部分）　一六二九，一六三〇

縣志　即《上海縣志》

遵旨任事謹陳題蔗始末疏　（明）李天經撰　（附見宣統版《徐文定公集》）　一六三四

龍虎異徵　（明……）徐爾默撰　（筆記之一則，見《徐氏家譜》）　一五九六，一五九七

龍與府君行實　即《先考龍與府君及先妣顧孺人行實》

龍與府君及顧孺人行實　即《先考龍與府君及先妣顧孺人行實》

十七畫

謝恩疏　（明）徐驥撰　（見《徐氏家譜》）　一六三三，一六三三（譜後）

十八畫

職方外紀　（明）楊廷筠等編譯　一六二三

豐城縣志　（清）周文鳳等編　同治十二年版　一六〇四

轉神選擇　（元）郭守敬撰　（佚）　一二七六

題農輯　（明…）徐爾默撰　（見《徐氏家譜》）　一六三三，一六四六

題名碑録　即《明代進士題名碑録》

題端闈奏草　（明…）徐爾默撰　（見《徐氏家譜》）　一六二三，一六四五，一六五八

十九畫

曝書亭集　（清）朱彝尊撰　一六二八

懷西徐翁壽序　（明）全天敍撰　（見《徐文定公行實》惟全天敍之「全」字誤作「金」，今改正）　一五六二，一五八六

懷西徐翁七十壽序　（明）程嘉燧撰　（見《徐文定公行實》）　一五六五

疇人傳　（清）阮元撰　一五九一，一六三〇，一六三一，一六三二，一六三三（譜後），一七九九

藝菊書　（明）黄省曾撰　（别題《藝菊譜》）　一五四〇

二十畫

勸農書　(明)袁黄撰　(别題《寶坻勸農書》)　一五九一
籌遼碩畫　(明)程開祜編　《北平圖書館善本叢書》本　一六〇九,一六一九,一六二〇
蘇州府志　(清)馮桂芬等編　光緒九年版　一六〇〇
譯寰有詮序　(明)李之藻撰　(見該書)　一六二〇,一六二三
譯幾何原本引　(明·西洋)利瑪竇(Matthieu Ricci)撰　(見該書)　一六〇四,一六〇六,一六〇七

二十一畫

續焚書　(明)李贄撰　一六〇二
續古摘奇算法　(宋)楊輝撰　《叢書集成》本　一二六一
續譯幾何原本序　(清)李善蘭撰　(見該書)　一六〇七
蘭臺法鑒録　(明)何出光等撰　(罕見)　一六〇〇,一六〇四,一六一九

二十四畫

蠶經 （明）黄省曾撰 （别題《養蠶經》） 一五四〇

靈言蠡勺 （明・西洋） 畢方濟（Sambiasi，P. Franciscus）口授，徐光啓筆述 《天學初函》本 一六二四

本譜陰陽曆朔日對照表

編　例

一、本表作用：（一）由陽曆朔日檢索陰曆相當的日期，（二）由陰曆朔日檢索陽曆相當的日期，從而便於推算其他任何日期。

二、本表所指「朔日」，不但指習稱的陰曆「初一」日，還兼指陽曆的每月一日。

三、表示年、月、日的數字：陽曆用阿拉伯數字，陰曆用中國數字，以示區别。

四、對照年月：起公元一五六二年四月，即譜主出生的年月；訖公元一六三三年十一月，即譜主逝世的年月。

五、本表根據鄭鶴聲《近世中西史日對照表》（一九三六年國立編譯館版）所推算日期而編出。倘偶有舛誤，請覆檢原書。

公元 1562 年

月　次(陽　曆)	朔日對照日期(陰　曆)	月　次(陰　曆)	朔日對照日期(陽　曆)
	月　日		月　日
	月　日		月　日
	月　日		月　日
4	二月　廿八日	嘉靖四十一年 二	3 月　5 日
5	三月　廿八日	三	4 月　4 日
6	四月　卅日	四	5 月　3 日
7	六月　一日	六	7 月　1 日
8	七月　二日	七	7 月　31 日
9	八月　三日	八	8 月　30 日
10	九月　四日	九	9 月　28 日
11	十月　五日	十	10 月　28 日
12	十一月　六日	十一	11 月　26 日

公元 1563 年

月　次(陽　曆)	朔日對照日期(陰　曆)	月　次(陰　曆)	朔日對照日期(陽　曆)
1	十二月　七日	十二	12 月　26 日
2	一月　九日	嘉靖四十二年 一	1 月　24 日
3	二月　七日	二	2 月　23 日
4	三月　九日	三	3 月　24 日
5	四月　十日	四	4 月　22 日
6	五月　十一日	五	5 月　22 日
7	六月　十二日	六	6 月　20 日
8	七月　十三日	七	7 月　20 日
9	八月　十四日	八	8 月　19 日
10	九月　十五日	九	9 月　17 日
11	十月　十六日	十	10 月　17 日
12	十一月　十六日	十一	11 月　16 日

公元 1564 年

月　次(陽　曆)	朔日對照日期(陰　曆)	月　次(陰　曆)	朔日對照日期(陽　曆)
1	十二月　十八日	十二	12 月　15 日
2	一月　十九日	嘉靖四十三年 一	1 月　14 日
3	二月　十九日	二	2 月　12 日
4	閏二月　廿日	閏二	3 月　13 日
5	三月　廿一日	三	4 月　11 日
6	四月　廿三日	四	5 月　10 日
7	五月　廿三日	五	6 月　9 日
8	六月　廿五日	六	7 月　8 日
9	七月　廿六日	七	8 月　7 日
10	八月　廿七日	八	9 月　5 日
11	九月　廿八日	九	10 月　5 日
12	十月　廿八日	十	11 月　4 日

公元 1565 年

月　次(陽　曆)	朔日對照日期(陰　曆)	月　次(陰　曆)	朔日對照日期(陽　曆)
1	十一月　廿九日	十一	12 月　4 日
2	一月　一日	十二	1 月　2 日
3	一月　廿九日	嘉靖四十四年 一	2 月　1 日
4	三月　一日	二	3 月　2 日
5	四月　二日	三	4 月　1 日
6	五月　四日	四	4 月　30 日
7	六月　四日	五	5 月　29 日
8	七月　六日	六	6 月　28 日
9	八月　七日	七	7 月　27 日
10	九月　八日	八	8 月　26 日
11	十月　九日	九	9 月　24 日
12	十一月　九日	十	10 月　24 日
		十一	11 月　23 日

公元 1566 年

月　次(陽　曆)	朔日對照日期(陰　曆)	月　次(陰　曆)	朔日對照日期(陽　曆)
1	十二月　十日	十二	12 月　23 日
2	一月　十二日	嘉靖四十五年 一	1 月　21 日
3	二月　十日	二	2 月　20 日
4	三月　十二日	三	3 月　21 日
5	四月　十二日	四	4 月　20 日
6	五月　十四日	五	5 月　19 日
7	六月　十五日	六	6 月　17 日
8	七月　十六日	七	7 月　17 日
9	八月　十八日	八	8 月　15 日
10	九月　十九日	九	9 月　13 日
11	十月　廿日	十	10 月　13 日
12	閏十月　廿日	閏 十	11 月　12 日

公元 1567 年

月　次(陽　曆)	朔日對照日期(陰　曆)	月　次(陰　曆)	朔日對照日期(陽　曆)
1	十一月　廿二日	十一	12 月　11 日
2	十二月　廿三日	十二	1 月　10 日
3	一月　廿一日	隆慶元年　一	2 月　9 日
4	二月　廿二日	二	3 月　11 日
5	三月　廿三日	三	4 月　9 日
6	四月　廿四日	四	5 月　9 日
7	五月　廿五日	五	6 月　7 日
8	六月　廿七日	六	7 月　6 日
9	七月　廿八日	七	8 月　5 日
10	八月　廿九日	八	9 月　3 日
11	十月　一日	十	11 月　1 日
12	十一月　一日	十一	12 月　1 日

公元 1568 年

月　次(陽　曆)	朔日對照日期(陰　曆)	月　次(陰　曆)	朔日對照日期(陽　曆)
1	十二月　三日	十二	12 月　30 日
2	一月　四日	隆慶二年　一	1 月　29 日
3	二月　三日	二	2 月　28 日
4	三月　四日	三	3 月　29 日
5	四月　五日	四	4 月　27 日
6	五月　六日	五	5 月　27 日
7	六月　七日	六	6 月　25 日
8	七月　九日	七	7 月　24 日
9	八月　十日	八	8 月　23 日
10	九月　十一日	九	9 月　21 日
11	十月　十三日	十	10 月　20 日
12	十一月　十三日	十一	11 月　19 日

公元 1569 年

月　次(陽　曆)	朔日對照日期(陰　曆)	月　次(陰　曆)	朔日對照日期(陽　曆)
1	十二月　十五日	十二	12 月　18 日
2	一月　十六日	隆慶三年　一	1 月　17 日
3	二月　十四日	二	2 月　16 日
4	三月　十五日	三	3 月　18 日
5	四月　十六日	四	4 月　16 日
6	五月　十七日	五	5 月　16 日
7	六月　十八日	六	6 月　14 日
8	閏六月　十九日	閏六	7 月　14 日
9	七月　廿一日	七	8 月　12 日
10	八月　廿一日	八	9 月　11 日
11	九月　廿三日	九	10 月　10 日
12	十月　廿三日	十	11 月　9 日

公元 1570 年

月　次(陽　曆)	朔日對照日期(陰　曆)	月　次(陰　曆)	朔日對照日期(陽　曆)
1	十一月　廿五日	十一	12 月　8 日
2	十二月　廿七日	十二	1 月　6 日
3	一月　廿五日	隆慶四年　一	2 月　5 日
4	二月　廿六日	二	3 月　7 日
5	三月　廿七日	三	4 月　5 日
6	四月　廿八日	四	5 月　5 日
7	五月　廿八日	五	6 月　4 日
8	六月　卅日	六	7 月　3 日
9	八月　二日	七	8 月　2 日
10	九月　二日	八	8 月　31 日
11	十月　四日	九	9 月　30 日
12	十一月　四日	十	10 月　29 日
		十一	11 月　28 日

公元 1571 年

月　次(陽　曆)	朔日對照日期(陰　曆)	月　次(陰　曆)	朔日對照日期(陽　曆)
1	十二月　六日	十二	12 月　27 日
2	一月　七日	隆慶五年　一	1 月　26 日
3	二月　六日	二	2 月　24 日
4	三月　八日	三	3 月　25 日
5	四月　八日	四	4 月　24 日
6	五月　九日	五	5 月　24 日
7	六月　十日	六	6 月　22 日
8	七月　十一日	七	7 月　22 日
9	八月　十三日	八	8 月　20 日
10	九月　十三日	九	9 月　19 日
11	十月　十四日	十	10 月　19 日
12	十一月　十五日	十一	11 月　17 日

公元 1572 年

月　次(陽　曆)	朔日對照日期(陰　曆)	月　次(陰　曆)	朔日對照日期(陽　曆)
1	十二月　十六日	十二	12 月　17 日
2	一月　十八日	隆慶六年　一	1 月　15 日
3	二月　十七日	二	2 月　14 日
4	閏二月　十九日	閏二	3 月　14 日
5	三月　廿日	三	5 月　12 日
6	四月　廿一日	四	5 月　12 日
7	五月　廿二日	五	6 月　10 日
8	六月　廿三日	六	7 月　10 日
9	七月　廿五日	七	8 月　8 日
10	八月　廿五日	八	9 月　7 日
11	九月　廿六日	九	10 月　7 日
12	十月　廿六日	十	11 月　6 日

公元 1573 年

月　次(陽　曆)	朔日對照日期(陰　曆)	月　次(陰　曆)	朔日對照日期(陽　曆)
1	十一月　廿八日	十一	12 月　5 日
2	十二月　廿九日	十二	1 月　4 日
3	一月　廿八日	萬曆元年　一	2 月　2 日
4	二月　廿九日	二	3 月　4 日
5	四月　一日	三	4 月　2 日
6	五月　二日	四	5 月　1 日
7	六月　三日	五	5 月　31 日
8	七月　四日	六	6 月　29 日
9	八月　六日	七	7 月　29 日
10	九月　六日	八	8 月　27 日
11	十月　七日	九	9 月　26 日
12	十一月　八日	十	10 月　26 日
		十一	11 月　24 日

公元 1574 年

月　次(陽　曆)	朔日對照日期(陰　曆)	月　次(陰　曆)	朔日對照日期(陽　曆)
1	十二月　九日	十二	12 月　24 日
2	一月　十日	萬曆二年　一	1 月　23 日
3	二月　九日	二	2 月　21 日
4	三月　十日	三	3 月　23 日
5	四月　十一日	四	4 月　21 日
6	五月　十三日	五	5 月　20 日
7	六月　十三日	六	6 月　19 日
8	七月　十五日	七	7 月　18 日
9	八月　十七日	八	8 月　16 日
10	九月　十七日	九	9 月　15 日
11	十月　十八日	十	10 月　15 日
12	十一月　十九日	十一	11 月　13 日

公元 1575 年

月　次(陽　曆)	朔日對照日期(陰　曆)	月　次(陰　曆)	朔日對照日期(陽　曆)
1	十二月　廿日	十二	12 月　13 日
2	閏十二月　廿一日	閏十二	1 月　12 日
3	一月　十九日	萬曆三年　一	2 月　11 日
4	二月　廿一日	二	3 月　12 日
5	三月　廿一日	三	4 月　11 日
6	四月　廿三日	四	5 月　10 日
7	五月　廿四日	五	6 月　8 日
8	六月　廿五日	六	7 月　8 日
9	七月　廿七日	七	8 月　6 日
10	八月　廿八日	八	9 月　4 日
11	九月　廿九日	九	10 月　4 日
12	十月　卅日	十	11 月　2 日
		十一	12 月　2 日

公元 1576 年

月　次(陽　曆)	朔日對照日期(陰　曆)	月　次(陰　曆)	朔日對照日期(陽　曆)
1	十二月　一日	十二	1 月　1 日
2	一月　二日	萬曆四年　一	1 月　31 日
3	二月　一日	二	3 月　1 日
4	三月　三日	三	3 月　30 日
5	四月　三日	四	4 月　29 日
6	五月　五日	五	5 月　28 日
7	六月　六日	六	6 月　26 日
8	七月　七日	七	7 月　26 日
9	八月　九日	八	8 月　24 日
10	九月　十日	九	9 月　22 日
11	十月　十一日	十	10 月　22 日
12	十一月　十二日	十一	11 月　20 日

公元 1577 年

月　次(陽　曆)	朔日對照日期(陰　曆)	月　次(陰　曆)	朔日對照日期(陽　曆)
1	十二月　十三日	十二	12 月　20 日
2	一月　十四日	萬曆五年　一	1 月　19 日
3	二月　十二日	二	2 月　18 日
4	三月　十四日	三	3 月　19 日
5	四月　十四日	四	4 月　18 日
6	五月　十五日	五	5 月　18 日
7	六月　十六日	六	6 月　16 日
8	七月　十八日	七	7 月　15 日
9	八月　十九日	八	8 月　14 日
10	閏八月　廿日	閏八	9 月　12 日
11	九月　廿二日	九	10 月　11 日
12	十月　廿二日	十	11 月　10 日

公元 1578 年

月　次(陽　曆)	朔日對照日期(陰　曆)	月　次(陰　曆)	朔日對照日期(陽　曆)
1	十一月　廿四日	十一	12 月　9 日
2	十二月　廿五日	十二	1 月　8 日
3	一月　廿三日	萬曆六年　一	2 月　7 日
4	二月　廿五日	二	3 月　8 日
5	三月　廿五日	三	4 月　7 日
6	四月　廿六日	四	5 月　7 日
7	五月　廿七日	五	6 月　5 日
8	六月　廿八日	六	7 月　5 日
9	七月　卅日	七	8 月　3 日
10	九月　一日	八	9 月　2 日
11	十月　三日	九	10 月　1 日
12	十一月　三日	十	10 月　30 日
		十一	11 月　29 日

公元 1579 年

月　次(陽　曆)	朔日對照日期(陰　曆)	月　次(陰　曆)	朔日對照日期(陽　曆)
1	十二月　五日	十二	12 月　28 日
2	一月　六日	萬曆七年　一	1 月　27 日
3	二月　五日	二	2 月　25 日
4	三月　六日	三	3 月　27 日
5	四月　六日	四	4 月　26 日
6	五月　八日	五	5 月　25 日
7	六月　八日	六	6 月　24 日
8	七月　九日	七	7 月　24 日
9	八月　十一日	八	8 月　22 日
10	九月　十一日	九	9 月　21 日
11	十月　十三日	十	10 月　20 日
12	十一月　十三日	十一	11 月　19 日

公元 1580 年

月　次(陽　曆)	朔日對照日期(陰　曆)	月　次(陰　曆)	朔日對照日期(陽　曆)
1	十二月　十五日	十二	12 月　18 日
2	一月　十七日	萬曆八年　一	1 月　16 日
3	二月　十六日	二	2 月　15 日
4	三月　十八日	三	3 月　15 日
5	四月　十八日	四	4 月　14 日
6	閏四月　廿日	閏四	5 月　13 日
7	五月　廿日	五	6 月　12 日
8	六月　廿一日	六	7 月　12 日
9	七月　廿三日	七	8 月　10 日
10	八月　廿三日	八	9 月　9 日
11	九月　廿四日	九	10 月　9 日
12	十月　廿五日	十	11 月　7 日

公元 1581 年

月　次(陽　曆)	朔日對照日期(陰　曆)	月　次(陰　曆)	朔日對照日期(陽　曆)
1	十一月　廿六日	十一	12 月　7 日
2	十二月　廿八日	十二	1 月　5 日
3	一月　廿六日	萬曆九年　一	2 月　4 日
4	二月　廿八日	二	3 月　5 日
5	三月　廿九日	三	4 月　3 日
6	五月　一日	四	5 月　3 日
7	六月　一日	五	6 月　1 日
8	七月　三日	六	7 月　1 日
9	八月　四日	七	7 月　30 日
10	九月　四日	八	8 月　29 日
11	十月　五日	九	9 月　28 日
12	十一月　六日	十	10 月　28 日
		十一	11 月　26 日

公元 1582 年

月　次(陽　曆)	朔日對照日期(陰　曆)	月　次(陰　曆)	朔日對照日期(陽　曆)
1	十二月　七日	十二	12 月　26 日
2	一月　九日	萬曆十年　一	1 月　24 日
3	二月　七日	二	2 月　23 日
4	三月　九日	三	3 月　24 日
5	四月　十日	四	4 月　22 日
6	五月　十一日	五	5 月　22 日
7	六月　十二日	六	6 月　20 日
8	七月　十四日	七	7 月　19 日
9	八月　十五日	八	8 月　18 日
10	九月　十五日	九	9 月　17 日
11	十月　七日	十	10 月　26 日
12	十一月　七日	十一	11 月　25 日

公元 1583 年

月　次(陽　曆)	朔日對照日期(陰　曆)	月　次(陰　曆)	朔日對照日期(陽　曆)
1	十二月　八日	十二	12 月　25 日
2	一月　九日	萬曆十一年　一	1 月　24 日
3	二月　八日	二	2 月　22 日
4	閏二月　九日	閏二	3 月　24 日
5	三月　十日	三	4 月　22 日
6	四月　十二日	四	5 月　21 日
7	五月　十二日	五	6 月　20 日
8	六月　十四日	六	7 月　19 日
9	七月　十六日	七	8 月　17 日
10	八月　十六日	八	9 月　16 日
11	九月　十八日	九	10 月　15 日
12	十月　十八日	十	11 月　14 日

公元 1584 年

月　次(陽　曆)	朔日對照日期(陰　曆)	月　次(陰　曆)	朔日對照日期(陽　曆)
1	十一月　十九日	十一	12 月　14 日
2	十二月　廿日	十二	1 月　13 日
3	一月　十九日	萬曆十二年　一	2 月　12 日
4	二月　廿一日	二	3 月　12 日
5	三月　廿一日	三	4 月　11 日
6	四月　廿三日	四	5 月　10 日
7	五月　廿四日	五	6 月　8 日
8	六月　廿五日	六	7 月　8 日
9	七月　廿七日	七	8 月　6 日
10	八月　廿八日	八	9 月　4 日
11	九月　廿九日	九	10 月　4 日
12	十月　卅日	十	11 月　2 日
		十一	12 月　2 日

公元 1585 年

月　次(陽　曆)	朔日對照日期(陰　曆)	月　次(陰　曆)	朔日對照日期(陽　曆)
1	十二月　一日	十二	1 月　1 日
2	一月　二日	萬曆十三年　一	1 月　31 日
3	二月　一日	二	3 月　1 日
4	三月　二日	三	3 月　31 日
5	四月　二日	四	4 月　30 日
6	五月　四日	五	5 月　29 日
7	六月　五日	六	6 月　27 日
8	七月　六日	七	7 月　27 日
9	八月　八日	八	8 月　25 日
10	九月　九日	九	9 月　23 日
11	閏九月　十日	閏九	10 月　23 日
12	十月　十一日	十	11 月　21 日

公元 1586 年

月　次(陽　曆)	朔日對照日期(陰　曆)	月　次(陰　曆)	朔日對照日期(陽　曆)
1	十一月　十二日	十一	12 月　21 日
2	十二月　十三日	十二	1 月　20 日
3	一月　十二日	萬曆十四年　一	2 月　18 日
4	二月　十三日	二	3 月　20 日
5	三月　十三日	三	4 月　19 日
6	四月　十五日	四	5 月　18 日
7	五月　十五日	五	6 月　17 日
8	六月　十七日	六	7 月　16 日
9	七月　十八日	七	8 月　15 日
10	八月　十九日	八	9 月　13 日
11	九月　廿一日	九	10 月　12 日
12	十月　廿一日	十	11 月　11 日

公元 1587 年

月　次(陽　曆)	朔日對照日期(陰　曆)	月　次(陰　曆)	朔日對照日期(陽　曆)
1	十一月　廿三日	十一	12 月　10 日
2	十二月　廿四日	十二	1 月　9 日
3	一月　廿三日	萬曆十五年　一	2 月　7 日
4	二月　廿四日	二	3 月　9 日
5	三月　廿四日	三	4 月　8 日
6	四月　廿五日	四	5 月　8 日
7	五月　廿六日	五	6 月　6 日
8	六月　廿七日	六	7 月　6 日
9	七月　廿九日	七	8 月　4 日
10	八月　廿九日	八	9 月　3 日
11	十月　二日	九	10 月　2 日
12	十一月　二日	十	10 月　31 日
		十一	11 月　30 日

公元 1588 年

月　次(陽　曆)	朔日對照日期(陰　曆)	月　次(陰　曆)	朔日對照日期(陽　曆)
1	十二月　四日	十二	12 月　29 日
2	一月　五日	萬曆十六年　一	1 月　28 日
3	二月　五日	二	2 月　26 日
4	三月　七日	三	3 月　26 日
5	四月　七日	四	4 月　25 日
6	五月　八日	五	5 月　25 日
7	六月　八日	六	6 月　24 日
8	閏六月　十日	閏六	7 月　23 日
9	七月　十一日	七	8 月　22 日
10	八月　十一日	八	9 月　21 日
11	九月　十三日	九	10 月　20 日
12	十月　十三日	十	11 月　19 日

公元 1589 年

月　次(陽　曆)	朔日對照日期(陰　曆)	月　次(陰　曆)	朔日對照日期(陽　曆)
1	十一月　十五日	十一	12 月　18 日
2	十二月　十六日	十二	1 月　17 日
3	一月　十五日	萬曆十七年　一	2 月　15 日
4	二月　十七日	二	3 月　16 日
5	三月　十七日	三	4 月　15 日
6	四月　十九日	四	5 月　14 日
7	五月　十九日	五	6 月　13 日
8	六月　廿一日	六	7 月　12 日
9	七月　廿二日	七	8 月　11 日
10	八月　廿二日	八	9 月　10 日
11	九月　廿四日	九	10 月　9 日
12	十月　廿四日	十	11 月　8 日

公元 1590 年

月　次(陽　曆)	朔日對照日期(陰　曆)	月　次(陰　曆)	朔日對照日期(陽　曆)
1	十一月　廿五日	十一	12 月　8 日
2	十二月　廿七日	十二	1 月　6 日
3	一月　廿五日	萬曆十八年　一	2 月　5 日
4	二月　廿七日	二	3 月　6 日
5	三月　廿八日	三	4 月　4 日
6	四月　廿九日	四	5 月　4 日
7	五月　卅日	五	6 月　2 日
8	七月　二日	六	7 月　2 日
9	八月　三日	七	7 月　31 日
10	九月　三日	八	8 月　30 日
11	十月　五日	九	9 月　29 日
12	十一月　五日	十	10 月　28 日
		十一	11 月　27 日

公元 1591 年

月　次(陽　曆)	朔日對照日期(陰　曆)	月　次(陰　曆)	朔日對照日期(陽　曆)
1	十二月　六日	十二	12 月　27 日
2	一月　八日	萬曆十九年　一	1 月　25 日
3	二月　六日	二	2 月　24 日
4	三月　八日	三	3 月　25 日
5	閏三月　九日	閏三	4 月　23 日
6	四月　十日	四	5 月　23 日
7	五月　十一日	五	6 月　21 日
8	六月　十三日	六	7 月　20 日
9	七月　十四日	七	8 月　19 日
10	八月　十五日	八	9 月　17 日
11	九月　十六日	九	10 月　17 日
12	十月　十六日	十	11 月　16 日

公元 1592 年

月　次(陽　曆)	朔日對照日期(陰　曆)	月　次(陰　曆)	朔日對照日期(陽　曆)
1	十一月　十七日	十一	12 月　16 日
2	十二月　十八日	十二	1 月　15 日
3	一月　十八日	萬曆廿年　一	2 月　13 日
4	二月　十九日	二	3 月　14 日
5	三月　廿日	三	4 月　12 日
6	四月　廿二日	四	5 月　11 日
7	五月　廿二日	五	6 月　10 日
8	六月　廿四日	六	7 月　9 日
9	七月　廿六日	七	8 月　7 日
10	八月　廿六日	八	9 月　6 日
11	九月　廿八日	九	10 月　5 日
12	十月　廿八日	十	11 月　4 日

公元 1593 年

月　次(陽　曆)	朔日對照日期(陰　曆)	月　次(陰　曆)	朔日對照日期(陽　曆)
1	十一月　廿九日	十一	12 月　4 日
2	一月　一日	十二	1 月　3 日
3	一月　廿九日	萬曆廿一年　一	2 月　1 日
4	二月　卅日	二	3 月　3 日
5	四月　一日	三	4 月　2 日
6	五月　三日	四	5 月　1 日
7	六月　三日	五	5 月　30 日
8	七月　五日	六	6 月　29 日
9	八月　七日	七	7 月　28 日
10	九月　七日	八	8 月　26 日
11	十月　九日	九	9 月　25 日
12	十一月　九日	十	10 月　24 日
		十一	11 月　23 日

公元 1594 年

月　次(陽　曆)	朔日對照日期(陰　曆)	月　次(陰　曆)	朔日對照日期(陽　曆)
1	閏十一月　十日	閏十一	12 月　23 日
2	十二月　十二日	十二	1 月　21 日
3	一月　十日	萬曆廿二年　一	2 月　20 日
4	二月　十一日	二	3 月　22 日
5	三月　十二日	三	4 月　20 日
6	四月　十三日	四	5 月　20 日
7	五月　十四日	五	6 月　18 日
8	六月　十五日	六	7 月　18 日
9	七月　十七日	七	8 月　16 日
10	八月　十八日	八	9 月　14 日
11	九月　十九日	九	10 月　14 日
12	十月　二十日	十	11 月　12 日

公元 1595 年

月　次(陽　曆)	朔日對照日期(陰　曆)	月　次(陰　曆)	朔日對照日期(陽　曆)
1	十一月　廿一日	十一	12 月　12 日
2	十二月　廿三日	十二	1 月　10 日
3	一月　廿一日	萬曆廿三年　一	2 月　9 日
4	二月　廿二日	二	3 月　11 日
5	三月　廿二日	三	4 月　10 日
6	四月　廿四日	四	5 月　9 日
7	五月　廿四日	五	6 月　8 日
8	六月　廿六日	六	7 月　7 日
9	七月　廿七日	七	8 月　6 日
10	八月　廿八日	八	9 月　4 日
11	九月　卅日	九	10 月　3 日
12	十一月　一日	十	11 月　2 日
		十一	12 月　1 日

公元 1596 年

月　次(陽　曆)	朔日對照日期(陰　曆)	月　次(陰　曆)	朔日對照日期(陽　曆)
1	十二月　二日	十二	12 月　31 日
2	一月　四日	萬曆廿四年　一	1 月　29 日
3	二月　三日	二	2 月　28 日
4	三月　四日	三	3 月　29 日
5	四月　五日	四	4 月　27 日
6	五月　六日	五	5 月　27 日
7	六月　六日	六	6 月　26 日
8	七月　八日	七	7 月　25 日
9	八月　九日	八	8 月　24 日
10	閏八月　十日	閏八	9 月　22 日
11	九月　十二日	九	10 月　21 日
12	十月　十二日	十	11 月　20 日

公元 1597 年

月　次(陽　曆)	朔日對照日期(陰　曆)	月　次(陰　曆)	朔日對照日期(陽　曆)
1	十一月　十四日	十一	12 月　19 日
2	十二月　十五日	十二	1 月　18 日
3	一月　十四日	萬曆廿五年　一	2 月　16 日
4	二月　十五日	二	3 月　18 日
5	三月　十六日	三	4 月　16 日
6	四月　十七日	四	5 月　16 日
7	五月　十七日	五	6 月　15 日
8	六月　十九日	六	7 月　14 日
9	七月　廿日	七	8 月　13 日
10	八月　廿一日	八	9 月　11 日
11	九月　廿二日	九	10 月　11 日
12	十月　廿三日	十	11 月　9 日

公元 1598 年

月　次(陽　曆)	朔日對照日期(陰　曆)	月　次(陰　曆)	朔日對照日期(陽　曆)
1	十一月　廿四日	十一	12 月　9 日
2	十二月　廿六日	十二	1 月　7 日
3	一月　廿四日	萬曆廿六年　一	2 月　6 日
4	二月　廿六日	二	3 月　7 日
5	三月　廿六日	三	4 月　6 日
6	四月　廿八日	四	5 月　5 日
7	五月　廿八日	五	6 月　4 日
8	六月　卅日	六	7 月　3 日
9	八月　一日	七	8 月　2 日
10	九月　二日	八	9 月　1 日
11	十月　三日	九	9 月　30 日
12	十一月　四日	十	10 月　30 日
		十一	11 月　28 日

公元 1599 年

月　次(陽　曆)	朔日對照日期(陰　曆)	月　次(陰　曆)	朔日對照日期(陽　曆)
1	十二月　五日	十二	12 月　28 日
2	一月　六日	萬曆廿七年　一	1 月　27 日
3	二月　五日	二	2 月　25 日
4	三月　七日	三	3 月　26 日
5	四月　七日	四	4 月　25 日
6	閏四月　九日	閏四	5 月　24 日
7	五月　十日	五	6 月　22 日
8	六月　十一日	六	7 月　22 日
9	七月　十二日	七	8 月　21 日
10	八月　十三日	八	9 月　19 日
11	九月　十四日	九	10 月　19 日
12	十月　十四日	十	11 月　18 日

公元 1600 年

月　次(陽　曆)	朔日對照日期(陰　曆)	月　次(陰　曆)	朔日對照日期(陽　曆)
1	十一月　十六日	十一	12 月　17 日
2	十二月　十七日	十二	1 月　16 日
3	一月　十七日	萬曆廿八年　一	2 月　14 日
4	二月　十八日	二	3 月　15 日
5	三月　十九日	三	4 月　13 日
6	四月　廿日	四	5 月　13 日
7	五月　廿一日	五	6 月　11 日
8	六月　廿三日	六	7 月　10 日
9	七月　廿四日	七	8 月　9 日
10	八月　廿五日	八	9 月　7 日
11	九月　廿六日	九	10 月　7 日
12	十月　廿六日	十	11 月　6 日

公元 1601 年

月　次(陽　曆)	朔日對照日期(陰　曆)	月　次(陰　曆)	朔日對照日期(陽　曆)
1	十一月　廿七日	十一	12 月　6 日
2	十二月　廿九日	十二	1 月　4 日
3	一月　廿七日	萬曆廿九年　一	2 月　3 日
4	二月　廿八日	二	3 月　5 日
5	三月　廿九日	三	4 月　3 日
6	五月　一日	四	5 月　2 日
7	六月　二日	五	6 月　1 日
8	七月　四日	六	6 月　30 日
9	八月　五日	七	7 月　29 日
10	九月　六日	八	8 月　28 日
11	十月　七日	九	9 月　26 日
12	十一月　七日	十	10 月　26 日
		十一	11 月　25 日

公元 1602 年

月　次(陽　曆)	朔日對照日期(陰　曆)	月　次(陰　曆)	朔日對照日期(陽　曆)
1	十二月　九日	十二	12 月　24 日
2	一月　十日	萬曆卅年　一	1 月　23 日
3	二月　八日	二	2 月　22 日
4	閏二月　九日	閏二	3 月　24 日
5	三月　十日	三	4 月　22 日
6	四月　十二日	四	5 月　21 日
7	五月　十二日	五	6 月　20 日
8	六月　十四日	六	7 月　19 日
9	七月　十六日	七	8 月　17 日
10	八月　十六日	八	9 月　16 日
11	九月　十八日	九	10 月　15 日
12	十月　十八日	十	11 月　14 日

公元 1603 年

月　次(陽　曆)	朔日對照日期(陰　曆)	月　次(陰　曆)	朔日對照日期(陽　曆)
1	十一月　廿日	十一	12 月　13 日
2	十二月　廿一日	十二	1 月　12 日
3	一月　十九日	萬曆卅一年　一	2 月　11 日
4	二月　廿日	二	3 月　13 日
5	三月　廿一日	三	4 月　11 日
6	四月　廿二日	四	5 月　11 日
7	五月　廿三日	五	6 月　9 日
8	六月　廿四日	六	7 月　9 日
9	七月　廿六日	七	8 月　7 日
10	八月　廿七日	八	9 月　5 日
11	九月　廿八日	九	10 月　5 日
12	十月　廿九日	十	11 月　3 日

公元 1604 年

月　次(陽　曆)	朔日對照日期(陰　曆)	月　次(陰　曆)	朔日對照日期(陽　曆)
1	十一月　十二日	十一	12 月　3 日
2	一月　二日	十二	1 月　1 日
3	二月　一日	萬曆卅二年　一	1 月　31 日
4	三月　三日	二	3 月　1 日
5	四月　三日	三	3 月　30 日
6	五月　四日	四	4 月　29 日
7	六月　五日	五	5 月　29 日
8	七月　六日	六	6 月　27 日
9	八月　八日	七	7 月　27 日
10	九月　九日	八	8 月　25 日
11	閏九月　十日	九	9 月　23 日
12	十月　十一日	閏九	10 月　23 日
		十	11 月　21 日

公元 1605 年

月　次(陽　曆)	朔日對照日期(陰　曆)	月　次(陰　曆)	朔日對照日期(陽　曆)
1	十一月　十二日	十一	12 月　21 日
2	十二月　十四日	十二	1 月　19 日
3	一月　十二日	萬曆卅三年　一	2 月　18 日
4	二月　十四日	二	3 月　19 日
5	三月　十四日	三	4 月　18 日
6	四月　十五日	四	5 月　18 日
7	五月　十六日	五	6 月　16 日
8	六月　十七日	六	7 月　16 日
9	七月　十九日	七	8 月　14 日
10	八月　十九日	八	9 月　13 日
11	九月　廿一日	九	10 月　12 日
12	十月　廿一日	十	11 月　11 日

公元 1606 年

月　次(陽　曆)	朔日對照日期(陰　曆)	月　次(陰　曆)	朔日對照日期(陽　曆)
1	十一月　廿三日	十一	12 月　10 日
2	十二月　廿四日	十二	1 月　9 日
3	一月　廿三日	萬曆卅四年　一	2 月　7 日
4	二月　廿四日	二	3 月　9 日
5	三月　廿五日	三	4 月　7 日
6	四月　廿六日	四	5 月　7 日
7	五月　廿七日	五	6 月　5 日
8	六月　廿八日	六	7 月　5 日
9	七月　廿九日	七	8 月　4 日
10	八月　卅日	八	9 月　2 日
11	十月　二日	九	10 月　2 日
12	十一月　二日	十	10 月　31 日
		十一	11 月　30 日

公元 1607 年

月　次(陽　曆)	朔日對照日期(陰　曆)	月　次(陰　曆)	朔日對照日期(陽　曆)
1	十二月　四日	十二	12 月　29 日
2	一月　五日	萬曆卅五年　一	1 月　28 日
3	二月　四日	二	2 月　26 日
4	三月　五日	三	3 月　28 日
5	四月　六日	四	4 月　26 日
6	五月　七日	五	5 月　26 日
7	六月　八日	六	6 月　24 日
8	閏六月　九日	閏六	7 月　24 日
9	七月　十一日	七	8 月　22 日
10	八月　十一日	八	9 月　21 日
11	九月　十二日	九	10 月　21 日
12	十月　十三日	十	11 月　19 日

公元 1608 年

月　次(陽　曆)	朔日對照日期(陰　曆)	月　次(陰　曆)	朔日對照日期(陽　曆)
1	十一月　十四日	十一	12 月　19 日
2	十二月　十六日	十二	1 月　17 日
3	一月　十五日	萬曆卅六年　一	2 月　16 日
4	二月　十七日	二	3 月　16 日
5	三月　十七日	三	4 月　15 日
6	四月　十九日	四	5 月　14 日
7	五月　廿日	五	6 月　12 日
8	六月　廿一日	六	7 月　12 日
9	七月　廿三日	七	8 月　10 日
10	八月　廿三日	八	9 月　9 日
11	九月　廿四日	九	10 月　9 日
12	十月　廿四日	十	11 月　8 日

公元 1609 年

月　次(陽　曆)	朔日對照日期(陰　曆)	月　次(陰　曆)	朔日對照日期(陽　曆)
1	十一月　廿六日	十一	12 月　7 日
2	十二月　廿七日	十二	1 月　6 日
3	一月　廿六日	萬曆卅七年　一	2 月　4 日
4	二月　廿七日	二	3 月　6 日
5	三月　廿八日	三	4 月　4 日
6	四月　廿九日	四	5 月　4 日
7	六月　一日	六	7 月　1 日
8	七月　二日	七	7 月　31 日
9	八月　四日	八	8 月　29 日
10	九月　四日	九	9 月　28 日
11	十月　五日	十	10 月　28 日
12	十一月　六日	十一	11 月　26 日

公元 1610 年

月　次(陽　曆)	朔日對照日期(陰　曆)	月　次(陰　曆)	朔日對照日期(陽　曆)
1	十二月　七日	十二	12 月　26 日
2	一月　八日	萬曆卅八年　一	1 月　25 日
3	二月　七日	二	2 月　23 日
4	三月　八日	三	3 月　25 日
5	閏三月　九日	閏三	4 月　23 日
6	四月　十日	四	5 月　23 日
7	五月　十一日	五	6 月　21 日
8	六月　十三日	六	7 月　20 日
9	七月　十四日	七	8 月　19 日
10	八月　十五日	八	9 月　17 日
11	九月　十六日	九	10 月　17 日
12	十月　十七日	十	11 月　15 日

公元 1611 年

月　次(陽　曆)	朔日對照日期(陰　曆)	月　次(陰　曆)	朔日對照日期(陽　曆)
1	十一月　十八日	十一	12 月　15 日
2	十二月　十九日	十二	1 月　14 日
3	一月　十七日	萬曆卅九年　一	2 月　13 日
4	二月　十九日	二	3 月　14 日
5	三月　十九日	三	4 月　13 日
6	四月　廿一日	四	5 月　12 日
7	五月　廿一日	五	6 月　11 日
8	六月　廿三日	六	7 月　10 日
9	七月　廿五日	七	8 月　8 日
10	八月　廿五日	八	9 月　7 日
11	九月　廿七日	九	10 月　6 日
12	十月　廿七日	十	11 月　5 日

公元 1612 年

月　次(陽　曆)	朔日對照日期(陰　曆)	月　次(陰　曆)	朔日對照日期(陽　曆)
1	十一月　廿九日	十一	12 月　4 日
2	十二月　卅日	十二	1 月　3 日
3	一月　廿九日	萬曆四十年　一	2 月　2 日
4	三月　一日	二	3 月　3 日
5	四月　一日	三	4 月　1 日
6	五月　三日	四	5 月　1 日
7	六月　三日	五	5 月　30 日
8	七月　五日	六	6 月　29 日
9	八月　七日	七	7 月　28 日
10	九月　七日	八	8 月　26 日
11	十月　九日	九	9 月　25 日
12	十一月　九日	十	10 月　24 日
		十一	11 月　23 日

公元 1613 年

月　次(陽　曆)	朔日對照日期(陰　曆)	月　次(陰　曆)	朔日對照日期(陽　曆)
1	閏十一月　十一日	閏十一	12 月　22 日
2	十二月　十二日	十二	1 月　21 日
3	一月　十一日	萬曆四十一年　一	2 月　19 日
4	二月　十二日	二	3 月　21 日
5	三月　十二日	三	4 月　20 日
6	四月　十三日	四	5 月　20 日
7	五月　十四日	五	6 月　18 日
8	六月　十五日	六	7 月　18 日
9	七月　十七日	七	8 月　16 日
10	八月　十八日	八	9 月　14 日
11	九月　十九日	九	10 月　14 日
12	十月　廿日	十	11 月　12 日

公元 1614 年

月　次(陽　曆)	朔日對照日期(陰　曆)	月　次(陰　曆)	朔日對照日期(陽　曆)
1	十一月　廿一日	十一	12 月　12 日
2	十二月　廿三日	十二	1 月　10 日
3	一月　廿一日	萬曆四十二年 一	2 月　9 日
4	二月　廿三日	二	3 月　10 日
5	三月　廿三日	三	4 月　9 日
6	四月　廿四日	四	5 月　9 日
7	五月　廿五日	五	6 月　7 日
8	六月　廿六日	六	7 月　7 日
9	七月　廿八日	七	8 月　5 日
10	八月　廿八日	八	9 月　4 日
11	九月　卅日	九	10 月　3 日
12	十一月　一日	十	11 月　2 日
		十一	12 月　1 日

公元 1615 年

月　次(陽　曆)	朔日對照日期(陰　曆)	月　次(陰　曆)	朔日對照日期(陽　曆)
1	十二月　二日	十二	12 月　31 日
2	一月　四日	萬曆四十三年 一	1 月　29 日
3	二月　二日	二	2 月　28 日
4	三月　四日	三	3 月　29 日
5	四月　四日	四	4 月　28 日
6	五月　六日	五	5 月　27 日
7	六月　六日	六	6 月　26 日
8	七月　七日	七	7 月　26 日
9	八月　九日	八	8 月　24 日
10	閏八月　九日	閏八	9 月　23 日
11	九月　十一日	九	10 月　22 日
12	十月　十一日	十	11 月　21 日

公元 1616 年

月　次(陽　曆)	朔日對照日期(陰　曆)	月　次(陰　曆)	朔日對照日期(陽　曆)
1	十一月　十三日	十一	12 月　20 日
2	十二月　十四日	十二	1 月　19 日
3	一月　十四日	萬曆四十四年 一	2 月　17 日
4	二月　十五日	二	3 月　18 日
5	三月　十六日	三	4 月　16 日
6	四月　十八日	四	5 月　15 日
7	五月　十八日	五	6 月　14 日
8	六月　十九日	六	7 月　14 日
9	七月　廿一日	七	8 月　12 日
10	八月　廿一日	八	9 月　11 日
11	九月　廿二日	九	10 月　11 日
12	十月　廿三日	十	11 月　9 日

公元 1617 年

月　次(陽　曆)	朔日對照日期(陰　曆)	月　次(陰　曆)	朔日對照日期(陽　曆)
1	十一月　廿四日	十一	12 月　9 日
2	十二月　廿六日	十二	1 月　7 日
3	一月　廿四日	萬曆四十五年 一	2 月　6 日
4	二月　廿六日	二	3 月　7 日
5	三月　廿六日	三	4 月　6 日
6	四月　廿八日	四	5 月　5 日
7	五月　廿九日	五	6 月　3 日
8	七月　一日	六	7 月　3 日
9	八月　二日	七	8 月　1 日
10	九月　二日	八	8 月　31 日
11	十月　四日	九	9 月　30 日
12	十一月　四日	十	10 月　29 日
		十一	11 月　28 日

公元 1618 年

月　次(陽　曆)	朔日對照日期(陰　曆)	月　次(陰　曆)	朔日對照日期(陽　曆)
1	十二月　五日	十二	12 月　28 日
2	一月　七日	萬曆四十六年 一	1 月　26 日
3	二月　五日	二	2 月　25 日
4	三月　七日	三	3 月　26 日
5	四月　七日	四	4 月　25 日
6	閏四月　九日	閏四	5 月　24 日
7	五月　十日	五	6 月　22 日
8	六月　十一日	六	7 月　22 日
9	七月　十三日	七	8 月　20 日
10	八月　十三日	八	9 月　19 日
11	九月　十五日	九	10 月　18 日
12	十月　十五日	十	11 月　17 日

公元 1619 年

月　次(陽　曆)	朔日對照日期(陰　曆)	月　次(陰　曆)	朔日對照日期(陽　曆)
1	十一月　十六日	十一	12 月　17 日
2	十二月　十七日	十二	1 月　16 日
3	一月　十六日	萬曆四十七年 一	2 月　14 日
4	二月　十七日	二	3 月　16 日
5	三月　十八日	三	4 月　14 日
6	四月　十九日	四	5 月　14 日
7	五月　廿日	五	6 月　12 日
8	六月　廿二日	六	7 月　11 日
9	七月　廿三日	七	8 月　10 日
10	八月　廿四日	八	9 月　8 日
11	九月　廿六日	九	10 月　7 日
12	十月　廿六日	十	11 月　6 日

公元 1620 年

月　次(陽　曆)	朔日對照日期(陰　曆)	月　次(陰　曆)	朔日對照日期(陽　曆)
1	十一月　廿七日	十一	12 月　6 日
2	十二月　廿八日	十二	1 月　5 日
3	一月　廿七日	萬曆四十八年 一	2 月　4 日
4	二月　廿九日	二	3 月　4 日
5	三月　廿九日	三	4 月　3 日
6	五月　一日	四	5 月　2 日
7	六月　二日	五	6 月　1 日
8	七月　四日	六	6 月　30 日
9	八月　五日	七	7 月　29 日
10	九月　六日	泰昌元年　八	8 月　28 日
11	十月　八日	九	9 月　26 日
12	十一月　八日	十	10 月　25 日
		十一	11 月　24 日

公元 1621 年

月　次(陽　曆)	朔日對照日期(陰　曆)	月　次(陰　曆)	朔日對照日期(陽　曆)
1	十二月　九日	十二	12 月　24 日
2	一月　十一日	天啓元年　一	1 月　22 日
3	二月　九日	二	2 月　21 日
4	閏二月　十日	閏二	3 月　23 日
5	三月　十日	三	4 月　22 日
6	四月　十二日	四	5 月　21 日
7	五月　十二日	五	6 月　20 日
8	六月　十四日	六	7 月　19 日
9	七月　十六日	七	8 月　17 日
10	八月　十六日	八	9 月　16 日
11	九月　十八日	九	10 月　15 日
12	十月　十九日	十	11 月　13 日

公元 1622 年

月　次(陽　曆)	朔日對照日期(陰　曆)	月　次(陰　曆)	朔日對照日期(陽　曆)
1	十一月　廿日	十一	12 月　13 日
2	十二月　廿一日	十二	1 月　12 日
3	一月　廿日	天啓二年　一	2 月　10 日
4	二月　廿一日	二	3 月　12 日
5	三月　廿一日	三	4 月　11 日
6	四月　廿三日	四	5 月　10 日
7	五月　廿三日	五	6 月　9 日
8	六月　廿五日	六	7 月　8 日
9	七月　廿六日	七	8 月　7 日
10	八月　廿七日	八	9 月　5 日
11	九月　廿八日	九	10 月　5 日
12	十月　廿九日	十	11 月　3 日
		十一	12 月　3 日

公元 1623 年

月　次(陽　曆)	朔日對照日期(陰　曆)	月　次(陰　曆)	朔日對照日期(陽　曆)
1	十二月　一日	十二	1 月　1 日
2	一月　二日	天啓三年　一	1 月　31 日
3	二月　一日	二	3 月　1 日
4	三月　二日	三	3 月　31 日
5	四月　三日	四	4 月　29 日
6	五月　四日	五	5 月　29 日
7	六月　四日	六	6 月　28 日
8	七月　六日	七	7 月　27 日
9	八月　七日	八	8 月　26 日
10	九月　八日	九	9 月　24 日
11	十月　九日	十	10 月　24 日
12	閏十月　十日	閏十	11 月　22 日

公元 1624 年

月　次(陽　曆)	朔日對照日期(陰　曆)	月　次(陰　曆)	朔日對照日期(陽　曆)
1	十一月　十一日	十一	12 月　22 日
2	十二月　十三日	十二	1 月　20 日
3	一月　十二日	天啓四年　一	2 月　19 日
4	二月　十四日	二	3 月　19 日
5	三月　十四日	三	4 月　18 日
6	四月　十六日	四	5 月　17 日
7	五月　十六日	五	6 月　16 日
8	六月　十八日	六	7 月　15 日
9	七月　十九日	七	8 月　14 日
10	八月　十九日	八	9 月　13 日
11	九月　廿一日	九	10 月　12 日
12	十月　廿一日	十	11 月　11 日

公元 1625 年

月　次(陽　曆)	朔日對照日期(陰　曆)	月　次(陰　曆)	朔日對照日期(陽　曆)
1	十一月　廿三日	十一	12 月　10 日
2	十二月　廿四日	十二	1 月　9 日
3	一月　廿三日	天啓五年　一	2 月　7 日
4	二月　廿四日	二	3 月　9 日
5	三月　廿五日	三	4 月　7 日
6	四月　廿七日	四	5 月　6 日
7	五月　廿七日	五	6 月　5 日
8	六月　廿九日	六	7 月　4 日
9	七月　卅日	七	8 月　3 日
10	九月　一日	八	9 月　2 日
11	十月　二日	九	10 月　1 日
12	十一月　二日	十	10 月　31 日
		十一	11 月　30 日

公元 1626 年

月　次(陽　曆)	朔日對照日期(陰　曆)	月　次(陰　曆)	朔日對照日期(陽　曆)
1	十二月　四日	十二	12 月　29 日
2	一月　五日	天啓六年　一	1 月　28 日
3	二月　四日	二	2 月　26 日
4	三月　五日	三	3 月　28 日
5	四月　六日	四	4 月　26 日
6	五月　八日	五	5 月　25 日
7	六月　八日	六	6 月　24 日
8	閏六月　十日	閏六	7 月　24 日
9	七月　十一日	七	8 月　22 日
10	八月　十二日	八	9 月　20 日
11	九月　十三日	九	10 月　20 日
12	十月　十三日	十	11 月　19 日

公元 1627 年

月　次(陽　曆)	朔日對照日期(陰　曆)	月　次(陰　曆)	朔日對照日期(陽　曆)
1	十一月　十四日	十一	12 月　19 日
2	十二月　十六日	十二	1 月　17 日
3	一月　十四日	天啓七年　一	2 月　16 日
4	二月　十六日	二	3 月　17 日
5	三月　十六日	三	4 月　16 日
6	四月　十八日	四	5 月　15 日
7	五月　十九日	五	6 月　13 日
8	六月　廿日	六	7 月　13 日
9	七月　廿二日	七	8 月　11 日
10	八月　廿三日	八	9 月　9 日
11	九月　廿四日	九	10 月　9 日
12	十月　廿四日	十	11 月　8 日

公元 1628 年

月　次(陽　曆)	朔日對照日期(陰　曆)	月　次(陰　曆)	朔日對照日期(陽　曆)
1	十一月　廿五日	十一	12 月　8 日
2	十二月　廿六日	十二	1 月　7 日
3	一月　廿六日	崇禎元年　一	2 月　5 日
4	二月　廿七日	二	3 月　6 日
5	三月　廿八日	三	4 月　4 日
6	四月　廿九日	四	5 月　4 日
7	六月　一日	六	7 月　1 日
8	七月　二日	七	7 月　31 日
9	八月　四日	八	8 月　29 日
10	九月　五日	九	9 月　27 日
11	十月　六日	十	10 月　27 日
12	十一月　六日	十一	11 月　26 日

公元 1629 年

月　次(陽　曆)	朔日對照日期(陰　曆)	月　次(陰　曆)	朔日對照日期(陽　曆)
1	十二月　八日	十二	12 月　25 日
2	一月　九日	崇禎二年　一	1 月　24 日
3	二月　七日	二	2 月　23 日
4	三月　八日	三	3 月　25 日
5	四月　九日	四	4 月　23 日
6	閏四月　十日	閏四	5 月　23 日
7	五月　十一日	五	6 月　21 日
8	六月　十三日	六	7 月　20 日
9	七月　十四日	七	8 月　19 日
10	八月　十五日	八	9 月　17 日
11	九月　十七日	九	10 月　16 日
12	十月　十七日	十	11 月　15 日

公元 1630 年

月　次(陽　曆)	朔日對照日期(陰　曆)	月　次(陰　曆)	朔日對照日期(陽　曆)
1	十一月　十八日	十一	12 月　15 日
2	十二月　廿日	十二	1 月　13 日
3	一月　十八日	崇禎三年　一	2 月　12 日
4	二月　十九日	二	3 月　14 日
5	三月　十九日	三	4 月　13 日
6	四月　廿一日	四	5 月　12 日
7	五月　廿一日	五	6 月　11 日
8	六月　廿三日	六	7 月　10 日
9	七月　廿五日	七	8 月　8 日
10	八月　廿五日	八	9 月　7 日
11	九月　廿七日	九	10 月　6 日
12	十月　廿八日	十	11 月　4 日

公元 1631 年

月　次(陽　曆)	朔日對照日期(陰　曆)	月　次(陰　曆)	朔日對照日期(陽　曆)
1	十一月　廿九日	十一	12 月　4 日
2	一月　一日	十二	1 月　2 日
3	一月　廿九日	崇禎四年　一	2 月　1 日
4	二月　卅日	二	3 月　3 日
5	四月　一日	三	4 月　2 日
6	五月　二日	四	5 月　1 日
7	六月　三日	五	5 月　31 日
8	七月　四日	六	6 月　29 日
9	八月　六日	七	7 月　29 日
10	九月　六日	八	8 月　27 日
11	十月　八日	九	9 月　26 日
12	十一月　九日	十	10 月　25 日
		十一	11 月　23 日

公元 1632 年

月　次(陽　曆)	朔日對照日期(陰　曆)	月　次(陰　曆)	朔日對照日期(陽　曆)
1	閏十一月　十日	閏十一	12 月　23 日
2	十二月　十二日	十二	1 月　21 日
3	一月　十一日	崇禎五年　一	2 月　20 日
4	二月　十二日	二	3 月　21 日
5	三月　十三日	三	4 月　19 日
6	四月　十四日	四	5 月　19 日
7	五月　十四日	五	6 月　18 日
8	六月　十六日	六	7 月　17 日
9	七月　十七日	七	8 月　16 日
10	八月　十八日	八	9 月　14 日
11	九月　十九日	九	10 月　14 日
12	十月　廿日	十	11 月　12 日

公元 1633 年

月　次(陽　曆)	朔日對照日期(陰　曆)	月　次(陰　曆)	朔日對照日期(陽　曆)
1	十一月　廿一日	十一	12 月　12 日
2	十二月　廿三日	十二	1 月　10 日
3	一月　廿二日	崇禎六年　一	2 月　8 日
4	二月　廿三日	二	3 月　10 日
5	三月　廿四日	三	4 月　8 日
6	四月　廿五日	四	5 月　8 日
7	五月　廿五日	五	6 月　7 日
8	六月　廿七日	六	7 月　6 日
9	七月　廿八日	七	8 月　5 日
10	八月　廿九日	八	9 月　3 日
11	九月　卅日	九	10 月　3 日